HISTOIRE
DES
TROIS DERNIERS PRINCES
DE LA MAISON
DE CONDÉ

IMPRIMERIE GÉNÉRALE DE CH. LAHURE
Rue de Fleurus, 9, à Paris

La Princesse Louise de Condé.
(Sœur Marie-Joseph de la Miséricorde.)

Amyot, Éditeur, Paris.   Imp. Ch. Chardon ainé, Paris.

HISTOIRE

DES

TROIS DERNIERS PRINCES

DE LA MAISON

DE CONDÉ

PRINCE DE CONDÉ — DUC DE BOURBON
DUC D'ENGHIEN

D'APRÈS LES CORRESPONDANCES ORIGINALES ET INÉDITES DE CES PRINCES

PAR

J. CRÉTINEAU-JOLY

TOME SECOND

PARIS
AMYOT, ÉDITEUR, 8, RUE DE LA PAIX

M DCCC LXVII
Tous droits réservés

HISTOIRE

DES

TROIS DERNIERS PRINCES

DE LA MAISON DE CONDÉ.

INTRODUCTION A LA CORRESPONDANCE.

Après avoir raconté, sur pièces authentiques et inédites, l'histoire des trois derniers princes de la Maison de Condé et avoir, autant qu'il était en nous, rendu une tardive, mais impartiale justice à cette triple génération de soldats que la gloire et le malheur semblent consacrer, nous avons pensé que notre tâche n'était remplie qu'à moitié.

Les lettres autographes sur lesquelles se basent nos récits, nos appréciations et nos révélations, n'ont été, dans le premier volume de cet ouvrage, que des jalons jetés pour indiquer le développement des caractères et des événements. Durant les quarante premières années de la Révolution française, les Condés se sont fait une place à part; et, chose merveilleuse! leurs noms sortent purs de cette fournaise ardente où s'engloutirent tant de célébrités d'une heure. La Révolution a trouvé en eux d'indomptables adversaires. Elle les a vus à l'œuvre sur tous les champs de bataille. Dans quelque situation qu'elle les ait rencontrés, elle n'a jamais pu leur refuser son admiration et son estime.

Vainqueurs ou vaincus, ils furent, ils resteront les hommes du devoir. Dans la perturbation de principes, de sentiments et de croyances que cette terrible crise sociale produisit, il y a une gloire qu'on ne leur ravira jamais; c'est d'être demeurés immuables dans leur foi et d'avoir courageusement subi toutes les misères de l'exil, toutes les calamités d'une longue spoliation, et ce qui était plus difficile, toutes les honteuses palinodies que les rois de l'Europe se permettaient déjà.

Le prince de Condé, dans une lettre à ses enfants, disait qu'après tout, ils trouveraient bien un coin où fourrer leur honneur. Ce coin, cherché et invoqué avec tant de persévérance, l'histoire l'a offert à Louis-Joseph, à Louis-Henri-Joseph, à Louis-Antoine-Henri de Bourbon. Elle les entoure d'une respectueuse gratitude et d'une sainte pitié, qui est une auréole. La maison de Condé était cet arbre aux heureuses branches, *ramis felicibus arbos* dont parle

Virgile. Il s'est desséché au souffle des révolutions. Le nom, qui brille d'un si vif et si patriotique éclat dans les fastes de la guerre et dans les annales de la France, ne sera plus porté, ne sera plus prononcé; il a disparu au milieu de deux nuits fatales. Vincennes et Saint-Leu l'attesteront à la postérité.

Une grande réparation était due à ces princes qui, dans un siècle de parjures et de vénales félonies, renoncèrent à la fortune et aux dignités pour rester fidèles à leurs convictions et pour honorer, par une vie sans tache, des sacrifices que personne ne pouvait faire dans une pareille mesure.

Cette réparation, qui leur était si légitimement due et que le pays leur accorda d'instinct, c'est grâce à eux-mêmes qu'elle leur arrive aujourd'hui. Par le fait de leurs correspondances, si inopinément et si largement venues entre nos mains, les Condés se trouvent les architectes et les ouvriers du monument élevé à leur héroïsme et à d'incomparables malheurs.

La plupart des hommes ont des passions fortes et un jugement faible. Les Condés vont nous prouver qu'ils font exception à la règle générale et que, si l'adversité ne les a pas abattus, le bonheur et la vengeance ne les enivrèrent jamais.

Ils s'écrivaient dans la joie et dans la peine, dans l'abondance et dans la misère, dans le désespoir et dans la foi. Ces lettres suivirent, comme eux, tous les chemins de l'exil; elles errèrent, comme eux, poussées par tous les vents du ciel. Elles se retrouvent, après de longues années de silence. Dans leur simplicité guerrière, elles viennent tout naturellement reconstituer une histoire qu'aucune plume n'aurait su tracer. Nous les donnons ainsi que nous les avons reçues, sans les altérer, sans les modifier, sans leur faire subir le moindre changement de style.

Afin de remplir jusqu'au bout le modeste rôle que nous avons été si heureux d'accepter, nous n'avons eu, pour ce second et dernier volume, qu'à mettre en ordre, qu'à étiqueter, pour ainsi dire, ces diverses correspondances. Le texte en était obscur quelquefois. De temps à autre, ainsi qu'il sera facile au lecteur d'en faire la remarque, il y avait des allusions, des sous-entendus, des noms propres jetés au courant de la pensée. Nous avons cherché — et c'était notre devoir — à éclaircir ce texte par des notes brèves et précises. Après avoir payé notre tribut de respectueux hommage à cette grande race, si lamentablement effacée du livre de vie, nous lui laissons la parole pour révéler ce qu'elle a voulu, ce qu'elle a fait et ce qu'elle a souffert.

1

**L'Impératrice Catherine II de Russie au prince de Condé,
au duc de Bourbon et au duc d'Enghien.**

Messieurs mes Cousins !

Les sentiments que Vos Altesses sérénissimes me témoignent, dans leur lettre du 24 septembre dernier, auraient seuls suffi pour justifier les marques d'intérêt et d'amitié que j'ai eu occasion de leur donner. Elles y ajoutent un nouveau titre par le zèle infatigable et la fermeté héroïque qu'elles déploient dans la cause de leur Roi opprimé. Les Condés ont été souvent les défenseurs et les soutiens du Trône. C'est sous un de vos aïeux qu'Henri IV fit le premier apprentissage des armes. Le grand Condé fonda et assura l'éclat immortel du règne de Louis XIV par ses victoires. C'est à Vos Altesses sérénissimes, qui se montrent si dignes d'ancêtres aussi glorieux, qu'il est réservé, en marchant sur leurs traces, de maintenir tout le lustre du nom qu'elles portent. J'en ai le présage dans la conduite ferme et généreuse qu'elles ont tenue jusqu'à présent, et tous les succès qu'elles en obtiendront ne surpasseront point les vœux que, dans la sincérité de mon estime et de mon affection pour elles, je forme en leur faveur.

Saint-Pétersbourg, le 25 octobre 1791.

2.

La duchesse de Bourbon au duc de Bourbon[1].

Ce 15 mars 1792.

C'est sans espoir de succès, monsieur, que je me hasarde à vous communiquer les désirs de mon

---

[1]. La duchesse de Bourbon possédait toutes les qualités aimables qui font briller dans le monde ; mais, peu de temps après sa séparation d'avec son époux, des idées d'un mysticisme étrange s'emparèrent de son imagination et, au milieu des incrédulités de son siècle, elle essaya de renouveler les tendances dévotes de Mme Guyon. Née princesse d'Orléans, il lui eût été bien difficile de ne pas adopter, au moins en partie, les théories révolutionnaires dont ses proches faisaient commerce et parade ; elle devint l'inspiratrice du chartreux apostat, dom Gerle, qui figure dans le serment du Jeu de Paume et l'auxiliaire de Catherine Théot, cette *mère de Dieu* que Robespierre vénérait. L'illuminé Saint-Martin était son ami et son guide.

Ce fut dans l'essor de ses effervescences révolutionnaires, qu'elle jugea à propos de s'adresser au duc de Bourbon et de lui faire des propositions aussi nobles que déraisonnables. Cette lettre, qui n'est ni d'une haute sagacité ni d'une prévision bien rassurante, a pourtant un cachet de candeur et l'on doit le respecter. A la veille de tous les crimes, la duchesse ne veut voir qu'un peuple de frères dans tous les criminels. C'est sous cette impression que, le 15 mars 1792, elle s'adresse de Paris au duc de Bourbon.

A quelques mois de cette date, et, malgré l'appui que ses écrits mystico-démocratiques accordaient aux évêques intrus et aux visionnaires d'humanité, elle fut à son tour l'innocente victime de la Terreur. Enfermée avec les d'Orléans et le prince de Conti au fort Saint-Jean, à Marseille, elle proposa à la Convention de lui abandonner tous ses biens en échange de la liberté. Les Conventionnels n'ont pas besoin d'une pareille offre ; ils ont

cœur; mais comme je sais que celui qui en est le maître peut en un moment, lorsqu'il le veut, en

nationalement mis la main sur la fortune de la duchesse, et ils passent à l'ordre du jour. La duchesse de Bourbon ne sortit de prison que le 29 avril 1795. Après le 18 fructidor, an V, elle fut expulsée de France, avec une pension de cinquante mille livres, pension que la République paya toujours assez mal. Retirée en Espagne, près de Barcelonne, avec sa belle-sœur, la duchesse douairière d'Orléans, elle se livra plus que jamais à ses fantaisies religieuses et mystiques qu'une ardente charité envers les pauvres et les souffrants peut seule faire excuser. Elle croyait que la Providence lui avait communiqué le don de guérir les malades, et de sa maison de campagne, à Soria, elle faisait un hôpital permanent où elle logeait, pansait et nourrissait plus de deux cents personnes.

Cette princesse, qui était au moins illuminée, rachetait par une active bienfaisance des erreurs d'esprit et de cœur. Il en est une cependant qui ne lui sera jamais pardonnée. La mère du duc d'Enghien fut prise tout à coup du mal du pays. Elle voulut rentrer en France; et elle se fit solliciteuse auprès de Napoléon Ier, meurtrier de son fils. Napoléon mit une sorte de dignité et de convenance à ses inflexibles refus.

Dans un grand nombre de ses lettres de 1807 à 1810, elle constate elle-même ces refus. « Mon exil, écrit-elle à Rufin, son bon ange Michel, mon exil me semble bien inutile au salut de l'Empire et au bonheur de l'Empereur. Comment se fait-il que je ne puisse en obtenir la fin, surtout après l'avoir demandée avec tant d'instance et de constance ? »

Après tous les écarts d'imagination auxquels s'était livrée la duchesse de Bourbon, il lui fut enfin donné, en 1814, de revoir son pays. L'air de la France calma sa tête et assainit son esprit. Elle fonda dans son hôtel de la rue de Varenne un hospice auquel elle imposa le nom d'*hospice d'Enghien* et elle s'en constitua l'infirmière et la sœur de charité. Les conseils, l'exemple et l'amitié de sa belle-sœur, Marie-Joseph de la Miséricorde, ramenèrent peu à peu aux véritables principes cette âme en peine. Ne voyant les Condés qu'en cérémonie, elle trouva néanmoins le moyen de lier avec son mari une correspondance dont nous citerons quelques fragments; puis, le 10 janvier 1822, elle mourut dans l'église de Sainte-Geneviève.

changer les dispositions, j'abandonne le tout à sa providence, et crois devoir suivre un sentiment qui me semble dicté par elle, et qui n'a d'autre inconvénient que de m'attirer un refus de votre part. Si vous le repoussez, ce sentiment, je n'en serai pas responsable vis-à-vis de Dieu, et j'aurai la satisfaction d'avoir fait mon devoir.

Tant que vous avez été heureux, monsieur, j'ai pensé que puisque vous aviez désiré vous séparer de moi, je ne devais faire aucune tentative pour me rapprocher de vous, à moins que vous ne m'en témoignassiez le désir.

Depuis la Révolution, j'eusse peut-être agi différemment si j'avais partagé votre façon de penser sur elle ; mais prévoyant tout ce qui est arrivé depuis, j'ai cru que le seul moyen d'arrêter le mal et de prévenir l'anarchie, c'était de se soumettre. Vous m'aviez rendu ma liberté, monsieur, je ne devais donc consulter que ma conscience. Elle m'a fait une loi de rester, et je ne m'en repens point, puisque ma fortune eût éprouvé le même sort que la vôtre, si je fusse sortie du royaume.

Je vous l'offre maintenant, ainsi que ma maison. Venez y reprendre vos droits, et comptez que vous retrouverez une femme déterminée à employer tous ses soins à vous rendre la vie heureuse et à vous faire oublier, le reste de ses jours, les torts qu'elle a pu avoir envers vous.

Elle ne désire plus qu'une intimité de sœur ou

d'amie, et croit pouvoir vous répondre qu'une longue suite de malheurs et de réflexions lui ont donné toute la solidité qui peut assurer le bonheur dans un ménage que la raison réunit.

Je sais que l'honneur, tel que le monde l'entend, vous tient attaché au parti que vous avez embrassé; il parlera fortement contre moi. J'avoue qu'il faudrait du courage pour le sacrifier à un autre honneur plus grand et plus pur, mais qui n'est pas connu de la multitude, et qui sans cesse est en opposition avec celui du monde. Aussi je n'entreprendrai point de le combattre, étant persuadée que cela serait inutile si Dieu ne touche votre cœur et n'éclaire votre esprit.

J'avoue qu'il est une autre objection plus forte contre laquelle je n'aurais rien à opposer. Ce serait le regret d'abandonner un père malheureux. Ce sentiment m'inspirerait trop de respect pour avoir seulement l'idée de le combattre; mais peut-être serait-il possible de tout accorder en partageant votre temps entre une femme et un père. Alors vous rempliriez tous vos devoirs à la fois, et vous vous assureriez des jours moins orageux et qui sans doute seraient bénis du Ciel.

Je ne vous parle point des dangers que vous pourriez craindre en rentrant en France. Si j'en prévoyais, je ne désirerais sûrement pas votre retour; mais je suis presque assurée que vous n'éprouveriez que des sujets de satisfaction, si vous étiez capable de prendre ce parti, au lieu que celui que vous suivez ne pourra que vous conduire par degrés au dernier désespoir. Telles sont du moins mes craintes. J'ai dû vous les témoigner, en vous offrant les seuls secours que je puisse vous donner dans la position respective où nous sommes.

Réfléchissez-y sérieusement, monsieur, et croyez que, quelle que soit votre décision et votre réponse, si toutefois vous daignez m'en faire une, jamais je ne me repentirai de la démarche que je fais aujourd'hui vis-à-vis de vous, n'attendant plus de récompense des hommes, mais de Dieu qui voit le fond des cœurs, et qui seul peut maintenant faire mon bonheur.

L.-M.-T.-B. d'Orléans.

Peut-être vous aveugle-t-on jusqu'à vous faire croire qu'il est beau de s'armer pour la défense de la Religion ; ce projet qui ne peut être digne que de celle de Mahomet, ne convient assurément pas à la Religion chrétienne. Songez, monsieur, que ses plus grands défenseurs sont ceux qui renoncent aux honneurs, aux grandeurs, aux richesses, etc., et qui, bien loin de vouloir répandre le sang, laissent à Dieu le soin de la vengeance, et prient pour leurs persécuteurs.

3.

Le duc de Bourbon à M. de Nolives[1].

Coblentz, ce 22 mars 1792.

Puisque vous êtes à Paris, mon cher Nolives, il faut (si toutefois cela ne vous contrarie pas) que vous me rendiez le service de vous acquitter d'une commission dont je vais vous charger, qui demande adresse et intelligence; je ne puis pas mieux choisir. Voici le fait :

J'ai reçu hier ici une lettre de Mme la duchesse de Bourbon, qui me mande fort honnêtement qu'ayant appris que mes biens étaient séquestrés et que je devais me trouver dans l'embarras, elle m'offrait de venir dans sa maison et de disposer de ses biens. Cette offre infiniment généreuse est accompagnée d'ailleurs de principes sur les affaires présentes, et en particulier sur la Religion, qui, entre nous soit dit, n'ont pas le sens commun ; comme par exemple de dire que si les choses se passent ainsi, c'est que Dieu le veut; que c'est un crime de s'opposer à sa volonté ; qu'il faut lui laisser le soin de la vengeance, et prier pour ceux qui le persécutent.

Il faut vous dire, et vous le savez peut-être, que Mme la duchesse de Bourbon est entièrement livrée

---

1. M. de Nolives était un ami particulier du duc de Bourbon.

aux illuminés et a une confiance entière à ces messieurs ; mais cela ne fait rien. Il s'agit dans ce moment-ci de répondre à une politesse. J'ai pensé que si j'écrivais, ne pouvant faire qu'un refus motivé, une lettre se montre, peut se perdre ou être copiée, et voilà tout de suite l'histoire du jour. Voilà donc le parti que je prends et que vous exécuterez, si vous l'approuvez, comme je l'espère.

Vous irez chez Mme la duchesse de Bourbon avec le petit mot d'autorisation que je vous envoie, que vous lui montrerez, mais que vous ne livrerez pas et que vous pourrez brûler après. Vous lui demanderez une audience particulière ; vous lui direz que je vous ai mis au fait de la démarche qu'elle a faite vis-à-vis de moi ; que je lui aurais répondu moi-même, pour la remercier de l'offre généreuse qu'elle me fait, si je n'avais pas craint qu'une lettre de moi pût la compromettre, dans les circonstances présentes, si elle venait à être interceptée ; que c'est la seule raison qui m'a empêché de lui écrire. Qu'au reste, depuis trois ans que je suis sorti de France, je m'attendais tous les jours à l'événement qui vient d'arriver ; que je n'ai aucun mérite à le supporter avec courage, puisque je le partage avec tant de braves gens qui n'ont pour toute jouissance qu'une conscience pure et un attachement sans bornes à leur Roi et à leur Patrie ; que je suis bien décidé à partager leur sort, quel qu'il puisse être, à vivre et à mourir, s'il le faut. D'ailleurs reconnaissance, remercîments et politesses sans fin. Je vous ai donné le canevas, mon cher Nolives; je ne suis pas embarrassé que vous ne disiez tout ce qu'il y a à dire; mais évitez tant que vous pourrez de parler religion, parce que vous finiriez par vous disputer. Vous me ferez part, mon cher Nolives, du succès de votre commission et vous m'en ferez les détails.

4

M. de Nolives au duc de Bourbon.

Paris, le 8 avril 1792.

Monseigneur,

M. Robin[1] m'a exactement remis la lettre que Votre Altesse sérénissime m'a fait l'honneur de m'écrire, le 27 du mois dernier. Je suis toujours extrêmement touché des marques de son souvenir et de la continuation de ses bontés dont elle veut bien m'honorer.

J'ai appris avec une véritable peine, que Monseigneur avait été obligé de garder sa chambre, à cause d'un mal au pied assez considérable. J'espère qu'à la réception de ma lettre il n'en sera plus question, non plus que de la fièvre de Mgr le duc d'Enghien; je le désire du moins de tout mon cœur.

---

1. Robin était l'intendant particulier du duc de Bourbon

Aussitôt la réception de la lettre de Monseigneur, j'ai écrit un billet à Mme la duchesse de Bourbon pour lui demander un rendez-vous, ayant des choses à lui communiquer de votre part. Elle me manda en réponse que je la trouverais chez elle le lendemain à midi (jour du Vendredi saint). Comme bien vous pensez, je n'ai point manqué au rendez-vous. Après avoir montré mon billet de créance, que j'ai ensuite retiré, je me suis acquitté du mieux qu'il m'a été possible de votre commission. Mme la duchesse de Bourbon m'a paru d'abord étonnée, piquée et même un peu humiliée de ce que vous ne lui aviez point répondu directement. Je lui ai dit les raisons de prudence qui vous en avaient empêché : « Au reste, m'a-t-elle répondu, il n'en a jamais agi différemment avec moi. »

Elle m'a demandé ensuite si vous m'aviez fait part de la lettre qu'elle vous avait écrite ; je lui ai répondu que je ne l'avais pas vue, mais que vous m'aviez fait part du motif principal qui en avait été l'objet. « Eh bien, monsieur, comme j'en ai gardé copie, je vais vous la lire. »

Elle sortit un portefeuille de sa poche, et ce brouillon, où il n'y avait pas une rature. Je vis clairement, sans oser le lui dire, que sa lettre n'était qu'un sermon de carême, et qu'elle vous proposait une chose impraticable. Je me permis de lui observer seulement qu'à moins d'aller au district, comme avait fait M. le prince de Conti, et de vouloir être ensuite ou juré ou officier municipal, on ne pouvait point se hasarder, quand on était en votre état, de rester dans un pays aussi mal gouverné que celui-ci. Elle me répondit à cela que M. le prince de Conti était heureux. Je lui dis que je croyais assez vous connaître pour être persuadé que vous seriez bien fâché d'être heureux à la manière de M. le prince de Conti. Je n'ai pas voulu prononcer le nom de M. le duc d'Orléans. Il y aurait eu trop à dire, et cela n'entrait pas dans ma mission. Au surplus, j'ai terminé notre conversation en lui parlant de votre reconnaissance, de vos remercîments pour son offre généreuse, etc., etc.

Elle me parut un moment douter de tous ces sentiments, et je m'aperçus qu'elle aurait eu grande envie de s'en assurer en voyant votre lettre. Je lui dis qu'il y avait des choses entre vous et moi qui ne me permettaient pas de lui laisser voir la totalité de la lettre; mais je cherchai quelques phrases, quelques expressions qui s'y trouvaient enfermées, que je ne trouvai aucun inconvénient à lui faire voir : elle en parut satisfaite. Je vins ensuite à parler de la petite indisposition de M. le duc d'Enghien; elle en parut touchée. Elle se plaignit beaucoup de ce que son fils ne lui avait point écrit depuis plus d'un an. Il m'a été impossible en cela d'excuser M. le duc d'Enghien, parce qu'il me semble qu'un enfant bien né ne doit jamais oublier les obligations qu'il a à sa mère et ne point s'écarter des égards qu'il lui doit. Après trois quarts d'heure de conversation, je pris congé de Mme la duchesse de Bourbon, qui resta, comme de raison, dans son opinion et moi dans la mienne.

J'avais ouï dire dans le monde que Mme la duchesse de Bourbon était dévote, mais je n'aurais jamais pu me figurer qu'elle était exaltée au point où elle l'est. Il y a peu de religieuses qu'on pût lui comparer. Son langage est absolument mystique; sa tête est exaltée à un point extrême. Elle voit partout la main de Dieu; et veuillez la sortir de là, elle n'y est plus. C'est bien dommage qu'avec de l'esprit, de la grâce et tous les autres moyens qu'elle a d'être bien, elle ait donné dans un pareil travers, car on peut trancher le mot.

Elle est démocrate autant que personne, non par méchanceté, mais par dévotion. Le samedi 7, je reçus un billet de Mme la duchesse de Bourbon, qui me fut apporté par un valet de pied. Je vais vous le transcrire mot pour mot : « Mme la duchesse de Bourbon prie instamment M. de Nolives de vouloir bien lui faire savoir des nouvelles de son fils, s'il en reçoit incessamment. Quelque coupable qu'il soit envers elle, il pense bien qu'une mère est toujours mère, et qu'elle lui en aura une sincère obligation. »

Je crois qu'il conviendrait que M. le duc d'Enghien écrivît de temps à autre à Madame sa mère. Il peut avoir bien des choses à lui dire, sans lui parler des affaires du temps ; à moins d'avoir des raisons extraordinaires, et il me semble qu'un enfant ne doit jamais rompre avec les auteurs de ses jours. Si vous jugez à propos que M. le duc d'Enghien écrive, vous pourrez me faire passer sa lettre, je la ferai remettre avec soin.

Je n'ai point ouï dire dans le monde qu'on parlât du tout de l'offre qui vous a été faite par Mme la duchesse de Bourbon. Vous pensez bien que je n'en dirai mot; mais si par hasard j'en entendais parler, je me conformerai aux ordres de Votre Altesse Sérénissime sur cet objet.

Je rends mille grâces à Monseigneur du petit bulletin qu'il a eu la bonté de m'envoyer. Les choses vont toujours ici à la diable; les papiers publics doivent vous en convaincre. Sans de puissants secours des étrangers, nous ne nous tirerons jamais du gouffre où l'on nous a précipités. Il ne faut rien attendre de l'intérieur, de ce qu'on appelle l'opinion publique. La nation française est pourrie; tous les états, tous les ordres sont gangrenés. Qu'on essaye de parcourir la France du nord au midi, et qu'on veuille parler raison, on n'y sera pas plus entendu que si on parlait grec. Il est grandement temps que la fusée se débrouille.

5

Le prince de Condé au duc de Bourbon.

A Coblentz, ce 26 avril 1792.

J'ai écrit tant de lettres ce soir que je ne vous dirai qu'un mot; car il est déjà minuit et demi. Faites copier à votre sœur les lettres de MM. de Bouillé et de Vassé, et envoyez-les tout de suite à Mayence; vous verrez dans ces lettres pourquoi je reste ici, cela est essentiel. On ne prend pas encore de parti et il en faut un; nous poussons vivement l'Électeur[1], mais il tient bon, quelle bêtise. Il ne veut pas que nous le défendions; nous avons cependant obtenu, mais sous la promesse du plus grand secret et à la troisième fois, qu'il ferait partir demain deux mille fusils pour armer les Français à Trèves en cas d'invasion. Nous n'en sommes encore que là; nous verrons demain. Nous allons en même temps faire évacuer de Trèves les femmes et les prêtres. Cela est nécessaire pour eux : dans tous les cas je ne vous ai pas envoyé de courrier hier au soir, parce que j'ai pensé qu'il vous arriverait en même temps que la poste, qui vous apprendrait la nouvelle qui nous a fait sauter de joie; mais l'embarras du parti à pren-

---

1. L'électeur archevêque de Cologne était Maximilien-François-Xavier-Joseph, archiduc d'Autriche.

dre y a succédé. Les intrigues sont plus fortes que jamais ; je vous embrasse tous deux.

6

Le prince de Condé au duc de Bourbon.

Coblentz, ce 28 avril 1792.

J'ai bien vu par les lettres de la poste de jeudi que vous m'avez envoyées, que vous ne saviez pas la déclaration de guerre. Cela m'a étonné, parce que j'avais calculé que vous pouviez recevoir le 26 les lettres du 21. Ne comptez pas sur les étrangers, malgré cet événement, avant le mois de juillet. Je ne serais pas étonné que le bal ne commençât qu'après la récolte, comme le mande le coadjuteur de Breslaw. Tout ce que nous avons à désirer, est une invasion quelconque des patriotes ; alors permission d'armer, de marcher sur le champ ; mais sans cela rien. Il n'y a que le duc de Deux-Ponts[1] qui se conduise comme un Dieu ; les autres ne veulent pas être défendus, et, lui, demande à l'être par nous. Il parle même de moi dans sa note ; cela est arrivé fort à propos pour les mousquetaires dont on ne savait que faire. La réponse de l'Électeur de Cologne aux princes[2] était de la plus grande insolence ; ils par-

---

1. Charles-Auguste, Prince palatin, duc de Deux-Ponts.
2. Quand les Condés emploient ce terme collectif de princes, ils veulent parler de leurs aînés de la Maison de Bourbon.

tent demain pour Meisenheim, qui appartient au duc, et qui est à quatre lieues de Creutznach. On y envoie aussi, je crois, la compagnie à pied des gardes de la porte et une autre; mais il n'est pas encore question que cela soit à mes ordres, quoique cela fût assez naturel, puisque le duc demande que je sois destiné à les soutenir ou à les recevoir; mais si je touchais cette corde-là, cela suffirait pour que cela ne fût pas. Mon ambition est une si terrible chose! il faut s'en rapporter à la valeur des circonstances, et cela doit arriver tôt ou tard, jusqu'à ce que ce corps ait rejoint la maison du Roi. Ces réflexions ne sont que pour vous quatre.

On dit qu'on aura de l'argent dans huit jours, et Calonne va demain à Francfort pour cela jusqu'à mercredi; absence que je n'aime pas trop dans la circonstance présente; mais l'argent doit passer avant tout.

Ne pouvant pas arracher un plan, une décision, j'ai pris le parti de faire un mémoire sur trois colonnes (après avoir causé hier avec le maréchal[1] et ses deux adjudants). La première est remplie, de ce que je crois qu'il y a à faire dans la forme de question, la deuxième sera pour l'avis du maréchal, la troisième pour les décisions des Princes. Je vais tâcher de faire remplir tout cela aujourd'hui; alors je partirais demain et je serais à Bingen à huit

---

1. Le maréchal duc de Broglie.

heures du soir. Si je n'y suis pas à neuf, c'est que je n'aurai pas pu parvenir à obtenir des décisions, et je ne veux pas partir sans cela.

7

Le même au même.

30 avril 1792, 10 heures du matin.

Les Français s'étant avancés, hier 29 de ce mois, jusqu'à environ une lieue sur le territoire de Sa Majesté Apostolique, du côté de Tournay, le général d'Apponcourt, à la tête des troupes wallonnes, les a laissé approcher, sans permettre aucun mouvement à sa troupe; mais les Français, ayant fait feu, il leur a été répondu. Ils ont été battus, repoussés sur leur territoire, après avoir perdu quatre pièces de canon, leurs équipages et munitions de guerre qui sont restés au pouvoir du général. Les Français s'étaient présentés aux environs de cinq mille hommes.

30 avril, 9 heures du soir.

Les Français s'étant présentés, au nombre de treize à quatorze mille hommes, vers l'armée du général Beaulieu, près de Mons, ils ont éprouvé une nouvelle défaite, mais infiniment plus sérieuse que la première. L'armée de M. de Beaulieu s'est montrée avec une bravoure bien digne d'elle et de son chef.

Les Français ont été battus et repoussés vers la France, ils sont encore poursuivis en ce moment. L'action n'étant point finie, et M. de Beaulieu, ayant cru devoir nous prévenir de ses premiers succès ; mais déjà on compte deux à trois cents Français de tués et environ soixante prisonniers ; on ne connaît point encore le nombre des blessés. Cinq pièces de canon ont été prises à l'ennemi, et ce qui ajoute au succès de cette affaire, c'est que nous n'avons essuyé aucune perte. L'armée ennemie était commandée par M. de Biron. Le fils du général Rochambeau a perdu la vie dans l'action, arrivée à trois heures du matin.

Du 30.

Jacques Aumont et Dillon[1] commandaient à l'attaque du côté de Tournay. Au deuxième coup de canon, leur armée a fait volte-face ; il y a eu quatorze hommes tués et deux cent cinquante prisonniers, avec tous les bagages. Le général a partagé tous les

---

1. Le général Théobald Dillon, frère du général Arthur Dillon qui, en 1794, périt sur l'échafaud révolutionnaire, fut entraîné dans cette déroute par ses propres soldats et surtout par les volontaires qui criaient : Sauve qui peut, nous sommes trahis! Ces pauvres héros se trahissaient eux-mêmes et s'en prenaient à leurs chefs. Théobald fut dangereusement blessé par un coup de pistolet qu'un de ses hommes lui tira à brûle-pourpoint. Le colonel de génie Berthois, son chef d'état-major fut pendu avec six prisonniers tyroliens. Après avoir ignominieusement traîné ces cadavres dans les rues de Lille, les volontaires les jetèrent sur un bûcher et les livrèrent aux flammes en dansant autour le *Çà ira* et *la Carmagnole*.

effets entre ses troupes et les paysans sur le terrain desquels s'est donnée la bataille.

L'affaire de Mons paraît avoir été un peu plus disputée. On a tué mille hommes aux Français, et M. de Lambesc les a poursuivis jusque sur les glacis de Valenciennes.

Les gentilshommes d'Ath[1] ont marché, mais n'ont pas pu donner.

Et nous n'étions pas là, mes chers enfants !

8

Du même au même.

A Coblentz, ce 4 mai 1792 à midi.

J'étais bien sûr de la joie que vous causeraient à tous les nouvelles que je vous ai envoyées hier. Ce succès me fait encore plus de plaisir, puisqu'il me vaut quelques expressions de tendresse de votre part. Je vous envoie ce que j'ai raccroché depuis dans quelques lettres particulières ; il y a quelque chose qui augmentera encore la joie, mais aussi les regrets.

L'ardeur de votre fils, à qui je n'ai pas le temps d'écrire, ne lui fait assurément qu'honneur ; mais ce serait fermer l'écurie quand les chevaux sont dehors ; outre que ce serait afficher qu'on ne fera rien

---

1. Le prince de Condé avait formé un dépôt d'émigrés à Ath.

de ce côté-ci, ce que je suis fort loin de croire, car j'ai été parfaitement content de Balbot[1] dans les deux conseils d'hier. On peut être aussi sûr que les Nationaux ne s'y refrotteront pas de ce côté-là que de la pure défensive, où vont se tenir les Impériaux pendant quelque temps.

Je m'attendais à recevoir les lettres de Vassé que vous m'envoyez. J'écris en conséquence à Fumel[2] qui vous communiquera ce que je lui demande.

J'espère que vous n'avez pas mis dans les copies le petit mot de la fin ; comme j'écrivais au conseil, je n'avais pas le temps d'être plus long.

Ce n'était pas pour ce que je mandais avant-hier que je vous avais invité à vous assembler tous les quatre, mais en général quand vous recevrez des lettres de moi. Au reste, tout était fait quand j'ai reçu votre avis. Tout le monde, et moi aussi, a rejeté le titre à prendre pour le moment, mais bien en entrant ; ce sera celui de lieutenant général du

---

1. Afin de pouvoir s'entretenir avec plus de liberté et de parler de tout et de tous avec plus de franchise, les Condés avaient adopé, dans leur correspondance particulière des noms de guerre pour désigner les principaux personnages qu'ils mettaient en scène. Ainsi *Balbot* était le comte d'Artois, *La Belette* le comte de Provence, *Hortensius* M. de Calonne, *Curtius* l'empereur d'Allemagne, l'*Atelier* le roi de Prusse, *Québec* l'impératrice de Russie. Le chiffre 29 voulait dire les princes. Le signe ♀ indiquait le château des Tuileries, c'est-à-dire le Roi et la Reine.

Toutes ces précautions ne servirent que pour les premiers temps de l'émigration. Dès le milieu de l'année 1793, elles disparaissent entièrement.

2. Le général baron de Fumel.

Royaume, et l'on n'en parlera point dans la lettre à Curtius. Cela était du plus grand danger, et aurait pu nous faire mettre en troisième ligne. Pour le manifeste, il en faudra bien un; quant à l'emprunt, alors il y a certitude qu'il réussira. L'ordre aux troupes de rejoindre alors, j'en serai d'avis. Le maréchal de Castries n'a pas été mal, mais tout ce côté-là se rabat toujours et exagère sur le défaut de moyens; le duc de Laval, qui arrive de Vienne, dit qu'il est sûr que le premier courrier qui arrivera apportera non-seulement la permission, mais l'autorisation d'armer les Émigrés, et je le croirais assez d'après les facilités que donne l'Électeur de Mayence[1]. Il aura voulu se donner le petit mérite de faire l'avant-garde de l'honnêteté. On aura sû à Vienne la déclaration le 28; le courrier doit arriver demain ou après-demain. On n'est jamais plus de six jours; ainsi je crois devoir attendre.

Nous allons avoir de l'argent des financiers de Paris. L'engagement est pris; nous en aurons aussi d'ailleurs; mais voici du mauvais. La Russie est fort refroidie; elle ne nous enverra ni hommes ni argent. Bombelles[1] a bien travaillé; d'ailleurs Balbot a dit

---

1. Frédéric-Joseph d'Ertal, électeur-archevêque de Mayence.
2. Le général marquis de Bombelles, ancien ambassadeur du roi Louis XVI et plus tard évêque d'Amiens. Sous l'Empire, le général ambassadeur était curé dans un petit village d'Allemagne et, vers 1807, il se trouva, à ce titre, en rapport avec les généraux de Bonaparte guerroyant en ces pays. Dans un manuscrit, qui a bien son charme, le marquis de Bombelles a raconté ses

lui-même (ce qui est assez extraordinaire) qu'elle avait été enthousiasmée de nous, quand elle nous a cru des chevaliers français, de petits Henri IV, mais que notre inaction, et l'inutilité de ses quatre millions l'avait un peu dégoûtée. Montesson[1] va triompher; au reste elle pousse bien Curtius et l'Atelier; puis elle est un peu occupée de la Pologne.

9

Du même au même.

A Coblentz, ce 13 mai 1792.

Je profite aussi d'une occasion pour vous répondre, à moins qu'il n'y ait dans les lettres de Vassé quelque chose qui vous paraisse pressé. Ne les communiquez à personne avant que je les aie lues, parce qu'il m'est fort intéressant, qu'il ne soit pas compromis par une indiscrétion; et il pourrait l'être, je m'entends bien.

Le fameux conseil n'a pas eu lieu. Cela était changé quand je suis arrivé, mais pour raison de secret; cela va mieux ici. J'ai eu hier trois quarts d'heure de conversation avec Hortensius et Balbot, et trois

---

entrevues et sa liaison passagère avec le général Vandamme et de quelle manière il parvint à apprivoiser ce terrible lieutenant de Napoléon.

1. Le général vicomte de Montesson.

autres tête-à-tête avec Balbot; ce matin encore trois autres tête-à-tête avec la Belette. Je suis plus content; on sent la nécessité d'aller avant les étrangers. On s'y prépare, mais point de doubles louis, cela est désolant. On dit dans huit ou dix jours, mais on m'a tant dit cela de fois.

Depuis un mois, la Reine est plus furieuse contre nous que jamais. Elle dit que notre politique l'a emportée sur la sienne auprès des puissances étrangères et des cabales de Paris, et que c'est nous qui avons fait faire la guerre (il y a bien quelque chose de vrai à cela); qu'elle ne nous le pardonnera jamais, et qu'il faudra que Balbot ou la Reine sortent de France.

Voilà où nous en sommes. Je vous embrasse tous.

10

Du même au même.

A Coblentz, ce 14 mai 1792.

Écoutez-moi bien : faites prendre copie par ma fille des lettres à MM. de Bouillé, de Godenheim et de Boursac le plus tôt possible, et envoyez chercher Bertier. Qu'il prenne les lettres à MM. de Bouillé et de Godenheim et les trois cents louis que porte de Prades; que ledit Bertier parte pour Mayence, où il remettra en passant les lettres à M. de Bouillé. De là il continuera tout de suite sa route jusqu'à Durrenstein, à deux lieues en avant de Worms; là il trouvera Godenheim, à qui il remettra la lettre qui est pour lui, et les trois cents louis dont il tirera un reçu, pour l'exactitude de la comptabilité.

Ensuite vous mettrez à la poste la lettre de Boursac avec cette adresse : à Monsieur Auguste, négociant aux Deux-Ponts, sans mettre l'auberge, cela est convenu.

En vérité il y a plus de nerf ici, et je crois qu'on ira.

Je viens de voir une lettre de Marseille, qui dit que la Nation a porté douze mille hommes sur le Var, que le lendemain le régiment du Maine a passé à Nice en entier, caisse et drapeaux, et qu'il a été suivi par tous les officiers des régiments de la marine et de Barrois; que de plus on a pillé dans le port de Marseille un bâtiment marchand autrichien (apparemment de Trieste); qu'on cherche à armer une escadre à Toulon, mais qu'on ne trouve ni officiers, ni matelots, ni argent, et qu'on commence à prendre l'argenterie et l'argent dans les maisons qui passent pour les plus aisées ; je ne garantis rien de tout cela.

Le bataillon du régiment de Walsh qui vient à Longwy, demande à passer, cela doit être secret.

Je ne crois point à la nouvelle de Lafayette.

Le général prussien qu'on envoie ici pour arranger les magasins est Schonfeld, celui que le roi de

Prusse avait mis (sans l'avouer) à la tête des patriotes Barbançons. Ce choix a étonné d'abord, mais il est avis de Romanzow, qui s'en charge. On attend le premier aujourd'hui ou demain, et l'on se prépare à dire à l'électeur de Trèves[1] que, pour être conséquent, il faut qu'il refuse le roi de Prusse, ou qu'il nous permette d'armer, car son pays sera tout aussi exposé par une démarche que par l'autre.

Je ne reviens pas de l'acte de vigueur que vient de faire notre Électeur. Que Dieu l'y maintienne!

11

Du même au même.

A Coblentz, 14 mai 1792.

Tout ce qu'il y a de pire, moins d'argent que jamais; je crois impossible que tout ne croule pas. On m'ôte le régiment de Saxe, et je voudrais par cette raison que ce fût tout à l'heure. Hortensius court les champs; l'Atelier fait des difficultés. D'après la proposition de Curtius, on a fait des dépêches sans fin à Québec; de ce côté-ci tout allait à merveille; mais, mais, etc., etc.

---

1. Clément Venceslas, prince de Saxe, archevêque-électeur de Trèves.

12

Le prince de Condé au général marquis de Bouillé[1].

Bingen, ce 16 mai 1792 à 4 heures du matin.

Je ne puis vous exprimer, Monsieur, à quel point votre lettre m'a consterné. Comment l'Électeur a-t-il la barbarie de nous jeter dans d'aussi cruels embarras ? D'où peuvent donc venir ces variations perpétuelles ? Nous donner les plus belles espérances, et, le moment d'après, se dédire. Jamais il n'y a eu d'exemples d'une pareille persécution.

Aussitôt la réception de votre lettre, j'ai fait venir MM. de Viomesnil et de Fumel, à qui j'ai fait part de la proposition des cinq villages du comté d'Ingenheim pour y placer le régiment, en attendant le succès de votre négociation à Worms. Cet arrangement nous a paru souffrir les plus grandes difficultés : premièrement, parce que dès hier nous avons envoyé un officier à Neubamberg faire les logements, ne doutant pas, d'après les assurances que

---

1. Le général marquis de Bouillé, l'un des plus fidèles et des plus habiles serviteurs de la Monarchie dont la Révolution sut faire un croquemitaine pour effrayer ses patriotes. Le nom de ce courageux soldat a l'honneur de figurer dans l'une des strophes de la *Marseillaise* comme un des vils suppôts de la tyrannie à laquelle allait succéder l'ère de la fraternité mitigée par la guillotine.

nous avions, que le régiment ne fût placé dans le pays de Worms, dans un endroit quelconque. Deuxièmement, comment annoncer à ce régiment déjà mécontent des dégoûts qu'il a essuyés dans sa route, comment lui annoncer encore un changement subit dans sa marche, sans lui faire prévoir de nouveaux désagréments. Troisièmement, le déplacement des compagnies qui sont établies dans ces villages serait une occasion de dépenses pour les gentilshommes et donnerait infiniment d'embarras.

D'après ces considérations, nous sommes convenus que le régiment partirait toujours aujourd'hui pour se rendre à Neubamberg. M. de Vioménil vient de partir dans le moment pour aller à Soremburg où le régiment a couché ; il dira à M. de Gottsheim de ma part que vous m'avez mandé, que vous alliez tâcher de leur faire avoir la ville de Worms, ou un cantonnement dans le Bergstrass, ou dans le pays de Darmstadt. Il est sûr qu'il faut absolument qu'ils soient placés dans un de ces trois endroits, ou bien s'attendre à perdre ce régiment ; combien cela serait affreux et humiliant pour nous.

Le premier régiment qui se dévoue à notre cause, à la cause du Roi, le voir se débander, peut-être s'en retourner en France, disant qu'il a été chassé de partout. Ce serait le plus grand malheur qui pût arriver.

13

Le prince de Condé au duc de Bourbon.

A Coblentz, ce 1ᵉʳ juin 1792.

J'ai si peu de temps que je ne réponds pas à tout ce qui n'exige pas réponse.

Que Levignac reste.

Je suis bien fâché de l'accident de Rudenheim. Sûrement je serais très-aise d'aller attaquer Kellermann ; mais en vérité, un trésor dont l'existence est encore fort douteuse ne vaut pas la peine de faire une mandrinade qui ne serait pas soutenue. D'ailleurs cela ne serait sûrement pas accepté ; et je me garderai bien de le proposer comme de le tenter. Il faut se tenir tranquille, d'autant plus que ce ne sera pas pour longtemps.

Pour vous seul.

En tout, soyez un peu en garde intérieurement contre les propositions, quelquefois trop chaudes, de personnes très-posées, très capables, excellentes sous beaucoup de rapports, mais dont l'imagination trop vive ne voit que le succès vraisemblable d'une entreprise, sans songer à tous les préparatifs, à tous les moyens nécessaires pour entreprendre, et sans lesquels rien ne peut aller. Il n'y a que ceux qui ont commandé, et commandé en grand, qui saisissent les possibilités et les convenances de ce genre.

L'assemblée ici me paraît fort aventurée. Le conseil sera fort divisé là-dessus à l'ordinaire; on attend le maréchal de Castries aujourd'hui, et je prévois que Hortensius sera seul de son avis, car Balbot l'abandonnera sûrement, si la Belette n'en est pas; ce qui ne laissera pas de m'embarrasser.

J'envoie à Vassé la note de Teyssonnet et je lui mande ce qu'il a à faire; vous n'avez rien à écrire là-dessus. Je n'ai pas besoin de vous dire de ne pas prendre de parti avant de m'avoir consulté; c'est l'affaire de douze heures d'avoir ma réponse. En attendant, vous pourrez s'il y avait événement, ce que je ne crois pas, préparer avec Fumel et Viomesnil des ordres sur le papier, en mon nom, sur ce que vous croirez prévoir que je peux répondre; mais vous ne les lâcherez qu'après ma réponse, parce que nous nous compromettrions, si nous faisions quelque chose, avant d'être autorisés ici.

14

Du même au même.

A Coblentz, le 2 juin 1792.

Vous savez que mes nouvelles sont toujours comme la fièvre tierce; c'est aujourd'hui le bon jour.

M. de Bouillé est arrivé, et je n'ai encore pu le voir que devant les Princes. Le roi de Prusse est charmant pour nous ; il nous promet une place en première ligne, et il est bien expliqué dans la note officielle, que ses troupes seront derrière nous pour nous appuyer. Il charge le duc de Brunswick de nous fournir d'artillerie ; il donne quatre cent mille francs par mois pour l'entretien des troupes françaises passées ou à passer et qui seront toujours à nos ordres. (Comme nous avons bien fait de refuser l'autre). De plus il nous donne deux millions pour entretenir les Émigrés ; mais il désire que le roi de Hongrie[1] se charge d'un des deux. Le roi de Prusse n'avait aucune connaissance de la proposition de ce dernier, qui d'ailleurs se livre personnellement, et indépendamment de son conseil, à ceux de son ancien. M. de Bouillé nous l'a assuré, mais toujours cette éternelle recommandation de nous tenir tranquilles, et de ne point armer à moins de réquisition des princes allemands. Il est absurde de nous faire partir pour la guerre, sans nous être exercés. Cela ne peut pas durer et si les Autrichiens étaient seulement un peu battus par Luckner et La Fayette[2]

---

1. L'empereur d'Allemagne était aussi roi de Hongrie.
2. Le général marquis de La Fayette, l'un des plus frappants exemples de l'instabilité populaire. D'abord l'idole de la Révolution et de la garde nationale, puis quand il n'ose plus se prêter aux violences et aux crimes, le jouet des Jacobins et peut-être leur martyr. Accusé de lâcheté par les uns, de trahison par les autres, La Fayette se vit obligé, pour échapper aux bourreaux,

qu'on assure réunis, on ne doute pas que les Électeurs ne nous armassent sur-le-champ.

Il nous est arrivé hier au soir plus de quinze cent mille francs, mais tout en lettres de change à terme. La plus courte est à six semaines ; au reste cela peut se négocier, mais cela ne donne pas de quoi arroser pour le moment.

Le roi de Prusse veut que le débit de ses quatre cent mille francs passe par les mains d'un commissaire qu'il envoie à Darmstadt *ad hoc*. Le général Schonfeld arrive demain ou après-demain, avec deux millions cinq cent mille d'écus en or pour les approvisionnements de l'armée prussienne. C'est celui-là qui serait bon à voler. Le roi arrive ici le 21 juillet, et le duc de Brunswick le 4.

d'abandonner son armée, et de passer à l'ennemi avec quelques-uns de ses partisans. Les Autrichiens lui surent très-peu de gré de cette désertion, et il fut enfermé dans la citadelle d'Olmutz.

La Fayette est le créateur de la garde nationale. Il la fit à son image, il lui donna son caractère. La garde nationale est restée marquée de cette estampille. Quelques bonnes intentions et une masse de mauvaises actions composent l'histoire de cette institution civico-militaire. La Fayette avait passé à l'ennemi pour se dérober aux commissaires nationaux venant l'arrêter au nom du peuple. Mais La Fayette avait du sang révolutionnaire dans les veines. Au milieu de toutes les circonstances, il se montrait toujours prêt à mettre au service de la Révolution son panache tricolore et ses indécisions politiques. Il fut acclamé par la chanson et par le *Moniteur* le héros des Deux-Mondes et le sauveur de la liberté. Avec des idées fausses, un bon cœur, beaucoup d'esprit et un besoin insatiable de popularité, ce patriarche de toutes les insurrections fit un mal immense à Louis XVI, à la République, à l'Empire et à la Restauration. Il finit par bâcler la royauté bourgeoise de 1830 ; et, comme Benjamin Constant, il mourut de son ingratitude.

Tous nos approvisionnements vont bien ; mais je parierais bien que toutes ces bonnes façons du roi de Prusse serviront de prétextes pour l'attendre, de peur de lui déplaire.

15

Du même au même.

A Coblentz, ce 4 juin 1792.

Rien de mieux que ce que vous avez fait, pour l'affaire des Tschoudy[1], il faut espérer que cela en restera là.

Je ne suis pas fâché de la crise de votre pied ; cela peut effectivement vous soulager tout à fait. Il me semble que tout le monde est bien hypothéqué à Bingen.

Sans doute il faut que votre fils aille jeudi à la procession ; j'avais compté y aller moi-même, mais un grand conseil, assemblé aujourd'hui exprès pour décider sur le titre à prendre, ou à ne pas prendre et où l'on a parlé de tout, excepté de cela, a fait remettre la chose à demain. Ce qui me force à rester, mais jeudi rien ne m'arrêtera.

Si mes nouvelles n'ont pas eu la fièvre tierce, c'est qu'elle aura un peu dégénéré en quarte. La disette

---

1. Les Tschoudy formaient une nombreuse famille servant très-bravement et à différents titres dans l'armée de Condé.

et le chaos où est tout ceci nous minent peu à peu, et, malgré toutes les bonnes volontés, nous sommes toujours à la veille d'écrouler.

Nous avons reçu ce matin au conseil, un staffette[1] de M. de Lambesc. Il confirme les bonnes dispositions du duc de Brunswick ; mais il dit, avec l'air de n'en être pas content, qu'il y a eu un troisième plan substitué sans doute au second que M. de Bouillé avait apporté et qu'il croit que c'est à l'instigation de la cour de Vienne. Il dit qu'on le lui a communiqué et il ne l'envoie point, et il ne dit pas un mot de ce que c'est. On lui renvoie un courrier demain matin pour le faire expliquer ; d'un autre côté le chevalier de Roll, nous a fait une lourde sottise. Il a dit de son chef au ministre de Prusse qui a dû le mander tout de suite à Pétersbourg que nous aimerions mieux que l'Impératrice nous envoyât l'argent que doivent lui coûter les dix-huit mille Russes, pour lesquels elle a demandé le passage en Silésie, que les dix-huit mille hommes même. Il n'y a rien de si impolitique que cela.

Premièrement, parce que cela déplaira à l'Impératrice ; deuxièmement, parce que rien ne nous serait si utile, que des troupes incorruptibles par leur valeur et par leur langue, franchement et purement royalistes par la volonté bien décidée de leur sou-

---

[1]. Le prince de Condé se sert toujours de ce mot *un staffette* pour dire une estafette. Le duc d'Enghien suit son exemple. Nous avons cru devoir conserver partout cette locution.

veraine, qui s'opposera toujours à tout démembrement et nullement dangereuses à garder quelque temps, si l'on en a besoin. Il n'en est pas de même des autres, mais le chevalier de Roll n'a vu que l'inutilité de dix-huit cents à ajouter à deux cents mille ; on écrit sur-le-champ à l'Impératrice pour désavouer le chevalier de Roll.

Le roi de Prusse demande la communication du manifeste ; je n'y vois pas grand inconvénient pour lui, mais il faut donc le communiquer aussi à Vienne, car il le lui communiquera sûrement. Alors on nous le sabrera de la bonne manière, et nous serons ou plats ou offensants. Cela nous embarrasse, et je parierais que cela ira à la communication ; mais ce n'est pas là le seul retard. Il s'en prépare bien un autre ; le duc de Brunswick fait proposer, par la dépêche d'aujourd'hui, une entrevue entre Bablot et Hortensius d'un côté ; l'Atelier et lui de l'autre. Bablot a sauté là-dessus avec joie et accepte sur le champ. Le Duc l'a déjà proposé à l'Atelier et en attend la réponse demain. Mais nous croyons qu'elle sera dilatoire, parce que l'Atelier aura voulu consulter Curtius, ce qui pourra bien faire manquer la chose. Au reste on sera forcé de faire un mouvement à la fin de ce mois, ou je suis bien trompé ; et cela par deux raisons.

La première c'est que l'Électeur désire qu'on évacue Coblentz avant l'arrivée des Prussiens, tant à cause de l'embarras des quartiers, que de l'extrême cherté que cela mettrait dans les vivres, et qu'alors on permettra Trèves : ce qui serait très-bon. (Mais l'argent.)

L'autre raison, c'est ce qui se passe à Paris, que je crois que vous ne savez pas encore. Toutes les lettres et les papiers publics du 31 disent que la garde du Roi a été licenciée, que M. de Brissac[1] a été enlevé dans la nuit, et mené à Orléans, et le scellé mis sur ses papiers ; que de plus MM. d'Hervilly et de Pont-l'Abbé sont arrêtés ou en fuite. On n'en est pas bien sûr ; on dit en outre qu'on va aller plus loin ; suspendre le Roi de toutes fonctions et enfermer la Reine au Val-de-Grâce. Or si cela arrive, comment se taire, comment ne pas prendre un titre sur le champ et sans consultation ? Toute cette histoire de garde s'est faite sans la moindre opposition ; et la garde nationale est en possession du château. Il est sûr que cela peut faire tout craindre.

Nous savons que Curtius annoncera dans son manifeste qu'il ne prend point les armes pour faire une contre-révolution (parce que, dit-il, ce nom est odieux au peuple) mais seulement pour repousser son injure. Ce qui fera, comme vous voyez, qu'il

---

1. Louis-Hercule-Timoléon de Cossé, duc de Brissac, commandant de la garde constitutionnelle du Roi, fut décrété d'accusation en 1792 comme prévenu de fidélité à ses devoirs. Transféré d'Orléans à Versailles, il fut massacré avec les autres prisonniers. Le duc de Brissac était aussi brave que vigoureux. Il lutta contre ses bourreaux, reçut plusieurs blessures et tomba abattu d'un coup de sabre.

pourra, s'il veut, démembrer, conquérir la France, sans avoir, selon lui, rien à se reprocher ; mais soyez tranquille, cela ne sera pas. Nous en avons la plus grande certitude, de la part de la Prusse et de la Russie.

16

Du même au même.

A Coblentz, ce 20 juin 1792.

Soyez tranquille, Kellermann n'entrera point dans les Deux-Ponts, et je vais vous le prouver : 1° (chose incroyable) Aubertin n'a aucune mission, ni de Bablot, ni d'Hortensius, qui m'en ont parlé les premiers et qui sont du plus grand étonnement de la proposition qu'il a mise en avant. En voici la suite : Kellermann a fait dire au duc que s'il ne consentait pas à laisser lever ou rassembler dix mille hommes dans ses États, il le brûlerait. Le duc (ne pouvant pas faire autrement, il faut être juste) y a consenti ; et, à ce prix, Kellermann se tient tranquille. C'est Pfeffel qui mande cela à Hortensius, en ajoutant que le duc, qui ne varie point pour la bonne cause, a envoyé sur-le-champ un courrier à Berlin, pour presser le roi de Prusse de le tirer d'embarras. Aubertin n'a pas même été envoyé d'ici, c'est M. de Berchiny qui l'a placé sur la frontière pour recevoir ses hussards.

Après avoir envoyé chercher en grande hâte Hortensius et moi, on s'est bien vite dépêché d'expédier la réponse du courrier avant notre arrivée, et je m'en doutais bien. Au reste, on a fort animé Bablot contre Bingen ; on lui a dit qu'il y régnait un mauvais esprit ; il parle de m'ôter des compagnies pour m'en donner d'autres. J'ai été hier deux heures et demie avec Hortensius et lui, et j'ai été ferme. Il a voulu justifier le règlement ; je l'ai blâmé très-haut. L'intrigue redouble contre moi, mais il ne s'ensuit pas moins qu'il faut que ma division soit très-sage dans ses propos. Sans cela, on me perdra, on me forcera à me perdre moi-même en quittant tout plutôt que d'élever, dans un moment comme celui-ci, autel contre autel. J'ai prouvé qu'il n'y avait pas de corps plus soumis que le mien, qu'on s'exposait aux murmures en ne me consultant jamais sur les choses les plus essentielles, avant de les produire, que je connaissais mieux l'esprit de la noblesse que le maréchal, etc. En tout je n'ai cédé sur rien, et Hortensius m'a appuyé. J'en suis là, et il n'y a point encore de brouillerie.

Le duc de Brunswick auprès duquel il est clair, comme vous l'avez fort bien vu, que Lambesc m'a travaillé, chose dont je vais faire avertir M. de Bouillé, exige que les Princes sortent de Coblentz au 1er juillet. Sa note leur donne le pays entre la Lahn et le Mein ; mais on a obtenu des officiers prussiens, qui ont tous pouvoirs, qu'ils se porteraient sur la Nahe; ce qui est bien. Moi, ou je ne remuerai pas, ou je me porterai un peu en avant, et je ferai repasser mes quartiers de la rive droite, que les gardes du corps viendront occuper. Tout cela ne sera bien décidé qu'aujourd'hui ou demain. Il paraît qu'on fera agir les princes sur la Sarre, et les Prussiens sur Thionville et Metz. Mais comment les premiers vont-ils se remuer sans argent? c'est ce que j'ignore. L'aperçu du projet est que leur quartier général soit à Simmern ou Bingen.

Vous n'avez pas d'idée de la jalousie qu'on souffle ici; et si l'on pouvait m'envoyer en Suisse ou en Flandre, je serais l'homme le plus heureux du monde, pourvu que je fusse loin; car je prévois qu'on va tant me chicaner, me picoter, me vexer, que cela finira mal!

17

Le prince de Condé au duc de Bourbon.

Coblentz, le 22 juin 1792.

Je ne vous ai pas écrit hier au soir parce que je n'ai pas eu un moment à moi. Nous avons eu neuf heures de conseil, et je n'aurais rien pu vous mander avant onze heures du soir. Tout est changé ou du moins arrêté pour le moment. Vous n'avez pas d'idée de l'atrocité que Curtius nous fait. Jusqu'à présent il nous avait chicané, retardé, vexé ; à présent, il nous vole dans toute l'étendue du terme. Nous allions toucher quinze cent mille francs sur son cautionnement. Ils étaient prêts, ils partaient : nous avions les lettres d'avis. Nous apprenons hier matin par les banquiers qu'ils ont reçu ordre de verser ces quinze cent mille francs dans le trésor de Bruxelles. Mandrin en aurait-il fait davantage? De là désolation, consternation dans le conseil; de là impossibilité totale de se remuer. Communication aux officiers prussiens, qui ont senti cette impossibilité; courrier à l'Atelier, au duc de Brunswick, mais, en attendant, nécessité de retarder les colonnes prussiennes qui, de leur côté, enverront arrêter les Autrichiens, parce qu'il est convenu qu'on ne doit marcher que de concert. Ainsi ce vol arrête deux cent mille hommes sur cul et dérange toute l'Europe : cela peut-il se concevoir? Cependant l'excès même de ce dérangement sauvera vraisemblablement les suites, parce qu'il est vraisemblable qu'il va décider l'Atelier à envoyer l'argent tout de suite : alors rien ne sera retardé que de dix à douze jours.

Il est décidé, — mais il ne faut pas le publier encore, — que 29 (c'est-à-dire les Princes) viennent à Bingen. Les Prussiens n'ont pas voulu, mais fort honnêtement, que je m'avançasse autant qu'à Meisenheim. Nous serons à Neubamberg ou Creutznach et environs. On craint de faire brûler le duché des Deux-Ponts; mais pour le Palatin, les Prussiens penchent beaucoup à nous faire établir chez lui de gré ou de force; ils ne l'aiment pas.

18

Du même au même.

A Bingen, ce 3 juillet 1792.

Les Princes paraissent un peu effrayés du malaise qu'on leur prédit dans le séjour de Bingen ; cependant ils y comptent encore et Dieu veuille qu'ils y aillent, d'après ce que je vous dirai tout à l'heure. On a fait partir hier au soir M. de Sérent l'aîné, avec une lettre pour l'électeur de Mayence, afin de tâcher de lever toutes les difficultés ; mais, d'après ce que m'a dit Virieu, il sera inébranlable ; et je crois que le départ des Princes pourrait bien être retardé. Le landgrave de Darmstadt refuse aussi, et on ne sait que faire. Demain nous serons plus savants, comme vous le verrez par mon billet à Crénolle. Les Princes envoient ce soir complimenter le duc et lui dire que c'est la crainte de l'importuner qui les empêche d'aller le voir dès ce soir, mais qu'ils iront demain matin. Ils s'attendent qu'alors il viendra. Vous sentez bien que je ne peux pas y aller ce soir, sans donner le soupçon de vouloir le prévenir ; mais j'ai chargé le général Schonfeld, qui n'était point chez les Princes, quand j'y suis arrivé et qui y est accouru quand il a su que j'y étais, à ce qu'il m'a dit en perçant la foule pour venir à moi, de dire au duc (de Brunswick) de ma part ce qu'il fallait.

Dès que je suis arrivé, les Princes ont quitté l'assemblée et m'ont amené dans un cabinet. Là, ils m'ont dit une chose qui les inquiète beaucoup, et moi encore plus qu'eux. C'est qu'à travers toutes les politesses, toutes les honnêtetés du duc qui s'étend en éloges sur nous trois, même sur les maréchaux, il paraît assez clair qu'il s'en tient à sa première note qui nous renvoie de l'autre côté du Rhin. On espère cependant encore lui faire entendre raison ; c'est ce que nous verrons demain. Les Princes m'ont ajouté que le duc entendait commander l'armée des Émigrés comme les autres. Quant à cela, j'en suis enchanté : j'aime bien mieux être à ses ordres (et les Princes y seront aussi) qu'à ceux du maréchal, et j'ai bien quelques avantages vis-à-vis du duc, pour me faire honneur de ne lui rien disputer.

Voici ce qu'il y a de pis. Mallet Dupan[1] est chargé

---

1. Mallet-Dupan, né à Genève, en 1749, écrivain politique, le seul peut-être qui, comme Joseph de Maistre, ait si bien deviné et démasqué les manœuvres, les crimes et les conséquences de de la Révolution. Mallet-Dupan était en outre un habile diplomate. En 1792, ainsi que l'indique le prince de Condé, il fut chargé d'une mission secrète auprès de l'empereur François et du roi de Prusse. Ce grand polémiste était d'un désintéressement antique et d'une probité inattaquable. Bonaparte se fit son ennemi; il obligea les cantons Suisses à lui refuser l'hospitalité et Mallet-Dupan se retira près de Londres où il mourut de consomption, le 10 mai 1800.

par les Tuileries de prier les Puissances et le duc (et on a donné au premier un mémoire pour cela) de nous empêcher de donner un manifeste, de ne parler dans le leur que des Jacobins (ce qui me paraît impossible), et de nous tenir le plus possible sur les derrières, attendu, disent les Tuileries, que notre approche ferait égorger tous les aristocrates de France. Le Castries, qui arrive aujourd'hui, soutient Mallet Dupan, qui est à Francfort pour parler à Curtius, et qu'on a mandé ici; mais on croit qu'il n'y viendra pas. Nous pénétrerons demain quels sont les projets, mais je ne doute pas un instant que les Puissances ne favorisent plutôt les Tuileries que nous. Dans tous les cas, nous allons être complétement esclaves; il faut s'y attendre.

Par les soins de l'impératrice Catherine, nous avons touché un million de l'argent retenu à Bruxelles; mais Curtius y met l'honnêteté d'envoyer un commissaire exprès pour s'assurer ici de l'emploi qu'on en fera.

19

Du même au même.

Bingen, ce 3 juillet 1792, à minuit.

L'horizon s'éclaircit; sur la lettre des Princes qu'attendait le duc (de Brunswick) à Horchein, il est parti sur-le-champ pour venir les voir. Nous ne l'avons su qu'un quart d'heure avant son arrivée; heureusement que tout le monde a eu le temps de se rassembler. Il est arrivé ce soir à neuf heures et demie; les Princes ont été au-devant de lui jusqu'à la porte de la rue, et dès qu'il a paru, nous avons fait quelques pas en avant. Il nous a embrassé tous trois. De là, Monsieur l'a pris par la main; nous avons suivi Monsieur, le comte d'Artois et moi. Entrés dans un des salons, au milieu de la foule, beaucoup de compliments de part et et d'autre; les Princes lui ont présenté leur Maison et les officiers généraux; conversation complimentaire pendant un quart d'heure environ. Il a dit au maréchal de Broglie et à moi qu'il avait passé la journée d'hier dans des champs couverts de notre gloire à tous deux. Nous sommes entrés dans le cabinet tous les quatre; le maréchal et M. de Lambesc[1]. Le prince Xavier[2] est arrivé un moment après; nouveaux compliments. Quelques questions sur le mouvement actuel; il est décidé que les Princes iront à Bingen. Ma place ne l'est pas encore, je n'ai pas voulu passer dans ce premier moment; cela sera déterminé à l'entrevue de demain. On n'a presque pas parlé de moi; il n'a pas trop repoussé Creutznach. Cependant il est encore incertain sur le Palatinat, et il ne presse point

---

1. Charles-Eugène de Lorraine, prince de Lambesc, plus tard duc d'Elbeuf.
2. Le prince Xavier de Saxe.

le mouvement. Il attend sous deux jours des nouvelles du général autrichien Hohenlohe, qui doit arriver à Manheim aujourd'hui ou demain, et il dit qu'alors il pourra parler plus positivement. Mais il a dit ces propres paroles que je vous ai gardées pour la bonne bouche : « Au reste, je puis assurer Vos Altesses, de la part des deux Souverains qui m'honorent de leur confiance, et, si j'ose le dire, d'après mon sentiment et mon attachement personnels, qu'on n'a pas jamais conçu la plus petite idée de ne pas leur faire jouer le rôle brillant qui leur est dû à tant de titres, et dont nous avons besoin pour notre propre intérêt. »

Vous conviendrez que cela est fait pour mettre un peu de baume dans le sang ; nous verrons ce qui en résultera.

L'entretien a duré environ trois quarts d'heure ; Calonne est arrivé à la fin ; il l'a reconnu sur-le-champ pour l'avoir vu à Metz, il y a vingt-cinq ans. De là demande d'aller chez lui demain matin, refus de sa part ; convenu qu'il reviendra demain entre onze heures et midi et qu'il dînera avec nous. Je lui ai dit en sortant un mot de ce qui me regardait ; il m'a serré la main et m'a dit : « Soyez tranquille. » Comme on le tiraille de partout, je n'ai rien ajouté ; mais je ne serai tranquille qu'après la conversation de demain, que vous ne pourrez savoir qu'après-demain matin. La reconduite n'a pas passé la chambre d'après le cabinet. On a fait une gaucherie, quoique j'aie dit trois fois très-clairement ce qu'il fallait pour la faire cesser. Jamais on n'a voulu m'entendre. On n'a pas fait entrer le ministre de Prusse, quoique le duc ait dit deux fois : « Stein[1] nous dirait cela. » On répondait toujours qu'on lui enverrait M. de la Rosière. Or Stein n'était pas fait pour être renvoyé à un sous-ordre et pour rester à la porte quand un Lambesc était en dedans. Je ne serais pas étonné qu'il fût un peu choqué ; après le départ nous avons représenté, Vaudreuil et moi, que, malgré la défense du duc, il était honnête de la violer et d'aller chez lui, et nous y allons demain à neuf heures. Je crois que voilà une lettre assez curieuse. Bonsoir, mes chers enfants, je vous embrasse.

On a tout lieu d'espérer encore cinq cent mille roubles de la Russie ; et avec trois ou quatre millions de nos coffres on nous paralyserait ! C'est à se tirer un coup de pistolet par la tête.

---

1. Le baron de Stein, ancien ministre d'État de Prusse, fut un des plus ardents adversaires des principes de la Révolution et il se fit en Allemagne une réputation colossale par ses sentiments hostiles contre Napoléon. En 1812 et 1813, il fut, par ses écrits et par sa diplomatie, l'un des inspirateurs et des guides du mouvement germanique qui accéléra la chute de Bonaparte. Retiré dans ses terres en 1816, après avoir accompli son œuvre, il y éleva un temple en commémoration de la délivrance de l'Allemagne et de la captivité de Sainte-Hélène.

20

Du même au même.

A Coblentz (donc) ce 4 juillet 1792,
11 heures 1/2 du soir.

Premièrement, Nassau est arrivé hier au soir, et nous a appris que quinze mille Russes sont en marche et arriveront en France vers le premier d'octobre. Romanzow[1] est venu un moment après nous apporter, non pas cinq cents, mais deux cent cinquante mille roubles, faisant sept cent cinquante mille francs, ce qui fait que nous avons reçu depuis trois semaines trois millions deux cent mille francs. Mais tout cela est en papier et nous n'en sommes pas plus riches pour le moment. La Chapelle vient de me dire que ce mouvement-ci coûterait dix-huit cent mille francs ; jugez.

Nous sommes partis à neuf heures ce matin pour Horchhein. Après tous les compliments possibles, nous nous sommes enfermés, les cinq Princes et M. de Lambesc. Le duc a répété de vingt manières différentes, sans affectation pourtant, mais du ton le plus affectueux et le plus vrai, la phrase soulignée

---

1. Le comte Nicolas de Romanzow, ministre, puis chancelier de Russie, était fils du feld-maréchal Pierre Romanzow, qui illustra le règne de l'impératrice Catherine II par ses talents et par ses victoires.

d'hier. On a lu quelque chose où l'on disait que les Princes français seraient en deuxième ligne. Il a interrompu et s'est écrié avec véhémence qu'il donnait sa parole d'honneur que jamais, jamais, les Puissances n'en avaient seulement conçu l'idée. Nous savons d'ailleurs que l'Impératrice a mis pour condition de son accession au projet des deux Rois, que les Princes auraient en première ligne une place convenable à l'éminence de leur rang et à la noblesse de leur conduite. Nous avons conté au duc le vol de Bruxelles, toute l'histoire de M. de Toulongeon; enfin nous lui avons marqué la plus grande confiance. Il y a paru sensible; mais quand il ne pouvait que blâmer la conduite du Cabinet de Vienne, il le faisait et ne la justifiait jamais.

Pendant ce temps-là, Stein et la Rosière arrangeaient le mouvement dans une autre chambre. J'ai levé le lièvre sur le canon qui nous manquait absolument. Il a dit qu'on en demanderait pour nous à l'Électeur de Mayence et que, s'il n'en voulait pas donner, les Prussiens et les Autrichiens nous fourniraient par moitié la quantité dont nous jugerions avoir besoin. Il n'y a rien à dire à cela.

Après avoir dit beaucoup de choses utiles que je ne me rappelle pas, nous avons été dans le salon, où on a trouvé Stein et la Rosière qui attendaient. On a vu dans une fenêtre, en courant, ce qu'ils avaient arrangé; vous verrez dans ma lettre à Crénolle ce qui en résulte pour ce qui me concerne. C'est bien ; nous sommes repartis un peu avant midi. A deux heures et demie le duc est venu pour dîner ; encore un peu de cabinet pour une affaire qui serait trop longue à vous conter. On s'est mis à table sans femmes, le duc entre les deux Princes ; moi, j'ai été chargé du fils, qui a vingt ans ; je l'ai mis entre le prince Xavier et moi. Ce jeune homme est tout neuf, tout simple[1]. Il m'a plu beaucoup, il m'a tout de suite pris pour son confident et m'a fait, sans bêtise, les questions les plus naïves sur les personnes, sur tout ce qui se passait. Il a été fort étonné, entre autres choses, qu'un page fût chevalier de Malte, étant si jeune, disait-il. Il n'en revenait pas. Il mange peu ; il m'offrit de tout ce qu'il y avait sur son assiette ; il m'avait l'air de ne pas comprendre qu'on prît garde à lui.

Quand je lui ai offert de l'entremets, il m'a répondu : « Je suis rassasié. » Je me le suis tenu pour

---

1. Ce jeune homme, ainsi dépeint par le prince de Condé, ne tarda pas à devenir un des plus intrépides soldats de cette époque où la bravoure courait les rues. Quand le duc de Brunswick fut blessé à mort à la bataille d'Auerstœdt, le fils, dont les cheveux, la barbe et les sourcils blanchirent dans les vingt-quatre heures, jura de venger son père. Jamais serment ne fut plus religieusement tenu ; jamais Bonaparte n'eut un ennemi plus personnel et plus direct. Il fut avec le baron de Stein et le feld-maréchal Blücher le principal promoteur de la guerre de 1813. A la tête de sa *Légion vengeresse*, il combattit partout et toujours les troupes de Napoléon. Il périt à Waterloo, au moment même où, par une dernière charge, il décidait du sort de la journée. Les Allemands le proclament encore l'Arminius moderne et ils ont fait de lui un héros de légende.

dit. Eh bien! je vous assure qu'il n'est pas bête; mais, avec une figure intéressante, il m'étonnera bien s'il devient jamais un agréable.

Après dîner, je l'ai pris par la main pour le faire passer; car si on le laissait faire, il serait toujours derrière tout le monde. Il m'a cependant dit : « Oh! je ne vous quitte pas. » Effectivement, son parti était pris là-dessus; il s'est toujours tenu collé à moi dans la foule, et je l'ai trôlé partout à la place où il devait être.

On a voulu imiter nos visites de corps, cela n'était pas bien difficile : mais on avait tout laissé entrer à la fois dans le grand salon, quand on y a passé. Au moyen de quoi, tout était confondu. Les Princes ont promené le duc dans ce salon, et quand ils rencontraient trois ou quatre officiers du même uniforme, ils disaient : « Voilà tel corps qui vient vous faire sa visite. » Cela n'aura pas donné une grande idée au duc de l'ordre qui règne dans l'armée des Émigrés. Au reste, il l'appelle toujours ainsi, et il a été fort honnête. Il a dit à plusieurs qu'il se rappelait fort bien de les avoir vus, il y a tant d'années (vingt-cinq ou trente) à tel endroit, et cela était vrai.

Enfin il est parti, et je suis resté seul avec les Princes pendant plus d'une heure. Je ne peux pas dire que je n'aie été parfaitement content d'eux pour les principes : ils tiendront à ceux de notre lettre d'il y a dix mois, malgré tout ce que les Tuileries peuvent et pourront dire; et quel que soit le manifeste des Puissances, ils sont bien décidés à dire dans le leur tout ce qu'ils ont dit dans cette lettre. Et sur ce que j'ai fait exprès l'objection : « si le Roi libre voulait autre chose, » Monsieur m'a fort bien répondu; « il ne peut l'être qu'au bout de quelque temps que nous serons en France, et alors notre parti sera trop fort pour qu'il fût possible, à nous de nous dédire, et à lui de nous contrarier. » A un certain point, l'observation m'a paru fort juste. Voilà notre journée d'aujourd'hui; celle de demain ne sera pas fort intéressante.

21

Du même au même.

A Buhl, ce 31 août 1792.

J'ai reçu hier votre lettre du 23, et je vois avec peine que vous étiez encore à Huy, ne sachant pas quand vous marcheriez.

Je suis révolté comme vous de ce que vous me mandez, mais je m'y attendais; j'ai toujours vu du louche dans cette aventure-là, qui ne m'a jamais paru naturelle, et je crois qu'elle finira encore plus mal pour le sentiment des honnêtes gens. Quant à nous, je crois bien que nous ne serons pas longtemps sans faire quelques mouvements; et je suis chargé de faire remonter tous les bateaux de tous les endroits que je garde sur les bords du Rhin. Si on vous l'a mandé, ne le dites pas comme le tenant de moi; mais ce qu'on me demande n'est pas fort aisé, attendu que les Nationaux tirent dessus comme le diable et que les bateliers ont peur. L'Alsace est toujours bonne, et ses défenseurs sont fort négligents et encore plus poltrons. L'apparition de quelques-uns de ces bateaux a fait battre la générale dans leur camp, l'avant-dernière nuit; et ils ne tiraillent que par peur.

Il y a une main invisible qui retient et empêche de tenter des succès plus que certains. Avant-hier, ils tiraient encore beaucoup de canon sur la Légion qui sert à merveille et qui s'en émeut d'autant moins que tous les coups passent par-dessus et ne touchent jamais personne.

Je ne vous parle point des horreurs de Paris; cela fait frémir et j'avoue que je ne les comprends pas. Qu'ils eussent fait pendre, il y a deux ans, nos prisonniers de Lyon, je l'aurais compris; c'aurait été pour effrayer et pour empêcher de prendre notre parti; mais à présent à quoi cela leur sert-il? Ils feraient pendre toute la France que le Roi de Prusse et même l'Empereur n'en poursuivraient que plus décidément leur projet, et leur succès est sûr.

Adieu, mon cher enfant, j'espère que vous êtes en France à présent et je vous embrasse de tout mon cœur.

22

Du même au même.

A Gruningen, ce 16 septembre 1792.

Je ne sais, mon cher enfant, par quel hasard je n'ai reçu qu'hier votre lettre du 22, depuis celle du 3, à laquelle j'ai répondu, il y a trois jours. Je ne vous dirai qu'un mot aujourd'hui; vous serez sûrement étonné et affligé de la triste nouvelle que je vais vous apprendre. Après huit jours d'une fièvre violente, à la veille de jouir du fruit de trois ans de courage et de travaux, le malheureux vicomte de Mirabeau a succombé hier à une attaque d'aploplexie. Nous le pleurons de toute notre âme, et c'est une perte plus grande qu'on ne croit dans le moment où nous sommes. Sa Légion est dans le délire de la douleur et de l'abattement.

Nous en sommes toujours à des préparatifs; peut-être le but s'en réalisera-t-il, d'un côté ou d'un autre? C'est ce que nous saurons bientôt.

J'ai été hier au vieux Brisach et j'ai vu un camp de dix-huit cents hommes à peu près, et les postes de ces messieurs[1], comme on voit du Palais-Bourbon, le Cours; le Rhin étant très-étroit dans cette partie. Je vous assure que ce sont les meilleures

---

1. Ces messieurs sont les volontaires et les patriotes.

gens du monde. Ils n'ont pas plus pris garde à moi qu'ils n'avaient fait au pont de Kehl et au Fort-Louis.

Nous tremblons toujours pour les prisonniers du Temple, mais je me plais encore à espérer. Cette semaine doit tout décider. Grand Dieu, quel moment!

23

Du même au même.

Emmendengen, ce 6 octobre 1792.

Mon cher enfant, tout ce qui me revient de vous personnellement me fait grand plaisir. J'en ai beaucoup aussi à savoir que vous êtes parti, le 24, pour Namur; ce qui me fait espérer que vous allez sur la Flandre, et que vous arriverez à temps pour être de quelque chose, à quelque siége. Pour nous, il n'est plus question de rien. Nous allons border le Rhin depuis Sassbach[1] jusqu'auprès de Kehl, à attendre les événements qui ne peuvent pas être bien longs, d'après la capitulation de Dumouriez. Il en est temps, car nous sommes vexés autant qu'il est possible par les pacifiques Autrichiens et par les turbulents paysans. Nous ne pouvons plus nous loger que le sabre

---

1. C'est à Sassbach que, le 27 juillet 1675, Turenne fut tué d'un coup de canon.

et le pistolet à la main, et je ne saurais trop admirer la sagesse extrême de la noblesse, obligée toujours de se mettre en état de défense contre les fourches, les pelles et les pioches, et ne frappant jamais.

Vous aurez sû que Custine a pris dans Spire un bataillon autrichien et un régiment mayençais.

24

L'impératrice Catherine II de Russie au prince de Condé.

Monsieur mon Cousin,

Le duc de Richelieu m'a rendu la lettre que Votre Altesse Sérénissime a bien voulu m'écrire en date du 29 octobre passé. Quelque accoutumée que je sois aux détails affligeants qui me parviennent depuis longtemps de la position désagréable des Émigrés français, le tableau que vous me présentez de leur état actuel m'a vivement émue. Ayant constamment rendu justice au dévouement de cette noblesse infortunée, je l'ai soutenue autant que ma position me l'a permis, et mes vœux sincères ont toujours accompagné ses efforts. Je conçois que les revers imprévus de la campagne passée, joints à tant de souffrances, puissent avoir ébranlé leur persévérance; mais je ne saurais me permettre d'envisager l'état actuel des choses comme absolument désespéré et encore moins me refuser à l'espoir de voir la Monarchie française se relever sur les ruines de l'anarchie et du jacobinisme, à la suite des efforts redoublés que les Puissances coalisées se proposent de faire au printemps prochain. Si, néanmoins, les circonstances fâcheuses qui environnent les Émigrés, le défaut des moyens et l'abattement dans lequel ils se trouvent, rendent leur position actuelle absolument insoutenable, je ne balancerai pas d'adhérer à leurs vœux formellement exprimés dans la lettre de Votre Altesse Sérénissime et de leur accorder un asile dans mon empire. J'ai fait remettre au duc de Richelieu un plan qui contient mes intentions à cet égard, et je lui ai dit de vous le communiquer. C'est avec une véritable satisfaction que je me charge de donner un état honorable à ces infortunés et de réparer, au moins en partie, leurs pertes. L'attachement constant qu'ils ont témoigné pour leur malheureux monarque, m'est un sûr garant de celui qu'ils auront pour moi et mon empire. Si Votre Altesse Sérénissime se décide à se mettre à leur tête, Elle peut-être sûre de l'accueil distingué qu'Elle trouvera dans mes États. Si sa naissance, sa réputation et ses qualités personnelles, que j'ai su apprécier depuis longtemps, ne lui assuraient la réception la plus flatteuse à ma cour, ses malheurs et le courage avec lequel Elle a lutté contre l'infortune, lui donneraient des droits bien fondés à mon amitié et à mon assistance. Votre Altesse Sérénissime trouvera en moi la loyauté et la franchise qui, j'ose le dire, ont toujours caractérisé ma conduite. Je me félicite d'avance de l'acquisition que je pourrai faire et qui consolidera encore plus les sentiments de la considération distinguée avec laquelle je suis,

Monsieur mon Cousin, de Votre Altesse Sérénissime, la bonne et très-affectionnée Cousine,

CATHERINE.

A Saint-Pétersbourg, ce 7 décembre 1792.

25

Le prince de Condé au duc de Bourbon.

A Willingen, ce 11 décembre 1792.

Je ne reçois que dans ce moment, mon cher enfant, par le garde du corps, vos lettres de Liége du 18 et du 20; et je n'ai reçu que hier, par la poste, celle de Sennevoy (je crois), de Liége, du 22. Nous savions déjà tous vos malheurs et toute l'horreur de la position où vous vous êtes trouvé. Le même sort nous menace sans doute, mais nous ne l'avons pas encore subi, comme vous le verrez par le papier que je joins ici, et même on se sert de nous comme si de rien n'était. Cela est incompréhensible, mais nous avons le temps de causer de tout cela. Mon embarras actuel est de savoir où vous prendre, pour vous faire tenir l'argent que vous me demandez avec beaucoup de raison.

Vous aurez vraisemblablement rencontré en chemin du Cayla et d'Avisart, qui vous auront mis au fait. Si vous ne les avez pas rencontrés, vous aurez su que ma fille n'est plus à Nuremberg, mais avec moi. Vous aurez appris la prise de Francfort, et peut-être tout cela vous aura-t-il fait changer de route. Dans ce cruel état d'incertitude (qui malheureusement est notre état ordinaire sur les choses les plus intéressantes), je prends encore mon parti d'envoyer vous attendre à Wurtzbourg, qui me paraît le point de partage, où vous vous décideriez à prendre le chemin de Nuremberg ou celui de Stuttgard. Avec la persécution que nous éprouvons, je suis fort inquiet, je vous l'avoue, qu'on ne vous laisse pas passer tranquillement en Allemagne, avec tout le monde qu'il me paraît que vous avez avec vous. Je vous envoie deux cents louis, mais si vous avez passé par Francfort, j'espère que le banquier Brentano vous aura donné quelque chose sur l'argent qu'il a encore à nous, mais qui n'est pas à la vérité bien considérable, n'ayant à peu près que cela pour le reste de notre vie.

Quelle situation! mon cher enfant, que de malheurs! que de trahisons de tous genres que de gens ont à se reprocher!

Heureusement ce n'est pas nous, et l'Europe nous rend justice à cet égard. C'est une consolation dans nos infortunes, et ç'en sera une encore de mourir de faim ensemble, si cela doit finir par là. Cependant je ne néglige rien pour que cela ne soit pas, et toujours avec honneur ; je vous conterai tout cela.

Vous me rendrez compte des deux cents louis, car il ne m'en reste plus que trente-deux, outre ce qu'il faut pour payer la maison et pour voyager, s'il faut voyager, comme cela est vraisemblable.

P. S. J'embrasse le petit. Sa tête se mûrit-elle un peu ?

26

Paul, grand-duc héréditaire de Russie, au prince de Condé.

Saint-Pétersbourg, ce 8/19 février 1793.

Monsieur,

Dans quels moments ai-je reçu la lettre de Votre Altesse Sérénissime, et dans quels moments lui écris-je celle-ci[1] ? L'iniquité est à son comble, et la justice des hommes se tait ! Je me flatte que vous me rendrez celle de ne pas avoir douté un moment de mes sentiments. Peut-être suis-je à la veille que l'on cherchera à vous les faire méconnaître et à les

---

1. Cette lettre de Paul de Russie, écrite en style heurté et sur papier de deuil, est relative au jugement et à l'exécution de Louis XVI. Le désordre des idées révèle peut-être encore plus l'indignation du prince héréditaire que son caractère.

dénaturer. Si jamais cela arrivait, je supplie Votre Altesse de croire que, quoique méconnu, je m'estimerais bien heureux dans l'âme de pouvoir ne pas lui avoir été inutile. A qui? à un Bourbon, à un Condé, cela sera ma consolation. Ce sont les sentiments dont j'ai toujours été animé; ce sont ceux avec lesquels je suis à la mort,

Monsieur, de Votre Altesse Sérénissime, le très-humble et très-obéissant serviteur,

PAUL.

27

L'empereur François d'Autriche au prince de Condé.

Monsieur mon Cousin,

L'affreuse catastrophe qui a terminé la carrière infortunée du Roi très-chrétien, me fait éprouver tout ce que la tendresse, la compassion et l'indignation peuvent apporter à la douleur. Elle est encore doublée par le regret que tant de soins employés par mon père et moi pour réunir tous les souverains à son secours, tant d'efforts que j'ai voués pour soutenir seul avec le roi de Prusse la cause universelle des gouvernements soient restés sans succès. Votre Altesse me rend justice en pensant que cette cause a toujours le même droit à mon vif intérêt. Je désire du fond de mon cœur que le coup fatal, qui a tranché la vie de Louis XVI, réunisse enfin les autres Puissances en faveur de son fils et de son trône, et je seconderai avec zèle leurs efforts coalisés. Mais ce serait prolonger une illusion funeste que de croire que l'entreprise de ramener par la force et durablement à ses devoirs une nation si puissante, livrée tout entière au fanatisme le plus désespéré, n'exige point le concours énergique des Puissances principales.

Non, mon cousin, l'accomplissement tranquille du meurtre public d'un si bon Roi anéantit tout espoir raisonnable dans les dispositions de ses sujets; de même que l'insensible cruauté que toute la nation française a manifestée envers les malheurs de ses concitoyens émigrés ne laisse plus rien à attendre de leur influence sur son retour de l'égarement extrême où elle est plongée.

Leur sort n'en est sans doute que plus digne de l'intérêt général. Personne n'a prouvé plus que moi combien je le partage, et ce me serait une bien douce satisfaction de pouvoir leur en continuer les preuves. Mais forcé, après les frais et les pertes immenses d'une campagne malheureuse, d'en ouvrir une seconde avec des efforts encore plus considérables; combattu dans mon désir de soulager les sujets estimables et fidèles d'une monarchie étrangère par le devoir d'épargner la substance de mes propres sujets, lorsque trois armées entretenues à une énorme distance de mes États épuisent et anticipent les plus précieuses ressources de l'État, il n'est que trop facile à concevoir que cette position m'oblige d'abandonner avec regret le soin d'accueillir leur infortune ou les frais de leurs nouveaux armements à d'autres souverains, non contrariés dans leurs mouvements généreux par des motifs aussi urgents que le sont ceux qui s'opposent à mes désirs.

C'est avec un plaisir consolant que j'apprends, dans ces circonstances, les secours et les offres de Catherine II. Ils sont dignes de son cœur magnanime. Je rends d'autre part justice à la délicatesse des sentiments que Votre Altesse témoigne en cette occurrence; mais ignorant ce qui peut rester d'espoir à la cause des Princes et des Émigrés, de la part des autres souverains, je ne puis répondre plus cordialement à sa confiance que par la franchise entière avec laquelle je viens de lui ouvrir ma situation et mes sentiments. Je m'attends à les voir apprécier avec la candeur et la justice qui m'est due, et je m'y attends surtout de la part de Votre Altesse, en conséquence de l'estime et de la considération particulières avec lesquelles je suis,

Monsieur mon Cousin,
Votre affectionné cousin,

FRANÇOIS.

De Vienne, le 13 février 1793.

28

Le prince de Condé à l'empereur François d'Autriche.

Sire,

Quelque espoir que j'aie que Votre Majesté Impériale ne m'aura pas refusé le court délai de deux mois, que j'ai pris la liberté de lui demander par ma lettre du 27 février, il est de mon devoir et de mon attachement pour Elle de ne pas perdre un instant à lui apprendre que son humanité va se trouver un peu plus à son aise. Votre Majesté Impériale a bien voulu me mander que c'était *avec regret qu'elle se voyait forcée d'abandonner à d'autres souverains* le soin de faire *les frais de nos nouveaux armements*, et que c'était avec *un plaisir consolant qu'elle apprenait dans ces circonstances, les secours et les offres de Catherine II*. Je m'empresse d'annoncer à Votre Majesté que cette illustre souveraine me permet d'employer à servir la Monarchie les fonds qu'elle m'avait fait remettre pour le voyage de la colonie qu'elle projetait et qu'elle n'a jamais regardés, ainsi que nous, que comme une dernière ressource en cas de malheur absolu (ce que les puissants efforts de tous les souverains ne permettent pas de prévoir). Je ne demanderai donc plus à Votre Majesté, passé le 1er juin, le secours qu'elle m'accordait pour les troupes soldées, mais seulement la continuation du pain et du fourrage, comme dette à rembourser un jour. Votre Majesté sentira que la disette de ces deux denrées dans un pays où il n'en existe plus que dans les magasins abondants de Votre Majesté me force à lui faire cette demande. Si elle me l'accorde, — et il me paraît difficile qu'elle me la refuse, puisque c'est toujours 5 à 6000 hommes de plus pour la cause des rois, qui ne coûteront rien au trésor de Votre Majesté Impériale, — je la supplie de décider de la place que nous devons occuper. Nous sommes prêts à seconder, partout où Votre Majesté le jugera à propos et sous le bon plaisir de M. le Régent, les vues de Votre Majesté pour le rétablissement du monarque et de la monarchie.

Veut-elle nous employer en Brisgaw, comme l'année passée? Aime-t-elle mieux que nous joignions les Autrichiens du côté de Manheim? Préférerait-elle de nous employer avec les Suisses dont nous sommes très à portée et qui sûrement finiront par prendre le parti que Votre Majesté leur indiquera? Ou nous ordonne-t-elle, quelque cher que cela fût pour nous, de traverser toute l'Allemagne, pour aller trouver M. le Régent? Je ne me permettrai pas de marquer à Votre Majesté la plus petite préférence pour aucun de ces quatre partis; je ne veux que suivre ses ordres, étant bien sûr que le vœu de M. le Régent est que nous soyons employés quelque part que ce soit, pour venger notre Roi et rétablir le trône de France.

Ne me permettant pas de penser que Votre Majesté veuille condamner sans raisons à l'inutilité et, par conséquent au désespoir cette malheureuse noblesse qui ne lui sera plus à charge, j'envoie le marquis de Bouthillier, mon major général, officier très-instruit, pour arranger, si Votre Majesté le permet, avec ses ministres, l'organisation qui lui conviendra le mieux autant qu'elle pourra s'accorder avec l'espèce d'hommes que j'ai à conduire, et que je réponds qui mettra son honneur à se prêter à tout ce qui sera du bien de la chose.

Je n'importunerai pas plus longtemps Votre Majesté. Je jouis d'avance du bonheur qu'elle va éprouver, en voyant qu'il existe un moyen d'accorder son humanité, son économie et le bien de ses sujets, avec la protection que son cœur la porte à ne pas refuser à de braves gentilshommes, qui ne demandent plus que la permission et la possibilité de donner, en toute occasion, l'exemple de la valeur qu'on se doit à soi-même, et celui de la fidélité que l'on doit à ses rois.

Je suis avec le plus profond respect, Sire, de Votre Majesté Impériale, le très-humble et très-obéissant serviteur.

LOUIS-JOSEPH DE BOURBON.

A Villingen, ce 6 mars 1793.

29

Le prince de Condé au duc de Bourbon.

À Hagenbach, ce 21 août 1793.

Mon cher ami,

Je sais que vous avez aussi des succès de votre côté. Je vous en félicite de toute mon âme. Nous en avons eu beaucoup hier et aujourd'hui. Il m'est impossible de vous en faire une relation. Hier nous avons tué une cinquantaine de patriotes et pris une pièce de canon, après avoir essuyé la plus vive canonnade, et assez longtemps ce matin. Les ennemis ont pensé, en nous attaquant, nous couper d'avec les Autrichiens. Nous les avons repoussés vigoureusement, tant d'un côté avec le canon de la noblesse, qui a empêché de déboucher une colonne, que d'un autre avec la Légion et Salm, qui se sont couverts de gloire. Nous leur avons tué environ quatre cents hommes et pris cent avec une autre pièce de canon. Je vous en dirai plus long quand je vous verrai, ce qu'il faut bien espérer qui sera bientôt. Vous imaginez aisément la joie de l'armée ; faites part de ceci à votre cavalerie.

Nous nous disposions à attaquer ceci qui est un poste excellent. Les ennemis ne nous en ont pas donné la peine : ils l'ont abandonné, et nous y voilà.

30

Le comte de Provence[1] au prince de Condé.

Mon cousin, vous avez sans doute appris le crime affreux que les régicides viennent d'ajouter à tous leurs crimes. Je vous prie de remettre à la brave noblesse et à tous les Français fidèles qui sont sous vos ordres la lettre ci-jointe où j'ai tâché d'exprimer les sentiments dont nous sommes animés.

Ces sentiments seront sûrement partagés par toute l'armée autrichienne. L'horrible assassinat de la fille de Marie-Thérèse ne peut qu'être profondément senti par ceux qui ont si bien servi son auguste mère et la douleur et l'indignation seront égales entre eux et nous. Je ne vous parle pas de tout ce que mon cœur éprouve, il vous sera facile d'en juger par le vôtre.

Je suis, mon Cousin,
Votre affectionné cousin,

LOUIS-STANISLAS-XAVIER.

A Hamm, ce 23 octobre 1793.

---

1. Le comte de Provence avait, après la mort de Louis XVI et pendant la captivité de la Reine et du jeune roi Louis XVII, pris le titre de Régent du Royaume.

31

Le comte d'Artois au prince de Condé.

Hamm, ce décembre 1793.

Vous connaissez trop mon amitié pour vous, mon cher cousin, et ma véritable confiance pour être étonné de l'ouverture avec laquelle je vais vous parler : mais, avant tout, je veux vous recommander le plus profond secret, et vous en sentirez facilement l'importance.

Je ne vous apprendrai rien en vous disant que, depuis l'arrivée de M. de Tinteniac, je ne suis occupé qu'à me procurer un moyen quelconque de parvenir à l'armée royale. Je ne détaillerai point ici les obstacles que j'ai rencontrés ; ils consistent : 1° dans le peu de bonne volonté de l'Angleterre ; 2° dans le manque absolu de fonds suffisants pour exécuter mon passage, indépendamment des puissances. Néanmoins, comme mon droit est positif et que je ne néglige rien pour le faire valoir, je vous confie que j'ai enfin plus d'espoir que jamais que ma cruelle inaction touche à sa fin et que je pourrai parvenir au but de tous mes vœux.

Dans cette situation, je voulais me faire précéder par un officier qui fût revêtu de ma confiance, qui méritât l'estime des chefs de l'armée royale et qui pût en même temps me rendre un compte exact de l'état et des moyens de cette armée, au moment où je débarquerai sur les côtes de France. J'avais jeté les yeux sur M. d'Autichamp, parce que je lui crois les talents, l'activité et les moyens nécessaires pour remplir mes vues : mais je vous confie, sous le sceau du secret, que nous n'avons jamais pu nous entendre. Ses idées étaient trop incohérentes avec les miennes ; il se refusait aux choses que je croyais le plus indispensables au bien du service. Enfin je me trouve forcé de renoncer à l'employer dans cette partie. D'ailleurs les circonstances ont modifié depuis ce premier projet.

Après avoir mûrement délibéré sur le choix d'un autre officier général pour m'accompagner, je me suis arrêté au comte de Vioménil. Sa valeur, son dévouement et la manière brillante dont il a fait cette campagne sous vos ordres, sont les motifs qui m'ont déterminé en sa faveur. Je pourrais lui écrire pour qu'il vienne prendre mes ordres : mais, mon cher cousin, c'est de vous et de votre amitié que je veux tenir ce sacrifice. D'ailleurs je connais trop l'attachement que le comte de Vioménil vous a voué pour ne pas être certain qu'il ne ferait rien sans votre approbation. Soyez donc assez aimable, je vous en prie, pour lui parler vous-même, pour lui annoncer ma confiance et pour l'engager à venir à Hamm le plus promptement qu'il le pourra.

Je vous demande également de pouvoir disposer

du comte de Béthizy pour le même objet et, si vous croyez qu'il y eut quatre ou cinq officiers généraux qui puissent coopérer utilement avec ces messieurs, je vous demande et je vous autorise à leur permettre de les suivre. Je me chargerai de leurs frais, une fois qu'ils auront quitté votre armée.

A présent, mon cher cousin, il faut que j'attende de votre amitié, ou du moins que je sollicite un plus grand sacrifice. Ce serait de permettre à votre fils de se trouver avec moi à l'armée royale. Nous avons fait nos premières armes ensemble et j'attacherais un grand prix à l'avoir auprès de moi dans cette occasion importante. Je ne veux pas lui écrire encore : mais si vous approuvez mon désir, soyez mon interprète, et je compte trop sur son amitié pour craindre un refus. Mais malheureusement je ne sais encore ni l'époque de mon passage, ni même les moyens que je pourrai employer pour remplir mes vues. Il sera donc nécessaire que le secret le plus absolu soit gardé sur cet article et par conséquent que M. le duc de Bourbon reste avec vous jusqu'au moment où je le ferai avertir.

Vous jugerez sans peine, mon cher cousin, que j'attendrai votre réponse sur ces différents objets avec une juste impatience.

Votre position a été, cette année, bien plus brillante et bien plus agréable que la nôtre ; la fin de la campagne n'est pas aussi heureuse qu'on aurait dû l'espérer, et je crains que l'hiver ne soit pénible :

mais, mon cher cousin, nous avons tout lieu d'espérer que l'année prochaine sera décisive. Les Puissances se sont éclairées par leurs revers et je crois avoir la certitude que la partie qui vous est confiée rendra les plus grands services. C'est d'après ce motif et surtout d'après notre juste confiance dans vos talents et dans votre dévouement au Roi, que le Régent s'est décidé avant son départ, non-seulement à vous donner connaissance de tous les principes d'administration qui doivent régler nos premiers pas dans le royaume ; mais à y joindre des pouvoirs assez étendus pour que vous puissiez agir dans les provinces où vous pénétrerez sur les mêmes bases que nous, sans avoir besoin des ordres ou des instructions que nous n'aurions ni le temps ni la possibilité de vous faire passer.

La confiance que le Régent vous témoigne est une dette qu'il paye à tout ce que vous méritez ; mais je jouis de la permission qu'il m'a donnée de vous faire passer les pièces ci-jointes. Si vous aviez quelques réflexions à faire sur vos pouvoirs ou sur le projet d'ordonnance, vous voudriez bien me les envoyer.

Adieu, mon cher cousin, conservez-moi votre amitié, et ne doutez jamais de tous les tendres sentiments que je vous ai voués pour ma vie entière.

CHARLES-PHILIPPE.

32

Le duc d'Enghien au duc de Bourbon.

Haguenau, ce 10 décembre 1793,
9 heures du soir.

J'ai reçu hier soir, cher papa, votre aimable et jolie lettre. Vous avez la bonté de supposer la seule excuse possible que je puisse vous donner de mon silence, et je suis bien sensible à cette bonté de votre part. Je ne chercherai point à inventer quelque autre meilleure raison. Avec cela, ne croyez pas que les charmes de Lahr, que les boudoirs d'Ettenheim, m'aient fait oublier un seul instant mon cher papa. Non, je serais au désespoir que vous puissiez avoir cette idée ; mais lorsqu'on a lu les lettres de Rastadt, les bulletins signés Philibert[1], on est tranquille. On retourne chez soi ; on a le projet d'écrire, mais mille choses dérangent, mille incidents viennent à la traverse. On remet au lendemain ; les jours se passent, et l'enfant est dans son tort.

Je jouis de la bonne tournure que prennent ces bulletins, ils me font espérer le mouvement. Ah ! si vous pouviez n'être pas estropié, pas gêné, du tout ; cette blessure serait plutôt un bien qu'un mal. Elle est si bien placée pour être vue ; elle rappellerait sans cesse un jour glorieux.

1. Le docteur Philibert, médecin du duc de Bourbon.

33

Du même au même.

Haguenau, ce 14 décembre 1793,
8 heures du matin.

Que je suis fâché, cher papa, de vous voir aussi souffrant, c'est pour le mieux, c'est nécessaire. M. Philibert peut avoir toute raison, je le crois, je l'espère; mais cette nécessité n'en est pas moins cruelle. Je vous remercie de tout mon cœur de votre aimable lettre, et surtout de ces deux dernières lignes écrites de la main gauche et qui, en vérité, sont plus que lisibles, et tout aussi bien senties que si elles étaient de la droite.

L'on vous a donc refusé le château, ou ne faites-vous qu'attendre qu'on vous l'offre? J'avoue que j'aime tout autant vous voir dans une maison particulière, où vous serez parfaitement tranquille, et où vous éviterez les visites d'étiquette que votre appartement vous eût attirées de la cour de Carlsruhe. Vous savez que le Margrave est démocrate enragé. Depuis la mort du ministre, toute la cour a tourné au jacobinisme; beau changement qui, dans le fond, ne me fait pas grand chose, ni à vous non plus, n'est-ce pas?

Assurément, mon grand-père vous écrit par M. de Selle qu'il envoie à Rastadt. Je prends la même voie pour vous faire parvenir ce petit mot; sans cela je vous eusse mandé tous les détails de la petite attaque nocturne, de la redoute des patriotes, en avant du bois, des batteries dans la forêt, du mémoire des officiers généraux, des promesses vagues du général Wallis, dont nous allons, s'il plaît à Dieu, ressentir les benins effets. Au moins, il nous fera relever des redoutes; et pour le moment, c'est un grand soulagement que de n'avoir pas tous les jours l'obus à redouter.

Cela doit se faire ce matin; il doit aussi nous faire repasser le Rhin et remplacer les troupes qui le bordent depuis le Fort-Louis jusqu'auprès de Kehl.

Au moins nous serons utiles, et notre utilité ne nous fatiguera nullement, car je ne crois pas que le patriote tente une attaque ni un passage en Brisgau. Mais ce changement ne peut s'effectuer que dans quatre ou trois jours au plus tôt, et je crois que du train dont vont les passe-ports, nous ne serons pas beaucoup dans cinq jours. Environ soixante-dix à signer par jour : on n'y tient pas, on est au bout des moyens physiques et on s'en va pour conserver ses jours, que l'on perdrait par la fatigue et la misère. Si l'on se battait ou que l'on aille en avant, on patienterait; mais à garder des redoutes on ne soutient pas cette idée.

D'Ecquevilly en particulier et toute l'armée en général me chargent chaque jour de vous présenter leurs hommages respectueux. Ils ne pensent qu'à vous, ne parlent que de vous, demandent sans cesse de vos nouvelles. On voit que ce n'est pas honnêteté, que c'est véritablement le cœur qui parle.

Adieu, cher papa, je vous quitte pour avoir le temps de donner de vos nouvelles à ma tante. Je crains à tout moment que M. de Selle, que je fais guetter, ne s'échappe sans mes commissions. Je vous embrasse et vous aime de tout mon cœur. Je vais m'absenter, sans cela j'aurais déjà volé à Rastadt.

34

Le prince de Condé au duc de Bourbon.

Haguenau, ce 14 décembre 1793.

Mon cher enfant, rien de mieux que votre réponse à M. le comte d'Artois ; je la fais porter. Nos maux redoublent par leur continuité, nous sommes toujours au bivouac. Cependant quelques compagnies, qui seront relevées, ont trouvé le moyen de se fourrer dans des cours. Il m'a fallu bien travailler pour cela ; il n'y a au monde que Wurmser qui imagine qu'on puisse résister à cette vie-là. Aussi n'y tenons-nous pas, et toute l'armée fond à vue d'œil par les passe-ports : ce dont je suis fort aise, car cela conserve les individus. J'en ai signé soixante-dix-huit dans la journée d'avant-hier, et j'ai déjà signifié au général que s'il comptait garder quelque chose en nous gardant, il se trompait, parce que bientôt il n'aurait plus rien. Je vous envoie le mémoire que je me suis fait présenter, entre nous soit dit, par tous mes officiers généraux; je l'ai porté au Wurmser.

L'humeur passée, j'avais obtenu de relever les troupes de l'autre côté du Rhin. Une heure après, cela a changé, et il m'a fait dire qu'il ne pouvait nous envoyer qu'à Benheim, etc. Quand les troupes qui doivent nous relever seront arrivées, pour peu que cela tarde, nous serons détruits; et quand on a fait ses preuves, à l'impossible nul n'est tenu, car on ne voit point de fin à ceci, et je vous demande si des troupes quelconques, à plus forte raison, les miennes, pourront résister, et passer tout un hiver au bivouac. Au reste, voici l'état des choses. On a fait dans la journée d'avant-hier une mince attaque, qui est à une demi-portée de canon de la redoute n° 11, la plus exposée, et que, par conséquent, on nous a donnée, ainsi que celle 10 $\frac{1}{2}$.

Il ne faut qu'un obus pour y tuer cinquante gentilshommes. Aussi ai-je demandé à soutenir les redoutes, et à les reprendre, si elles étaient emportées; mais à ne pas rester dedans, attendu que ce n'est pas notre genre, et que nos armes sont en fort mauvais état. Par grande grâce, cela a été accordé. Cette mince attaque a eu le succès qu'elle doit avoir. Après avoir repoussé les tirailleurs, elle a été repoussée elle-même. Alors les ennemis ont travaillé au bord du bois à un redan. On l'a attaqué dans la nuit, et on l'a détruit, et on est revenu ; mais bien au jour. Nous avons vu tout d'un coup, beaucoup plus près de nous, une grande redoute pour six ou huit pièces de canon, qui, pendant ce temps-là, avait crû la nuit, comme un champignon. On l'a un peu canonnée pour empêcher qu'on y travaillât. Hier, et, depuis la nuit, on y a tiré un coup de canon ou d'obusier à peu près tous les quarts d'heure. Dans l'attaque du redan de l'avant-dernière nuit, on avait eu bien soin de tirer quelques coups de canon, avant que les troupes fussent à portée. C'était sans doute pour avertir les ennemis d'être sur leurs gardes. Je n'ai jamais vu faire la guerre comme cela; et cela est aussi dégoûtant que les bivouacs, et tous les maux qui nous accablent. Nous avons fait le compte hier de ce que nous sommes ; nous ne sommes pas, tout compris, plus de deux mille, et dans huit jours, nuls. Il n'y a pas de force humaine qui puisse y résister ; je vous embrasse tendrement, mon cher ami.

J'apprends qu'ils n'ont pas travaillé à leur redoute cette nuit, et qu'elle est dans le même état. Ce qui fait craindre avec raison que ce ne soit une amusette et qu'ils n'en construisent d'autres dans l'intérieur du bois, qu'ils nous démasqueront un beau jour, en abattant dans une nuit, tout ce qu'il y a de bois devant. On n'a pas de quoi faire une grande attaque.

35

Du même au même.

Haguenau, ce 22 décembre 1793.

S'il y avait quelque chose de sûr dans le monde, avec les gens à qui j'ai affaire, il le serait que nous partons après-demain, pour être en quatre jours à Lahr. La marche-route est faite, et j'envoie l'ordre à mes fourriers de partir demain. Mais on veut garder encore quelques jours, dit-on, l'avant-garde et les Chevaliers de la Couronne, ce qui y fait (entre nous soit dit) presque une révolte; et je ne serais pas étonné qu'il arrivât quelque esclandre quand je serai parti. On est monté, et effectivement ces troupes ne sont pas en état de servir. Je calmerai cela, si je peux; mais si cela se prolonge, je ne doute pas un instant que tout cela ne défile plutôt même aux Patriotes que de rester avec les Autrichiens sans moi....

Je ferai mon possible pour vous aller voir de Stolthofen. Vous n'avez pas d'idée de toutes les chicanes, de toutes les humeurs, de toutes les vexations que nous éprouvons; et je prévois que je ne serai pas plus tranquille à Lahr qu'ailleurs pour le travail de la tête. Je vous embrasse, mon cher enfant.

36

Du même au même.

A Motheren, ce 24 décembre 1793.

Mon cher ami, votre pauvre père, avec toute sa petite gloire, est accablé d'affaires, de fatigues et d'alertes. Je n'ai pas dormi trois heures depuis le vingt-deux, et tout ce que je désire est de ne pas encore dormir cette nuit, pour passer ce bienheureux Rhin; mais cela n'est pas encore décidé. Les Patriotes me ménagent beaucoup plus que les Autrichiens; car ils me donnent tout le temps de me retirer bien à mon aise, et ne me suivent pas du tout. Mais comme cela n'est pas sûr, cela ne me donne pas moins d'occupation.

Il y a eu aujourd'hui de la part de quatre gentilshommes une affaire malheureuse (imprudente de leur part), mais superbe [1]. MM. de Thumery, de Malcuit, de Thirié père et fils étaient dans un village sur les derrières, trois jours avant la retraite d'Haguenau. Ils l'ont apprise (ils étaient malades), ils

---

1. Dans cette guerre civile à l'étranger, il y avait presque chaque jour de ces traits d'audace ou d'imprudente bravoure, qui seront de toute éternité le mal français. Mais il y avait aussi, comme le constatent à diverses reprises les lettres du prince de Condé et du duc d'Enghien, de ces actes d'humanité, de ces attentions muettes qui reposent l'âme. Les plus illustres généraux

ont voulu me rejoindre. Le premier s'est fourré dans la tête et a persuadé aux autres que j'étais passé le Rhin au Fort-Louis avec toute mon armée. Ils se sont mis en chemin (à cheval). Ils sont arrivés, sur les sept ou huit heures du matin, à un village que j'avais évacué hier au soir. Les paysans leur ont dit que j'étais parti pour aller passer le Rhin. Toujours pleins de l'idée du Fort-Louis, ils ont continué leur chemin. Ils ont rencontré une patrouille d'Herdedy, qui leur a dit qu'ils ne savaient pas où j'étais; mais qu'ils se gardassent bien d'aller du côté du Fort-Louis, parce qu'ils ne rencontreraient que des Patriotes. Ils ont enfin rebroussé chemin; mais ils ont passé le long d'un bois que j'avais aussi évacué ce matin. On leur a crié : « Qui vive! » Cela a fait faire des réflexions à Thirié, qui a dit à Thumery : « Prenons garde; si c'était de nos gens, ils crieraient : *Verda*. »

« Bon, bon, a dit Thumery, ce sont des Chevaliers de la Couronne; et il a répondu : « Armée de Condé. » La vedette patriote (chose assez extraordinaire) leur a donné près de deux minutes de réflexion et leur a crié une deuxième fois : « Qui vive! » Thumery a répondu : « *Condeischen Armée.* » Alors la vedette

de la République, tels que Marceau, Pichegru, Hoche, Jourdan, Kléber et Moreau toléraient ou approuvaient tout cela. On communiquait assez facilement d'un camp à l'autre; l'on échangeait des félicitations, des nouvelles, des vœux surtout; et l'on en venait parfois jusqu'à la fraternité qui n'était pas plus celle de Caïn que des Sans-Culottes.

poussée à bout, a appelé. Six chasseurs patriotes sont tombés sur eux, en leur criant : « Armes bas ! » Thumery, toujours convaincu que c'étaient des Chevaliers de la Couronne, leur a crié : « Êtes-vous fous ? Eh bien ! s'il ne tient qu'à cela, la voilà, mon épée ! » Et il a jeté son sabre. Les Patriotes ont fondu sur eux avec dix autres qui sont survenus, et successivement près de cinquante autres. Ils se sont défendus comme des lions. Thirié en a tué un avec une carabine qu'il avait, un autre avec son pistolet ; il a voulu se sauver par le bois ; son cheval n'a pas voulu y entrer. Alors il n'a pas perdu la tête, a couru du côté du village en criant : « A moi, mes amis, nous les tenons. »

Cela a donné un peu à penser aux chasseurs. Thirié a saisi le moment pour se sauver ; son fils s'en est tiré après et l'a rejoint ; mais ramenant les chevaux des deux autres qu'il avait vus tomber sous les coups des Patriotes et qui étaient venus le retrouver. Nous les pleurions tous deux, quand tout d'un coup Malcuit, gentilhomme de soixante-quatre à soixante-cinq ans, est tombé des nues, à pied, dans le quartier général, moulu, froissé, très-légèrement blessé. Je ne sais pas encore bien son histoire ; mais Thumery (le père) est sûrement tué ou pris.

J'avais bien peur de perdre quelques gentilshommes, victimes de leur paresse, ce matin, dans Seltz, quoique j'eusse fait fouiller trois fois les maisons avant de faire couper le pont. Je n'ai perdu personne, mais c'est par miracle, n'ayant pas pu faire donner un coup de tambour, de peur d'attirer les Patriotes sur moi. Cela était affreux, mais il valait mieux compromettre quelques individus que de compromettre toute l'armée, les ennemis n'étant pas à une demi-lieue de moi.

J'ai pris d'ailleurs toutes les précautions possibles. Cela n'a pas empêché qu'il ne soit resté deux gentilshommes qui, avertis par de Rose, qui faisait l'arrière-garde des éclaireurs, qu'il allait couper le pont, n'ont jamais voulu se lever. Vous les reconnaîtrez bien là. Ce qu'il y a de plus piquant, ou plutôt d'heureux, c'est qu'ils ont fini par avoir raison. Ils ont passé une bonne nuit, sont partis froidement à sept heures du matin — nous étions partis à deux — ont passé la rivière, je ne sais comment, et nous sont arrivés à bon port. Ma pauvre noblesse est au bivac par le froid qu'il fait. J'attends comme le Messie l'explication d'un ordre embrouillé que j'ai reçu, que je pouvais interpréter pour passer tout de suite ; mais dans un affaire de cette importance, et quand on ne demande pas mieux que de me jeter un chat aux jambes, il faut du clair, et plutôt patienter cent ans que de donner prise sur soi. Je vous embrasse, mon cher enfant.

37

Le duc d'Enghien au duc de Bourbon.

Ce 25 décembre 1793, deux heures de l'après-midi.

Nous voici arrivés, cher papa, après deux nuits de bivouacs, de routes et de marches rétrogrades, à une demi-lieue en avant de Lauterbourg, où nous sommes établis dans une grande plaine où il fait un froid exécrable. La promesse que nous avons de repasser le Rhin demain matin, me fait espérer en dépit de tous mes malheurs d'avoir le plaisir de vous embrasser demain. Mon grand-père vous écrit, et vous mande tous les détails qu'il sait beaucoup mieux que moi. Ainsi je ne vous en ennuierai pas; mais je vous apprendrai, cher papa, que si vous n'avez pas un enfant tout nu, il ne s'en faut pas de beaucoup.

Les Patriotes, par un rare assemblage de circonstances désagréables, se sont emparés d'une charrette où était mon porte-manteau, mon lit, mon écritoire, etc. Il ne me reste rien; mais ce que je regrette le plus, c'est mon écritoire dans laquelle j'avais tout plein de petites choses en lettres, en papiers, en effets auxquels je tenais infiniment. Je ne regarde pas comme bien prouvé que ce soit les Patriotes; mais quand ce serait les Valaques, ce serait même chose. Ce qu'il y a de bien sûr c'est que, depuis les deux jours et les deux nuits de retraite, il n'est pas question de la sotte charrette.

Adieu, cher papa, je vous quitte pour le dîner; mais, malgré les plaisirs pressants qu'il m'offre en ce moment, il ne m'empêchera pas de penser au bonheur dont je jouirai demain d'embrasser et de revoir mon cher papa que j'aime de tout mon cœur.

38

Le prince de Condé au duc de Bourbon.

A Grossweyer, ce 27 décembre 1793,
à neuf heures du soir.

Mon cher, je ne suis point attaché du tout à changer les arrangements de M. de Wurmser, mais je suis attaché à ce que mon hôpital et mon armée ne couchent point dans la rue, et c'est parce que je connais la tête du cardinal (de Rohan) que je demandais l'ordre pour Ettenheim-Munster. Si le cardinal ne veut rien changer, c'est fort bien; moi, je suis très-content, mais s'il me refuse Saint-Landelin, que va devenir mon hôpital? Je crois que le cardinal a écrit par stafette à Wurmser, dans le même sens qu'à moi, mais en attendant la réponse, je ne sais pas ce qui va arriver. Je lui ai écrit fort poliment, mais très-ferme, que les ordres du général devaient être suivis au moins provisoirement, et que si, d'ici au 1er février, il obtenait Ettenheim-Munster; je me prêterais fort volontiers au transport. Nous verrons ce qui en arrivera et si un prince de l'Église (comme je le lui ai mandé), refusera secours et asile aux victimes de leur attachement à leur Dieu, aux défenseurs vivants ou mourants du culte et des autels.

La lettre de Turin est intéressante[1], je suis tout prêt à aller à Toulon, à la Vendée, en Espagne, en Cochinchine, si l'on veut, pourvu que je ne reste pas ici, comme j'y ai été.

39

Du même au même.

A Lahr, ce 1er janvier 1794.

Mon cher ami, j'ai toujours attendu une occasion

---

1. La maison de Savoie que, pour l'honneur des races royales, il importe de ne pas confondre avec la famille de Carignan, était très-peu révolutionnaire. Elle observait aussi fidèlement les Commandements de Dieu que ceux de l'Église, et celui-là :

> Le bien d'autrui tu ne prendras
> Ni retiendras à ton escient.

était de précepte et de devoir chez elle.

Le roi Victor-Amédée de Piémont n'avait jamais consenti à un pacte quelconque avec la Révolution; il servait la Royauté et les Royalistes, selon ses forces et ses moyens. Il avait en Louis-Joseph de Bourbon une confiance illimitée. Il s'adressa donc aux deux princes, frères du roi Louis XVI, pour les engager à le faire sortir de ces éternels bords du Rhin et à changer le théâtre de la guerre. C'est cette lettre, venue de Turin, qui amène le prince de Condé à exprimer aussi vivement son espérance secrète.

pour vous écrire. J'ai reçu toutes vos lettres; et je vois que tous les bruits du jour se démentent le lendemain; au moyen de quoi je ne sais pas un mot de ce qui se passe de l'autre côté du Rhin. La nouvelle d'hier était que le blocus de Landau était levé; on dit aujourd'hui que les Prussiens l'ont pris. Je croirais plutôt à la première. Nous sommes ici fort mal à tous égards, et cela ne peut pas subsister comme cela est. J'ai écrit partout pour cela; le commandant du Brisgaw est l'Autrichien le plus honnête que j'aie encore vu, mais il n'est pas le maître. J'attends des réponses; les nouvelles du Rhin se contredisent; tantôt on craint un passage, tantôt on dit qu'il n'y a aucune apparence. Le fait est qu'il n'y a que neuf mille cinq cents hommes depuis Kehl jusqu'à Reinfeld. Cela n'est pas fort rassurant, et Fribourg déménage déjà. Faites passer cette lettre à Francfort avec sûreté. Où en est-on du Fort-Louis? Je vous remercie de toutes les attentions que vous avez eues pour les personnes qui m'intéressent; je vous embrasse.

Je vous envoie la lettre que j'ai cru devoir écrire hier à l'armée; elle la méritait bien.

40

Du même au même.

A Lahr, ce 5 janvier 1794.

C'est toujours bien fait de marquer toute confiance au prince de Valdeck. Au reste, nous étions fort mal; de ce matin, nous sommes encore plus mal; et la persécution est plus évidente que jamais. Nous avions six cents maisons. Par le changement de villages qu'il a fallu effectuer à midi, en ayant reçu l'ordre à neuf heures du matin, nous n'en avons plus que quatre cents. Il est de toute impossibilité que cela reste comme cela. Aussi, dit-on, que pour nous rafraîchir, on va nous envoyer du côté de Bâle. Les ennemis rassemblent trente mille hommes à Huningue, et beaucoup de pontons. On a manqué notre destruction, ou, pour mieux dire, je suis parvenu à déjouer ce petit projet bien évident. On espère apparemment que cette fois-ci on ne nous manquera pas, et cela doit être.

Vous avez bien fait d'envoyer à l'enterrement de Nettancourt, et d'engager à évacuer Rastadt.

M. de Montbrun était d'autant moins fondé à demander, que je lui ai donné, il y a deux mois, une gratification de cinquante écus.

La lettre de l'Empereur était bien évidemment pour moi, puisqu'il y avait dessus au prince Louis-

Joseph, etc. Mais les Autrichiens ne s'accoutument pas à me croire Bourbon, puisque je m'appelle Condé. Heureusement que cela est assez connu.

41

Du même au même.

A Lahr, ce 14 janvier 1794.

Que le bon Dieu et l'Empereur veuillent exaucer les vœux du roi de Prusse; mais je ne crois pas au remplacement que vous me dites, et je ne sais s'il ne vaudrait pas mieux pour nous, que cet homme de là-bas restât où il est. J'ai de la peine à croire aussi à la négociation entamée; cependant cela est possible, et je crains bien que les puissances n'en ayent assez; ce qui leur ferait prêter l'oreille à quelque chose sûrement de très-mauvais. Tout dépend du succès ou de la chute de la Vendée.

L'évacuation de Fort-Louis, à laquelle tout le monde croit, ne remontera pas les têtes de l'armée autrichienne, où le découragement subsiste toujours.

Les grandes affaires de Riolet[1] sont, — ou je suis bien trompé, — des affaires d'assignats.

1. Le général comte de Riolet était capitaine de la 4ᵉ compagnie du régiment noble à pied. Ce régiment formait dix-huit compagnies, ayant toutes pour chefs de vieux généraux, et sou-

Si Lukner avait voulu me livrer Strasbourg, pendant que nous étions à Oberkirck, sa tête serait encore sur ses épaules [1].

42

Du même au même.

A Lahr, ce 17 janvier 1794.

Votre stafette, mon cher, ne m'est arrivé que cette nuit, à deux heures du matin. Je ne vous envoie point la copie de ma réponse, parce que, sans modestie, elle n'en vaut pas la peine ; d'ailleurs, il ne faut pas accoutumer l'armée à vouloir voir nos réponses, et cela est parfaitement inutile de les faire connaître. Je vous envoie seulement comme père celle de votre fils, qui est très-bien, et entièrement de lui. Je n'y ai changé que deux mots de style, pas un seul au fond. Il souffre toujours. Il y aura trois partis à prendre à notre départ dont le jour n'est pas encore fixé ; ou de l'emmener avec moi, à petites journées ou de vous l'envoyer en deux jours, ou de le transporter à Ettenheim, où il se plaît assez, en y

---

vent pour simples soldats des officiers supérieurs. La 4ᵉ compagnie voyait dans ses cadres des noms bien connus sous le second Empire, tels que de La Valette, de Sartiges, Marey, de Montesquiou, de Goyon, D'Aurellé, de Salignac, de Saint-Marsault, de Praslin, de Lâge, de Querelles et de Bonnechose.

1. Comme tant d'autres généraux, le maréchal Luckner venait d'être guillotiné à Paris. Brave soldat et bon général, cet officier,

laissant Allouel[1], et y faisant venir le chevalier de Virieu, dont, entre nous soit dit, la place est plutôt avec lui qu'avec vous. Il préfère, comme de raison, d'aller vous trouver; reste à savoir s'il pourra soutenir la voiture si longtemps. D'ailleurs, je crains pour lui (et pour vous), la précipitation d'un départ en cas d'alerte. Voyez et répondez-moi tout de suite, de manière que j'aie votre réponse demain, avant neuf heures du soir. Je ne vous cache pas, mon cher, que le plus tôt que vous pourrez me joindre, sera le meilleur; car vous sentez que cette division de maison est beaucoup plus chère; et si je ne reçois pas d'argent, avant la fin de mars, nous serons obligés de tout réformer, de ne donner à manger à qui que ce soit, et de faire notre petit ordinaire à nous trois. Je n'exagère pas, j'en suis là. Vous sentez que cela vaudrait encore mieux que de prendre l'argent destiné au soutien de l'armée, dépôt sacré, dont je ne me suis pas encore permis de prendre un sou.

Bavarois de naissance, s'était attaché au service du Roi, après avoir fait la guerre de Sept ans contre les Francais. Ses qualités militaires ne lui avaient pas donné le courage civil. Luckner, indécis par caractère ou par peur, n'osa pas suivre les conseils du prince de Condé et il périt sur l'échafaud.

1. Allouel était le médecin du duc d'Enghien qui, durant cet hiver de 1794, fut assez dangereusement malade par suite des rudes campagnes qu'il venait de faire.

43

Le comte d'Artois au prince de Condé.

Hamm, ce 27 janvier 1794.

Je n'ai reçu qu'hier, mon cher cousin, votre lettre du 11, et l'évêque d'Arras m'a envoyé en même temps un projet de lettres patentes pour les grades de vos enfants, ainsi que pour la croix de Saint-Louis du duc d'Enghien. J'ai adopté sur-le-champ ce projet puisque vous le désirez. J'espère vous prouver en toutes occasions que mon amitié pour vous est aussi active que tendre.

Mais je dois rendre justice au maréchal de Broglie; il m'avait envoyé, il y a dix jours, les brevets pour vos enfants, que je devais signer. J'ai cru qu'il fallait que ce fût le Régent qui les signât, et je lui avais ordonné de changer la forme des brevets, excepté la lettre pour la croix de Saint-Louis, que j'ai signée, et que vous devez avoir reçue à présent. Au surplus, la forme que vous me proposez réunissant tout, je me fais un vrai plaisir de l'adopter sur-le-champ, et ce sera l'évêque qui vous fera passer les lettres patentes que je viens de signer.

Le moment présent est bien critique, mon cher cousin, et la fâcheuse dissension de deux colonnes de l'armée royale le rend bien fâcheux; mais tout peut se réparer. Et tout se réparera, du moins je l'espère; et je réponds de ma patience autant que de mon inébranlable constance.

Les événements m'ont appris à ne plus compter que sur ce que je tiens ; cependant j'ai raison d'espérer que nous ne tarderons pas à connaître qu'une certaine phrase, dont vous m'avez demandé l'explication, n'aurait pas été écrite en l'air.

Croyez que je jouirai pour le bien de nos affaires autant que pour vous-même de tout ce qui pourra vous arriver d'heureux, de flatteur et de bien mérité.

J'attends de votre part les détails que je vous ai demandés sur tout ce qui vous concerne, ainsi que votre corps. Vous jugerez sans peine tous les motifs qui me font désirer ces détails.

J'ai appris avec une grande joie que la blessure de votre fils allait de mieux en mieux, et que le chirurgien se flattait qu'il recouvrerait l'usage de ses doigts.

Je joins ici, mon cher cousin, la copie d'une lettre que j'ai écrite au maréchal de Broglie. Je n'ai aucun mérite à ce que j'ai fait ; nos malheureux émigrés étaient dans une position déchirante, et je serais indigne du sang qui coule dans mes veines, si mon dernier morceau de pain n'était pas partagé avec eux.

Adieu, mon cher cousin, croyez pour la vie entière à la tendre amitié que je vous ai vouée.

CHARLES-PHILIPPE.

Je ne vous ai pas communiqué plus tôt ma lettre au maréchal de Broglie parce qu'il était nécessaire que les effets fussent en sûreté avant qu'on puisse savoir l'usage que j'en ai fait.

44

Le prince de Condé au duc de Bourbon.

A Rothenbourg, ce 30 janvier 1794.

Voici qui me paraît affreux ; les nouvelles que nous recevons dans le moment de Dusseldorf, du 24, par la poste, disent : La descente paraît au moins différée ; on craint plus. Ce qu'il y a de certain, c'est que le duc de Richelieu est revenu, a loué un logement à Aix-la-Chapelle, et que MM. de Contades et de Langeron sont également revenus. Par les dernières nouvelles, on débite que les Royalistes viennent d'éprouver un grand échec. Si tout cela est vrai, il ne faut pas se le dissimuler, il y a peu de ressources, car les étrangers ne feront pas plus cette année que les autres, sans les Anglais et la Vendée.

45

Du même au même.

A Rothenbourg, ce 6 février 1794.

Votre lettre du 3 au soir, mon cher ami, m'a fait le plus grand plaisir, en me tirant absolument d'inquiétude. J'espère avoir ce soir la confirmation de ce mieux décidé. Votre sœur m'est arrivée hier, à dix heures du matin, en très-bonne santé, mais prodigieusement maigrie, ce qui lui sied fort bien, et de plus coiffée à l'anglaise. Elle vous attend tous deux avec la même impatience que moi, et nous espérons que vous nous arriverez le plus tôt qu'il vous sera possible.

Je n'ai rien de nouveau à vous mander sur les grandes affaires. Il se répand ici ce matin que les Patriotes ou les Autrichiens, car on ne sait lequel, ont passé le Rhin; mais d'Aymar, arrivé hier d'Heidelberg, y a laissé tout tranquille, et j'ai reçu cette nuit une lettre du général de Fribourg, d'avant-hier, qui ne m'en dit pas un mot; d'après cela je ne crois point à cette nouvelle.

D'Aymar vous aura dit (ce que je savais d'ailleurs) les prétentions exorbitantes, pécuniaires et même territoriales, que le Roi de Prusse met en avant pour

1. Le roi de Prusse, toujours indécis, toujours ambitieux,

soutenir la guerre. Cela n'a pas l'air d'avoir grande envie de la continuer. Vraisemblablement le mois ne se passera pas que nous ne soyons éclairés sur tout cela, comme sur tout ce qui se passe à la Vendée, ainsi que sur notre destination. Il serait bien temps de savoir sur quoi compter. Je vous embrasse, mon cher ami, comme je vous aime.

46

Du même au même.

A Rothenbourg, ce 7 février 1794.

J'ai reçu hier par votre stafette, mon cher ami, votre lettre du 5 et les bulletins confirmatifs du bon état de d'Enghien[1]. Ainsi nous voilà tous délivrés de cette mortelle inquiétude.

mais toujours obéissant aux vues envahissantes de ses ministres, aux caprices de ses maîtresses ou à leur avidité, mettait à son concours politique et militaire des conditions telles que la France monarchique ou révolutionnaire les aurait repoussées d'instinct. La Prusse réclamait l'Alsace comme terre allemande, la Lorraine comme annexe de ce qu'elle appelait des compensations sur le Rhin. Aux premières ouvertures indirectes, le prince de Condé déclara qu'il n'avait pas à en entendre plus long et que tous les princes de la maison de Bourbon aimeraient mieux rester perpétuellement en exil que de signer la déchéance de leur patrie.
A dater de ce jour-là, la paix avec la République fut dans les vœux et les aspirations de l'entourage du roi de Prusse.
1. Le duc d'Enghien venait d'être assez sérieusement indisposé.

Vous verrez par ce que je vous envoie qu'enfin, au bout d'un an, j'ai gagné pour vous deux un procès qui devait être fini en vingt-quatre heures. Vous voilà lieutenant général, et d'Enghien, maréchal de camp, du premier février 1793. Ainsi faites mettre tous les deux des étoiles de plus à vos épaulettes (vous, trois, et d'Enghien, deux); si vous n'avez pas de brodeurs à Rastadt et à Carlsruhe, il y en a un très-bon à Manheim. Il faut vous adresser pour cela à M. Steingel, marchand, place du Marché, à Manheim. Ce n'est que des étoiles toutes brodées à demander; votre valet de chambre les coudra fort bien sur vos épaulettes. Si vous voulez des épaulettes neuves, il faut écrire au même homme; c'est un peu cher, cela coûte soixante francs la paire. J'écris tout cela sous la dictée de Cely[1]. A présent, mon cher ami, mon avis est que vous n'annonciez point cela au public, parce qu'il ne faut pas faire valoir les choses plus qu'elles ne valent, et que vous paraissiez tout simplement un jour tous les deux avec vos épaulettes renforcées d'étoiles. Si on ne les remarque pas, c'est fort égal; si on les remarque, vous répondrez : « Oui, cela nous était dû au commencement de 1793; apparemment que les bureaux en avaient retardé l'expédition, mais cela est réparé. »

Je parlerai de même de mon côté. J'ai de plus

---

1. Le maréchal de camp comte de Cely.

une croix de Saint-Louis toute prête pour d'Enghien, et dès qu'il pourra venir j'aurai un double plaisir à le voir et à le recevoir; communiquez-lui tout cela. Je vous envoie pour vous seul l'extrait d'une lettre de Dusseldorff, d'un homme dans la chose que vous pourrez aisément deviner, et la copie de celle de M. le comte d'Artois; mais sur toutes choses, ne lisez point cela au public.

Je vous avoue que j'ai de la peine à croire à la déclaration et par conséquent à la facilité de pouvoir pénétrer en Franche-Comté. Tout cela me paraît fort dans les brouillards; mais nous ne pouvons pas faire autrement que d'être à la place qui nous sera destinée, et je répéterai toujours : Il faut voir. J'attends toujours avec impatience que vous me fassiez prévoir le moment où vous pensez que la famille pourra se réunir ici; je vous embrasse de loin, en attendant que ce soit de près.

Vous verrez par les lettres qu'il faut que votre fils se munisse d'une troisième étoile pour l'afficher incessamment, mais pas tout de suite.

Le chevalier de Guer, qui est assez au fait, mande de Brabant qu'il ne faut plus compter sur la Vendée; c'est affreux.

47.

Du même au même.

A Rothenbourg, ce 16 février 1794.

Il se répand que les Royalistes ont gagné une grande bataille, dans la Vendée, et qu'ils n'ont tué aux Patriotes que vingt-quatre mille hommes.

On mande de Mons, que les Prussiens ont refusé le secours des Anglais, dont apparemment les propositions ne leur convenaient pas; mais cela mérite confirmation.

A propos, j'ai reçu des nouvelles de Chantilly (où je vous conseille de prendre votre parti de ne point être au mois d'octobre). Il y a beaucoup de prisonniers[1]; mais de Noyon, de Beauvais, de Senlis, etc., point de Paris; on a fait des cloisons dans les grandes pièces, sans les gâter, à ce qu'on dit; aucun jet d'eau ne va; tout est arrêté aux Moulins; on ne distingue plus les allées des parterres. L'herbe est partout; on a emballé le cabinet d'Histoire Naturelle avec beaucoup de soins; tous les portraits de famille ont été déchirés. Les tableaux de la galerie des conquêtes ont été emportés assez soigneuse-

---

1. La liberté révolutionnaire avait fait son œuvre comme partout. Après avoir proscrit, elle changeait les châteaux en prisons qui devenaient tout naturellement le vestibule de l'échafaud.

ment ; tous les bronzes ont été fondus. Le district de Senlis a défendu jusqu'à présent les futaies de la Table, qu'on voulait couper. On n'a fait que les coupes ordinaires. Vanenue, Cadet-Bousset, Jambon et l'abbé de La-Combe, sont un tribunal révolutionnaire (je crois que vous le savez). Molard, Laserre, etc., etc., sont enlevés. On connaît toutes les personnes qui ont acheté mes meubles ; mais il ne faut pas le dire, pour qu'elles ne les cachent ou ne les dénaturent pas. Voilà à peu près tout ce qu'on m'a dit.

48

Du même au même.

A Rothenbourg, ce 4 mars 1794.

Enfin, mon cher, vous me donnez l'espérance de vous revoir bientôt. N'oubliez pas de me mander le jour de votre départ, premièrement pour que je ne vous écrive plus, deuxièmement pour que je fasse revenir les ordonnances ; troisièmement pour que je fasse évacuer les logements de votre suite qui ont été prêtés en attendant. Je suis enchanté que d'Enghien soit guéri. Comme vous ne me parlez jamais de votre blessure, j'espère qu'il en est à peu près de même de vous.

Malgré la timidité de votre protégé, elle ne l'a pas empêché de revenir me trouver, mais je n'avais toujours que la même réponse à lui faire. C'est que je n'ai point de place à donner. Il me paraît un peu extraordinaire qu'un homme qui a la protection de M. de Metternich[1], vienne de si loin pour réclamer la mienne. Certainement la première vaut beaucoup mieux; c'est celui-là qui a des places à donner; mais moi je n'ai à donner qu'un fusil sur l'épaule; et, je vous en prie, ne m'envoyez plus personne qui demande autre chose que cela.

Il n'y a jamais eu de places à donner dans mon armée, n'ayant aucune administration; mais, s'il y en avait, loin de les augmenter, j'en réformerais dans ce moment-ci, le plus que je pourrais; vu la situation où je me trouve, étant prêt à manquer de tout pour vous et pour moi. Je ne puis même plus me permettre aucune charité; je lui ai cependant donné un louis.

49

Du même au même.

A Rothenbourg, ce 7 mars 1794.

Je ne suis point en état de faire des avances, mon cher, et je vous prie de ne plus tirer sur moi. Ces

---

1. Le prince de Metternich, ministre d'État et alors ambassadeur d'Autriche près le gouvernement des Pays-Bas. C'est le père du prince de Metternich, le célèbre chancelier.

messieurs attendront que vous soyez revenu, et si vous êtes obligé de prendre sur leur argent, ce qui ne doit pas être, puisque je vous ai envoyé cinquante louis de plus, et qu'apparemment vous ne prolongerez pas votre séjour là-bas. Je le remplacerai sans doute, mais je ne dois pas vous cacher que je n'ai plus un sou à moi, et je vous permets d'aller visiter ma caisse, si vous ne me croyez pas. Je n'ai plus de ressources que de vivre comme je pourrai sur le reste des fonds de la Russie, ce qui ne me mènera pas bien loin. Aussi m'occupé-je d'une grande réforme; car il ne faut pas nous dissimuler que tout ce que nous consommerons désormais, non-seulement sera au préjudice du bien-être de l'armée, mais même abrégera son existence, que je ne vois pas bien clair, qui puisse durer toute la campagne. Je vous demande donc de penser, que Chodron [1] n'a point d'argent à vous, comme vous avez paru le croire, par la demande que vous lui avez faite, il y a quelques temps, de payer neuf louis sur l'argent qu'il avait à vous, qui n'existe pas; et de vous arranger pour partir de Rastadt, la veille du jour où commencera le quatrième mois de votre loyer, ce qui est très-prochain; si ce loyer existe, car M. de Wurmser m'a dit avec toutes sortes de raisons que vous n'en deviez pas. Certainement, vous réunissiez tous les droits du monde pour n'en pas payer.

---

1. Chodron était le trésorier du prince de Condé.

Nous sommes ici, dans le pays le plus agréable du monde par ses sites, par ses promenades à pied ou à cheval, et point du tout dans la forêt Noire, comme on l'avait persuadé à votre fils. On s'y amuse beaucoup, même trop ; l'air y est excellent; et comme vous savez, Mme de Jonville y est; c'est tout dire pour le bonheur d'y habiter. Je vous embrasse tous deux de tout mon cœur.

50

Du même au même.

A Rothenbourg, ce 11 mars 1794.

Je ne vous comprends pas, mon cher; vous me dites vous-même que vous m'avez demandé cent cinquante louis pour payer le voyage et le loyer; eh bien ! Je vous les ai envoyés. Comment n'avez-vous donc pas ce qu'il vous faut ? d'ailleurs si, pour des dépenses que j'ignore, vous aviez besoin de davantage, il était bien plus court de garder les soixante-sept louis, sur lesquels je vous avais mandé que je compléterais ce que vous auriez dépensé, que de les envoyer ici pour me mander de vous en envoyer autant.

Faire un effort ! vous me parlez là le langage de Paris, qu'il faut absolument oublier. Eh ! quel autre effort puis-je faire (quand je n'ai plus rien) que de mourir de faim plus tôt, pour que vous dépensiez davantage. Ah ! s'il ne faut que cela, je ne demande pas mieux, et je vous assure que je ne tiens qu'à l'honneur, et point du tout à la vie. On sait assez que ce n'est pas ma faute, si je n'ai pas eu le bonheur de la perdre. Mais j'espère être plus heureux dans une autre occasion. Ce que je désire de tout mon cœur, s'il me faut sans cesse avoir des discussions d'argent avec vous ; car cela me tue à petit feu. Et il y a longtemps !

Comment pouvez-vous compter sur l'honnêteté d'un Allemand, en fait d'intérêt ? il me semble qu'il était si aisé de ne pas risquer cela, et de partir à la fin du troisième mois, qui doit être, je crois, le quatorze ou le quinze.

Est-ce le quartier général de M. de Brown, qui arrive à Rastadt qui vous y fait rester encore? Si c'est votre projet, renvoyez toujours tout ce qui ne fera pas la route dans votre voiture. Vous économiserez au moins cela sur les dîners, les soupers et leurs loyers, que j'imagine bien que vous payez, quoique vous n'y fussiez pas obligé. Quand vous serez ici, je vous donnerai quelque argent pour votre poche ; mais non pas pour faire des magnificences de prince.

Il n'y a nulle honte à avouer que vous n'êtes pas en état. Je crois qu'il n'y a rien à répondre au commencement de ma lettre ; comment vous serait-il venu une dépense de soixante louis sur laquelle vous ne comptiez pas, quand vous m'avez demandé les cent cinquante louis. Je ne puis plus vous dire comme autrefois, « Je ne vous laisserai pas manquer. » Vous manquerez, ainsi que moi. Il faut vous y attendre; au reste tirez sur moi tant que cela vous conviendra ; il n'en arrivera que ce que je vous ai dit. Peut-être pis cependant, car ne pouvant plus nous soutenir à l'armée, nous pourrons être obligés de la quitter pendant la campagne, si nous ne réussissons pas, (comme cela est à craindre pour cette année) ou que les boulets et les balles nous en évitent la peine. Croyez qu'il faut que j'aie des raisons bien fortes pour vous parler comme cela.

51

Du même au même.

A Heidelberg, ce 9 avril 1794,
à quatre heures après midi.

Le staffette n'est arrivé qu'à quatre heures du matin. Bonne réception, grande honnêteté, bon ton et même de l'usage du monde. Mais, comme je m'y attendais bien, je m'en retournerai à peu près aussi incertain que je suis venu. J'accrocherai cependant quelque chose, mais point d'augmentation, ce qui m'est assez égal. Elle serait fort inutile pour ce que nous aurons à faire, et ce sera de l'embarras de moins. J'ai encore un grand rendez-vous ce soir; je ne crois pas pouvoir partir demain; en tout cas, quand je ne serai pas arrivé à une heure et demie du matin, ou, si vous aimez mieux, de l'après-midi, c'est que je n'arriverai pas de la journée.

On attend le duc Albert[1] tous les jours; il est parti de Vienne le 4.

L'empereur a passé, le 6, à Francfort, et n'est pas descendu de sa voiture : il doit être aujourd'hui à Bruxelles. Il est certain que l'arrivée de l'archiduc a fort avancé et pressé son départ; augurez-en ce que vous voudrez.

Il n'est pas question de faire camper. Point de Patriotes en Alsace. Le général dit qu'il ne voit pas de raison pour rien remuer; mais qu'il est possible que l'arrivée du duc, qui est dans les secrets, apporte du changement; son quartier général sera ici.

Les Carmagnols ont attaqué près la forêt de Marmale. Ils ont été repoussés, ont perdu cinq à six cents hommes et quinze pièces de canon; le soir, chacun s'est retrouvé comme il était, et y est resté.

Le baron de Kerpen (qu'on trouve partout) m'a dit ce matin qu'on avait entendu une forte canonnade à neuf heures entre Manheim et Durkeim. J'en ai parlé : on s'en embarrasse fort peu ici.

---

1. Le duc Albert de Saxe-Teschen, venait prendre le commandement de l'armée autrichienne en remplacement du général Brown.

52

Procès-verbal de la proclamation de Louis XVIII, roi de France, au camp de l'armée de Condé.

L'an mil sept cent quatre-vingt-quinze et le seizième jour de juin, à dix heures du matin, au camp de Mülheim, situé à quelque distance de la rive droite du Rhin, entre les villages de Neubourg et de Steinsdstadt.

En présence de Son Altesse Royale Monseigneur le duc de Berry, petit-fils de France;

Par l'ordre, et en présence de Son Altesse Sérénissime Monseigneur le prince Condé, prince du sang royal de France, grand-maître de France, et commandant en chef une division de la noblesse française;

Et en présence de Leurs Altesses Sérénissimes Messeigneurs les ducs de Bourbon et d'Enghien, princes du sang royal de France.

Monseigneur le prince de Condé étant arrivé, accompagné de ses états-majors et aides de camp, et ayant trouvé une partie de son armée (dont le surplus était resté aux postes et cantonnements pour la garde du Rhin) rangée en bataille, comme il l'avait ordonné, et formant les trois côtés d'un carré, et sur trois lignes, ainsi qu'il suit :

En première ligne,
Les gentilshommes français des deux bataillons de chasseurs nobles ;
A la droite, à la gauche et au centre de ce corps, l'artillerie noble.

En seconde ligne,
Des détachements de l'infanterie de la légion de Mirabeau, grenadiers, volontaires, chasseurs et canonniers.

A la gauche des détachements, des compagnies française et suisse, dites la garde du parc de l'artillerie.

En troisième ligne,
La cavalerie noble ;
La cavalerie soldée ;
A la gauche, un détachement des hussards de Mirabeau et un des hulans[1] de la même légion.
Au centre de la troisième ligne, un détachement de la prévôté à cheval.

---

1. Les hulans, oulans ou ulans étaient une milice originaire d'Asie. Montés sur des chevaux légers, ils combattaient au sabre et à la lance. Leur costume consistait en une veste courte et un pantalon à la turque. La Russie, la Prusse et l'Autriche ont encore des hulans traditionnels. La France, qui en avait formé un régiment vers 1734, ne l'a pas conservé. Les hulans y sont remplacés avec avantage par les zouaves.

L'infanterie commandée par M. le comte de Mazancourt, maréchal de camp ;

La cavalerie commandée par M. le comte de Mellet, maréchal de camp.

Sur un autel adossé contre un bois, qui formait la quatrième ligne du carré, a été célébré un service pour le repos de l'âme de Louis XVII, roi de France et de Navarre.

Et après la célébration dudit service, Monseigneur le prince de Condé a dit :

« Messieurs,

« Monseigneur le duc de Berry m'ordonne de prendre la parole.

« A peine les tombeaux de l'infortuné Louis XVI, de son auguste compagne, et de leur respectable sœur, sont-ils refermés, que nous les voyons se rouvrir encore, pour réunir à ces illustres victimes l'objet le plus intéressant de notre amour, de nos espérances et de nos respects.

« Ce jeune rejeton de tant de rois, dont la naissance seule paraissait assurer le bonheur de ses sujets, puisqu'il était formé du sang de Henri IV et de celui de Marie-Thérèse, vient de succomber sous le poids de ses fers et de sa cruelle existence[1]. Ce n'est

---

1. Louis XVII est mort, le 8 juin 1795, dans la prison du Temple. Il n'avait pas encore atteint sa onzième année. Dans un ouvrage qui restera un monument de douleur et de vérité, M. de

malheureusement pas la première fois que j'ai eu à vous rappeler qu'il est de principe que le Roi ne meurt pas en France.

« Jurons donc à ce prince auguste, qui devient aujourd'hui le nôtre de verser jusqu'à la dernière goutte de notre sang, pour lui prouver cette fidélité sans bornes, cette soumission entière, cet attachement inaltérable que nous lui devons à tant de titres, et dont nos âmes sont pénétrées. »

Beauchesne a raconté cette lamentable histoire d'un enfant (2 volumes, Plon, éditeur). La vie si courte et l'agonie si longue de ce jeune martyr arracheront éternellement des larmes aux yeux même les plus indifférents.

La France révolutionnaire se décernait à elle-même le titre de la Nation toujours grande et généreuse ; et, après avoir osé confier le jeune roi, qu'elle appellait le petit Capet, au savetier Simon, voici, au témoignage de sa sœur, Madame Royale, les soins que cette Nation prenait de son prisonnier. Dans le récit qu'elle a intitulé : *Histoire de la captivité de Louis XVI et de la famille royale*, page 288, la princesse s'exprime ainsi : « Il était dans un lit qu'on n'avait pas remué depuis plus de six mois, et qu'il n'avait plus la force de faire. Les puces et les punaises le couvraient; son linge et sa personne en étaient pleins. On ne l'a pas changé de chemise et de bas pendant plus d'un an. Les ordures restaient dans sa chambre; jamais personne ne les a emportées pendant tout ce temps. Sa fenêtre, fermée en dedans avec des verrous, n'était jamais ouverte; et l'on ne pouvait tenir dans cette chambre à cause de l'odeur infecte. »

Un nommé Mathieu, qui se prétendait représentant du peuple français, parlant, le 2 décembre 1794, au nom des comités, avait prononcé, à la tribune, cette effroyable phrase :

« La Convention et ses Comités, étrangers à toute idée d'améliorer la captivité des enfants de Capet, savent comment on fait tomber la tête des rois; mais ils ignorent comment on élève leurs enfants. »

Le savetier Simon et ses aides l'apprirent à la Convention et à ses Comités.

« Nos vœux vont se manifester par ce cri qui part du cœur, et qu'un sentiment profond a rendu si naturel à tous les bons Français, ce cri qui fut toujours le présage comme le résultat de vos succès, et que les régicides n'ont jamais entendu sans stupeur comme sans remords.

« Après avoir invoqué le Dieu des Miséricordes pour le Roi que nous perdons, nous allons prier le Dieu des armées de prolonger les jours du Roi qu'il nous donne et de raffermir la couronne de France sur sa tête, par des victoires, s'il le faut, et plus encore, s'il est possible, par le repentir de ses sujets, et par l'heureux accord de sa clémence et de sa justice.

« Messieurs,

« Le roi Louis XVII est mort.

« Vive le roi Louis XVIII ! »

« Et le cri de : Vive le Roi ! a été répété plusieurs fois dans tout le camp.

Et le discours prononcé par Mgr le prince de Condé étant, ainsi que le cri de Vive le Roi qu'ont répété tous les Français réunis sous ses ordres, le premier hommage de fidélité rendu à Sa Majesté très-chrétienne Louis XVIII, roi de France et de Navarre, par un rassemblement, tant de la noblesse française, que d'autres Français restés fidèles à leur devoir, il a été du tout fait et dressé le procès-verbal pour servir de témoignage en des temps plus heureux.

« Et sera ledit procès verbal, après avoir été revêtu des seings des signataires, clos et cacheté de leurs sceaux, pour être ensuite déposé en lieu sûr [1].

> « CHARLES-FERDINAND D'ARTOIS.
> « LOUIS-HENRI-JOSEPH DE BOURBON.
> « Le Comte DE MAZANCOURT.
> « Le Comte D'ECQUEVILLY,
> Maréchal des logis de cavalerie.
> « LOUIS-JOSEPH DE BOURBON.
> « LOUIS-ANTOINE-HENRI DE BOURBON.
> « Le Comte DE MELLET.
> « Le marquis DE BOUTHILLIER,
> Major général. »

53

Le duc d'Enghien au duc de Bourbon.

Mulheim, ce dimanche, 28 septembre 1795.

M. Crawffurd[2] envoie un staffette à son frère, mon cher papa; je profite de cette occasion pour vous écrire. Ledit staffette part tout à l'heure; aussi je me dépêche autant que possible. Mon grand-père vient de m'envoyer chercher et me charge, comme il

---

1. Cette pièce historique, avec les huit signatures qui précèdent, est renfermée dans une double enveloppe avec les huit cachets en cire noire des princes et généraux signataires.
2. Le colonel Crawffurd, commissaire anglais près de l'armée de Condé.

n'a pas le temps de vous écrire longuement, de vous mettre au fait de ce qui se passe par ici.

J'ai du bon et du mauvais à vous apprendre. 1° Ce qui est fort mauvais ; je n'ai point reçu de vos nouvelles depuis le 31, et je n'en espère, suivant mon calcul, que du 24 au 30, d'Yarmouth ou de Londres. C'est un mois d'inquiétude, car je ne serai tranquille que lorsque je vous saurai réuni à lord Moira [1], ou du moins heureusement débarqué en

1. Lord Moira, l'un des noms les plus honorables et les plus honorés de la Grande-Bretagne, avait voué aux Émigrés et aux Vendéens une affection qui ne se démentit jamais et qui souvent fut très-utile à leur cause. Ami de Pitt et son collègue dans le gouvernement, lord Moira avait, encore bien jeune, commandé une division de l'armée anglaise durant la guerre d'Amérique. Un jour il se vit obligé de rester acculé à la côte et de demander asile à un vaisseau français qui stationnait dans ces parages comme auxiliaire des Insurgents. Lord Moira et ses compagnons furent recueillis par ce vaisseau dont le capitaine était le comte de Vaugiraud. Le gentilhomme français et le gentilhomme anglais se lièrent d'une étroite amitié, et, arrivé à Brest, Vaugiraud dit à son prisonnier : « Je ne puis qu'adoucir votre captivité ; permettez-moi donc de mettre à votre disposition mon petit manoir de Touvent en Bas-Poitou. Vous en serez absolument le maître ; et, à la paix, je serai heureux de vous y visiter. » Lord Moira passa deux ou trois années dans ce castel, situé près des Sables-d'Olonne, s'efforçant de conformer ses habitudes de luxe britannique aux simples proportions de l'hospitalité vendéenne. La paix de 1783 lui rendit la liberté et, dix ans après, lord Moira accueillait à Londres comme un frère, le chef d'escadre émigré. Lord Moira ne s'en tint pas là ; il voulut, que chaque jour, le comte de Vaugiraud invitât à sa table trente proscrits de tout rang. Pour se présenter décemment à l'hôtel Moira, ces malheureux émigrés se voyaient réduits à s'emprunter mutuellement leurs habits les plus propres, de sorte qu'à cette table si généreusement hospitalière on voyait chaque jour changer les visages des convives, mais non les vêtements.

Angleterre. Votre première lettre m'apprendra cette heureuse nouvelle; Dieu veuille qu'elle ne se fasse pas attendre longtemps!

Les Patriotes ont passé le Rhin, comme vous le savez sûrement, entre Dusseldorff et Duisbourg. Ils sont maîtres de cette première ville, ils occupent le charmant Eberfeld et marchent, en suivant les Autrichiens vers la Lahn. Ce passage s'est effectué sans un coup de fusil, à raison de la ligne de démarcation, en passant sur le territoire prussien, ce qui fait qu'ils sont tombés sur le flanc des Autrichiens, comme la foudre, et que six compagnies ont été écharpées. Aussitôt la terreur a été générale dans l'armée autrichienne.

Clairfayt marche avec trente mille hommes et des troupes des cercles qu'il ramasse en chemin. Il doit être aux prises avec eux vers les bords de la Lahn. On assurait, ce matin, qu'il les avait battus. Tous les projets offensifs me paraissent abandonnés; il a redescendu beaucoup de monde. Ils ont sommé Manheim de leur livrer le passage. On a envoyé à Munich, en attendant.

Les batteries de bombes sont prêtes, et si la réponse est négative, la ville est brûlée le lendemain. Les Autrichiens ont fait dire que si la ville accordait le passage, ils la brûleraient aussi, ce qui fait qu'elle sera irrévocablement en cendres avant huit jours. Neuf bataillons autrichiens marchent, je crois, pour en prendre possession, comme garnison. On doute qu'ils trouvent les portes ouvertes; ils doivent être arrivés aujourd'hui. Quant à moi, je ne doute pas que les Palatins ne consentent à leur faire place.

Wurmser me croyait avec vous; il a été fort étonné de me voir. Avant-hier nous avons dîné à Fribourg. Les esprits y sont à la défensive, même le sien.

Nos chevaux meurent toujours de faim. Si ce n'est l'avoine, c'est le foin qui manque. Une insurrection assez importante vient d'éclater dans le Porentruy[1], à l'occasion de quatre prêtres qu'on voulait arrêter. Les paysans se sont armés et les ont enlevés à la gendarmerie, qui les emmenait.

Le lendemain, un bataillon a marché; il a été détruit et son canon pris. Les insurgés sont maîtres du petit château-fort de Blamont, et sont au nombre de dix mille armés. Cela prendrait-il tournure ici?

1. La Révolution française s'était emparée de la Suisse et les violences ne faisaient, comme partout, que précéder les spoliations et le pillage. On lui donna, un peu plus tard, des commissaires républicains, qui furent chargés d'organiser et de légaliser tous ces vols prétendus fraternels. Par une coïncidence au moins significative, ces commissaires portaient des noms très-peu rassurants, mais bien dignes de leur emploi. L'un s'appelait Volant; l'autre, Forfait; le troisième, Grugeon; le quatrième, Rapinat. Ces quatre noms provoquèrent en France toute espèce de calembours et de jeux de mots, et, en Suisse, des terreurs et des haines bien justifiées. Une de ces épigrammes a survécu. Elle disait :

> Les pauvres Suisses qu'on ruine
> Voudraient bien qu'on examinât
> Si Rapinat vient de rapine,
> Ou rapine de Rapinat.

Les tant mieux n'en doutent pas. Si on voulait soutenir, je l'espérerais aussi; mais on ne soutiendra pas. Voilà l'état général des choses, bien en abrégé, mais mon grand-père me presse.

54

Le duc de Bourbon au prince de Condé.

Stade, ce 30 août 1795.

Nous partons dans le moment pour nous embarquer sur cette frégate, qui était destinée pour les transports, mais qui s'offre de me mener avec six personnes jusqu'à Yarmouth. Quoique j'aie de la peine à me séparer des personnes que j'ai menées avec moi, puisqu'il faut que j'en laisse plusieurs ici, ne pouvant refuser à MM. de Vaudreuil et de Sennevoy de les prendre avec moi. Le vent est bon; et je quitte la ville de Stade, où je m'ennuyais infiniment d'être cloué depuis si longtemps.

Les gazettes annoncent de nouveaux projets d'expédition. On dit même un débarquement d'émigrés déjà fait vers Noirmoutier; Monsieur parti sur une frégate de Spithead pour une expédition secrète. Je souhaite que toutes ces bonnes nouvelles se réalisent, et nous mènent au but désiré; mais vous savez que je n'ai jamais eu grande confiance à ces entreprises formées par petits paquets de trois ou quatre mille hommes. Jusqu'à présent, mes craintes ne se sont que trop vérifiées.

Je désire que celle-ci soit mieux concertée; si toutefois elle a lieu, car bien des gens croient encore que le véritable but de l'expédition est dirigé vers les Iles, etc., etc. Je n'en dirai pas davantage; nous sommes trop loin pour juger. Je pars sans savoir quand, ni où je vous reverrai; ayant eu le malheur que les circonstances aient paru exiger que je me sépare de vous et de l'armée à laquelle j'étais attaché de cœur et d'âme. Tout mon désir est d'avoir des occasions de vendre cher ma vie, à laquelle je ne suis attaché qu'autant qu'elle pourra être utile à mon Roi et à ma patrie.

Si je débarque à Yarmouth, je traverserai l'Angleterre par terre; ce qui sera plus coûteux. Je passerai incognito à Londres. Je tâcherai seulement de voir le duc d'Harcourt et ensuite d'arriver le plus tôt possible à Spithead.

Si vous ne faites pas une diversion de votre côté; je regarde toutes les entreprises que l'on fera sur la côte comme inutiles. Mais le pourrez-vous? si les Patriotes menacent de passer le Rhin du côté de Dusseldorff.

La Providence en décidera. En attendant, je vous embrasse aussi tendrement que je vous aime. Je m'embarque dans la minute pour aller rejoindre la frégate qui partira aussitôt, si le vent continue à être bon; et vogue la galère.

55

Du même au même.

Londres, ce 22 septembre 1795.

Je reçois dans le moment votre lettre du 6 septembre, qui m'a été remise par M. de Sapinaud. Vous dire à quel point elle m'afflige, ce serait renouveler votre douleur. Non je n'aurais jamais cru que ma sœur prendrait un parti aussi violent, aussi dénaturé, si on osait le dire, car, en vérité, il y a de la barbarie à s'arracher des bras de ses parents malheureux, et n'ayant d'autres consolations que dans leur union pour aller s'enfermer dans un couvent; et les abandonner pour toujours. Jamais Dieu ne lui saura gré d'une pareille démarche.

Ce Dieu juste et bon peut-il lui ordonner de mettre le poignard dans le cœur de tous ses parents et de ses amis : mais j'espère encore que son parti n'est pas pris irrévocablement; qu'elle sentira combien elle nous rendrait malheureux, combien une séparation aussi cruelle ferait le désespoir de notre vie. Enfin, vous y emploierez sûrement tous les moyens qui sont en votre pouvoir. Mes prières et mes conseils à une distance si éloignée ne peuvent faire grand effet; je suis réduit à gémir et à la pleurer comme vous, s'il faut s'en séparer. Je me tais parce que je sens que je renouvelle votre douleur. Puisse le ciel venir à notre secours pour notre bonheur commun !

Je pars demain matin pour Portsmouth, où j'achèverai ma lettre.

On m'a dit que mon traitement ne serait déterminé qu'à mon arrivée auprès de Monsieur. Entre nous soit dit, je crains que cela ne soit pas brillant; d'après ce qui m'est revenu sur les moyens qu'a Monsieur lui-même, là-bas. Dans cette incertitude, j'ai pris le parti de demander ici à M. Pitt, la somme de mille livres sterling ; ce qui m'a été accordé avec toute la grâce possible de sa part; et comme il y avait des lenteurs dans les formes pour le payement, M. Windham, à qui j'avais eu occasion de parler pour d'autres affaires, les a fait lever sur-le-champ, et j'ai touché la somme hier. Milord Hawkesbury m'a marqué aussi beaucoup d'amitié et d'intérêt en cette occasion.

Portsmouth, ce 23, à cinq heures du soir.

Me voilà arrivant à Portsmouth ; ayant fait la route de Londres ici, en neuf heures de temps, avec quatre chevaux, deux postillons, une voiture légère à trois places; un train d'enfer. Il est vrai que mes chevaux étaient commandés sur la route; je n'avais avec moi que Vibraye et Brunet; Guy, à cheval. Tous ces messieurs sont partis, ce matin, à cinq heures par une diligence, et sont arrivés à sept. Ainsi, nous sommes en ce moment tous rassemblés.

Nous nous attendions à mettre à la voile demain, mais le capitaine du *Robuste*, M. Thornborough, est venu chez moi, à mon arrivée; et nous a annoncé que le vent étant mauvais, il était impossible de partir encore. Du reste, le vaisseau est tout prêt et doit convoyer dix bâtiments de transport, ce qui ne hâtera pas notre marche. On a des nouvelles par un bâtiment parti le 16 de Houat, qui annonce que Monsieur avait mis à la voile pour se porter vers Noirmoutier, mais que la descente n'était pas encore effectuée. La même nouvelle que l'on cherche, je crois, à cacher ou qui peut-être n'est pas vraie, porte que Charette a été repoussé de la côte, dont il avait voulu se rendre maître; et est rentré dans l'intérieur des terres. La même personne qui rapporte cette nouvelle annonce avoir entendu une canonnade très-vive vers la côte, dont elle ignore le sujet et le résultat.

Si cela se confirme, il est bien à craindre, vu l'avancement de la saison, que l'expédition ne soit manquée pour cette année : mais il faut toujours vivre dans l'espérance, suivant notre usage ordinaire, et désirer que ces mauvaises nouvelles se démentent par le prochain courrier. En général, l'opinion n'est pas favorable à l'expédition; et il est sûr qu'elle a été entreprise contre le gré général qui ne trouvait pas le moment favorable depuis le désastre de Quiberon. Je suis fâché de voir que vous ne faites rien de votre côté; car la diversion serait absolument nécessaire; mais ce passage du Rhin des Patriotes dérange tous les calculs. Toujours de vos nouvelles le plus souvent possible; je vous embrasse et vous aime de tout mon cœur.

56

Le duc d'Enghien au duc de Bourbon.

Bühl, ce 30 décembre 1795.

Une lettre de bonne année est une bêtise sans doute, cher papa, lorsque ce ne sont que des mots et des compliments, les uns au bout des autres; mais la mienne est d'un cas différent, et tous les vœux, que je fais pour vous, sont formés dans le fond de mon cœur. J'espère que vous en écouterez l'expression avec bonté. 1795 a été assez sévère pour nous, pour vous éloigner de moi. C'est une vilaine année; j'en avais eu meilleure opinion et je regrette tout le bien que j'avais pensé sur son compte. 1796 sera plus aimable; il nous réunira, vous me le promettez, n'est-ce pas, cher papa?

L'établissement de Monsieur en Irlande[1] va vous donner la liberté de partir; vous n'aurez plus ses

---

1. Le comte d'Artois n'a jamais résidé en Irlande, mais en Écosse, à Édimbourg, dans le vieux château d'Holy-Rood mis à sa disposition par le roi d'Angleterre.

affaires à traiter ; il pourra les traiter lui-même, étant sur le continent. Mais pardon, je n'écoute en cela que mon désir et je ne pense pas que Londres vous plaît, que vous vous y amusez. Je ne pense pas que nous ne faisons rien par ici, que de tout l'hiver nous n'avons aucun espoir de rien faire, que peut-être là-bas il y a des projets pour le printemps. Que de raisons, bon Dieu ! pour vous ôter l'envie de revenir. Je le vois bien, il faut gémir et se taire.

La dernière lettre que j'ai eue de vous est datée du 24 novembre. Un mois et trois jours se sont écoulés depuis, et pas un mot de vous ni de votre suite. Cela est triste, bien triste, et, sans l'irrégularité de cette mer, cela serait inquiétant ; mais, avec elle, on ne peut pas compter sur l'exactitude.

Je n'ai rien de bien intéressant à vous mander en fait de nouvelles. Le maréchal de Clairfayt a eu de grands succès et a poussé jusqu'auprès de Trèves. Le triangle que forme cette rive de la Moselle avec le Rhin est entièrement évacué, excepté Coblentz où les Patriotes ont un camp de dix mille hommes, à la Chartreuse, et Trèves qu'ils occupent encore. Wurmser n'a pas fait un pas. Il occupe Spire, Schwegenheim, Neustadt, Kaiserslautern et vient se réunir à la gauche de Clairfayt.

Vous pensez que cette position est aussi anti-militaire qu'il se puisse, et qu'à moins d'un armistice de trois mois, dont on parle, on ne peut la garder. Pichegru a reçu des renforts sur la Queich. Il attaque souvent, tue du monde et fatigue les Autrichiens. Wurmser se plaint déjà d'avoir perdu plus de monde depuis la neige que pendant, et cela lui donne une juste humeur. On travaille à force à un énorme camp retranché devant Manheim, qui embrasse une étendue de pays de plus d'une lieue. Ce camp sera défendu par des redoutes et des flèches, et un fossé plein d'eau courante qu'on détourne du Rhin. Le tout sera terminé par une grande inondation que l'on pourra lâcher ou retenir à volonté. Le camp pourra contenir cinquante mille hommes à l'aise. On ne conçoit pas quel peut en être le projet, car, en passant le Rhin au-dessus ou au-dessous de Manheim, l'armée française obligera toujours facilement l'armée autrichienne d'évacuer son camp retranché, qui alors défendu par trop peu de monde, sera facile à emporter. Ils n'ont calculé en cela que le moyen de mettre les Patriotes hors de portée de bombarder Manheim de la rive gauche par cette immense tête de pont. On parle du départ du maréchal de Clairfayt, qui a, dit-on, demandé un congé de trois mois pour réparer sa santé. Il n'était pas parti il y a quatre jours; il n'était pas non plus question de l'armistice à son quartier général.

Voilà la position des choses. Quant à nous, nous sommes toujours arrêtés à Bühl jusqu'à nouvel ordre. Je ne vois pas d'apparence que nous passions, puisqu'il paraît positif que l'on cherche à rester tranquille jusqu'au printemps. Quoi qu'il en soit, l'étendue et l'inutilité de notre position me fait présumer que l'on n'a pas le projet de nous faire passer ici l'hiver. Nous nous équipons lentement, mais peu à peu. Les hommes sont ce qu'il y a de moins rares. Si les armes, selles, etc., allaient aussi vite, nous serions facilement dix mille au printemps. La désertion chez nous n'est pas très-forte, et elle est énorme chez les Patriotes. Il est malheureux que nous ne soyons pas à portée de leurs postes, il nous passerait bien du monde.

57

Du même au même.

Bühl, ce dimanche, 17 janvier 1796.

Des voyages à Carlsruhe, coup sur coup, des bals, des concerts et des dîners, des promenades arrangées d'avance et allongées par la lenteur de la marche de M. le duc de Berry[1], des courses à cheval qui s'étendent depuis Bade à travers les montagnes jusqu'à Oppenau; autant d'objets d'absence, de fatigue, m'ont fait rester un siècle sans écrire à mon

---

1. Le duc de Berri était arrivé depuis quelques mois à l'armée de Condé, et plus jeune de six ans que le duc d'Enghien qui avait déjà conquis une véritable gloire, le duc de Berri se montrait animé d'une singulière émulation pour suivre l'exemple de son cousin. Cette émulation se trahit souvent dans ses lettres au prince de Condé.

cher papa. Il est certain que, depuis un mois, je ne sais ce qui a pris à M. le duc de Berry, mais il ne peut rester un moment chez lui, et pour vous donner une idée des courses de tout genre qu'il nous fait faire, hier il nous a fait aller à la tour de Steinbach, de là à Baden par la montagne et revenir par la grande route, ce qui compose six ou sept lieues, le tout à pied et suivi d'un bon dîner et d'un punch. Le bonhomme Damas s'était fait prudemment suivre d'un cheval, qu'il a enfourché de bonne heure. Concevez-vous ce changement; il prétend me crever, il a pris là une tâche un peu forte.

Du reste, cher papa, le séjour de Buhl est à peu près celui de tous les quartiers généraux. La ressource de la belle comtesse nous manque, mais elle finira par quitter son séjour de Carlsruhe où elle prétend s'ennuyer à la mort, et nous revenir; mais les gîtes manquent. Après la revue que nous allons passer au commencement du mois prochain, il y en aura quelques-uns de vacants.

Rien de nouveau dans nos environs. Cette trêve ne paraît plus un préliminaire de paix. On croit à une campagne encore et je ne serais pas éloigné de cette façon de penser qui devient général. Nous entendons tous les jours le polygone de Strasbourg qui fait trembler nos vitres, mais pas nos personnes. On dit que dedans cela va toujours de mieux en mieux. Dieu le veuille, mais que de fois nous avons été trompés.

Il paraît que le Margrave travaille avec ardeur pour nous faire partir d'ici. Les Autrichiens seraient bien tentés de nous envoyer à Rottenbourg, et je vous avouerai que je vois peu de moyens de l'éviter. Quand ces choses-là traînent, vous savez qu'elles finissent toujours par arriver; c'est comme l'an passé. Mais Dieu sait si nous en reviendrons cette année. Je tremble de quelque grand projet contre ce corps-ci, qui se renforce et s'augmente chaque jour. On l'écrasera avant d'avoir à le craindre. Aussi votre crédit là-bas peut-il nous être d'une grande utilité, cher papa. Ce sera à vous à nous sauver du naufrage.

J'espère être peut-être le premier à annoncer à Franclieu la bonne nouvelle de l'heureux accouchement de sa femme. C'est dans la nuit d'hier, à trois heures du matin, qu'après quelques heures de souffrances assez fortes, ce rejeton mâle de sa race a paru dans ce monde. La mère et l'enfant vont aussi bien que possible. Aujourd'hui se fait le baptême. Je suis parrain à votre défaut, et j'ai pris Mme de Reinach pour ma commère. Sérent, est chargé de ma procuration, représente à ma place, n'étant pas d'usage que nous représentions nous-mêmes dans ces sortes de cérémonies hors des chapelles de nos châteaux. Faites, je vous prie, mes compliments au papa; cela doit lui faire grand plaisir. Ce qui m'en fait moins, c'est qu'on dit que je ne pourrai m'en tirer qu'à raison d'environ dix louis. L'affaire ne me paraît nullement plaisante.

Feldkirch ce 16 juin au soir

~~[several lines crossed out, illegible]~~

Je suis arrivé ici hier et sauf cher papa
je n'ai rien trouvé de nouveau dans
aucun de vos cantonnements. Le g[énér]al Lanau
étoit a fribourg mandé par Wolf pour
la commission, il est revenu aujourd'hui,
l'ouverture du procès ayant été remise
a mardy prochain j'espère que peutêtre
la chose pourra encore être retardée, vu la
nouvelle de notre prochain départ. J'ai
recommandé a m[onsieur] de Lanau de voir Wolf
avant, et en conséquence il a rendéz vous
avec lui pour lundy soir. J'ai le projet
de voir ce g[énér]al avant ce jour et si je pouvois
faire retarder encore la chose, la commission
pourroit ne pas avoir lieu du tout, les ordres

pour notre départ arrivant probablement dans l'intervalle. Il me semble que si cet arrangement pouvoit avoir lieu il nous conviendroit, et que ce seroit un desagrément de plus d'évité.

J'avois avant mon départ d'ici, fait un établissement d'une chaine de postes dans la montagne pour la désertion. Ces postes, dans le nombre des nôtres, dont il sont déjà arrêtés quelques-uns, ont envoyés 3 hommes des côtés, sans passeports, sans aucuns papiers ny congés. Mais ces 4 hommes prétendent être du nombre de ceux qui ont été renvoyé comme Autrichiens. En attendant ils sont en prison et coûtent de l'argent tant pour les frais de leur arrestation que pour leur nourriture. Je fais écrire à Bouthillier par Deslon en envoyant leurs noms et qualités, afin que s'ils deposent juste ils soient relâchés. Mais il seroit important que vous eussiez la liste et longuement des hommes qui ont été renvoyé de cette

sauvere afin qu'ils ne soient pas inquiets,
j'ai écrit de ma part les détails a
Routtrilieux. il vous en parlera.
la nouvelle du départ prochain n'a point
fait un mauvais effet. tout le monde est
persuadé ici que la guerre avec la suisse va
commencer on s'en fait fête. on émigre de
Bâle où l'on est fort inquiet.
j'ai appris ici que vous aviez fait mettre
Rocqui aux arrêts pour trois jours,
Verguivilly en avoit écrit directement a
Chumery avant mon départ. Lavau s'en
est un peu plaint a moi; disant que
ces choses devoient être adressés au command-
-ant chef. vous savez bien ce dont nous
étions convenus a Niegel avant la campagne
dernieur relativement aux ordres direct des
états majors, aux chefs des corps, dont les
commandants ne sont point instruits; mais
ce n'est pas une chose bien pressée quand
je serai près de vous nous en parlerons
adieu cher papa, mandez moi bien vite

de venir vous rejoindre, je vous embrasse
et vous aime bien tendrement

L. de Bourbon

Il me semble, cher papa, qu'il seroit avantageux
d'établir après notre départ d'ici, une
chaîne de postes sur la lisière de la suisse
pour la désertion, composée de gens surs
de tous les corps de l'armée et commandée
par un off[icier] adroit et intelligent ; celle que
j'ai établie en petit réussit et nous a
ramené des hussards, mais en intéressant
un peu les paysans, ils sont tous disposés à
nous servir pour un prix très modique et
alors pas un de nos hommes ne pourroit
passer en suisse. nous pourrons si cela vous
convient parler de cette mesure à mon
arrivée la-bas.

J'oubliois de vous dire, que je sais que
les off[iciers] sont fort embarrassés ici pour payer
leurs dettes à leurs auberges au moment du
départ ; qu'ainsi il est très important qu'ils
touchent leurs appointements avant. l'histoire
des dettes étant un des grands griefs de la
réserve

58

Le duc d'Enghien au duc de Bourbon.

Bühl, ce jeudi 11 février 1796.

En vérité, cher papa, je crois qu'il y a toujours un sort jeté sur les lettres que l'on envoie par des occasions. Elles sont des siècles en route et finissent quelquefois par vous revenir comme vous les avez fait partir. Je viens d'avoir la preuve de ces deux faits que j'avance. La lettre dont vous avez chargé Cheffontaines[1], m'est arrivée tout essoufflée hier au soir et encore pas par lui, qui est resté malade à Hambourg, ni par la personne qu'il en avait chargé, qui est restée à Francfort et a fini par la mettre à la poste. Le second exemple est une lettre que je vous écrivis de Mulheim, qui vient de me revenir avec la personne qui s'en était chargée et qui n'a pas été plus loin que Brunswick. Aussi je renonce à jamais aux occasions, il n'y a rien de pire.

Nos environs ne nous fournissent rien de saillant à vous dire. Pas la plus petite nouvelle, des on dit sans fondements sur la campagne prochaine. Ceux qui paraissent le plus vraisemblables sont le retour de M. de Clairfayt très-prochain, l'entrée en Alsace

---

[1]. Le vicomte René de Cheffontaines aide de camp du duc d'Enghien.

et dans le pays de Trèves et de Luxembourg, les opérations prussiennes sur la Hollande etc. Ce qu'on dit depuis si longtemps et ce qu'il y a à parier qui arrivera enfin.

Du reste tout est dans la même position. Nos cantonnements sont fort étendus depuis les environs d'Offenbourg en passant par Oberkirck, Oppenau, Reussen, Salsbach jusqu'à Buhl et Steinbach. Nous ne bougerons plus de l'hiver, je le crois, malgré l'humeur du margrave[1] qui persiste à ne faire aucune petite réparation à mon grand père ; qui de son côté persiste à ne pas mettre les pieds à Carlsruhe. Je me trouve le dindon de l'aventure et tous mes beaux projets me paraissent plus reculés que jamais. Faut bien se soumettre à la circonstance, mais j'avoue que j'aurais peine à y renoncer tout à fait.

---

1. Comme tous les petits princes allemands, le margrave ou grand-duc de Bade, qui avait le voisinage en plus, éprouvait des frayeurs d'enfant au seul bruit des armées françaises. Il faisait expier ses paniques au prince de Condé et aux émigrés. Mais Louis-Joseph de Bourbon avait à sauvegarder sa propre dignité et celle de son nom. Il se vit donc obligé, plus d'une fois, de se montrer sévère envers ce margrave et ses semblables, se mettant à deux genoux devant la force et se confondant en lâchetés pour obtenir un *satisfecit* de la Révolution.

59

Du même au même.

Ce lundi, 14 mars 1796.

Vous savez, cher papa, que l'espoir n'abandonne jamais la Condeich, et qu'il est de son essence de voir toujours tout en beau. Nous nous croyons donc incessamment de l'autre côté du Rhin ; nous voyons une campagne offensive couronnée par de brillants succès ; nous voyons un plan d'attaque en haute Alsace dont nous serons, et une autre partie agissant sur Luxembourg. Tout cela nous paraît fort aisé, et nous discutons sur les moyens, sur le temps, sur les probabilités ; mais nous nous accordons sur la possibilité, et c'est précisément selon moi, la pierre d'achoppement. Sur quoi toutes ces belles espérances sont-elles fondées ? *Primo* : sur l'arrivée de dix-huit chariots d'armes que nous sollicitons depuis des siècles et qui arrivent. Carabines, pistolets, sabres, enfin tout ce qui nous manquait, nous l'aurons dans trois jours. Puisqu'on nous donne des armes, on veut donc que nous nous en servions. *Secundo* : sur le dire des officiers du régiment de Cavanac, qui prétendent être destinés à faire partie de la division de l'armée, sous les ordres de monseigneur, cette campagne, et dont les cantonnements sont enclavés pour le momeut dans les nôtres. *Tertio :* sur le dire des officiers d'un bataillon autrichien, passant à Buhl et remontant le Rhin et disant qu'il allait en Brisgaw, que nous ne tarderions pas à le suivre et qu'il était destiné à passer le Rhin du côté d'Huningue avec la Condeich.

Voilà de belles autorités comme vous voyez. Mais n'importe; cela nous contente et nous le gobons avec joie. Le plus sûr c'est que nous sommes à Buhl, que nous n'avons aucun ordre pour en bouger, qu'il fait un ciel serein et un temps superbe, et que je profite avec plaisir de ces beaux jours pour célébrer dignement la guérison de mon pied.

Franclieu nous a dit que vous ne comptiez emmener personne dans ce voyage d'Édimbourg Mais les voleurs? Vous aurez fait leur bourse d'avance; on dit que c'est le meilleur moyen d'en être quitte.

Adieu, cher papa, on fait un bruit indigne dans ma chambre, Jonville et Cheffontaines s'y battent à outrance. Je crie après eux et n'en puis rien obtenir Je vais procéder avec ma canne à les séparer. Ils me chargent de vous présenter leurs hommages respectueux, et sont bien reconnaissants que vous vous souveniez d'eux aussi souvent. Votre enfan vous embrasse et vous aime de tout son cœur.

60

L'impératrice Catherine de Russie au prince de Condé.

Monsieur mon cousin, la lettre que votre Altesse Sérénissime a bien voulu m'écrire, le 17 novembre de l'année passée, ne m'est parvenue que depuis quelques jours. Je serais bien fâchée si ce retard avait contribué à entretenir le doute qu'Elle m'y témoigne sur la constance des résolutions que je lui avais annoncées précédemment par rapport à sa personne, à sa famille et au corps de noblesse, qui s'est attaché à Elle. Je la prie de se rassurer à cet égard, et d'être bien persuadée que mes intentions une fois déclarées sont irrévocables, et que j'aurai autant de plaisir à remplir les espérances que je lui avais données, que de regrets de la voir dans le cas d'y recourir ; ce dernier ne répondant guère aux vœux que j'ai toujours formés pour le bonheur de la France et celui de votre Altesse Sérénissime. Mais si la Providence en ordonne ainsi, votre Altesse peut-être assurée qu'elle me trouvera empressée à lui rendre, à lui offrir toutes les consolations dont je serai capable et à lui procurer des avantages dignes de sa naissance, de son courage et de ses autres vertus.

Je suis avec une parfaite estime et une sincère bienveillance,

Monsieur mon Cousin, de Votre Altesse Sérénissime, la bien affectionnée cousine,

CATHERINE.

Saint-Pétersbourg, le 20 avril 1795.

61

Le duc d'Enghien au duc de Bourbon.

Nonenwihr, ce jeudi 12 mai 1796.

Le baron de Roll[1] part incessamment pour l'Angleterre, cher papa, peut-être après-demain, peut-être dans trois jours. Je crains de manquer cette occasion de vous écrire et j'aime mieux le faire un peu d'avance. Je commencerai par vous parler de mon bonheur. Les lettres de Londres et l'avis que vous avez fait donner au chevalier de Franclieu de ne pas venir vous joindre me font espérer votre retour prochain. J'aurai tant de plaisir à vous revoir, je serai si heureux de cette réunion, que j'avoue que je ne calcule pas la brillante carrière dont il est possible que vous vous éloigniez. D'ailleurs il est possible, si les choses tournaient bien, d'y retourner. D'après cela, il n'y a pas le plus petit inconvé-

---

1. Le baron de Roll, aide-de-camp du comte d'Artois.

nient à revenir. J'en parlais encore avant-hier à MM. Crawfurt et Wickham. Ils m'ont dit l'un et l'autre qu'ils ne croyaient pas à de grandes expéditions sur les côtes, cette année; que la Vendée allait trop mal, que les Chouans refusaient de s'organiser, que par conséquent il fallait se borner à des renforts d'armes, de munitions, de vivres et d'argent.

Comme vous n'êtes rien de tout cela, venez nous revoir, cher papa ; venez embrasser votre enfant. Ce sera lui que vous verrez le premier ; car il est à six lieues plus près de vous.

Il viendra au-devant de vous; il veut vous donner à dîner dans ses États. Il viendra vous prendre à Offenbourg; de là, le soir, il vous mènera avec lui au quartier général. La chose est arrangée ; tout est prêt, chevaux, voitures, dîner. Il ne manque que vous. Je me plais à faire tous ces châteaux en Espagne; mais ils ne le seront pas toujours, et ils se réaliseront incessamment.

Les malheurs d'Italie ne sont pas à leur comble, mais en approchent fort.

L'armistice du Roi de Sardaigne, qui a cédé Tortone, Alexandrie et Coni aux Patriotes, ouvre entièrement le Milanais. M. de Beaulieu[1] en a déjà cédé

---

1. Le général baron de Beaulieu, né en Brabant, ancien aide-de-camp du feld-maréchal Daun, servit avec une très-grande distinction dans la guerre de Sept ans; et dans les premiers combats contre la République française, il obtint des succès par ses luttes avec Biron et Jourdan. En 1796, il fut opposé en Italie au général Bonaparte qui le vainquit à diverses reprises.

une portion en se retirant derrière le Pô, dans une position que l'on prétend qu'il ne peut garder. Il paraît qu'il a de grands ennemis dans son armée et que la trahison y va fort. De cette manière, les Patriotes seront à Rome et à Naples avant l'hiver. Il y a eu une forte émigration de Turin, qui n'est point cependant menacé et dont l'armistice, qui sera infailliblement suivi de la paix, assure la tranquillité. Madame la Princesse de Piémont y est restée avec son mari et le Roi ; les autres Princesses sont parties. L'inquiétude que nous avons sur le sort de ma pauvre tante n'est calmée que par l'extrême amitié de la Princesse de Piémont pour elle. Elle ne l'oubliera, elle ne l'abandonnera pas ; et tant qu'elle restera, ma tante peut aussi rester.

Les Patriotes sont venus jusqu'à cinq lieues de Turin ; mais, au moment de l'armistice, ils se sont retirés à quinze, ce qui marque qu'ils n'en veulent pas à cette ville. Nous espérons des nouvelles de ma tante très-incessamment. Au moment des succès des Français, elle nous aura sans doute écrit, calculant notre inquiétude sur son sort ; du moment que nous en aurons des nouvelles certaines, je vous en ferai part, ou Contye, ou mon grand-père.

Je suis aussi bien impatient, cher papa, de savoir l'effet qu'aura fait dans les pays que vous habitez l'arrivée du Roi à l'armée. Nous avons des raisons de craindre que son séjour ne soit pas de longue durée. Cette course légère n'a pas pris à Vienne ; cependant il tiendra bon autant que possible. Il a été aimable pour tout le monde, excepté pour moi, auquel il n'a pas encore ouvert la bouche de la campagne de 93, tandis qu'il a trouvé des choses flatteuses à dire à tout le monde sur cet objet. J'avoue que cela ne m'a pas fait plaisir. Il a passé l'armée en revue en trois jours ; les chasseurs nobles d'abord ; ensuite la gauche, composée de quatre nouveaux régiments de Hohenlohe, de l'artillerie de Noinville[1] et de Tonnerre ; puis la droite hier, composée de l'avant-garde, la légion Baschy et Carneville. Je lui ai donné à déjeûner dans mon château[2], et puis j'ai représenté à la tête de mon *commendo*. Il aura vu ainsi toute l'armée, excepté les trois mille cinq cents chevaux que nous avons du côté de Rottenbourg. Il a été étonné de tout ce qu'il a vu. Il est vrai que tout est bien à présent et que nous sommes en état de montrer huit ou neuf mille combattants bien armés, bien équipés et bien tenus. Les deux Anglais ont été aussi bien surpris ; ils ne s'attendaient pas à cela, et ils ont été forcés d'avouer que c'était de l'argent bien employé.

Adieu, cher papa, votre enfant vous aime et vous embrasse de tout son cœur.

1. Le général comte de Noinville et le général vicomte de Clermont-Tonnerre.
2. Le duc d'Enghien occupait alors un château appartenant à la famille des princes de Schwartzenberg.

62

Du même au même.

Nonenwhir, ce jeudi 9 juin 1796.

Je ne sais, cher papa, quel malin esprit nous poursuit, nous traverse enfin dans tous nos projets ; mais le fait est que rien de ce qui paraît avoir les meilleures apparences pour nous ne peut réussir et que tout va de pis en pis.

Nous avons été au moment de passer le Rhin et nous avions les plus belles espérances, qu'il ne serait pas prudent de détailler dans une lettre et que je ne connais moi-même qu'en très-petite partie. Deux cent mille hommes à peu près étaient rassemblés en Brisgaw ; deux ponts de pontons et tout ce qui était nécessaire pour un passage était tout prêt au-dessus de Mulheim. Des batteries formidables élevées contre Huningue et vers le lieu du passage assuraient du moins un succès momentané. Les ordres allaient être donnés sous très-peu de jours. M. de Wurmser faisait une attaque générale, ainsi que l'archiduc ; les Patriotes n'auraient su où porter des forces. Attaqués de partout, ils n'auraient même pu faire face au plus pressé. Un malheureux courrier de Vienne force de tout abandonner. Il faut à la hâte sauver l'Italie, il faut y envoyer trente mille hommes;

enfin il faut perdre encore une campagne, paralyser tous les côtés et ne jamais faire que des âneries. Wurmser est désespéré ; il se voit contraint à garder probablement la défensive. Trente mille hommes de moins dans les armées du Rhin ne laissent pas que de faire un trou difficile à boucher. Vite on abandonne tous les projets : on nous fait redescendre le Rhin, reprendre nos anciens quartiers, et les pontons retournent à leurs remises ordinaires de Fribourg.

Après cela, peut-être n'est-ce qu'une feinte ? projet remis ? reculer pour mieux sauter ? Quant à moi, qui ne suis pas fin, je suis au désespoir, et je vois la campagne encore perdue, puisque l'on ne sait pas profiter des belles occasions que l'on a pu avec tant de peines se procurer. Je vous demande un peu si, depuis que Beaulieu est retiré, il faut qu'il attende, pour rattaquer, les secours que l'on va lui envoyer, des armées du Rhin. Si les Patriotes n'ont pas tout le temps d'emporter toutes les richesses de l'Italie, de se retirer ensuite sans coup férir; de faire reporter toutes leurs forces de ce côté-ci et d'attaquer sur le Rhin, dont le cordon faible et dégarni ne pourra les arrêter. Dieu veuille qu'à la fin de cette campagne nous ne soyons pas au Danube. J'espère que je me trompe ; mais cela ne m'étonnerait nullement, vu les moyens aimables que l'on prend.

Vous trouverez, cher papa, ma politique bien noire; mais avouez qu'il est douloureux pour un commandant d'avant-garde, qui a de l'ardeur et de la bonne volonté, de se voir à trois jours d'avoir le plaisir de passer le Rhin et de s'en donner dans un bon genre, et de repartir, comme il est venu, pour rentrer dans des cantonnements où il vient de passer deux mois.

Dieu sait quand nous en sortirons. Dieu sait aussi quand nous vous reverrons, cher papa. Il me semble que vous ne vous arrêtez à aucun projet de retour, que vous ne fixez aucune circonstance, aucun temps qui doive vous ramener près de nous. Comme cela, je ne vois pas de raisons pour que nous vous revoyons jamais, tant que la guerre durera. Et puisque vous n'êtes parti que pour aller à la Vendée, qu'il me paraît très-reconnu qu'il n'y aura aucune expédition de ce côté, et qu'il n'y a aucun moyen d'y aller, je ne vois pas pourquoi l'on vous retient en Angleterre. C'est une énigme pour moi, mais fort laide, puisqu'elle me prive du bonheur de vous voir.

Il y a des siècles que je n'ai eu un bout de lettre de vous ni de ce qui vous entoure. Les plaisirs de Londres vous font oublier les habitants du Brisgaw. C'est bien mal de vous en souvenir aussi peu, car ils pensent sans cesse à vous.

63

Le duc d'Enghien au prince de Condé.

Ce 19 juin 1796.

Je vous rendrai compte, cher papa, des excès dans tous les genres dont nous sommes coupables. Ce n'est pas à tort que nous avons la réputation de pillards[1], je vous assure, et ne le dis qu'à vous. Mais il est essentiel, instant, indispensable, de prendre les moyens les plus sévères pour arrêter ces désordres, car nous finirions par être massacrés comme des chiens enragés, et tout s'arrange chaque jour pour cela. Quatre des chevaux ont été rendus et renvoyés, les trois autres sont connus, repris par mon ordre, quoiqu'achetés ainsi que des pièces de toile et autres objets volés par des officiers. J'en ai fait mettre un en prison, qui se vantait tout le long de la route du bon marché qu'il avait fait, et cela devant les soldats. Je devais vous en rendre compte ce soir. Les deux autres étaient achetés par des officiers, et il me semble que les officiers, qui se permettent d'a-

---

1. Le prince de Condé s'était vu obligé d'intercaler, dans les rangs de son armée, quelques régiments soldés. Ces régiments, en grande partie composés de déserteurs républicains ou de volontaires dont on ne connaissait pas assez la moralité, se livraient, sous la cocarde blanche, aux excès de tout genre que flétrit le duc d'Enghien.

cheter des effets volés, sont quatre fois plus coup[a]
bles que les hussards. Je vous montrerai ce so[ir]
l'ordre que je donne en conséquence de tous c[es]
excès et auquel je tiendrai la main. Je fais cherch[er]
les hussards; mais les hussards, mais les officie[rs]
qui les ont achetés font des difficultés pour les nom[?]
mer. Tous les sept sont à présent rendus à Donau[-]
eschingen, et le bas officier, qui a ramené les quat[re]
premiers, a reçu un ducat de l'écuyer pour boire.

64

Du même au même.

Steinach, ce 28 juin 1796.

Je suis, cher papa, l'homme le plus malheureu[x]
que la terre ait porté. Vous savez l'état des chos[es]
relativement au militaire. Mais ajoutez à l'inqui[é]
tude que j'ai pour vous, à la crainte que j'ai q[ue]
vous ne trouviez que je me suis mal conduit, [la]
douleur de voir mourir de faim et de fatigue tou[s]
les hommes et chevaux de mon avant-garde, de n[e]
pouvoir leur procurer aucun soulagement, d'êtr[e]
entouré de vingt mille cercles[1] qui pillent de fon[d]
en comble tous les villages à trois lieues à la rond[e]

---

1. Le duc d'Enghien, en se servant par abréviation de cett[e]
expression de vingt mille cercles, veut dire vingt mille homm[es]
des cercles allemands.

et qui sont à chaque instant au moment de nous égorger, parce que mes hommes ne peuvent s'empêcher de les accuser de ce qu'ils souffrent, et qu'ils sont tous souls de l'eau-de-vie qu'ils ont volée. Ajoutez à cela une pluie battante et au bivouac forcé, parce que les cercles occupent depuis la grange jusqu'au grenier.

Ajoutez encore que je suis persécuté par M. de Stein pour faire son arrière-garde et pour me harasser encore davantage par des dispositions qui n'ont pas le sens commun. Ajoutez encore le peu d'espoir que j'ai de vous retrouver, et l'impossibilité physique de me battre, vu la fatigue excessive de tous, et vous aurez un tableau au-dessous de la réalité de ma situation depuis que je me suis retiré. Ayez pitié de moi, cher papa, s'il est possible et dussiez-vous nous faire faire trente lieues dans la journée, donnez-moi un moyen de me rapprocher de vous. Il n'y a point d'argent, point de pain. Le prêt manquera; je ne réponds pas de ce qui peut arriver, j'en deviendrai fou. Avez-vous vu le bas officier de la Légion que je vous ai envoyé? J'attends son retour comme le messie.

A onze heures du matin.

Trois bonheurs à la fois! De Pradt[1], du pain et

---

1. Le chevalier de Pradt, frère de l'abbé de Pradt, ancien archevêque nommé de Malines, ancien aumônier de l'empereur Napoléon ou du *Dieu Mars*, et écrivain politique infatigable.

du repos. Je suis presque heureux; mais, d'après ma lettre, vous voyez l'urgence du cas. J'ai d'ailleurs des choses pressées, extraordinaires à vous communiquer. Rappelez-nous, je vous en conjure.

65

Du même au même.

Ce 8 juillet 1796, 7 heures du soir.

Oh! la cruelle commission dont vous m'avez chargé, cher papa. Je l'avais bien prévu, et si nous n'en finissons pas bientôt d'une manière ou de l'autre, il y a de quoi en devenir fou. Je serais des siècles à vous raconter toutes les petites tracasseries, les petites impertinences, enfin les couleuvres qu'il m'a fallu avaler depuis votre départ. Le général Fræhlich, dont le fond n'est pas mauvais (je crois), est un homme emporté, très-violent, manquant d'éducation et qu'on ne peut ramener que peu à peu et par une patience extrême. Imaginez qu'il me rend responsable de toutes les plaintes qu'il reçoit de l'armée; que c'est moi qu'il accuse de n'avoir point fait d'exemples, de n'avoir point donné d'ordres sévères pour empêcher le pillage, comme si c'était moi qui commandais toute l'armée. J'excuse nos fautes de mon mieux; mais il est vrai qu'il en est de criantes.

M. de Klinglin lui a écrit ce matin, et lui mande que c'est à juste titre que les paysans se plaignent, que les excès commis par le corps de Condé sont révoltants et que, depuis qu'il est à portée de les voir, il a reconnu que tout ce que l'on disait, et ce qu'il ne pouvait se persuader, n'était que trop vrai.

Que puis-je dire à tout cela, sinon qu'on le trompe, que les paysans nous en veulent et qu'ils ne diraient rien, si c'étaient des Autrichiens et que je suis certain que vous entretenez dans votre corps toute la discipline qu'il vous est possible d'y entretenir.

Voilà ce que je réponds après que, pendant une heure, M. de Frœhlich, les yeux hors de la tête, rouge, et criant à tue-tête, m'a bien étourdi et impatienté du récit des rapports des paysans. Ce n'est pas tout.

Hier les Patriotes ont attaqué Kinsingen. Ils ont été repoussés, grâce à la valeur héroïque du régiment de Carneville qui, emporté par son ardeur, a chargé trois fois, et a été écrasé par le feu de l'infanterie dans les vignes des coteaux d'Altenheim. Il m'a été impossible de les retenir; d'ailleurs ils étaient, par l'ordre du général Frœhlich, conduits à la boucherie par un lieutenant-colonel de cuirassiers qui s'en est fait un rempart pour sauver ses hommes. Damas infanterie a bien donné aussi. La cavalerie de la Légion aussi.

Eh bien! le soir, lorsque nous avons, à la nuit

fermée, eu l'ordre de nous retirer dans nos cantonnements et que nous avons repassé à travers les troupes autrichiennes qui, grâce à nous, n'avaient pas entendu siffler une balle de la journée, nous avons essuyé une grêle de propos, de sarcasmes et d'injures de la part des Autrichiens. En arrivant dans nos cantonnements, les paysans ont fermé leurs portes et ont dit qu'ils ne recevraient pas des Jeanf.... qui les abandonnaient, et les mêmes propos qu'à l'ordinaire.

A Riegel, quelques voitures d'équipages ont été attaquées, fusillées par les paysans; deux hussards tués; des chevaux de volés. J'en demande raison à M. de Frœhlich; il me répond froidement que cela ne le regarde pas, qu'il n'y peut rien, que c'est à la Régence qu'il faut s'adresser.

Je lui parle de la perte du régiment de Carneville. Il me répond que c'est le sort de la guerre. En vérité, c'est à n'y pas tenir.

Aujourd'hui cependant j'ai pris un peu le haut ton. Je lui ai envoyé une grande note un peu sévère, mais cependant parfaitement honnête. Deslon, que j'ai envoyé la lui porter, a d'abord essuyé son premier moment de colère; puis il s'est apaisé et a fini par en être parfaitement content. Il a fait mettre à l'ordre de l'armée que qui que ce soit qui se permettrait ou propos ou voie de fait contre un individu de l'armée de Condé, serait puni de mort. Il a lui-même envoyé une plainte contre Riegel, et a demandé instamment à la Régence de faire punir les coupables et a dit qu'il regardait avec le même intérêt un soldat de Condé qu'un soldat autrichien; qu'ainsi il exigeait que justice prompte et sévère fût rendue. Enfin il s'est extasié en louanges et en marques d'intérêt pour moi et a prié Deslon de me le dire.

Je vois à présent la manière dont il faut le prendre; mais, dans le commencement, il me paraissait un véritable fagot d'épines. Il est vrai qu'il est bien tourmenté de tous côtés, et que cela occasionne une certaine humeur bien excusable. L'affaire d'hier nous a coûté un officier de Damas Alexandre, blessé à mort, cinq tués et quelques blessés; vingt Carneville[1] tués ou pris, cinq chevaux d'officiers et vingt-six chevaux d'hussards. Les Français ont aussi beaucoup perdu. Nous espérons à présent maintenir notre position. M. de Frœhlich a reçu une lettre de l'archiduc, qui lui mande qu'il part le 5 pour marcher en avant. Il date de Muhlsturzhorn. Aujourd'hui il est donc en présence de l'ennemi. Les chasseurs Le Loup ont dû se porter vers le Kniebis et je ne doute pas que le projet constant ne soit à l'offensive.

Je vous représente que nous manquons d'argent d'une manière cruelle, que j'en suis déjà pour vingt-

---

1. A l'armée de Condé, on appelait les soldats d'un régiment du nom de son chef. L'on disait les Mirabeau, les Damas, les Carneville, etc.

cinq ou trente louis qu'il m'a fallu prêter aux officiers de la Légion pour payer leur dîner, sans quoi ils auraient été obligés de prendre de force. Mais vous jugez où cela peut mener. Au nom de Dieu, prenez des précautions promptes et sûres, car que deviendrions-nous au milieu d'un pays armé et disposé comme il l'est, si, pour surcroît de maux, nous n'avions plus de quoi payer l'écot du dîner ? C'est en honneur la seule dépense qu'ils font, mais toutes les ressources sont épuisées et les gens qu'ils ont envoyés leur chercher leur argent ne reviennent pas. Si malheureusement ils ont été arrêtés ou pillés dans la montagne, que deviendrons-nous ? Les Autrichiens ne veulent rien nous prêter.

66

Le roi Louis XVIII au duc d'Enghien.

A Villingen, ce 13 juillet 1796.

Monsieur le prince de Condé vous instruit sans doute, mon cher cousin, de mon départ et des motifs malheureusement trop impérieux qui m'y contraignent. Il vous fait passer sûrement aussi ce que je fais mettre à l'ordre : ainsi je n'entre dans aucun détail avec vous sur ce sujet. Mais je ne veux pas partir, sans vous dire que, indépendamment de la peine que je ressens, en me séparant de l'armée, j'en éprouve aussi une bien vive, en m'éloignant de vous. Les droits que vous vous êtes acquis à mon estime, à mon amitié, et (mon âge et le vôtre m'autorisent à vous le dire) à ma tendresse paternelle, ne se perdront jamais, soyez-en bien sûr.

J'emporte avec moi l'espoir que les événements prendront bientôt un autre cours, et je me console du présent, en songeant au plaisir que j'aurai à vous voir de mes propres yeux soutenir, comme vous savez si bien le faire, l'honneur de votre famille, la gloire du nom que vous portez, et l'avantage d'avoir un père et un grand-père comme les vôtres.

Adieu, mon cher cousin, vous connaissez toute mon affection.

Louis.

67

La princesse Louise au prince de Condé.

Augsbourg, ce 7 août 1796.

Je commence cette lettre sans savoir où, ni comment vous la faire parvenir; mais j'espère que, sur cela comme sur tout le reste, la Providence viendra à mon secours, et je ne veux pas tarder davantage à vous témoigner mes vifs et sincères regrets de n'avoir pu passer à Memmingen comme vous aviez l'extrême bonté de le désirer. Ah! croyez, je vous en supplie, que c'eût été pour moi un moment du bonheur le plus réel, que celui où j'aurais embrassé un père tendre, que mon cœur ne cesse de chérir comme il le doit ! Mais cela a été impossible, tant par l'attente de votre lettre, qui, ne m'étant pas parvenue aussi promptement que je le croyais, m'a fait retarder d'un jour mon départ de Gutenzell, que par les arrangements de ce même départ pris avec Mme l'Abbesse, qui me prêtait ses chevaux pour me mener par une autre route, plus courte et moins embarrassée par les bagages des armées. J'ai senti cette privation plus vivement que je ne puis vous l'exprimer.

Ma position, sous plus d'un rapport, en impose de bien pénibles ; mais dans toutes je me sens soutenue par le Dieu auquel je les offre, même celles qui le concernent uniquement : je veux dire qui tiennent aux fermes résolutions d'un cœur qui brûle de lui être consacré. Que votre tendresse ne s'alarme donc point de ce que je peux souffrir, vu l'état des choses. Ce qu'il y a de désagréable dans ce moment, est l'état ou d'ignorance ou d'incertitude dans lequel on se trouve ici ; et, si vous pouviez m'en tirer, cela serait bien heureux. Mais où vous prier de m'adresser votre réponse, voilà l'embarrassant?

En attendant que je trouve jour à vous l'indiquer, je vais toujours continuer à vous rendre compte, comme je l'ai fait jusqu'à présent, de tout ce qui me concerne. Malheureusement pour moi, cela ne ressemble plus à tout ce que je vous mandais de chez mes bonnes capucines ; mais il faut hurler avec les loups, et puisque je suis rejetée pour le moment dans le monde, je me trouve obligée de penser et de parler de ce qui s'y passe. Mon voyage de Gutenzell ici a été fort paisible.

En arrivant aux portes d'Augsbourg, jeudi au soir, on m'a montré un décret obligeant du Sénat, qui n'en permet le séjour aux émigrés[1] que pour vingt-quatre heures seulement. Je suis toujours descendue à une auberge où l'on était assez mal, toutes étant pleines d'Autrichiens, disait-on, ou de je ne sais quoi. Le lendemain j'en ai été tirée par le chargé d'affaires de Munich (que je n'avais jamais vu, mais qui n'en était pas moins mon ami intime par quelques services qu'il avait rendus à plusieurs religieuses françaises). J'ai accepté un logement chez lui pour pouvoir rester ici impunément quelques jours, malgré l'ordre du Sénat, et voir un peu ce qui se passait quant aux Patriotes, quant aux retraites des armées, etc., etc. Jusqu'à ce moment, je n'y avais pas gagné grand'chose, les on dit variant à l'infini sur tout cela. J'avais appris seulement qu'on ne pouvait sortir d'ici que par le Tyrol, ce qui allongeait fort le chemin pour gagner Vienne, ou par

---

1. En ce temps-là, les terreurs que la Révolution armée inspirait aux rois et aux peuples étaient si vives, qu'en Allemagne on lisait sur tous les poteaux indicateurs des routes l'inscription suivante : « Il est interdit aux vagabonds, aux émigrés et aux mendiants de séjourner ici. »

la Bavière où les ordres sont très-précis pour ne laisser non-seulement établir, mais passer aucun émigré : les passe-ports de l'agent de l'Électeur ici n'étant même pas suffisants pour cela.

Ce bon agent (M. Standinger) a écrit, dès vendredi, au ministre pour m'avoir un passe-port sous les noms d'Ecken, etc., et il est arrivé depuis que cette lettre est commencée. En conséquence, je me mets en route demain matin pour me rendre à Munich, où je tâcherai de pouvoir attendre votre réponse, au cas que les Patriotes, que l'on assure être entrés dans Ulm, n'effrayent pas l'Électeur au point de se refuser à cette demande. Quant au projet sur Vienne que, par votre lettre vous m'avez paru adopter pour le moment, on m'assure que je n'y arriverai pas sans un passe-port envoyé directement de cette cour. De Munich, si l'on me permet d'y être quelques jours, comme je l'espère, j'écrirai donc à Mme Thérèse, comme vous me le mandez; mais comme je ne crois pas qu'elle ait un fort grand crédit, je pense que si, de votre côté, vous aviez la bonté d'écrire promptement à l'Empereur (car j'aime ce qui est direct comme étant le plus sûr), cela ferait un bon effet. Vous voudriez bien dire simplement que votre fille, dans le plus réel incognito, désire se rendre à Vienne dans les circonstances présentes, sous le nom de Mme d'Ecken, et accompagnée seulement d'une religieuse, d'un ecclésiastique et d'un seul domestique. Mandez-moi si vous avez la bonté de faire cette démarche qui, je crois, accélérerait le succès de la chose. De mon côté, j'écrirai toujours à Mme Thérèse et à Mgr l'évêque de Nancy pour les détails des noms et du lieu où le passe-port devra positivement m'être adressé. Ces détails ne pouvant guère se faire à Mme Thérèse, il faudra m'écrire à Mme d'Ecken, chez M. Albert, aubergiste de l'Aigle-Noir, à Munich. Si je ne pouvais m'arrêter dans cette ville, cet homme se chargerait de me faire tenir votre lettre dans celle que je lui indiquerais, car, malgré tous les gouvernements, il faut bien se poser sur un coin de terre. Je n'ai pas été assez heureuse pour rencontrer les religieuses qui devaient me donner une lettre de vous. J'étais en peine d'elles, et j'ai été bien étonnée que vous me donnassiez de leurs nouvelles ; mais les voilà reperdues de nouveau par les éternelles courses auxquelles on force les malheureux émigrés.

Croirait-on qu'on assure que mes quatre passeports de M. de Bissing, de M. de Frœhlich, de vous et du ministre impérial ici ne suffisent pas pour pénétrer dans l'Autriche ? J'avoue que je ne le comprends pas ; mais tout est étrange aujourd'hui. On affirme que vous êtes encore à Memmingen ; Dieu le sait. Vous me pardonnerez la longueur des détails ; je crois les devoir à la tendresse si touchante que vous voulez bien me témoigner, et que mon cœur sent bien vivement. Ah ! pourquoi n'ai-je pu profiter du rapprochement si inattendu où nous nous sommes trouvés! Je crois que, sans le savoir, il avait déjà existé, lorsque j'ai couché à Ravensburg, qui, sur la carte, paraît tout près de ce Wingarten dont vous me parlez; et justement dans cette ville, je m'affligeais d'ignorer où vous étiez et de n'avoir aucun moyen de vous écrire! J'embrasse mon père, je l'embrasse aussi tendrement que je l'aime.

Il me mande qu'il a versé quelques larmes en s'occupant de moi. Croit-il que je n'en verse jamais en songeant à lui? Dieu, oui, Dieu est le témoin du contraire. C'est devant lui que je m'occupe de ce qui m'est si cher. Après-demain, le jour de votre naissance, le jour qu'il vous a créé pour l'aimer et le servir, je redoublerai mes ardentes prières. Puissent-elles obtenir tout ce que je désire pour vous, que je chérirai tendrement jusqu'à mon dernier soupir!

68

Le duc de Bourbon au prince de Condé.

Londres, ce 26 août 1796.

Enfin j'ai reçu votre lettre du 2 août, après avoir été privé pendant des siècles de vos nouvelles ; car, depuis une de mon fils en date du 24 juin, aucunes lettres de vous ni de lui ne me sont parvenues. Heureusement que, en allant aux informations à toutes les personnes qui recevaient des lettres de l'armée, j'ai été promptement rassuré sur les inquiétudes que me causait votre position dans le Brisgaw, au moment d'y être enveloppé par un ennemi infiniment supérieur en nombre, et étant aussi mal secondé que vous l'avez été par les troupes des cercles.

J'ai bien joui des éloges que j'ai entendus faire sur la conduite de mon fils et sur la manière dont l'armée a soutenu la réputation qu'elle s'est acquise en toutes occasions. Qu'il est fâcheux qu'on n'ait pas suivi l'avis que vous aviez ouvert d'attaquer Moreau aussitôt après son passage! Il n'est pas douteux que vous l'auriez culbuté dans le Rhin, et l'Empire aurait été sauvé; mais le destin, ou plutôt la mauvaise volonté des hommes, en a ordonné autrement, et il était dit qu'il fallait que vous eussiez encore les peines et les fatigues d'une retraite longue et pénible, après avoir eu au contraire les espérances de pouvoir marcher en avant de la manière la plus brillante. Rien n'est affreux comme cela, surtout ne pouvant malheureusement pas prévoir de changement favorable dans la situation des affaires. Au reste, on est toujours parfaitement disposé ici pour vous et votre armée; et votre union avec M. Wickham, à qui vous témoignez toute confiance, y fait un très-bon effet.

Quels que soient les événements subséquents, soit paix de l'Empire ou autres, je suis persuadé que vous trouverez ici les plus grandes facilités pour tout ce que vous pourrez désirer, et le gouvernement est dans les meilleures dispositions à cet égard. En attendant, je presse toujours pour qu'il n'y ait point de retard dans les payements qui vous sont fournis. Je souhaite que mes sollicitations fassent effet ; mais la rareté d'argent (dit-on) est extrême.

M. de Précy [1] est toujours ici et paraît content des différentes conversations qu'il a eues avec les ministres. Il est bien intéressant à entendre sur tous les événements dont il a été témoin et acteur. C'est un homme bien dévoué à la cause et qui peut y rendre de grands services, si les circonstances à venir l'en mettent à portée. La situation de la Bretagne et de la Normandie ne s'est point améliorée depuis les dernières nouvelles que je vous en ai données. L'esprit y est cependant toujours bon et porté au royalisme ; mais on n'ose pas maintenant le professer hautement.

Les succès des Républicains, tant en Italie que sur le Rhin, ont produit un mauvais effet dans l'intérieur en général et portent les gens faibles au dé-

---

1. Le général comte de Précy, si honorablement connu par la défense de Lyon, dont la Convention et l'armée révolutionnaire firent le siège en 1793, s'était dévoué au Roi et à la Monarchie. Il avait aidé le duc de Brissac à former la garde constitutionnelle de Louis XVI ; il était le chef de ces fameux *Chevaliers du poignard*, imaginés par la Révolution pour donner le transport au peuple et entretenir parmi les masses le feu sacré de l'imposture et de l'absurdité. Au moment où la famille royale sortait, le 10 août 1792, des Tuileries où elle ne devait plus rentrer, Louis XVI aperçut le comte de Précy qui semblait encore attendre des ordres. Il le salua de ces mots caractéristiques : Ah ! fidèle Précy !

couragement. Je crois que ce dont on doit le plus s'occuper dans la position critique où nous sommes, c'est de soutenir par tous les moyens possibles le courage des gens bien pensants de l'intérieur, afin qu'on puisse les retrouver et les rallier, si les circonstances le permettent un jour. Mais pour le moment toute explosion partielle serait, je crois, plus nuisible qu'utile; qu'en pensez-vous?

L'accident du Roi[1] nous a vivement affectés. M. d'Avaray m'en a fait part sur-le-champ et m'a heureusement rassuré sur les craintes que nous pouvions avoir pour sa vie. Nous ne savons pas encore où il se fixera; on sait seulement ici qu'il ne pourra pas rester en Saxe. Monsieur et M. le duc d'Angoulême sont en bonne santé et toujours à Édimbourg, tout aussi fâchés que moi de leur inaction. Malgré les tristes événements de la campagne du Rhin, je vous assure que je n'en ai pas moins éprouvé le regret de ne pas partager vos peines de plus près. Si vous pouvez faire pour moi ce que je vous ai demandé (que mes aides de camp qui sont ici soient payés sur les fonds de l'armée), vous me rendrez un vrai service, parce que cela soulagera infiniment mes finances qui, comme vous pouvez l'imaginer, ne sont pas considérables, malgré la stricte économie avec laquelle je vis.

---

1. Louis XVIII avait failli être assassiné à Dillingen, le 19 juillet 1796. La balle du régicide l'atteignit très-légèrement à la tête.

Si vous avez occasion de voir ma sœur, qu'elle se rapproche de vous (chose que je désirerais bien vivement), parlez-lui de moi, je vous prie, et travaillez avec toute la tendresse dont vous êtes capable, à lui faire abandonner son fatal projet de faire ses vœux.

69

La princesse Louise de Condé au duc de Bourbon.

Vienne, en Autriche, ce 28 octobre 1796.

Cher, bon et toujours bien tendre ami de mon cœur, il n'y a pas bien longtemps que votre lettre du 4 juillet m'est parvenue. J'aurais pu cependant y répondre plus tôt; mais conduite, dirigée et poussée par les événements, j'ai voulu attendre que je pusse être posée quelque part pour vous écrire, car à l'éloignement où nous sommes, ne mander que des incertitudes, inquiète et voilà tout. Mon père, plus rapproché, a été instruit (autant que possible, lui marchant toujours de son côté et moi du mien) des circonstances où je me suis trouvée et qui m'ont conduite ici. Je pense que vous les aurez sues par lui ou par votre fils, ce qui fait que je ne vous en parlerai que succinctement.

Partie de Saint-Maurice en Valais, vers le milieu de juillet, pour me rendre à Augsbourg, où il m'avait été offert un asile très-convenable à mes goûts et à ma position, je ne sus qu'en chemin l'entrée et les progrès de l'ennemi en Souabe. Je crus toujours qu'il était bon d'être hors de la Suisse ainsi cernée, et je continuai ma route, fort confiante dans la Providence, très-peu dans les propos effarants ou effrayants des gens que l'on rencontrait, sans négliger cependant les démarches de prudence qui faisaient connaître la direction possible à prendre dans ce voyage. Il fut le plus heureux du monde ; mais arrivée à Augsbourg où il n'était plus possible de penser à demeurer, il fallut songer à chercher un asile quelconque.

Je fus à Munich ; même effroi qu'à Augsbourg des Patriotes, même attente de leur arrivée très-prochaine, disait-on. Je demandai là des passe-ports pour les États de l'Empereur à son ministre, qui me dit qu'il fallait qu'il en écrivît à Vienne. J'écrivis moi-même ; je fus à Passaw attendre mes réponses. Elles tardèrent beaucoup ; pendant ce temps-là, les mêmes alarmes gagnèrent cette ville. J'y avais retrouvé quatre religieuses françaises parties de Turin, auxquelles j'avais particulièrement désiré me réunir, pour pouvoir mener avec elles une vie dans mon genre, en attendant que les circonstances me permettent enfin d'accomplir mon vœu le plus cher. On commença à prier les Émigrés (comme à l'ordinaire) de s'en aller. Je pris alors mon parti, ayant reçu le même jour un passe-port, mais qui, à la vérité, ne permettait que le passage.

Toujours confiante dans la Providence, j'ai gagné Vienne par le Danube. On nous assurait tout le long de la route qu'il y avait de sévères défenses pour passer même par cette ville. De Linz (où j'ai eu le plaisir de voir mon ancienne amie, Mme de la Luzerne), j'écrivis à M. de Saint-Priest[1], que je le priais de se trouver tel jour à un petit village tout près de Vienne où abordent les bateaux, voulant enfin savoir ce qui était possible ou non. Il s'y trouva, et me dit que je pouvais passer à Vienne et y rester même quelques jours, au lieu de quelques heures, et aller habiter dans un autre lieu des États de l'Empereur, qui le trouvait bon.

Dès le lendemain matin, il s'est arrangé par l'offre qu'en ont faite d'elles-mêmes les religieuses de la Visitation d'ici, que je viendrais chez elles, avec mes compagnes, et qu'elles m'y garderaient tant que je voudrais, l'Empereur y consentant : ce qu'il a fait avec bonté. Je ne l'ai point vu, et lui ai écrit seulement, en lui faisant connaître mes motifs, mon entier et absolu renoncement au monde, etc. Il m'a répondu très-bien, et tout cela s'est arrangé à merveille. Mme Thérèse[2], qui m'a paru hors de la ligne de tous les autres princes et princesses par ses malheurs, et vis-à-vis de qui j'avais fait une démarche honnête, est venue ici où elle entre assez

---

1. Le comte de Saint-Priest, ancien ministre de Louis XVI.
2. Marie-Thérèse, fille du roi Louis XVI et de la reine Marie-Antoinette.

souvent. Je n'ai pu la voir sans émotion. Elle est belle, fraîche, et ressemble à la Reine, mais en posé et sérieux. Elle dit tout ce qu'il faut dire, et bien ; elle m'a parlé de vous tous ; on l'a dit très-pieuse ; tout le monde en parle avec éloge.

Voilà où j'en suis, et ma destinée présente. Quand et comment aura lieu celle que je désire avec tant d'ardeur ? C'est ce que l'état des choses met dans l'impossibilité de dire, et ce qui fait ma plus vive peine; car, mon bon frère, mon bien tendre ami, de même que mon cœur n'a point changé pour vous, il ne change pas non plus pour mon Dieu, pour ce Dieu auquel vous me mandez vous-même que je me suis entièrement dévouée.

Oui, c'est bien vrai, je brûle de me sacrifier à lui, de m'y lier par des nœuds indissolubles. Ah! si on vous l'avait fait connaître, ce Dieu de bonté, loin de vous étonner et de vous affliger du parti que j'ai pris, vous y applaudiriez et vous vous en réjouiriez avec moi. Cher ami! je ne sais si vous aurez reçu la lettre que je vous ai écrite de Saint-Maurice. Peut-être l'aurez-vous trouvée, non pas sèche.... oh! non jamais!... mais raisonnée avec une sorte de froideur. Ah! la froideur n'était pas dans mon cœur, dans ce cœur qui vous aime avec la tendresse la plus vive, la plus soutenue, la plus sincère. Quant au raisonnement, j'y étais autorisée, et l'ai même cru nécessaire pour vous, d'après votre silence (car il est inouï que mes lettres seules ne vous parviennent pas et cependant je vois que cela est). Mon bon frère, mon Dieu m'est témoin si je vous aime. Hier encore, j'ai consacré toute ma journée à prier pour vous; bien mieux, avec vous.

Oui, mon bon ami, je fais cela quelquefois ; je me présente devant Dieu, et lui dis : « Je ne me présente pas seule ; Jésus-Christ recevait et guérissait les malades qu'on lui amenait, et qui ne seraient peut-être pas venus d'eux-mêmes le trouver. Je vous amène mon infortuné frère, infortuné, non par les vicissitudes humaines dont il est la victime, mais parce qu'il ne vous connaît pas, ne vous sert pas. Mon Dieu! moi aussi, je vous ai méconnu. Je ne vous ai point servi, je ne vous ai point aimé. Et vous avez eu pitié de moi, et vous m'avez regardée, vous m'avez appelée, vous m'avez attachée à vous. Regardez-le aussi ; éclairez son esprit ; et touchez son cœur, son cœur bien mieux disposé que n'était le mien. Considérez, dans votre infinie miséricorde, quelle fut sa position et quelle fut la mienne ; les exemples, les secours de tout genre qui lui ont manqué, tandis que vous m'en fournissiez abondamment. Non, il n'est pas si coupable que moi, mon Dieu, et je vous prie de transporter sur lui la plus grande partie des bénédictions que vous vous plaisez à verser sur moi. »

Ensuite, mon bon frère, je vous mets de moitié dans toutes mes actions. Si je me repens de mes fautes ; si je donne à Dieu quelques témoignages de l'amour qui lui est dû ; si je me confie dans son admirable providence ; si je le loue et le bénis, j'unis votre cœur au mien, et je demande ardemment à Dieu de regarder le vôtre, le vôtre que je lui présente, que je lui donne, en attendant que vous le lui donniez vous-même ! car vous le lui donnerez un jour. Ah ! j'en ai l'espoir, votre mère prie pour vous dans le ciel, la plus tendre des sœurs sur la terre, notre Dieu nous exaucera.

Vous ne direz plus alors que je vous ai cruellement abandonné. Moi !... Mon frère, jamais mon amitié ne vous fut plus tendrement prouvée que je ne le fais aujourd'hui. Hélas ! les événements, les circonstances, nous éloignent, nous séparent ; et l'on se fait un devoir de soutenir courageusement et sans se plaindre, les privations qu'ils imposent ; et quand c'est Dieu, quand c'est pour Dieu, on se laisse aller aux murmures, aux gémissements. Mon bon frère, j'en appelle à votre esprit juste, au sens droit que vous avez reçu de ce même Dieu.

Je reviens à ma journée d'hier qui était toute pour vous. Je me souviens vous avoir entendu dire que vous aimiez le salut du Saint-Sacrement (quoique vous n'y fussiez pas) ; que cette petite sonnette, ce moment de silence avant la bénédiction, vous faisaient impression. Eh bien ! je vous ai mené au salut ; j'y ai prié avec vous ; j'y ai reçu la bénédiction avec vous, et j'ai demandé avec larmes que vous en ressentissiez les effets. En un mot, tout a été de moitié avec vous ; tout, la sainte communion même.

Oh ! mon tendre ami ! de quels biens vous vous privez. Regardez-le donc, le monde ; voyez ses biens, ses honneurs, ses grandeurs, ses projets, ses moyens, ses plaisirs mêmes, et revenez à Dieu. Cherchez à le connaître, et, de vous-même alors, vous vous unirez à votre sœur pour le servir et pour l'aimer, chacun dans la position où nous sommes par la Providence. Voilà mon vœu le plus cher, mon bien bon frère, le vœu d'un cœur qui vous aime, vous aime et vous aimera toujours avec la plus inviolable tendresse. Vous m'assurez toujours de la vôtre, je vous en remercie bien, et vous embrasse de toute mon âme.

Je prends part à la satisfaction que vous éprouvez sans doute de la conduite de votre bon fils. Puisse-t-il remplir tous ses devoirs, comme il remplit celui que lui impose le métier qu'il exerce en ce moment !

70

Le duc de Bourbon au prince de Condé.

Londres, ce 31 décembre 1796.

Je ne vous ai pas écrit par M. d'Hautefort, parce que j'avais l'occasion sûre de M. le chevalier d'Auteuil qui part demain pour aller rejoindre le régiment de Baschy, m'en ayant demandé la permission. Il me paraît qu'il a eu la crainte que si son absence se prolongeait davantage, l'on ne nommât à sa place un autre officier. Quoique je l'aie fort assuré qu'il pouvait être très-tranquille à cet égard, il ne m'en a pas moins témoigné le désir de s'en retourner tout de suite; et, comme vous pouvez croire, je n'ai point voulu le lui refuser. Au reste (quelque histoire que l'on puisse faire sur ce départ), il n'y a eu aucune scène à ce sujet entre nous deux; et si l'on demandait s'il y a brouille avec moi, vous pourrez dire que non.

Point de lettres de vous ni de personne de l'armée depuis celles du 14 novembre, et, pour nous consoler, on débite ce matin qu'il a péri un paquebot venant de Hambourg. Les papiers anglais ont dit que vous aviez marché vers Schwetzingen pour passer le Rhin dans cette partie; nous n'en avons point d'autres nouvelles et nous ne savons pas sur qui compter à cet égard.

M. de Stahremberg[1], que j'ai vu hier, m'a dit qu'il n'avait rien reçu d'officiel depuis les affaires du Kreutznac; et je vois qu'il est toujours incertain si l'armée autrichienne prendra bientôt ses quartiers d'hiver.

Voilà M. de Moustier[2] qui va partir ces jours-ci

---

1. Le prince de Stahremberg, ambassadeur d'Autriche à Londres.
2. Le marquis Éléonore-François-Élie de Moustier, l'un des plus

pour la Bretagne, muni de pouvoirs du gouvernement et de Monsieur pour tâcher de former dans cette province une force organisée qui puisse agir militairement. Il emporte à cet effet armes et argent. Plusieurs officiers passent avec lui ; mais personne de bien connu. Ce départ est annoncé publiquement depuis plusieurs jours, et la Convention en est sûrement instruite à présent. Je vous avoue que, entre nous soit dit, je crains que cette publicité ne fasse mettre des entraves aux bonnes opérations que l'on pourrait tenter dans cette partie ; et, si l'on m'avait consulté, on aurait tenu le cas plus secret. J'ai vu M. de Vauban, qui doit passer avec M. de Moustier. Il m'a beaucoup parlé de la manière

---

habiles diplomates de son temps, émigra et fut le négociateur autorisé entre les princes français et les puissances étrangères. La mission de commissaire royal près de la Vendée militaire, dont il se chargea, n'eut pas le succès qu'on en attendait. Ce ne fut point faute de zèle et d'expérience de sa part que cette mission échoua comme tant d'autres. Par une exception qui fait honneur à la fidélité du marquis de Moustier et à la constance de ses principes, l'empereur Napoléon le maintint sur la liste des émigrés, et jusqu'à la chute de l'Empire, il vécut à Hartwell dans l'intimité de la famille royale.

Son fils, né à Coblentz, le 2 janvier 1779, suivit les traces de son père et, à dix-sept ans, il accourut prendre du service dans la Chouannerie comme aide-de-camp du général de Frotté. Venu à Paris pour coopérer à une conspiration royaliste, il se vit obligé, afin de sauver sa vie et sa liberté, de s'engager dans un régiment de hussards. Bonaparte en fit un diplomate et il épousa la fille du comte de Laforest qui, au moment de l'assassinat du duc d'Enghien, était ambassadeur du Premier Consul à Berlin et eut le courage, dans une dépêche, de protester énergiquement et éloquemment contre un pareil crime.

dont les Chouans font la guerre, et elle se rapporte absolument avec les comptes que nous en ont toujours rendus les gens raisonnables. Les villages sont bons; les villes mauvaises; les grands chemins neutres; aucune force militaire rassemblée sous les drapeaux. Lorsque l'on sait que la Convention envoie un convoi de vivres à quelques villes, escorté par des troupes républicaines, plusieurs villages se rassemblent, attaquent l'escorte, battent ou sont battus, et rentrent chez eux au bout de cinq ou six jours d'absence selon la distance du lieu où se porte l'expédition. Je lui ai demandé pourquoi ils ne cherchaient pas à prendre possession des villes; il m'a répondu qu'il ne tiendrait qu'à eux de s'en emparer, mais qu'ils craindraient de ne pouvoir les garder, parce qu'aussitôt les Républicains les attaqueraient avec des forces supérieures, leur tueraient du monde et par conséquent diminueraient leurs moyens, qu'il prétend être très-considérables, si l'on peut parvenir à former une armée organisée. Mais c'est là l'article essentiel et qui me paraît le plus difficile, n'ayant ni artillerie, ni magasins, ni places. Il en sent tout comme moi la difficulté; mais il me paraît beaucoup compter sur ce que l'on pourra faire avec l'argent qu'emporte M. de Moustier, et ne doute pas que l'on ne parvienne à organiser une force armée redoutable en Bretagne.

Entre nous soit dit, M. de Vauban est un pauvre homme, et altérant souvent la vérité dans ses rapports[1]. Il est très-connu pour cela, et en a donné des preuves dans cette dernière course; car on m'a assuré que, quand il a été à l'Ile-Dieu, il avait engagé Monsieur à passer individuellement en Bretagne pour aller rejoindre M. de Puisaye. Et à moi, il m'a dit tout le contraire, en regardant comme le plus grand malheur qui pût arriver à la province, si un prince y arrivait avant qu'il y eût une armée; parce que, aussitôt, les Républicains mettraient le pays à feu et à sang, sans qu'il fût possible de s'y opposer. Voilà l'état des choses qui, comme vous voyez, n'annonce pas la possibilité de porter de grands coups avant quelque temps. Dieu veuille encore que cela soit bien dirigé, et n'aboutisse pas à l'incendie de quelques villes ou du port de Brest. Ce qui s'est passé à Toulon n'est pas rassurant à cet égard; et si, comme l'on dit, votre armée revient à Schwetzingen, je vois toujours exister le même plan des Puissances de nous tenir en tutelle et de ne point nous laisser agir au nom du Roi.

L'Autriche tient toujours à son plan de démembrement; l'Angleterre à celui d'avoir nos îles. Voilà l'objet qui les intéresse le plus. Notre sort futur n'est pour ces deux Puisssances qu'une vue très-secondaire. Plus on voit les choses de près, plus on se persuade cette grande vérité.

1. Le jugement porté par le duc de Bourbon sur M. de Vauban s'est pleinement réalisé et, après avoir dénaturé la vérité dans ses rapports, il l'a complétement altérée dans ses *Mémoires*, écrits sous l'inspiration de la police impériale.

71

Le duc d'Enghien au duc de Bourbon.

Mülheim, ce 1er janvier 1797.

Une lettre de bonne année est toujours ennuyeuse, cher papa; aussi sera-t-elle bien courte, je vous le promets. Vous vous plaignez de mon silence : je pourrais vous faire le même reproche, et ce qu'il y a de bon, c'est que nous aurions tort tous les deux. Nous avons su positivement que, pendant cette campagne, toutes les lettres avaient été arrêtées à Hambourg. Nous avons été près de trois mois sans avoir aucune nouvelle de Londres ni d'Édimbourg. Dieu merci, cela change, et elles arrivent à présent à la fois. Les lettres du 23 novembre, du 1er décembre, du 3 et du 7 sont arrivées à la fois. Vous aurez reçu les nôtres de même, et vous aurez vu que votre enfant n'a point été paresseux, et que vous n'avez pas à vous en plaindre. Toute la matinée, nous avons reçu les visites de toute l'armée. Je profite du moment de tranquillité, de l'intervalle de l'ordre au dîner, pour vous faire aussi mon petit compliment, et vous souhaiter, cher papa, toutes les prospérités imaginables. Je sais bien ce que je souhaite le plus, c'est votre retour ou la permission d'aller vous embrasser, mais je n'ose espérer ni l'un ni l'autre.

Je vous remercie des magnifiques compliments que vous me faites sur cette campagne. Elle a été, à la vérité, d'un bien grand intérêt pour qui aime son métier, et j'ai cherché à profiter autant que possible et à m'instruire. Je suis heureux d'être parvenu à contenter mon grand-père. C'était mon but le plus cher, et je n'ai qu'un regret, c'est que vous n'ayez pas été à portée de partager nos fatigues.

72

Le prince de Condé au duc de Bourbon.

Mülheim, ce 2 mars 1797.

Vous vous plaignez toujours, mon cher fils, de ce que l'on ne vous mande point d'ici ce qui vous intéresse; mais vous-même, vous continuez, comme je m'en suis plaint souvent à vous, à me laisser apprendre par le public tout ce qui vous regarde. Je vous avais prévenu de la proposition qui allait vous être faite, par une de ces malheureuses victimes, d'entrer en France pour vous mettre à la tête du parti. J'apprends par tout le monde que vous avez refusé : je l'avais prévu, et j'en avais prévenu le Roi. Au reste, par l'événement, vous avez très-bien fait, et j'en suis enchanté; mais si les espérances que Monsieur me fait confier se réalisent, il n'y aura pas à hésiter à le suivre, et même à le précéder, s'il l'exige, et si la chose est bien préparée.

Je doute encore un peu de cette entreprise, et j'en doute tant que, malgré ce que je vous ai mandé, et que je vous confirme, de ne point parler de moi où vous êtes, en cas de malheur absolu, je vous conseille de vous occuper de vous-même. Pour ce cas-là, tâchez de vous faire assurer par les Anglais une pension honnête, une habitation où il y ait maison, jardin et chasse. Monsieur, qui va faire de même, à ce que je crois, vous secondera pour ce qui vous regarde, et s'occupera de vous en même temps que de lui et de ses enfants. Vous ferez peut-être bien de faire un petit voyage à Édimbourg, pour causer de tout cela avec lui et l'évêque d'Arras[1]. Ils sont on ne peut pas mieux disposés pour vous, et tous deux très-d'avis de cette prévoyance. Dieu veuille qu'elle soit inutile; mais elle est toujours prudente.

L'Angleterre est ce qu'il vous faut; c'est un pays dans votre genre, et je crois que vous serez de mon avis. Je pourrai bien y aller vous voir à la fin de tout ceci, mais sûrement votre fils. Les Anglais, loin de nous augmenter, cherchent à nous diminuer, et nous diminuent en troupes et en argent. Je suis dans ce moment-ci à discuter tout cela avec Robert Crawffurt, qui est ici, et il faudra bien en passer par ce qu'il dit qui lui est prescrit. Nous serons riches

---

1. Louis-François de Conzié, évêque d'Arras, fut, pendant l'émigration, l'ami et le confident de Monsieur, comte d'Artois. Pitt et le gouvernement anglais eurent souvent recours à ses lumières.

en compliments, mais voilà tout, et je m'y attendais bien.

Nous sommes encore tranquilles jusqu'à présent; d'ailleurs bien serrés et manquant de fourrages, quoique notre cavalerie soit dans les environs de Rothweil.

Je vous envoie la deuxième lettre de change, qui ne peut vous servir qu'au cas que la première ne vous fût pas parvenue: cela est d'usage dans les lettres de change.

On dit que le roi de Prusse veut garder le Rhin quelque part. Cela n'est pas encore bien clair.

L'Italie, comme vous savez, est à peu près perdue, et Bonaparte doit être en ce moment au Capitole. L'on émigre à force de Trieste, et l'on n'est pas fort rassuré à Inspruck. Peut-être notre archiduc (Charles), que nous regrettons du plus profond de notre cœur, va-t-il réparer tout cela? Lui seul en est capable.

Mandez-moi si vous avez suivi mon conseil, qui n'est dicté que par l'intérêt que je prends à vous; et par la suite vous me manderez ce que vous aurez arrangé pour vous. Si vous me rendez justice, je n'ai pas besoin de vous parler de toute ma tendresse.

Votre fils se porte bien et vient de passer son carnaval à Ettenheim; car la gloire n'a pas éteint en lui l'amour du plaisir.

73

Le roi Louis XVIII au prince de Condé.

A Blankenburg, ce 5 janvier 1797.

Je cherche à me dédommager, mon cher cousin, de l'impossibilité où j'ai été de continuer à partager les héroïques travaux de ma brave armée, en lui donnant des témoignages certains de ma satisfaction, par les grâces que je vous charge de lui annoncer. Sa valeur l'a fait triompher d'ennemis dignes d'elle, s'ils combattaient pour une meilleure cause. Sa générosité a plus fait; elle a vaincu des haines que l'artifice le plus profond travaillait depuis si longtemps à nourrir. Comme Roi, comme père, je lui dois donc une éternelle reconnaissance. Généraux, officiers, gentilshommes, soldats, tous l'ont méritée. Je voudrais pouvoir exprimer à chacun d'eux ce qu'il m'inspire, je remplis ce vœu en m'adressant à vous. Vous êtes à la fois leur chef et leur modèle; je ne puis choisir un meilleur organe, ni vous donner à vous-même une meilleure preuve de l'amitié dont vous savez bien, mon cher cousin, que je suis pénétré pour vous.

Louis.

74

Le duc de Bourbon au chevalier de Contye.

Londres, ce 8 mars 1797.

Je vous remercie, mon cher Contye, des nouvelles que vous m'avez envoyées. Il est vrai que j'ai eu de l'humeur de l'oubli que l'on paraissait nous témoigner pendant la campagne ; mais il faut être porté à l'indulgence, lorsque l'on songe à l'inquiétude que j'avais pour les personnes qui me sont chères. Ainsi, que toute querelle cesse entre nous.

Soyons amis, Contye, c'est moi qui t'en convie.

Toutes les personnes ici de votre connaissance se portent bien. C'est avec plaisir que j'ai vu qu'il n'était rien arrivé de votre côté aux personnes de notre connaissance intime. Dieu sait quand ni où nous nous reverrons ; mais, de loin comme de près on n'en aime pas moins ses amis. Faites mon compliment à Damas, à Franclieu, ainsi qu'au bon chevalier le Mintier, sur leur promotion. Cela s'appelle des grâces bien placées. Vos nouvelles de Chantilly m'ont fait grand plaisir. Ces noms-là m'ont rappelé des temps plus heureux où nous n'avions à penser qu'à nous amuser. Ils sont passés ces jours de fête, etc. Puissent-ils revenir !

75

La princesse Louise de Condé au prince de Condé.

Vienne, 17 avril 1797.

Dans la pénible inquiétude qu'éprouve mon cœur, sur la position et le sort d'un père que je ne cesse et ne cesserai jamais de chérir, comme je le dois, je ne puis résister plus longtemps à lui écrire, quoique j'aie lieu de croire que mes dernières lettres ne lui sont pas parvenues. C'est la seule idée qui se présente à moi pour motiver un silence prolongé, que je ne saurais attribuer à un oubli ou indifférence, qui m'affligerait de la manière la plus sensible. Non, je ne crois point que votre précieuse tendresse, dont vous m'avez donné tant de témoignages, soit altérée; mais je crois plutôt que le funeste état des choses m'a seule privée du bonheur de recevoir de vos nouvelles.

Votre dernière lettre m'avait fait d'autant plus de plaisir que j'y avais retrouvé quelques étincelles de cette gaieté que j'ai vue si longtemps se soutenir en vous, par votre patient courage, malgré la multiplicité de vos peines. Rien de ce qui se passe à présent (au moins de ce que je ne puis ignorer), ne doit certainement les adoucir. Je n'imagine pas ce que vous faites, ce que vous devenez, et deviendrez sur vos éternels bords du Rhin. On vit ici dans une incertitude pénible et dans un chaos le plus fatigant de nouvelles, de conjectures, de craintes, d'espérances dont les bases sont souvent l'intérêt particulier de chacun, et qui naissent et se détruisent de moments en moments. Je n'entrerai (parce qu'on ne le peut par lettres) dans aucun détail vis-à-vis de vous, de tout ce qui se passe relativement à la politique ou à la guerre, qui ne sont point choses de ma compétence. Quant au dernier article dont les résultats sont si ostensibles, vous en êtes sûrement encore mieux instruit que moi.

Tout ce que je puis vous dire, c'est que la maison où je suis, est toute préparée à partir en cas d'événement malheureux; et vous croyez bien que moi plus que personne, je serais forcée de suivre cet exemple. Cependant je tâche de connaître autant que possible la vérité à travers tous les faux bruits que l'on répand, afin de ne recommencer à voyager que s'il y a une véritable nécessité. C'est aussi l'intérêt de mes hôtesses, accoutumées, comme vous le savez, à une vie stable et tranquille. Mais dans quel état aujourd'hui se trouve un pareil bonheur? Je vous assure que je crois qu'il n'y en a pas; Dieu veuille dans sa bonté ramener ces temps heureux! Vous voyez que si vous êtes contrarié dans vos vues et vos désirs, je ne le suis pas moins de mon côté; mais vous me donnez l'exemple d'une courageuse persévérance que je ne cesserai point d'imiter et à laquelle mon cœur est chaque jour plus disposé. J'attends les moments de mon Dieu; il a daigné attendre si longtemps les miens!....

76

Le duc de Bourbon au prince de Condé.

Londres, ce 16 juin 1797.

J'ai reçu vos deux lettres en date du 2 mai et du 8. Grand Dieu! quelle position que celle où vous vous êtes trouvé dans le moment des succès aussi étonnants qu'incroyables de Bonaparte, et en même temps du passage du Rhin exécuté si rapidement, et avec une si grande facilité. J'étais tourmenté d'inquiétude, en regardant ma carte tous les jours, et je m'affligeais en voyant la position que vous occupiez avec des forces si peu considérables et des alliés si peu sûrs et si chancelants.

Il a été mandé ici par des lettres particulières de l'armée que si la trêve n'avait pas eu lieu, vous étiez décidé à sacrifier la moitié de l'armée, s'il le fallait, pour sauver l'autre, en vous faisant jour, l'épée à la main à quelque prix que ce fut. On m'a demandé si cela était vrai. J'ai dit que ce fait ne m'avait été mandé par personne (et c'est très-vrai), mais que j'étais bien sûr que votre vœu est le vœu de toute l'armée, dans le cas où elle se serait trouvée

enveloppée, aurait été de prendre ce parti vigou[-]
reux plutôt que de se rendre prisonnière sans com[-]
battre. Cette idée fait frémir; heureusement cett[e]
trêve, tombée des nues comme par miracle, vous [a]
tiré d'une aussi horrible situation, et nous a sauv[é]
la peine cruelle d'avoir encore à pleurer la perte d[e]
bons, purs et loyaux Français, dont le nombre es[t]
malheureusement trop peu considérable.

Depuis votre lettre en date d'Engen du 8 mai, i[l]
y a eu ici des lettres particulières qui ont annonc[é]
que votre quartier était maintenant à Uberlingen
sur le lac de Constance. Je savais que l'ordre d'ar[-]
rêter les dépenses d'équipement, d'habillement, d[e]
recrutement et de remonte avait été envoyé, vu le[s]
pourparlers de paix. Je conçois combien cela doi[t]
vous affliger, après tous les soins que vous vous êtes
donnés, et les sacrifices personnels que vous avez
faits, pour donner à cette armée l'existence et la
considération dont elle jouit. Croyez que je partage
bien vos peines, votre douleur, et que si quelque
chose peut me faire supporter avec patience d'être
en cet instant éloigné de vous, c'est de penser qu'un
autre moi-même peut apporter quelques consolations à votre affliction et à l'embarras d'une position aussi triste et aussi désagréable sous tous les
rapports.

Je ne savais rien sur la mission destinée à M. le
duc de Berri. Monsieur ne m'en avait pas dit un
mot dans aucune de ses lettres, et avait gardé le

même silence à mon égard que Blankenbourg[1] pour vous ; je n'aurai pas l'air d'en être instruit à moins qu'il ne m'en parle le premier. Le jugement porté contre les agents[2] prouve bien que la coalition n'avait pas des bases très-étendues et très-inquiétantes pour le Directoire. Il y aurait mis plus d'importance et de sévérité, s'il y avait eu un danger réel pour lui. En vérité (entre nous soit dit), il est fâcheux que le Roi emploie de pareils agents, et cela n'inspire de confiance à personne.

Si vous aviez vu et entendu comme moi celui qui m'a été détaché ici, il vous aurait été aisé de juger du peu de fonds qu'il y avait à faire sur tout ce qu'il disait.

La manière imprudente dont ils se sont conduits, en se livrant eux-mêmes entre les mains de leurs ennemis avec des papiers intéressants dans leurs poches, prouve bien leur peu d'expérience en fait de conjuration (si l'on peut se servir de ce terme pour une action vertueuse et permise), qu'il n'y avait aucun parti armé assez fort, ni ayant assez d'énergie pour se montrer en leur faveur. Voilà donc le nouveau tiers installé, il faudra voir s'il y aura bataille avec le Directoire.

Moi, je ne crois pas que cela arrive encore si tôt ; encore moins que l'on pense à rappeler le Roi. Comme

---

1. Résidence de Louis XVIII.
2. Ces agents royalistes dont le procès venait d'être jugé à Paris, étaient l'abbé Brottier, la Villeheurnois, de Presle, etc.

vous dites fort bien, si l'on en vient là, ce ne sera pas tout à l'heure, et puis cette manière de remettre le Roi sur son trône, vous plairait-elle? Pas plus qu'à moi, je crois. On lui dicterait les conditions qu'on voudrait, ce serait un fantôme de Roi, comme Louis XVI l'était aux Tuileries.

J'entends tous les jours des gens, à commencer par le baron de Breteuil[1], qui disent, quand on offrirait au Roi une royauté grande comme le petit doigt, il faudrait qu'il l'accepte; bientôt il trouverait le moyen de l'augmenter, et de ramener l'ancien régime. Moi, je ne suis pas de cet avis-là, et je le dis tout haut. Un roi, qui ne régnerait que par le vœu populaire, et qui n'aurait d'appui que la force armée du peuple, ne serait pas plus solidement sur son trône que celui des cinq Directeurs dont le peuple aurait la fantaisie de se défaire.

Le mot de popularité en question est cependant le mot à la mode, et j'en ai ici les oreilles bien fatiguées et bien ennuyées; aussi vais-je le moins qu'il m'est possible dans les sociétés françaises très-nombreuses; je me plais davantage dans celles dont vous me parlez.

Il n'y a aucun louche dans les paroles, ni dans les

---

1. Louis-Auguste Le Tonnelier, baron de Breteuil, ministre du roi Louis XVI et son fondé de pouvoirs, auprès des puissances étrangères au commencement de la Révolution. La politique et les vues de Breteuil ont été souvent attaquées par les différents partis; mais le dévouement et les talents qu'il a déployés sont incontestables. Il est mort en 1807.

actions de ce côté-là[1], et c'est du pur royalisme. Ceux-là ne rentreront jamais en France sous le régime républicain, et seront toujours aussi invariables que nous dans leurs principes. Je peux vous en répondre, en même temps que je peux vous certifier que ce n'est pas commun par le temps qui court. Ils comptent rester dans ce pays-ci jusqu'à ce que les affaires de Saint-Domingue soient réglées, et il est bien à craindre pour eux qu'ils n'y perdent entièrement leur fortune, car il n'est pas vraisemblable que les Anglais puissent conserver Saint-Domingue à la paix. Mais, quoi qu'il arrive, je ne crois pas qu'ils aient la volonté ni la possibilité de s'établir en Angleterre, où la vie est beaucoup plus chère que partout ailleurs. Pour dire la vérité, ils ne peuvent avoir aucun projet arrêté pour l'avenir, dans la position pénible où ils sont. Si par les événements ils se trouvent destinés à habiter un pays voisin de celui où je serai, je mentirais si je vous disais que je n'en serais pas fort aise; et je rechercherai toujours avec empressement les occasions de les voir, parce que, depuis que je suis ici, j'y ai passé ma vie d'une manière infiniment agréable, et qu'ils ont contribué par tous les moyens possibles, par les charmes d'une société douce et aimable, à adoucir l'amertume de la position inactive à laquelle le sort m'avait dévoué.

1. Le Prince fait allusion à quelques familles émigrées qui, comme celle de Gallifet, possédaient de grands biens aux colonies françaises.

Quant à mes affaires de finances, le temps est dur à passer. Non-seulement, je n'ai rien de fixe, ni d'assuré, mais encore on me fait éprouver des retards de trois, quatre et cinq mois, pour ce que l'on m'avait promis de me payer tous les trois mois. Jugez si je dois me trouver embarrassé, n'ayant pas d'autres ressources et n'ayant fait aucun emprunt.

Heureusement pour moi, j'ai eu le bon esprit de prévoir ce sinistre événement, et j'ai toujours vécu avec la plus grande économie; ce qui m'a tiré d'affaire jusqu'à présent : mais cela ne peut pas toujours durer comme cela. Les fournisseurs ne me tourmentent pas parce qu'ils ont confiance en moi, ayant été payés jusqu'à présent tous les mois; mais si nous changeons de méthode, ils me feront payer plus cher et me traiteront, comme ils disent, à l'anglaise; c'est-à-dire que la plupart des seigneurs anglais ne les payant qu'à la fin de l'année, ils fournissent à peu près le double plus cher que lorsqu'on les paye tous les mois.

On assure que Monsieur éprouve le même retard pour le payement. Cela m'afflige, mais ne me console pas, parce qu'il a plus de ressources pécuniaires que moi, qui ai absence totale de ce qu'on appelle un fonds de cassette. Enfin vous pouvez croire que je fais de mon mieux pour subsister tant bien que mal jusqu'à ce que nous sachions sur quoi compter, et que ma seule dépense est absolument employée au nécessaire. Je n'ai point de chevaux, point de loges aux spectacles ; je ne joue pas gros jeu ; je ne tiens pas ce qui s'appelle une maison, puisque je n'y reçois que de loin en loin mes amis, et encore en très-petit nombre. N'ayant habituellement à dresser que cinq couverts à dîner de fondation, que j'y sois ou que je n'y sois pas, MM. de Vibraye, de Quesnay, de Marans et de Franclieu mangeant tous les jours chez moi. Quand j'y dîne, j'ai ordinairement une ou deux personnes de plus, ce qui n'augmente jamais le dîner, qui est fixé à deux entrées, un relevé de potage, un plat de rôt et deux entremets, sur quoi il faut qu'il reste de quoi dîner pour MM. de Gatigny[1] et Philibert. On ne peut calculer la dépense de ce pays-ci avec celle de l'Allemagne, parce que tous les comestibles y sont d'une cherté excessive, et ont augmenté encore de prix par la durée de la guerre.

Je m'en rapporte entièrement à ce que vous croirez devoir faire pour mon fils, en calculant avec votre sagesse ordinaire et votre tendresse pour nous, ses intérêts et ses goûts particuliers. Si nous pouvons le marier, tant mieux ; j'attends sur tout cela avec confiance ce que vous me manderez, vos espérances et la réussite de vos négociations. Lorsque l'on vous connaît, il est aisé de se figurer le plaisir que vous éprouveriez d'embrasser des petits-enfants qui vous aimeraient sûrement autant que

---

1. M. de Gatigny, toujours fidèlement attaché à la Maison de Condé, est mort vers 1827, intendant général du duc de Bourbon.

leur père et grand-père vous chérissent. Et dans quelque pays que cela se passe, tous ne feraient jamais qu'un pour contribuer de tout leur cœur au bonheur de votre vieillesse. Quant à entrer au service d'une puissance étrangère, la position serait peut-être embarrassante pour mon fils, si cette puissance, par la bizarrerie de la politique, devenait l'alliée de la République française. Alors il se trouverait dans le même cas que les officiers français qui sont maintenant au service de l'Espagne et qui, d'un moment à l'autre, peuvent être obligés de tirer des coups de fusil à leurs frères et amis qui sont dans les régiments de Castries et de Mortemart. D'ailleurs pourrait-il quitter ce service pour se porter dans l'intérieur de la France, s'il y était appelé par quelque commotion imprévue, et qui peut arriver au moment qu'on s'y attendra le moins.

Vous aurez fait toutes ces réflexions en même temps que moi ; ainsi ce que vous déciderez sera pour le mieux.

La nouvelle de votre *grand coup de tête* est entièrement tombée ; et comme j'ai toujours assuré que je n'y croyais pas, on n'en a plus reparlé. J'ai pensé que je devais toujours vous instruire du bruit qui courait à cet égard ; personne n'aurait peut-être osé vous le mander.

Je vous remercie de la confiance avec laquelle vous me parlez sur d'Autichamp[1]. Vous pouvez être

1. Le général marquis d'Autichamp était l'un des officiers les

sûr de ma discrétion sur cet article de votre lettre, comme sur tout le reste de ce qui y est contenu. Qui que ce soit n'a part à ce que vous me confiez et dont l'indiscrétion pourrait nuire à vos intérêts, qui sont les nôtres, ceux de notre famille. Si nous nous étions toujours parlé comme cela toute notre vie, nous aurions été plus à notre aise ensemble. Vous me direz : à qui la faute? Je répondrai : à moi, sans doute; mais, comme disait le bon Damenzago : « Vous êtes tous les deux froids comme une chaîne de puits; allons, embrassez-vous donc. Vous vous aimez tous les deux, et vous avez l'air de vous méfier l'un de l'autre. »

Il avait raison. Nous avons tous les deux un bon cœur, un cœur aimant; mais nous avons le défaut d'être un peu méfiants, parce que tous les deux nous connaissons bien les hommes, et qu'il y en a beaucoup dont il faut se méfier. Certainement l'on a bien fait ce que l'on a pu pour nous mettre mal ensemble; mais je peux vous jurer par tout ce qu'il y a de plus sacré, que, malgré tous les torts de devoirs, de conduite, enfin tous les torts possibles que j'ai eus, et que j'ai apparence d'avoir vis-à-vis de vous, jamais,

---

plus distingués de la cavalerie française. Né en 1738, il fit avec honneur toutes les campagnes de la guerre de Sept ans; puis, au moment de la Révolution, il ne recula devant aucun des devoirs et des périls que la situation lui imposait. Depuis longtemps attaché au prince de Condé, il émigra avec lui, fut persécuté comme lui par les dénonciations de l'Assemblée nationale et développa, dans toutes les occasions, un courage que rehaussait encore ses talents militaires.

jamais mon cœur n'y a été pour rien, et que je vous ai toujours aimé avec la même tendresse en tout temps, en toute occasion. Il y a longtemps que je désirais vous ouvrir mon cœur sur cet objet si important pour le bonheur de ma vie. Je suis trop heureux que vous m'en fournissiez l'occasion par la confiance que vous me témoignez, et jamais je n'ai éprouvé une plus grande jouissance.

Pour en revenir au d'Autichamp, je me suis bien douté que sa présence vous aurait été désagréable là-bas; et je me suis bien gardé de lui conseiller de vous presser pour qu'il s'y rende. Je pense tout comme vous qu'il est très-intrigant; mais il est adroit, et, dans toutes les plaintes qu'il m'a faites sur la manière barbare dont vous le traitiez, toujours il finissait par des protestations de son attachement et de son dévouement à votre personne. Il est vrai que, dans le temps qu'il vous a quitté, il a cherché à nous persuader, à mon fils et à moi, qu'il était victime d'intrigues particulières, qu'on l'avait perdu dans votre esprit. Enfin, comme vous savez, dans ce temps-là, il allait pleurer à toutes les portes, et trouvait le moyen d'intéresser beaucoup de gens (même dans la maison) en sa faveur.

Nous aurions sans doute dû moins l'écouter; mais comme il ne nous parlait jamais de vous qu'avec respect, et sans aigreur, il était plus difficile de s'en débarrasser. Au reste, ce qu'il y a de sûr, c'est que ni mon fils ni moi n'avons eu l'intention de vous déplaire, et si nous avons eu ce malheur, nous en sommes bien certainement aussi affligés l'un que l'autre. Soyez bien convaincu de cette vérité; croyez que nous n'avons rien de plus à cœur que de vous donner des preuves de notre tendresse pour vous, et que nous en rechercherons toute notre vie avec empressement les occasions. Je peux répondre de sa façon de penser à cet égard autant que de la mienne. Les bons exemples et les bons conseils que vous lui avez donnés n'auront fait que l'affermir dans cette résolution.

M. de la Trémoille ne m'a point fait part de ses grands projets. Il m'a seulement dit, au moment de de son départ, qu'il allait à Paris avec la permission du roi pour se rallier au parti royaliste lorsqu'il se montrerait ouvertement; mais il ne m'a point dit qu'il est chargé en chef d'une grande besogne. Au reste, il est, dans ce moment-ci, citoyen passif de Londres comme bien d'autres. Il paraît certain aujourd'hui que c'est lord Malmesbury qui va retourner à Paris pour y négocier des propositions de paix. Je crois qu'on lui donnera des choses dures à digérer. Enfin, il faut voir.

Sans contredit, lorsque je quitterai l'Angleterre, j'irai prendre congé de Monsieur à Édimbourg; mais il y a des gens ici qui croient qu'il sera stipulé dans les articles de paix qu'il ne restera pas de prince de la maison de Bourbon en Angleterre.

Je n'ai encore aucune notion à cet égard. On dit,

comme bruit vague, que le Roi ira à Naples et non en Russie. Je n'ai fait aucune démarche directe pour ce qui regarde l'armée auprès des ministres; mais je me suis occupé d'entretenir et de stimuler les bonnes dispositions dans lesquelles on paraît être pour les individus, en cas de licenciement. J'attends de vos nouvelles avec impatience sur tout cela, non pas sans crainte d'en recevoir de bien tristes et bien affligeantes.

N'oubliez pas, je vous prie, dans les arrangements qui vont avoir lieu à la suite de tout ceci, MM. de Marans, de Quesnay et de Franclieu, ainsi que Vibraye, qui a bien envie d'aller rejoindre sa femme et qui (je dis cela pour vous seul) se démène comme un diable pour trouver un moyen de rentrer en France. Il est bien ennuyé et dégoûté du système de l'émigration.

77

La princesse Louise au prince de Condé.

A la Visitation de Vienne, ce 1er août 1797.

Votre dernière lettre m'a fait d'autant plus de plaisir, que j'y ai vu les mouvements d'espérance, sur l'approche d'un heureux changement dans les affaires que je désire bien vivement voir réaliser, pour le repos et le bonheur d'un père, que mon cœur ne cesse de chérir bien tendrement. Les petites images qu'il a eu la bonté de m'envoyer m'ont fait grand plaisir, et je lui en fais tous mes remerciements. J'ai, en effet, été un peu étonnée de tant de connivence avec les religieuses (pour le moment au moins), car je vous assure que dans le fond, j'ai toujours vu que vous ne les haïssiez pas. C'est une idée dont il est doux de me pénétrer maintenant, et que je vous prie de ne pas détruire. Je vois que, de votre côté, vous avez fort bien réussi vis-à-vis de celles d'Engen. Qu'aurait-ce donc été, si vous leur aviez fait connaître tous vos talents en fait de préface[1], d'*Ite missa est*, du Motet : *Cœli enarrant gloriam Dei*, etc., etc.

Il me paraît que le licenciement que vous paraissiez craindre n'a pas lieu. Je n'entreprendrai pas, dans ma position, de raisonner sur tout cela, n'étant plus guère au courant des choses de ce monde. Je me contente de dire avec vérité que je fais des vœux bien sincères pour tout ce qui peut procurer le bien dont on s'est si fort éloigné dans ces malheureux temps et que je sais être votre unique but, dans la juste cause que vous défendez avec un courage si patient.

Maintenant il faut que je vous parle de moi, dont la destinée, si différente de la vôtre dans son objet, éprouve tout autant de contrariétés et de difficultés.

---

1. Comme Charlemagne qui s'honorait d'aller chanter au lutrin les louanges de Dieu, le prince de Condé aimait beaucoup les chants d'église.

Beaucoup plus peinée que je ne le puis dire des obstacles insurmontables que j'ai trouvés jusqu'ici à la détermination de mon sort, et des voyages multipliés auxquels m'ont contrainte (c'est à la lettre) l'empire des circonstances, je me trouve à la veille d'en entreprendre de nouveaux pour me tirer d'un pays où existe l'impossibilité d'accomplir mes vifs et invariables desseins. J'y suis venue comme je vous l'ai mandé, absolument poussée par les événements, et non avec projet, sachant en gros, qu'il y avait ici, et dans les pays adjacents, peu de ressources pour l'objet qui m'occupe.

Ces mêmes événements, et leurs suites, m'ont fermé longtemps le passage pour retourner sur mes pas; il a donc fallu rester. Je sais bien que vous ne comprendrez guère comment, avec l'envie d'être religieuse, on ne se la fait pas dans le premier couvent que l'on trouve; et, dans votre position, je ne suis nullement étonnée que vous pensiez ainsi. Mais il n'en est pas moins vrai que pour la personne qui est appelée à cet état, surtout pour une personne de mon âge, à qui un mouvement de ferveur ne suffit pas pour embrasser un tel parti, sans examen et sans réflexion, il n'en est pas moins vrai, dis-je, que rien n'est plus important pour la tranquillité de sa conscience, la paix de son âme et l'assurance de son salut, que le choix d'un ordre et d'un monastère qui remplissent les idées qu'elle a conçues de l'état et de l'esprit religieux. Ces deux choses devraient sans doute être inséparables dans tous les couvents : mais, dans ce siècle, il n'en est pas ainsi ; et la secousse donnée à la Religion par la philosophie est telle que, dans plusieurs de ces sanctuaires même, elle s'y est fait ressentir avec plus ou moins de force, et d'une manière plus ou moins frappante ; mais qui ne peut échapper à qui en a vu trop longtemps, et de trop de près, les funestes inconvénients.

Dans tous ces pays-ci, où la Religion en général est dans un état déplorable, attaquée, et, pour ainsi dire, sapée jusque dans ses fondements, il n'existe plus de monastères, que ceux qui contribuent à l'éducation de la jeunesse, ce qui nécessite de grands rapports (toujours nuisibles) avec le monde. Les religieuses y deviennent des gouvernantes d'enfants, des maîtresses de pension, etc. Je ne me sens nullement disposée à exercer ce métier. Encore ces monastères ont-ils été forcés, pour pouvoir se maintenir, à faiblir sur beaucoup de choses, et à bien des condescendances qui altèrent et changent le caractère de sainteté de leur primitive institution. Leurs motifs sans doute ont été louables, et l'on doit plus les plaindre que les blâmer. D'ailleurs presque toutes les religieuses, embrassant cet état, étant extrêmement jeunes, ne sont pas susceptibles d'apercevoir et de juger ce que l'on aperçoit et juge dans un âge plus avancé....

78

Le duc d'Enghien au duc de Bourbon.

Uberlingen, sur le lac de Constance,
ce samedi, 5 août 1797.

Une course d'un mois que je viens de faire dans les hautes montagnes de la Suisse, purement pour mon plaisir, m'a empêché, cher papa, de vous rendre compte des détails de l'ambassade de Russie. Je sais que mon grand-père a pris ce soin et vous a envoyé un gros paquet, qui vous aura mis au fait de tout. Cette disposition de l'empereur de Russie est une grande consolation pour nous particulièrement et pour les Émigrés qui seraient encore disposés à ne rentrer en France qu'avec leur Roi et à ne jamais se soumettre à la République. Quoique le nombre en ait certainement beaucoup diminué, depuis six ans, il en reste cependant encore beaucoup plus qu'on ne croit. Cet asile, qui nous est assuré, et la certitude de rester corps de Condé, armés et libres de nos actions est, selon moi, un grand bonheur pour nous. Du moins nous pourrons attendre, et nous savons en quel lieu. Passé le mois de septembre, que serions-nous devenus ? à présent nous sommes sûrs de vivre, de rester ensemble et d'être toujours militaires. Qu'importe la distance ? on revient de partout.

Mon grand-père, comme il vous l'aura mandé sans doute, attend des réponses intéressantes et décisives dans les premiers jours de septembre. Je vous instruirai de ce que j'en saurai. Jusqu'à cette époque, je vais encore faire une absence du quartier général; le vieil Ettenheim en est le but. J'y vais toujours rabâcher avec plaisir, attendant que le devoir m'attache ailleurs. Mon grand-père paraît beaucoup s'occuper de ce dernier article. Jusqu'à présent ses vues se tournent sur une sœur cadette de Caroline, appelée Frédérique, très-protégée par la Russie, qui en a fait le voyage avec celle qui y a été mariée, et capable de plaire, je crois en tous points, mais sûrement en tous ceux qui me sont connus. Il m'a tâté plusieurs fois sur cet article, je ne lui en ai jamais montré d'éloignement, ni pour la chose, ni pour l'objet, de sorte que si, au mois d'octobre, il faisait un voyage soit à Pétersbourg, soit qu'un autre voyage le mît à portée d'en écrire ou parler, je crois qu'il pourrait bien attaquer cette affaire.

Mon voyage en Suisse, dont je vous parle au commencement de ma lettre, m'a extrêmement amusé. Mon grand-père a eu de la peine à m'accorder la permission de le faire et effectivement peut-être pouvait-il y avoir quelque espèce de danger, s'il avait été public. Il a été tout au contraire tout à fait incognito, et l'on n'a su que j'y étais que lorsque j'en ai été revenu.

Figurez-vous le duc d'Enghien en rédinfrac gris,

le chapeau rond, la bottine anglaise, les cheveux rabattus sur les yeux, le reste à l'avenant, suivi de Sérent, de Cheffontaines et de Charles de Mellet dans le même équipage; un domestique avec un petit cheval portant un seul porte-manteau pour eux quatre, voyageant à pied le long des routes et faisant leurs huit et dix lieues par jour. Voilà notre caravane, et c'est ainsi que nous avons fait une tournée de cent soixante lieues. J'ai vu des choses que je n'avais jamais vues et j'en ai revu avec plaisir que je connaissais. Voici notre route : à Constance, à Frauenfeld, à Zurich, à l'Albès, à Zug, à Lucerne, à Engelberg, par les glaciers et les montagnes de neiges, au Joch, dans la vallée d'Hasli, à Meyrengen, au Rechenbach par le Scheidek et le Schreckhorn, au Grindelwald, à Thun, à Berne, à Muri où est Mme de Monaco, à Lucerne, à Altorf, au Saint-Gothard, où j'ai revu nos noms et le même capucin. De l'hospice au sommet de la pointe de droite du Saint-Gothard, vue magnifique. Revenus par Urseren et le pont du Diable, à Altorf, à Schwitz, par le Harth, montagne, à Notre-Dame des Ermites, Ensiedeln, à Rappersweil et retourné par Frauenfeld, à Constance.

Vous verrez, si vous le voulez, sur la carte, cher papa, que le tour est assez bon; nous avons parfaitement soutenu cette tournée. Aucun de nous n'a eu que momentanément les pieds écorchés, et on s'est toujours guéri en continuant à marcher. Nous avons quelquefois fait jusqu'à douze lieues par jour et forcés à le faire pour trouver une habitation dans les hautes régions que nous avons parcourues en partant la première fois de Lucerne. Le bivouac n'y eût pas été commode.

Mon grand-père m'assure, cher papa, que vous suivrez notre sort. Je serai bien heureux quand vous m'en aurez assuré vous-même. Je tremble toujours que moitié les ordres du Roi, moitié les charmes de ce Londres ne vous retiennent encore longtemps séparé de votre enfant. Je fais tous les jours des vœux pour que quelque circonstance vous ramène près de nous et je m'abonnerais bien qu'ils fussent exaucés au mois d'octobre.

79

Le duc d'Enghien au prince de Condé.

Ettenheim, ce jeudi, 21 septembre au soir 1797.

Pelier vient de m'arriver cette après-midi, cher papa, il m'a remis votre lettre. Je vous remercie extrêmement des détails que vous voulez bien m'y donner sur votre voyage et sur les nouvelles opérations qui vont avoir lieu. Mais permettez-moi de vous témoigner surtout toute ma sensibilité des expressions tendres et bonnes, dont elle est pleine pour un fils qui, j'ose le dire (quoiqu'il cause en ce moment du chagrin à l'être qu'il respecte et aime de toute son âme); n'en est cependant pas moins digne de cette même tendresse et de cette bonté.

Je n'ose entrer de nouveau dans les détails des raisons qui me font espérer que vous n'exigerez pas de votre enfant de commander votre armée, pendant la route qu'elle est au moment de faire. Elles vous ont déplu, elles ont irrité contre moi un père que j'adore, et que je voudrais voir jouir sans cesse d'un bonheur non interrompu. Je me tais, mais je lui renouvelle encore avec l'instance la plus pressante, la prière la plus vive de ne point me donner un ordre, que je tremble avec juste raison de recevoir. Je le supplie de m'emmener avec lui dans la route qu'il va faire, de ne point me séparer de lui, de ses conseils, qui me sont nécessaires; de ne point m'en vouloir de l'entêtement condamnable qui me fait résister à ses désirs, de me pardonner en père tendre, et de ne pas me retirer les bontés dont il m'a jusqu'ici comblé, et dont ma reconnaissance égale ma respectueuse tendresse pour lui.

Les papiers publics viennent de nous apprendre la déportation de ma mère en Espagne, avec cinquante mille francs pour sa route. Sans doute, il y a d'avance un arrangement de fait pour son séjour dans ce pays; mais jusqu'à ce que nous en ayons la certitude, cet arrangement est un objet de grande inquiétude pour moi, car elle se trouve au moment de retomber dans l'affreuse misère où elle a été à Marseille, pendant sa détention.

80

Le duc de Bourbon au prince de Condé.

Londres, ce 28 septembre 1797.

Je profite de l'occasion de M. de Calonne fils, qui va rejoindre l'armée, pour vous demander de vos nouvelles, et vous témoigner toute mon affliction des malheureux événements, qui viennent de se passer à Paris [1]. Si cela ne détruit pas entièrement nos espérances, au moins cela les retarde beaucoup, et il est bien à craindre qu'il n'arrive encore de grands malheurs dans l'intérieur de la France, avant que

---

1. Les malheureux événements auxquels le duc de Bourbon fait allusion, dans cette lettre, sont les proscriptions et les déportations de fructidor. Après avoir abusé de la guillotine sanglante, la Révolution essayait d'établir à Cayenne la guillotine sèche, et elle y envoyait tous les hommes de talent, d'indépendance ou de vertu dont elle n'avait que faire. Pichegru, Willot, Delarue, Murinais, Barthélemy, Ramel, Barbé-Marbois, Tronson-Ducoudray, furent au nombre de ces proscrits auxquels, par une dérision d'atroce égalité, on adjoignit d'anciens représentants du peuple, tout couverts de sang et de crimes, tels que Collot-d'Herbois et Billaud-Varennes.

Le climat homicide de la Guyane eut bientôt fait son œuvre. Quand l'honnête et courageux Murinais se sentit frappé à mort, il dit devant ses compagnons d'infortune, réunis autour de son grabat : « Plutôt mourir à Sinnamary sans reproche que de vivre coupable à Paris. »

nous puissions y apporter remède. On nous annonce plusieurs départements en insurrection contre les opérations des Directeurs; mais je ne vois jusqu'à présent ni énergie, ni ensemble dans les désirs et les volontés des gens bien pensants. Peut-on se figurer que cent cinquante hommes d'escorte aient suffi pour traverser le royaume, sans obstacles et emmener à leur destination les membres des conseils qui ont été arrêtés; que personne ne se soit montré pour tâcher de les délivrer, c'est une chose incroyable. Il n'est pas douteux que cet événement a hâté la rupture des négociations pour la paix, et le retour de milord Malmesbury. On s'attend aussi à une rupture avec l'Empereur du côté de l'Italie, mais on n'avait point encore, ce matin, de nouvelles officielles à cet égard.

J'ai vu une lettre de Pétersbourg (de Mme de Tarente), qui annonce que M. de Larochefoucauld en est parti pour retourner à l'armée, et qu'il vous rapporte des choses satisfaisantes. Il faut convenir que, dans la position où nous sommes, cela ne peut qu'arriver très à propos pour nous aider à supporter les malheurs qui nous accablent de toutes parts, et semblent nous poursuivre dans toutes les occasions, depuis le commencement de cette infernale révolution.

On est fort triste à Blankenbourg, ainsi qu'à Édimbourg. On ne paraît cependant pas découragé, et l'on a toujours des espérances sur l'intérieur.

M. de la Chapelle[1] est parti avant-hier pour Blankenbourg ; il est chargé des affaires qui étaient du district de M. de Flachslanden[2]. Le baron de Roll est ici : le duc de Maillé, qui avait été à Paris, est arrivé à Douvres aujourd'hui. Il revient beaucoup de Français, hommes et femmes ; et l'on nous assure que l'émigration est encore plus considérable de votre côté, depuis les événements du 4 septembre. Je viens de voir dans le moment le duc d'Harcourt qui avait eu audience de milord Granville, lequel lui a dit n'avoir aucune nouvelle importante à lui communiquer. Le duc d'Harcourt m'a dit avoir encore appuyé pour engager les ministres à se décider à reconnaître publiquement le Roi de France ; mais on n'obtient jamais de réponse favorable, lorsque l'on traite cet article. On s'arrête beaucoup sur les difficultés qui en résulteraient, et l'on passe légèrement sur les avantages énormes qui résulteraient de la seule démarche que les puissances aient maintenant à faire pour se garantir elles-mêmes d'une ruine totale.

Les papiers d'aujourd'hui nous annoncent la mort de Hoche, c'est un grand scélérat de moins[3]. D'au-

---

1. Le comte de la Chapelle, ministre *in partibus* du roi Louis XVIII.

2. Le général baron de Flaschlanden, très-activement mêlé à toutes les affaires de l'émigration.

3. Aux yeux des Émigrés, le général Hoche a toujours passé pour l'instigateur secret des massacres qui suivirent le désastre de Quiberon. Nous avons, dans l'*Histoire de la Vendée militaire*,

tres disent Bonaparte fort malade. Si celui-là venait aussi à mourir, peut-être pourrait-on semer la division dans son armée, qui, dit-on, est composée de gens de toutes les nations. Enfin, nous sommes dans l'attente de grands événements. Ce qu'il y a de sûr, c'est qu'un gouvernement aussi monstrueux et aussi tyrannique que celui qui existe en France, ne peut pas subsister longtemps comme cela. Il y aura donc des changements, et ces changements bien dirigés pourront produire de bons résultats.

84

Le duc d'Enghien au duc de Bourbon.

Ettenheim, ce 30 septembre, dimanche matin, 1797.

Il y a des siècles, cher papa, que je n'ai reçu un petit mot de vous. Marans, auquel j'ai écrit, prétend aussi que je ne lui réponds pas. Je crois que M. Thouvenay ne me protége plus, et ne fait passer ici ni mes lettres ni les vôtres, cela est désespérant; surtout dans le moment présent, où je brûle de sa-

---

scrupuleusement étudié ce point d'histoire si controversé; et il est résulté de nos recherches qu'après la victoire Hoche, soupçonnant ce qui allait arriver, se porta à la rencontre des chouans du chevalier de Tinténiac. Il laissa au général Lemoine le triste office d'exécuter les ordres de la Convention. Hoche n'a donc pas directement participé à cette boucherie du champ des martyrs, à Auray.

voir le parti que vous prenez. Dans les détails que je vous ai faits de nos nouvelles et de notre départ, je vous mande que mon grand-père m'emmène avec lui. Tout est changé ; aujourd'hui j'ai ordre de rester et de conduire l'armée jusqu'à destination. Cette route de deux mois et demi ne sera pas très-gaie; au reste, mon parti est pris. L'arrivée de M. d'Alopeus a été très-retardée; il n'est pas encore au quartier général. Le départ n'en est pas moins fixé du 10 au 15; et tout se prépare au grand voyage. Les intentions de mon grand-père sont les mêmes ; il vous a écrit aussi, et vous donne les mêmes détails que moi. Vous l'embrasserez avant d'embrasser votre enfant. Où le joindrez-vous ? A Pétersbourg, sans doute. J'espère que vous ferez la course en Pologne avec lui, afin d'avancer d'un mois le bonheur de vous revoir. Rien de changé aux grandes dispositions. On assure ici que la paix est bien faite, je n'y crois pas tout à fait encore.

Quel licenciement! l'Angleterre ne nous a pas magnifiquement partagé. En conscience, nous pouvions nous attendre à mieux d'après nos services. Mais qu'importe? En politique, il n'y a pas de reconnaissance et nous leur pardonnons.

82

Le prince de Condé au duc d'Enghien.

A Feuchtwang, ce 14 octobre 1797.

Mon cher ami, j'ai calculé que cette lettre, à partir d'Anspach, vous parviendrait à votre passage à Ratisbonne. J'espère que je ne me serai pas trompé. Je pense, d'après le désir que j'ai de recevoir de vos nouvelles, que vous serez peut-être bien aise de recevoir des miennes. J'ai couché le 11 à Biberach, et j'y ai visité l'hôpital, le lendemain matin. Tout y était en bon ordre; de là j'ai passé à Ulm, où l'on travaille toujours, et je suis venu coucher à Heidenheim. J'en suis parti hier matin; j'ai déjeuné très-brièvement à Elwangen, et jusque-là j'avais trouvé les plus beaux chemins du monde. Je comptais coucher hier à Anspach; mais j'ai trouvé des chemins affreux, et de plus j'ai été fort retardé par l'immense quantité de convois et de pontons autrichiens que j'ai rencontrés, et qui sont en retraite sur Guntzbourg. Je crains que cela n'apporte aussi quelque gêne à vos derniers cantonnements au Danube. Je ne sais jusqu'où j'irai aujourd'hui. Je serai bien heureux si je peux pousser jusqu'à Nuremberg, attendu que je serai obligé d'attendre à Anspach la fin de l'entrevue de la Laurencie avec sa femme, et je m'attends que cela sera chaud et long, vu la tête de cette dernière (que cela ne vous passe pas). Jusqu'à présent nous n'avons éprouvé aucun accident, au moyen des petites réparations toujours indispensables, aux couchées.

J'espère, mon ami, que vous avez le bon esprit de sentir que la valeur n'est pas la seule qualité qui suffise dans le monde à un prince de vingt-cinq ans; qu'il faut, non-seulement, le courage de savoir supporter des contrariétés nécessaires qui se présentent souvent dans la vie, mais même celui de ne pas laisser apercevoir qu'on est contrarié par des démarches convenables et décentes. Quand une fois on a pris son parti, il faut s'y livrer tout entier et faire de la meilleure grâce possible tout ce qu'il y a à faire; qu'il ne faut pas toujours se livrer au présent agréable; qu'il faut réfléchir auparavant si cette satisfaction du moment ne peut pas nuire à un avenir qui peut être long à supporter et qu'on aurait rendu heureux, en se privant d'un plaisir momentané. Dieu veuille, mon cher ami, que vous vous accoutumiez à réfléchir et à croire les conseils de l'expérience, avant de vous décider pour les démarches de votre vie publique. C'est tout ce que je vous demande, au nom de ma tendresse pour vous.

Faites bien des amitiés de ma part au prince de Gortschakoff, et songez que votre bonheur, votre existence peut-être pour le reste de votre vie, dépend du bien ou du mal qu'il va mander de vous, à Pétersbourg. Bien des choses à la Rochefoucauld, à Bouthillier, à Jobal. Remettez votre lettre et celles qu'on veut nous écrire à tous cinq à M. Alopeus, qui se chargera de nous les faire passer.

83

Du même au même.

Blankenbourg, ce 24 octobre 1797.

Je ne sais, mon cher ami, si cette lettre vous parviendra; je crois cependant en prendre le plus sûr moyen. Je suis arrivé ici, avant-hier, sans accident, mais avec une lenteur incroyable. Mes journées ont été souvent de douze lieues en douze heures, vu les mauvais chemins depuis Erlangen. J'ai été reçu par le Roi avec toute la bonté possible. Je ne pourrai pas partir d'ici avant samedi 29, et Dieu sait quand j'arriverai à Pétersbourg. J'ai d'autant plus d'impatience d'y arriver, que ce ne sera que là, ou tout au plus à Riga, que je recevrai de vos nouvelles et de celles du corps. Malgré tout ce qu'on aura pu vous dire à Vienne, si vous y avez été, on croit encore à la paix, au bout de la trêve qui se prolongera, dit-on, de mois en mois, jusqu'à la fin de l'hiver, pendant lequel on négociera toujours, soit ouvertement, soit tacitement. On dit même que les Anglais, malgré la grande victoire navale, qu'ils viennent de remporter sur la flotte hollandaise, à laquelle ils ont pris neuf vaisseaux, négocient toujours secrètement avec le Directoire. Vous trouverez ci-jointe une lettre de votre père, et une de M. le duc de Berry à du Cayla, à qui vous la remettrez. On passe ici presque toute la journée avec le Roi, et à peine ai-je le temps de trouver le moment de vous écrire ce petit mot. J'ai obtenu pour Jonville[1] ce que vous m'aviez recommandé; Cheffontaines a aussi ce qu'il désirait. Je vous recommande, mon ami, de l'aménité dans vos manières, de la réflexion dans vos démarches, et surtout de ne pas vous livrer sans réserve aux plaisirs du moment, sans songer si cela ne peut pas nuire au bonheur de votre avenir. Je vous embrasse de tout mon cœur.

84

Le duc d'Enghien au prince de Condé.

Streitberg, ce lundi 23 octobre 1797.

M. de Struve, qui est venu nous joindre au lieu de notre embarquement, m'a remis, cher papa, une lettre de vous d'Anspach en date du 14, dans laquelle vous me mandez que vous espérez que je vous trouverai à mon passage à Ratisbonne. Nous n'avons

---

1. Le comte de Jonville, aide de camp du duc d'Enghien.

pas fait une si grande diligence. Je vais vous rendre compte, comme vous me l'ordonnez, de la manière dont notre route s'est passée jusqu'ici et de la position des choses.

Vous savez la manière précipitée que le prince Gortschakoff a de traiter les affaires les plus sérieuses. Ces manières, auxquelles nous ne sommes pas accoutumés, nous servent quelquefois, mais nous causent aussi de l'embarras. Tant que nous avons été en Souabe, tout a été tout seul, à l'exception de quelques voitures de réquisition que l'on n'a pas payées et de quelques plaintes de chasse. Nos couchées ont été jusque à Dillingen les mêmes qui étaient décidées avant notre départ. Le dénûment total de tout, le manque de chevaux, enfin l'état pitoyable où se trouve le corps à l'époque d'un double licenciement, suivi d'une route pénible et cruelle, n'ont pas permis de voyager fort ensemble. La gratification de l'Angleterre a servi à se procurer des voitures, et le corps s'est trouvé rendu en totalité à peu près, — chaque individu ayant fait sa route à part, — au point de l'embarquement à l'époque indiquée. Le prince Gortschakoff n'a pas paru mécontent de ce décousu que nous avons fait notre possible pour lui cacher. J'ai fait les neuf journées tantôt dans ma voiture, tantôt dans la sienne. Je n'ai pour ce qui me regarde qu'à me louer de ses procédés honnêtes et prévenants. J'ai logé chez le grand commandeur à Alchvangen, chez les comtesses de Waldsée, chez leur sœur, la comtesse de Weissenhorn, qui a été si utile à nos dépôts, lors des tapages de la retraite dans la campagne dernière, et à laquelle vous avez écrit une lettre de remercîments à ce sujet. Cette bonne femme est intéressante par son bon cœur et la naïveté de ses récits. J'ai été pour elle le plus aimable qu'il m'a été possible. Nous n'avons eu qu'un seul jour de pluie. Le reste beau. Des brouillards ; mais n'importe, beau chemin et bon temps pour la marche.

Le lieu de l'embarquement n'était pas à Gundelfingen, ainsi qu'il était dit dans l'ordre de marche ; mais à trois lieues plus loin, au delà du Rein, sur une plage marécageuse, écartée de tout village, de sorte que la dernière journée a été très-forte. Le quartier général a été à Rein, à une lieue de Gundelfingen et précisément à l'embouchure du Leck : la plupart des bateaux n'étaient pas prêts. Il a fallu y faire travailler jour et nuit, ce à quoi le prince Gortschakoff s'est employé avec une ardeur incroyable. De concert avec les commissaires bavarois, lents et difficultueux, il a fallu faire ou rectifier les marches-routes des deux colonnes, arrêter un prix pour les denrées, chevaux et voitures de réquisition, couchées, logements, etc., ce prix a été porté très-haut. Le prince a décidé qu'au nom de son souverain il ne marchandait avec personne. Dans plusieurs discussions qu'il a eues avec ces messieurs, il leur a parlé de manière à leur imposer presque silence, poussant même la chose jusqu'à leur demander si Son Excellence l'Électeur de Bavière avait la prétention de se mesurer avec l'Empereur, son auguste maître. Les arrangements pris et arrêtés, nous n'avons souffert aucun retard ; et parmi ces commissaires, un s'est distingué par son bon ton, son honnêteté et sa manière franche et simple de traiter d'affaires, c'est le baron d'Aretin [1]. Je reviens au Danube.

Ce fleuve, dans cette saison, est difficile, vu les bancs de sable et les écueils dont il est rempli. Les eaux sont basses et les bateliers ne veulent naviguer que de jour, et lorsque les brouillards (très-communs) ne sont pas fort épais. Ce qui fait que les couchées, ni la longueur de l'embarquement ne peuvent être arrêtées d'avance. Il a été arrêté à la demande des Bavarois et des bateliers que le corps voyagerait sur quatre colonnes d'eau, et qu'il s'en formerait une cinquième de terre, composée de tous les chevaux d'attelage et de selle, ce qui se montait encore à plus de cent. Malgré notre arrivée à Rein, le 18 au matin, les bateaux ne pouvaient être prêts que le 20. Ce jour a été désigné pour l'embarquement de la première colonne, et déjà le 19, j'ai fait faire dans les environs un concentrement des troupes qui devaient la composer.

Le prince Gortschakoff voulait avoir un état clair,

---

[1]. Les Aretin étaient trois frères, Adam, Jean-George et Jean-Christophe. Le dernier seul obtint des lettres de noblesse, et est le plus connu par ses travaux littéraires et scientifiques.

exact, juste et non enflé de l'effectif du corps, pour cela, je lui ai proposé de faire une revue sur le lieu de l'embarquement, où l'on ne compterait que les présents; et une autre de la colonne de terre, à son passage du Danube sur le pont de Krems. Cette mesure a été adoptée par lui avec une joie parfaite, et il m'en a sû un gré infini. Un commissaire autrichien, chargé du même travail de la part de l'archiduc, et devant en faire une seconde, à notre sortie de l'Autriche et nous accompagner jusque-là, est arrivé le soir même. Suivant l'arrangement qui a été fait par moi, et approuvé par le prince, voici l'état et la force des colonnes.

Première colonne embarquée le 20, la légion, le bataillon d'Hohenlohe, Baschy et Carneville, mille soixante-neuf hommes présents, officiers compris.

Seconde colonne embarquée le 21, la brigade française, Dauphin, Étienne de Damas, les Chevaliers de la couronne et Noinville, neuf cent deux hommes.

Troisième colonne embarquée le 22, les chasseurs et cavaliers nobles, treize cent quatre-vingt-dix hommes, non compris les cent gardes du corps, ce qui ferait quatorze cent quatre-vingt-dix.

Quatrième colonne embarquée le 23, le quartier général de la compagnie française et suisse, l'artillerie et quelques voitures; trois cent cinquante sept hommes, non compris le quartier général.

Total de la force de la colonne d'eau, en y comprenant les deux cent douze malades de l'hôpital qui suit, quatre mille vingt hommes présents.

Le commissaire autrichien a mis de l'honnêteté, mais une grande exactitude dans sa revue. Tout l'embarquement s'est fait gaiement; point de mauvais propos, des vive le roi! vive l'empereur de Russie! Je ne parle pas de quelques difficultés levées tout de suite pour trente-six objets, comme : distribution de pain au corps noble, manque de bateaux couverts pour quelques individus, chambres pour les officiers sur les radeaux trouvées trop petites. Mille petits accès d'humeur qui passent et qu'on n'écoute pas. Un seul aurait pû avoir de la suite, c'est un mal entendu entre Menibus [1] et le prince Gortschakoff. La discussion a été assez vive, assez longue, et à moins de s'envoyer où vous savez, il est difficile de s'en dire davantage. C'était à l'occasion de caissons qui auraient dû être embarqués le soir, et qui ne l'étaient pas le lendemain matin. Ils ont eu tort tous les deux; tous les deux le sentent, et il n'est plus question de rien. Le prince voulait qu'il donnât sa démission, voulait faire un rapport foudroyant à sa cour; tout cela est tombé dans le Danube. J'ai fait mettre Ménibus aux arrêts pour jusqu'à Krems. Il y a eu aussi des difficultés entre le prince et La Rochefoucauld. Ce dernier est vif et l'autre est d'une susceptibilité incroyable; mais il revient en

---

1. Le lieutenant-colonel d'état-major de Menibus.

peu de temps et il ne faut qu'avoir de la patience. J'espère qu'il me sera facile de remettre toujours la bonne intelligence entre lui et ceux qui le choquent, sans en avoir l'intention, tel que Jobal à Uberlingen, car jusqu'à présent, avec moi, il est parfait. Je reviens aux bateaux.

Il a été impossible d'en avoir assez de découverts, pour tous les corps nobles, de sorte qu'il y a trois radeaux, où ils se relèvent alternativement. Comme il faisait un temps magnifique, le jour de leur départ, c'était à qui serait détaché aux radeaux. On avait pris aussi une mesure que j'ai fait changer. Il y a des endroits sur le Danube où il faut ramer, et l'on était convenu de laisser vingt soldats sur chaque bateau de chasseurs ou de cavaliers nobles pour faire ce service. Outre que cela aurait excessivement gêné et resserré les gentilshommes déjà entassés près de cent dans chaque bateau, cela aurait donné lieu à des querelles. Les soldats n'auraient pas manqué de dire qu'on les traitait comme des forçats; les autres leur auraient tenu des propos durs. J'ai préféré arranger la chose de manière que, ne faisant qu'une seule colonne des chasseurs et cavaliers nobles, ils seraient obligés de donner un coup de main dans l'occasion pour leur sûreté. Je l'ai dit tout haut dans leurs groupes sur le rivage; tous l'ont trouvé tout simple, l'ont regardé comme un plaisir et un amusement, comme je leur présentais la chose et c'était encore à qui irait à la rame, au moment du départ. Je n'ai pas encore de nouvelles des premières colonnes. La nôtre, partie hier à trois heures de l'après-midi, n'a pu faire que trois lieues. Aujourd'hui il fait un brouillard épais ; il est encore douteux si nous pourrons faire un pas. Nous avons deux ou trois journées jusqu'à Ratisbonne. Je ferai partir ma lettre de cette ville, comme vous me l'ordonnez.

85

Le prince de Condé au duc de Bourbon.

Blankenbourg, ce 27 octobre 1797.

.... Je pense absolument comme vous qu'il n'y a rien à faire pour le Roi d'ici à longtemps. Il faut cependant vivre, et c'est d'après cette nécessité que je vous conseille de venir me joindre le plus tôt que vous pourrez. Je sens bien qu'avec les cent mille francs qu'on vous donne par an, ce qui est assurément bien suffisant, n'étant tenu à aucune dépense de représentation, vous pourriez vous passer, malgré le retard des payements dont vous me parlez, des secours du Czar. Mais cela peut vous manquer d'un moment à l'autre ; et si, dans les moments présents, vous ne profitez pas des bienfaits de celui-ci (je connais à présent son caractère), vous ne les retrouverez plus. Vous nous ferez tort à tous trois ; réfléchissez bien à cela. Je ne crois pas qu'il vous donne de pension, mais bien une terre, bonne, agréable à habiter, si vous venez. Je me suis bien gardé d'attendre ce que vous appelez le malheur absolu, parce qu'il ne paraîtra jamais tel à la génération présente qui voudra toujours espérer. Les Autrichiens et les Anglais nous ayant ôté chevaux, hommes, canons, fusils, équipages, objets de campement, etc., etc., j'ai saisi aux cheveux la ressource honorable qui m'a été offerte avec autant de grâce que de générosité, et j'ai bien fait. La Pologne n'est pas un pays assez perdu pour qu'on ne nous y retrouve pas quand on le voudra, et je suis loin de désespérer.

Pendant huit ans, j'ai donné beau jeu à la France, puisque j'ai toujours été armé à sa porte. Elle n'a voulu ni m'entendre, ni me seconder. On m'ôte tous les moyens de continuer la guerre, quand même on la recommencerait. Je vais attendre paisiblement, mais honorablement, qu'il repousse en France un peu de cette énergie, qui n'y existe pas encore, et dont j'espère lui avoir donné l'exemple avec mes compagnons d'armes, que j'ai au moins la satisfaction d'empêcher de mourir de faim. Vous les ramènerez, j'espère, un jour dans leur pays, car pour moi il pourra bien m'arriver un petit accident, comme, par exemple, celui d'être mort. Ce n'est pas cependant que je ne me porte fort bien; mais je ne serais pas étonné qu'il arrivât encore dix changements de gouvernement en France, avant qu'on en revienne au seul qui puisse nous convenir. Je me réfère, mon cher ami, à la lettre que je vous ai écrite par Levignac[1]. Je vais attendre avec impatience de vos nouvelles à Pétersbourg, pendant tout le mois de décembre, et je me fais un grand plaisir de vous embrasser comme je vous aime.

86

Le prince de Condé au duc d'Enghien.

Blankenbourg, ce 27 octobre 1797.

Mon cher ami, je reçois dans le moment votre lettre du 15, d'Illeraichheim. Elle me fait grand plaisir, en ce qu'elle me prouve que vous avez pensé à moi et que la marche s'est passée jusque-là aussi bien que nous pouvions le désirer. Je vous ai écrit avant-hier à Vienne à tout hasard, sous l'enveloppe de l'évêque de Nancy[2]. Vous croyez bien que je n'ai rien à ajouter à cette lettre. Je suis bien aise que vous soyez content du prince, comme je vous avais prédit que vous le seriez. Il n'y a point de nouvelles ici, et il me paraît qu'on prend le seul parti qu'il y ait à prendre pour le temps présent, celui de patienter et d'attendre. Vous voyez bien, mon cher, que vous vous faisiez un monstre de ce qui va tout seul.

1. Le colonel comte de Levignac, de la famille de Maccarthy.
2. Anne-Louis-Henri de la Fare, plus tard cardinal.

Le reste ne sera pas plus difficile que le commencement, et je vous réponds que vous vous en tirerez aussi bien, et peut-être mieux que moi. Du moment que le prince y met de la grâce et qu'il s'entend bien avec vous, tout ira à merveille. Vous pouvez être sûr que je n'aurais point oublié ce qui vous intéresse, et que je ferai de mon mieux pour le succès, à moins que l'empereur de Russie n'y mette obstacle, ce que je ne prévois pas. Ce sera moi qui vous attendrai à Wladimir, où je ne présume pas que vous puissiez arriver avant le 10 janvier. Je lui ai déjà écrit que, sauf sa volonté, c'était mon projet, et il ne peut que m'en savoir gré.

Peu de temps après que nous nous serons réunis, je vous ramène sur-le-champ à la cour, où je vous ai préparé toutes les voies pour que vous soyez bien reçu. Je vous mettrai bien au fait de tout ce qu'il faudra faire pour réussir, et pour ne point choquer les usages, chose à laquelle il faudra bien prendre garde. Une fois que vous vous y serez fait avantageusement connaître, vous courrez où vous voudrez; mais il faut d'abord commencer par là, n'est-ce pas, mon cher ami? Vous en sentez sûrement la nécessité et l'importance pour vous, je dirai même pour nous. Votre père approuve fort (ainsi que tout le monde en Angleterre, à ce qu'il me mande) le parti et les arrangements que j'ai pris pour la Russie. Il vous en parle vraisemblablement. Adieu, mon cher, je pars après-demain; au revoir. J'espère que nous nous embrasserons de bon cœur, comme nous nous aimons.

87

Du même au même.

A Kœnisberg, ce 20 novembre 1797.

J'espérais, mon cher ami, trouver ici des nouvelles de vous et de l'armée. Je n'y en trouve point et cela m'afflige : peut-être serai-je plus heureux à Riga. Nous cheminons, pas fort vite, à cause des sables et des mauvais chemins, mais sans le plus petit accident et par le plus beau temps du monde. Nous espérons qu'il en est de même de vous. Nous avons eu quelques jours de gelée assez forte ; mais cela n'a pas été long. Le temps sans pluie est d'un doux réellement extraordinaire pour le 55e degré de latitude où nous sommes déjà. Nous avons voyagé aujourd'hui, ayant toujours une roue dans la mer Baltique, de concert avec un vaisseau à pleines voiles, qui n'était pas à un demi-quart de lieue de nous. Nous avons traversé, avant Dantzick, à peu près des déserts. Depuis, nous sommes dans un pays très-riche en blés, en troupeaux superbes et en chevaux. Cette ville-ci est énorme ; et les vaisseaux y abordent, pour ainsi dire, dans les rues, comme à Dantzick, et même à Stettin.

Je pars demain pour Memel, où je compte être

après-demain; et mon chemin sera, dit-on, comme aujourd'hui, à peu près dans la mer, ce qui est assez amusant. On dit que je ne trouverai plus que des auberges détestables et de mauvais chemins. J'espère cependant arriver à Riga vers le 22 et à Pétersbourg, vers le 26. Nous avons déjà fait quatre cents lieues; il ne nous en reste plus que deux cent cinquante, ce qui ne nous paraît rien. Nous nous portons tous bien, lisant, dormant, déraisonnant dans la voiture et mangeant le soir avec un fier appétit. J'ai bien de l'impatience, mon cher ami, de savoir enfin si l'armée existe et vous aussi, et je serai bien soulagé quand j'aurai de vos nouvelles. Je vous embrasse, mon cher ami, avec toute la tendresse que vous me connaissez pour vous.

88

Du même au même.

Riga, ce 22 novembre 1797.

J'ai reçu, mon cher ami, à mon arrivée ici, votre lettre du 22, 24 et 25 octobre, et en même temps la seconde du 3, 6 et 8 novembre. Il est très-aimable à vous d'être entré dans d'aussi grands détails avec moi. Ils m'ont infiniment intéressé et m'ont fait d'autant plus de plaisir, que je vois que vous vous êtes bien occupé de l'armée, et que vous avez fait en toute occasion tout ce qu'il y avait à faire. J'en suis enchanté, je vous en félicite, et, s'il était possible, je vous en aimerais davantage. Ce que je viens de vous dire répond à tout ce que vous me mandez, car je ne trouve pas un seul fait où vous ne vous soyez conduit comme vous le deviez. Ainsi je trouve inutile de vous répondre en détail sur tout le passé, parce que je ne pourrais pas vous dire autre chose à chaque article, que vous avez bien fait.

Il me semble que votre voyage de Vienne s'est fort bien passé; je joins ici l'extrait de la lettre que m'écrit l'empereur d'Allemagne. Vous la ferez connaître, après en avoir parlé au prince Gortschakoff sans la mettre à l'ordre, pour qu'elle ne soit pas imprimée, ce qui pourrait déplaire à Vienne. Je vois avec plaisir qu'il n'y a eu dans votre marche que les inconvénients inséparables d'une multitude en mouvement, et qu'il n'y a eu ni grandes scènes ni grands tapages, grâce à votre vigilance et aux moyens toujours persuasifs, que le prince a employés à propos. Dieu soit loué ! j'espère que nous nous en tirerons mieux que je ne l'espérais. Vous avez d'autant mieux répondu au prince sur la formation que l'empereur de Russie me mande dans sa lettre que j'ai reçue hier par un de ses aides de camp qu'il a envoyé m'attendre ici pour me conduire, et qui, par parenthèse, m'a remis de sa part une superbe pelisse de martre de zibeline : « Je viens d'écrire sur la formation du corps au prince Gortschakoff, pour qu'il communique mes idées là-dessus à Votre Altesse, sur quoi je serai bien aise de conférer moi-même avec elle. »

Donc son intention n'est pas qu'on fasse rien qu'il n'ait conféré avec moi. Au reste, si le prince l'entend autrement, je n'ai rien à dire. Vous lui citerez seulement la phrase soulignée, s'il vous en reparle. Tous les officiers russes que je vois ici et qui ont été dans le pays que nous allons habiter, disent que c'est un pays de promission, que tout y est dans la plus grande abondance et à très-bon marché, et, de plus, les femmes très-jolies. Qu'on ne se laisse pas effrayer par l'aspect des maisons de bois très-basses. Je ne vois que cela depuis quinze jours, même ici. On croit trouver des taudis, et l'on trouve quatre ou cinq pièces de plain-pied, grandes, propres, et quelquefois assez ornées. Dans une des auberges où j'ai passé, j'ai été très-étonné d'y trouver une petite salle d'armes (médiocre), un petit cabinet d'histoire naturelle très-joli, un télescope superbe et quelques instruments de physique. Je ne vous ennuierai point du récit de nos tribulations (sans accidents) dans des chemins affreux et avec des chevaux détestables. J'ai été une fois vingt-trois heures à faire seize lieues, étant obligé de descendre tous les trois ou quatre cents pas, ce qui durait des demi-heures avant de réussir, quoique je n'aie pas trouvé une seule montagne depuis Leipsick jusqu'ici. Je crois que la destination des compagnies françaises et suisses pourra être différée, puisque je vais vous aller trouver. J'avais mandé à l'empereur de Russie qu[e] je vous mènerais à Pétersbourg en revenant de [la] formation.

Il me répond très-honnêtement : « Le duc d'E[n]ghien sera le bien venu sans doute, et voudra bie[n] me considérer comme une ancienne connaissanc[e] s'il se rappelle encore de moi. » Le reste de sa lett[re] est parfait pour moi. Presque toutes les rivières so[nt] déjà prises ici, et pour aller à Pétersbourg, je va[is] passer dessus, comme s'il n'y en avait point. Ma[is] je ne pourrai pas aller encore en traîneau : il n'y [a] pas assez de neige; mais j'y compte bien pour all[er] en Pologne. Au reste, jusqu'à présent, je ne trouv[e] pas le froid moins supportable qu'à Paris.

Je suis comblé ici d'attentions et d'égards; tout[e] la bonne compagnie y parle français comme e[n] France. J'ai été hier à la parade; j'y retourne au[jour]d'hui. Les troupes sont fort bien. Je fais mes v[i]sites dans le carrosse à six chevaux du gouverneu[r] avec un cocher en robe de chambre serrée par un[e] ceinture, un bonnet de hussard et une grande barb[e] et, outre cela, deux postillons. Dans la route, j'étai[s] mené comme le char du Soleil, avec huit chevau[x] attelés comme cela : ===== =====. Un seul pos[til]tillon sur le deuxième cheval et une seule guide pou[r] les quatre de volée. Aussi, quand il prend à ce[s] quatre chevaux fantaisie de retourner de la tête à [la] queue, c'est le diable. On est toujours prêt à verse[r].

A présent, je ne me mêle plus de rien pour m[a]

route : on m'a arrangé mes couchées, mes repas, mes chevaux de poste, etc. C'est l'aide de camp qui se charge de tout ; c'est fort commode. Il s'appelle, je crois, le comte de Kritoff. Il a absolument l'air d'un Français, et il est parfaitement honnête.

89

Le roi Louis XVIII au prince de Condé.

A Blankenbourg, ce 19 décembre 1797.

J'ai reçu, mon cher cousin, il y a même déjà quelque temps, votre lettre de Dantzick ; mais il ne m'a pas été possible d'y répondre plus tôt. J'ai appris depuis avec plaisir que votre voyage se continuait heureusement. J'attends actuellement avec impatience des nouvelles de votre arrivée à Saint-Pétersbourg, et de l'accueil que l'Empereur vous aura fait. Vous me parlez du plaisir que j'ai eu à vous voir ; mais je suis votre cousin, j'ose ajouter votre ami, et l'on pourrait de plus me dire : « Vous êtes orfévre, monsieur Josse. » Paul Ier n'a pas tous ces motifs ; mais il sait apprécier le mérite, et cela suffit.

Vous aurez reçu, avant d'arriver, la confirmation positive de la signature de la paix, et je n'ai pas besoin de vous rappeler ce que je vous ai recommandé dans ce cas.

Je désire que mon détachement de Yever soit vêtu,

armé et équipé comme le reste de notre cavalerie noble. Je m'en explique ainsi avec l'Empereur, qui m'a laissé le choix des couleurs. Travaillez donc, je vous prie, dans ce sens avec le prince Gortschakoff ou tel autre qu'il appartiendra.

Je vous recommande de faire avec chaleur l'affaire de M. de Neelle. J'ai écrit à l'Empereur à son égard.

J'ai accordé les grâces que vous m'avez demandées dans l'ordre de Saint-Louis. Je suis fort aise d'avoir ainsi distingué des officiers qui méritent de l'être par la nature et l'ancienneté de leurs services; mais vous seriez dans l'erreur si vous pensiez que j'ai voulu les dédommager d'autre chose. J'ai appris sans doute avec une grande satisfaction les grades que l'empereur de Russie a accordés à MM. d'Autichamp et de Viomesnil, mais je ne leur en ai point accordés moi-même, non plus qu'à aucun autre.

Je joins ici le titre du brave Cléry[1] que je vous avais envoyé, qui vous a croisé sur le chemin d'Uberlingen ici, et qui m'est revenu.

---

1. Ce *brave* Cléry, c'est le dernier serviteur de Louis XVI dans la tour du Temple, celui qui a l'honneur immortel d'être cité par le roi martyr dans son testament.

90

Le duc d'Enghien au prince de Condé.

A Lutzko, ce 6/17 au matin 1798.

M. de Chambrun [1] me persécute, cher papa, pour vous envoyer le superbe plan et les excellents conseils qu'il compte donner à l'Empereur. Je lui ai fort assuré que l'Empereur ne prendrait peut-être pas très-bien l'envoi de ce mémoire et qu'il n'aimait pas les conseils.

Je suppose qu'il n'en fera pas l'envoi. Du reste, je lui ai dit que cet ouvrage était excellent et je l'ai fort loué. Voilà tout ce qu'il désirait, vous aurez la bonté de me le renvoyer pour que je le lui rende.

J'ai reçu l'ordre touchant les congés. Rien de nouveau ici.

91

Le roi Louis XVIII au prince de Condé.

A Blakenbourg, ce 27 janvier 1798.

Depuis la dernière lettre que je vous ai écrite, il y a un mois, mon cher cousin, j'en ai reçu deux de vous auxquelles je n'ai point répondu, parce que

---

[1]. Le maréchal de camp, vicomte de Chambrun.

j'étais dans l'incertitude de mon sort. Il est fixé par la généreuse amitié de Paul Ier ; vous me connaissez assez pour être bien certain de la sensibilité avec laquelle j'accepte un asile auquel la grâce, les attentions délicates de Sa Majesté ajoutent un nouveau prix, et je pars, le 10 du mois prochain, pour m'y rendre.

Que dis-je ? je pars ! Si l'oppression sous laquelle gémit en ce moment la Suisse, la portait à se soulever contre ses tyrans, et à embrasser le seul parti qui lui reste, de réunir l'arc de Guillaume-Tell au panache de Henri IV, pour sauver à la fois ma couronne et sa liberté, ce ne serait point à Mittau que j'irais, ce serait chez nos braves et anciens alliés, et l'âme noble de Paul Ier jouirait plus de me voir me montrer digne de son amitié, qu'en goûter les fruits. Mais j'ai bien peu d'espérance de ce côté, et il n'est que trop vraisemblable qu'avant mon départ, elle sera totalement évanouie ; mais si, à cette époque, elle ne l'était pas, je me mettrais lentement en route afin de ne pas m'éloigner trop vite des lieux où mon devoir pourrait m'appeler d'un moment à l'autre.

Je demande à l'Empereur la permission de pousser jusqu'à Pétersbourg, et j'espère qu'il accueillera cette demande. Ce ne serait pas pour moi la moindre des satisfactions de vous y voir.

J'ai frémi au récit du danger que votre petit-fils a couru, et je sens que j'aime M. de Cheffontaines de tout mon cœur.

Voici maintenant plusieurs choses que je vous prie de faire et que je désire vivement qui réussissent.

1° Solliciter des ordres de Sa Majesté Impériale à son ministre à Malte, relativement à l'affiliation des deux fils du comte de Modène qui sont à son service.

2° Demander à l'Empereur d'attacher à sa légation de Hambourg M. de Thouvenay, gentilhomme, Français d'origine, mais établi à Hambourg, dix ans avant la Révolution, ou de lui donner du moins quelque titre qui autorise le ministre de Sa Majesté Impériale à le prendre sous sa protection.

3° Solliciter la continuation du traitement de M. de Vernègues [1], avec la permission de rester en Italie, où il est essentiel à mon service qu'il demeure.

4° Solliciter de l'emploi en faveur de M. le marquis de la Jaille, ancien officier de marine, qui a une femme et six enfants.

5° Enfin (j'ai gardé celui-là pour le dernier), faire conserver ses appointements à Virieu qui m'est bien nécessaire auprès de la Reine. Adieu, mon cher cousin, vous connaissez toute mon amitié pour vous; vous ne me refuserez pas, jusqu'à ce que nous nous revoyions, d'être mon chargé d'affaires.

Louis.

---

1. Ce M. de Vernègues est cet émigré, dont il est si souvent question dans les *Mémoires du cardinal Consalvi*. Bonaparte, premier consul, l'accusait de conspirer contre sa vie et son gouvernement.

92

Du même au même.

A Kowno, ce 8/19 mars 1798.

Enfin, mon cher cousin, je respire le même air que vous, mais ce n'est pas sans peine que j'y suis parvenu. D'Avaray vous a mandé les deux changements que j'ai été forcé de faire à ma route. Le diable qui, comme vous le savez, n'est pas de nos amis, ne se l'est pas tenu pour dit. Il a arrangé le chemin à sa façon. Je ne vous parle pas des roues et des essieux cassés, des trous où il a fallu que des hommes portassent ma voiture à bras. Ce ne sont que des roses. J'arrive à une lieue d'ici; impossible de pénétrer jusqu'à l'endroit où on passe ordinairement le Niémen. Je le traverse dans un bateau. M. le général de Sacken, des attentions duquel je ne saurais assez me louer, m'envoie des voitures, et j'arrive ici avant-hier à bon port. Mais quand on veut mettre ma voiture sur le bateau, il est prêt à couler bas. On en amène un second; on les attache tant bien que mal; on veut partir. Même accident. La nuit vient, il faut rester là. Hier, voilà la débâcle du haut qui se fait. La rivière charrie, monte de huit pieds; encore vingt-quatre heures de perdues. Pendant ce temps-là, la Vilia n'était pas plus passable que le Niémen, et il a fallu bien me dire que j'étais sur terre russe, pour ne pas regretter le Strand et Tilsitt. *Mais enfin après l'orage*, etc., les deux rivières sont libres ; ma voiture est arrivée sans accident. Je repars demain, j'espère arriver vendredi au plus tard à Mittaw, et je suis sûr de vous faire plaisir en vous le disant. Faites donner, je vous prie, de mes nouvelles à M. de la Ferté-Meun.

93

La princesse Louise au prince de Condé.

Ce 14 avril 1798.

Ayant lieu de croire que la lettre que je vous avais écrite, il y a quelques mois, ne vous est point parvenue, puisque accoutumée à vos bontés, non-seulement elle est demeurée sans réponse, mais que celle qui y était jointe pour Sa Majesté l'Impératrice ne lui a point été remise, je vous écris aujourd'hui pour vous instruire et de ce qui s'est passé, et du voyage que je suis à la veille d'entreprendre, avec les pères et mères de la Trappe, qui paraissent destinés à avoir toujours quelqu'accointance avec l'armée de Condé.

Dans le mois de décembre, l'état de la Suisse commençait à péricliter d'une manière effrayante vis-à-vis de la France. Le révérend Père abbé fut d'avis que je m'adressasse à la cour de Russie pour obtenir en faveur de notre ordre une protection, une protection peu à espérer, vu l'état des choses et des esprits dans tout autre pays, même catholique, et qu'il a trouvée cependant en Angleterre [1] depuis plusieurs années, malgré la différence de religion.

J'écrivis en conséquence à l'Impératrice (la Reine de Sardaigne s'est employée aussi vis-à-vis d'elle avec sa bonté ordinaire). Ne croyant pouvoir trouver un appui plus sûr que vous, je vous adressai cette lettre, vous priant de la remettre et d'avoir la bonté d'y joindre un intérêt, sur lequel j'avais tant de raisons de compter. Quelques temps après, les affaires empirèrent au point qu'il fallut quitter la place. Partagées en diverses bandes, nous abandonnâmes, les unes un peu plus tôt, les autres un peu plus tard, notre petit monastère du Valais avec bien du regret. Ma bande partit une des premières, heureusement pour moi; car ce que les autres ont souffert n'est pas croyable, obligées de passer et de repasser les montagnes pour éviter les Patriotes, et plusieurs ont fait tout cela à pied. Tous les Pères obligés à la même fuite; et point d'autre issue que la Souabe, puisque l'Italie n'était pas praticable. Je fus assez heureuse pour trouver un asile convenable près d'Augsbourg; accordé pour un temps fixé cependant. J'en demandai un à l'Électeur de Bavière pour y attendre les réponses de Russie (toujours pour ma bande et quelques Pères qui l'accompagnaient). Il me l'ac-

1. L'Angleterre, pays protestant, se fit un point d'honneur

corda[1], car la Providence m'a donné un crédit auprès des souverains depuis quelques temps, que je n'avais point dans le temps de mes grandeurs passées et trépassées.

J'oubliais de vous dire, qu'étant auprès d'Augsbourg et sachant en gros que les affaires politiques s'embrouillaient de plus en plus, et que tous ces pays-ci n'étaient pas sans crainte, je crus devoir récidiver mes demandes à l'Impératrice de Russie, pensant que peut-être ma lettre ne vous était pas parvenue, si vous n'étiez pas demeuré constamment à Pétersbourg, où je vous l'avais adressée. Ce n'est, en effet, qu'à cette dernière lettre qu'elle répond, me mandant qu'elle n'a pas reçu la première. Elle a eu la bonté de m'envoyer un exprès, qui est un jeune officier, avec ordre de m'accompagner et d'avoir bien soin de moi,..... d'une trappiste.... Jugez.

Enfin, n'importe; ce monsieur (le baron de Stoose), m'a apporté des secours d'argent et des passe-ports, et la permission de nous rendre quinze religieux et quinze religieuses, dans la Pologne russe, à Orscha, où Sa Majesté l'Empereur veut bien accorder un asile dans un ancien couvent de Trinitaires.

d'accueillir et de recueillir, avec un pieux respect, le clergé catholique et les religieux de tous les ordres. Elle leur fit à tous des pensions alimentaires et permit aux Trappistes de s'établir où bon leur semblerait. Quand la France persécutait les prêtres et les moines français, les égorgeait ou les exilait, après les avoir dépouillés, l'Angleterre leur offrait une généreuse hospitalité.

1. L'Électeur de Bavière mit à la disposition de la princesse Louise le château de Fursteimried.

Nous allons partir très-incessamment, nous embarquant sur le Danube avec le révérend Père abbé à notre tête, dont jusqu'ici le quartier général avait remplacé à Uberlingen celui de l'armée de Condé. Le seul nombre fixé (comme de raison), passera dans les États russes ; mais l'état des choses oblige à tenter de faire profiter tout le reste des passe-ports que j'ai obtenus de Vienne, qui permettent aux Trappistes, avec la princesse Louise de Condé, de traverser les États de l'Empire et de s'y arrêter pour y séjourner, s'il en est besoin. On sait bien que l'on n'entend par là que des séjours momentanés ; mais la Providence y pourvoiera. J'espère bien en elle aussi pour notre Russie, car de vous à moi, sentant, et très-véritablement la bonté de Leurs Majestés dans tout ceci, je n'ai pas cependant tout ce que je désire.

C'est un établissement que je voudrais, ce qui est très-différent d'un simple asile ; ce dernier pour un nombre fixé, n'admettant la possibilité ni de recevoir de nouveaux sujets, ni de faire des professions valables ; mais pour le moment il ne doit être question que de reconnaissance, et je vous demande de vouloir bien venir à l'appui de ce que j'ai mandé sur ce dernier objet seul, aussitôt après l'arrivée du courrier. Quant au reste, il ne s'agirait, si vous y trouvez jour, que de jeter quelques mots en l'air, comme idées à vous du moment, en simple conversation, e non comme demandes ; car je sens la délicatesse de votre position, et je vous supplie de croire que lorsque je penserai, pour tout ce qui nous concerne, pouvoir attendre quelque chose de cette précieuse tendresse à laquelle vous m'avez accoutumée, je serai bien loin de chercher à en abuser, et m'en rapporterai, comme de raison, à ce que vous me ferez savoir vous être possible ou non possible.

Voilà un bien long détail, et bien différent, sans doute, de tout ce qui vous occupe ; cependant j'ai la confiance de croire que mon père ne se trouve point importuné de ce qui intéresse sa fille, dont le changement d'état n'a point changé le cœur. C'est jusqu'à son dernier soupir qu'il vous aimera et vous chérira. Puisse-t-il obtenir de mon Dieu tous les biens véritables qu'il vous désire si ardemment !

Je vous fais passer cette lettre par l'envoyé russe à Ratisbonne (le comte d'Alopeus), dont je ne puis assez me louer. Fidèle aux intentions pleines de bontés de sa cour à mon égard (bontés que je pense bien devoir à la considération qu'elle a pour vous), dès mon séjour près d'Augsbourg, ce ministre chargea quelqu'un, avec toute la délicatesse que jadis on appelait française, de savoir si les circonstances ne me mettraient pas dans le cas qu'il me fît quelques offres de services, en attendant des effets plus marqués des hautes intentions de son souverain. Sur ma réponse aussi franche que reconnaissante, il me fit passer trois mille florins.

J'ai écrit à mon frère, il y a environ un mois ; je ne sais s'il aura reçu ma lettre. On m'a dit qu'il était parti pour vous rejoindre. Ah! qu'il sache, je vous en prie, que je l'aime toujours; — le duc d'Enghien aussi.

94

Le duc de Bourbon au prince de Condé.

Londres, ce 28 mai 1798.

Vous aurez été encore fâché de ne pas recevoir plus tôt de lettres de moi; mais, en vérité, ma position est trop pénible et trop embarrassante pour pouvoir prendre avec autant de promptitude un parti aussi décisif que vous paraissez le désirer. Vous verrez par les lettres que je vous envoie que l'on a été au moment de n'être pas inactif ici, et je n'ai pas voulu vous écrire avant que les réponses n'aient été faites à ce sujet. Quant aux affaires de l'intérieur auxquelles vous me reprochez de prendre confiance, certes j'ai trop le sens commun pour en avoir une très-étendue; mais enfin le Roi et Monsieur ont l'air de conserver toujours des espérances; je crois de mon devoir, puisque je suis ici, quelle que soit mon opinion personnelle, de parler sur le même ton. Ni vous, ni l'Empereur de Russie ne peuvent me savoir mauvais gré de professer des sentiments de votre genre à tous les deux, et, par conséquent, vous ne pouvez tous les deux qu'approuver que je reste à portée de la France, tant que j'ai quelqu'espoir d'être utile à la cause du Roi. Cela ne peut avoir qu'un temps. Ainsi je ne peux donc pas dire que je veux rester toujours en Angleterre, et ne point aller en Russie ; mais je crois pouvoir dire que je désire, avec votre permission et celle de l'Empereur de Russie, rester en Angleterre jusqu'à ce que les espérances de l'intérieur soient détruites. Alors mon premier vœu, dicté par ma tendresse, pour vous et pour mon fils, et par ma reconnaissance pour les bontés de l'Empereur, sera d'aller vous rejoindre. Je vous envoie la lettre que j'écris à l'Empereur, puisque vous croyez qu'il est nécessaire que j'en écrive une. Vous y ferez mettre l'adresse, et vous la lui enverrez, si vous l'approuvez en l'antidatant, si vous le jugez à propos. Je la crois bien dans le sens qu'il faut ; si cependant vous y trouviez quelqu'inconvénient, vous ne l'enverriez pas ; et vous arrangeriez cela pour le mieux dans votre première lettre à l'Empereur, en vous chargeant de lui témoigner ma reconnaissance, etc.

Je m'en rapporte à vos soins pour que la pension me soit continuée, parce que, sans cela, je me trouverais sans aucune ressource ; le gouvernement ici étant persuadé que je recevrai de l'argent de Russie, et par conséquent étant bien décidé à ne me rien donner. Le corps étant sous vos ordres, ou sous ceux de mon fils, le service de Sa Majesté Impériale ne souffrirait en aucune manière de mon absence momentanée.

On débite ici beaucoup de choses fâcheuses sur le compte de l'armée qui, j'espère, sont très-exagérées. Il passe pour constant que les gentilshommes ont tué des instructeurs que l'Empereur avait envoyés pour les mener à la prussienne et qui avaient voulu se servir du bâton, qu'ensuite un curé et plusieurs paysans ont été tués par d'autres gentilshommes qui étaient à la chasse; que l'Empereur, furieux de cet événement, en a envoyé plusieurs en Sibérie. On m'a demandé des renseignements sur tout cela; j'ai dit avec vérité que je n'en avais aucune connaissance, et que ni vous ni personne de l'armée ne m'en parlait dans ses lettres. J'espère bien que tous ces bruits se trouveront faux, et ne sont répandus que par des gens mal intentionnés. M. de Worontzoff[1] a exigé que je donne une attestation aux officiers de l'armée qui y retournent, disant qu'il ne leur donnerait pas de passe-port sans cette formalité. N'y voyant aucun inconvénient, j'ai fait ce qu'il désirait à cet égard.

Vous connaissez assez mon caractère pour être bien sûr que ce n'est pas une liaison de société, quelle qu'elle soit, qui dirigera mes démarches. Tout ce qui m'est le plus cher dans le monde est vous et avec vous. Ainsi n'effectuant pas aussitôt que je le désirerais ma réunion, qui est le vœu de mon cœur, c'est un sacrifice que je fais à mon in-

---

1. Le comte de Worontzoff, ambassadeur de Russie à Londres.

clination particulière. Je crois remplir un devoir, et je m'y dévoue, quelque contrariété que j'en éprouve. Après cela, dire que je ne cherche pas à adoucir l'amertume de ma position par les agréments qu'il est possible de se procurer, je ne serais pas homme si je n'agissais pas ainsi. Croyez avant tout à la pureté de mes intentions autant qu'à ma tendresse pour vous.

M. de Béhague[1] est attendu ces jours-ci, revenant d'Édimbourg. On croit qu'il va être chargé de missions importantes pour la Bretagne et la Normandie. M. de Puisaye est complétement de côté dans l'opinion du Roi; cependant il conserve encore de l'influence en France, et ici vis-à-vis de quelques personnes. Il y a du retard, dit-on, pour le voyage de M. le duc de Berry. Lorsqu'il est parti d'ici, il m'avait dit qu'il comptait s'en aller bientôt du continent. J'ignore ce qui a fait changer ses projets : Monsieur ne m'en parle pas dans sa dernière lettre.

Vous verrez par les papiers les détails de l'expédition sur Ostende. On regrette les mille hommes faits prisonniers; mais on regarde l'objet de la descente comme rempli par la destruction de la digue et des écluses, qui empêche pour longtemps la na-

---

1. Le lieutenant-général comte de Béhague, qui s'était distingué dans la guerre de Sept ans et qui, gouverneur de la Martinique, développa un beau caractère, en 1792, au moment où les Colonies se révoltaient, fut, en 1798, appelé à remplacer le comte de Puisaye dans le commandement des Royalistes de la Bretagne et de la Normandie.

vigation du canal. Les Emigrés sont obligés de quitter l'Espagne par un nouveau décret rendu depuis la démission du prince de la Paix ; mais il paraît que les déportés resteront. Par conséquent Mme la duchesse d'Orléans, Mme la duchesse de Bourbon, et M. le prince de Conti, qui sont à Barcelone. On dit que la pension que leur fait la généreuse nation[1] est très-mal payée ; on peut s'attendre aux mauvais procédés de tous genres de la part de cette infernale canaille. Le duc d'Havré, le duc et la duchesse de Piennes sont attendus ici de jour en jour. Le Roi a eu une attaque de goutte assez forte à Mittau ; il va mieux ; mais, par les différentes lettres qui viennent de ce pays-là, il paraît que l'air y est malsain : le pays étant très-marécageux. Il n'en est pas de même, dit-on, à Dubno où le climat est superbe, pareil à celui de Bruxelles ; cela est-il vrai ? M. de Saint-Priest est arrivé à Mittau.

D'après la réduction de mon revenu, j'ai été obligé de réformer encore ma dépense, quoiqu'elle ne fût pas bien considérable, à cause de l'extrême cherté de tous les comestibles. Je suis obligé de réformer ma table à mes aides de camp, qui jusqu'à présent en avaient joui tous les jours ; elle n'existera strictement que pour les personnes de ma mai-

---

1. Par ces mots, empruntés au jargon révolutionnaire, le duc de Bourbon entend désigner la République française, qui se déclarait généreuse en confisquant les biens de ceux qu'elle laissait mourir de faim, en exil.

son. Je vous demande comme grâce que leurs appointements soient payés exactement, car, sans cela, leur embarras serait extrême, n'ayant pas d'autres ressources pour exister, et moi, n'ayant pas les moyens de leur en fournir.

Si cependant il était d'obligation pour eux qu'ils rejoignissent l'armée avant moi, vous me le manderiez en m'envoyant les fonds nécessaires pour les faire rejoindre; car, comme vous pouvez en juger, je serais hors d'état de faire aucune avance pour leur route. Mais il ne tient qu'à vous de solliciter pour eux l'indulgence de l'Empereur comme pour moi; la raison qui retarde mon voyage leur étant aussi favorable qu'à moi, et ne pouvant qu'être approuvée par un souverain généreux, pénétré des mêmes principes qui nous animent tous.

Monsieur a paru fort sensible aux soins et aux marques d'amitié que j'ai témoignées à M. le duc de Berry, pendant le court séjour qu'il a fait à Londres. Je vous envoie copie du commencement de sa lettre où il m'en parle; dans le reste ce ne sont que des choses indifférentes. Le prince Joseph[1] a dû vous rejoindre; il aura été bien baisé et bien fêté par une maman qui l'aime avec une grande tendresse. Comment se trouve-t-elle du séjour de Pologne? parlez-lui de moi, je vous prie; je ne lui écris pas pour n'être pas importun; mais je n'en

---

1. Le prince Joseph de Monaco.

prends pas moins le plus vif intérêt à son bonheur, et à celui des personnes qui lui sont chères.

Qu'y a-t-il de décidé pour ma sœur? j'ai reçu de ses nouvelles, il n'y a pas longtemps; il paraît qu'elle se porte bien, c'est au moins une consolation pour nous, de penser que sa santé ne souffre pas du parti violent et rigoureux auquel elle s'est décidée. Ira-t-elle en Russie ou en Pologne?

Les Français paraissent tirer en longueur leurs projets de descente vers ce pays-ci : l'arrestation d'O'Connor, de Fitz-Gérald[1], et la découverte de plusieurs de leurs complots infernaux, tant ici qu'en Irlande, dérangent leurs plans qui, en général, sont toujours fondés sur la trahison et la corruption. Ils vont, dit-on, recommencer l'attaque des îles Saint-Marcou, avec des forces plus considérables. Les dernières nouvelles de France ne fournissent rien de bien intéressant; on espérait que l'Empereur se rebrouillerait avec la République, d'après l'histoire de Bernadotte à Vienne; mais il est bien à

---

1. Lord Édouard Fitz-Gérald, né le 15 octobre 1763, était fils du duc de Leinster. Après avoir bravement servi dans l'armée britannique contre les États-Unis insurgés, il voyagea, courut le monde, fut nommé membre de la Chambre des communes et se montra le rival des Grattan, des O'Neil et des Curran, qui alors agitaient l'Irlande. Fitz-Gérald était, comme tant d'esprits de la fin du dix-huitième siècle, ambitieux et mécontent, ne se trouvant à sa place nulle part et rêvant d'affranchir les peuples pour les dominer et se créer une grande position sociale. Après le 10 août et les septembrisades, il revint à Paris pour nouer des relations directes avec les meneurs de la démagogie.

Ce fut à cette époque qu'il se lia avec les citoyens Orléans-

craindre que cela ne s'arrange à l'amiable[1]. Comptez toujours, mon cher et bien cher père et ami (si vous me permettez ce terme), sur ma tendresse, qui ne finira qu'avec ma vie. Je vous embrasse comme je vous aime.

J'oubliais de vous dire que, depuis le mois d'octobre, j'ai ici dans une pension que tient Mme de Chabannes-la-Palisse à Barnes-Terrasse, une jeune demoiselle de dix-sept ans, jolie et bien élevée, qui

Égalité, père et fils, et qu'il épousa à Tournay la Paméla, fille adoptive de Mme de Genlis et du duc d'Orléans. Les d'Orléans, qui avaient voulu usurper le trône de France, rêvèrent celui d'Irlande pour leur complice et leur allié. Lord Fitz-Gérald, épouvanté de la tourmente et rayé des contrôles de l'armée anglaise, laissa passer l'orage et après avoir, à l'aide de toute espèce de sociétés secrètes, bien combiné tous ses plans, il s'assura de l'appui du gouvernement français et de celui du général Hoche. Fitz-Gérald était un hardi conspirateur; mais se croyant trop certain du succès, il se perdit par ses indiscrétions. Avec son ami Arthur O'Connor, avec Emmet, Sampson et Mac-Reven, ses principaux adhérents, il va soulever l'Irlande et la livrer à la révolution, lorsqu'un traître, nommé Thomas Reynolds, dévoile tous les plans de la conspiration au gouvernement anglais. Du 9 mars au 19 mai 1798, Fitz-Gérald se déroba à toutes les poursuites, en ne cessant de renouer les mailles rompues de ses complots. Enfin il fut arrêté après une résistance acharnée et conduit à la prison de Newgate où, pour éviter l'échafaud, il se tua, le 4 juin.

1. Le général Bernadotte, ambassadeur de la République en Autriche, ne pouvant s'opposer à la fête anniversaire que les citoyens de Vienne offraient à leurs volontaires, donna, le même jour, 13 avril 1798, une fête dans son hôtel, pour célébrer les victoires des français. Il fit arborer le drapeau tricolore. Les habitants de Vienne, prenant cela pour un défi, forcèrent l'entrée du palais, et quelques coups de fusil furent échangés. Bernadotte quitta Vienne le lendemain; mais le Directoire, bien inspiré une fois par hasard, ne voulut pas voir un *casus belli* dans une affaire sans importance.

m'est arrivée ici comme une bombe. Je l'avais soutenue en France, tant qu'il m'avait été possible, et puis, sous le règne de Robespierre, elle avait été menacée ; on avait été obligé de la cacher à la campagne. Bref, elle a une tournure parfaite et professe des sentiments dans notre genre. Certainement c'est une grande charge de plus pour moi ; mais j'aime mieux cela, et qu'elle ne soit pas restée au milieu de ce foyer d'abominations, où, quelles que soient la pureté et l'honnêteté de sa conduite et de ses principes, la misère l'aurait peut-être forcée de changer. La mère s'est bien conduite dans la révolution, où elle a perdu le peu de rentes qu'elle avait sur le Roi. Je ne suis malheureusement pas en état de lui être très-utile. Elle le sait, et m'a parlé sur cela très-honnêtement. Elle a resté quelques jours ici, puis s'en est retournée à Paris, d'après mes conseils ; je pense que cela valait mieux, sous tous les rapports, qu'elle ne fût pas dans le même lieu que sa fille[1].

1. La jeune personne, dont il est question, se nommait Adèle. Elle était fille du duc de Bourbon et de Mlle Michelon, danseuse à l'Opéra et connue sous le nom de Mimi. Son père lui donna le titre de Mlle de Bourbon. Lorsqu'elle épousera le comte de Rully, nous verrons la famille de Condé, et surtout la sœur Marie-Joseph de la Miséricorde, prendre le plus vif intérêt à son bonheur.

95

Le duc d'Enghien au duc de Bourbon.

A Lutzko, ce 8 juillet 1798.

Pardonnez, cher papa, si je me sers d'une expression qui pourra vous affliger, mais croyez qu'elle n'est dictée que par le vif et bien sincère attachement, que par la tendresse et l'amour que votre enfant vous a voués. Vous mettez mon grand-père, moi, et toutes les personnes qui vous sont fidèlement et respectueusement attachées, au désespoir. Tout le monde vous attendait, vous espérait. On ne voyait aucune possibilité à un retard plus long. La Vendée détruite pour bien longtemps, le départ de M. le duc de Berry, le parti qu'avait pris mon grand-père de s'établir en Pologne, le don d'un régiment, la fin des secours que, jusqu'à présent, vous donnait l'Angleterre, la fermeture prochaine de l'époque fixée par l'Empereur pour la rentrée des congés, tout enfin, tout semblait devoir vous rapprocher de votre enfant, et c'est précisément à cette époque, c'est quand toutes les difficultés sont levées, qu'il n'est plus un obstacle, c'est alors qu'il faut renoncer à l'espoir de vous revoir. Oh! quand donc votre enfant vous reverra-t-il? l'arrivée de Levignac, que j'attendais avec une impatience extrême, a été pour moi marquée au coin du malheur. Il faut renoncer à tout, même à l'espérance, car il est clair qu'on ne vous reverra plus que l'on n'aille vous voir; et vous me défendez seulement d'y songer. Ah! cher papa, réfléchissez encore, songez aux inconvénients du parti que vous prenez, et mettant à part les vœux et le bonheur de ce qui vous est cher, ne calculez que pour votre propre bonheur, que pour votre existence même. On vous a trompé; rien de ce que vous me mandez, de ce que vous mandez à mon grand-père n'est arrivé.

Nous sommes ici dans de bons cantonnements, nous ne vivons que trop bien avec l'habitant. Nous n'avons tué personne, encore moins des officiers instructeurs; nous n'avons qu'à nous louer des Russes qui sont ici. L'Empereur vient encore d'écrire à mon grand-père des lettres pleines de bonté et qui ne font qu'accroître nos espérances. Je suis convaincu que l'on vous dit des horreurs de ce pays-ci; et moi, je vous promets que vous vous y amuseriez beaucoup. Vous ne seriez point à Dubno, où vous n'iriez passer que quelques jours, quand vous n'auriez rien de plus amusant à faire. Vous seriez ici libre comme l'air, pouvant faire, depuis le matin jusqu'au soir, ce qui vous conviendrait. Cette prétendue exactitude forcée de service n'est pas vraie. Le service se fait exactement; il se fait comme il se faisait autrefois en France; et on a beaucoup crié, parce qu'on n'était pas accoutumé à cela, depuis la guerre et l'émigration. Si vous apportiez une douzaine, une vingtaine de chiens, nous nous amuserions autant que possible. Des chasses et un pays de buissons superbe, du sanglier, du cerf, plus rare, voilà l'état présent, et je ne doute pas qu'il ne soit bien différent de celui que l'on vous fait.

J'oubliais de vous parler d'une désertion de cinquante hommes en huit jours qui a fait un grand effet. C'est une effrayante bouffée dont heureusement on a reconnu les auteurs; et cela n'arrivera plus. Les Polonais s'étaient chargés de faire déserter nos hommes, et cette nation, ennemie des Russes, fait et fera toujours ce qu'elle pourra pour leur faire tort.

Au nom de Dieu, cher papa, ne laissez pas arriver M. le duc de Berry seul. S'il vient, venez; c'est votre intérêt, c'est celui de votre gloire, de votre réputation. Vous ferez une peine extrême à mon grand-père, il doit vous le mander : mais vous le connaissez; il n'osera pas vous dire la moitié de ce qu'il pense, et c'est par cette raison que je hasarde de vous dire plus que mon respect ne me permettrait dans toute autre occasion de le faire. Vous me pardonnerez en faveur du motif.

96

Le prince de Condé au duc d'Enghien.

Dubno, ce 31 août/11 septembre 1798.

Mon cher ami, je me vois forcé de vous écrire pour une bien petite chose, qui vous déplaira, je ne sais trop pourquoi; car, en vérité, elle ne vaut pas la peine d'y attacher le moindre prix. On sait ici que vous avez donné l'ordre à votre régiment d'être toujours boutonné. Cela est contraire à l'ordonnance de l'Empereur, dont je joins ici l'extrait; et le prince Gortschakoff m'a bien dit de vous en écrire tout de suite, parce qu'il sait (et cela est très-vrai) que l'inexactitude dans ces petites choses-là, est un moyen de lui déplaire, et de s'attirer une réprimande désagréable, surtout pour vous. Ainsi, mon cher ami, abandonnez votre ordre d'être boutonné; et faites mettre au contraire à l'ordre qu'on se conforme à l'article de l'ordonnance relatif à la saison présente, en le relatant dans votre ordre.

Rien de nouveau sur ce qui nous regarde; mais, de vous à moi, je crois que nous marcherons. Où? c'est ce que j'ignore parfaitement. Dès que j'aurai des nouvelles quelconques, vous pouvez être sûr que vous en serez instruit, mon cher ami, que j'embrasse.

Vraiment j'oubliais. Ne me citez pas, et qu'on ne vous cite pas. Il y a de grands changements à la cour de Pétersbourg ; Mlle de Relidoff est dans un monastère ; son cousin, l'aide-de-camp de l'Empereur, a ordre de ne plus paraître à la cour ; les deux Kourakin sont destitués, ainsi que le général Buxhaven, dont Pahlen, le colonel des grenadiers à cheval, a la place. Pletchew est aussi retiré. Il y a encore d'autres destitutions, mais pas aussi importantes que celles-ci.

97

Du même au même.

A Dubno, ce 3/14 septembre 1798.

Je savais déjà, mon cher, l'événement très-fâcheux des deux grenadiers de Bourbon, et vous aurez su que je les fais venir ici, pour être jugés par l'Auditorat, suivant toute la rigueur des lois. Vous sentez que je ne peux pas m'en dispenser. Je crois que la sentence sera très-sévère, d'après les lois russes. Ainsi, dans le cas où le général voudrait demander grâce pour eux, il faudrait qu'il m'écrivît plus tôt que plus tard. Alors je pourrais peut-être (car je n'en suis pas bien sûr) commuer la peine qui sera prononcée. D'après cela, faites-lui parler, sans dire que cela vienne de moi, et faites-lui insinuer sur toutes choses, qu'il empêche, s'il est possible, le civil d'en rendre compte, et qu'il l'engage à s'en rapporter à ma justice.

Je suis à présent très-persuadé, puisque vous me le dites, que vous n'aviez pas donné l'ordre d'être boutonné, et j'en suis fort aise. Mais il était difficile de n'y pas croire, d'après ceux qui l'avaient dit; surtout vous ayant toujours vu ici boutonné, ainsi que le comte Charles. Au reste, cette très-petite irrégularité ne vaut pas la peine d'en parler, mais vous connaissez celui à qui elle aurait déplu; j'ai donc dû vous en avertir.

Je ne pense rien sur les changements à Pétersbourg; j'ai seulement voulu vous mander le fait.

98

Le roi Louis XVIII au prince de Condé.

A Mittau, ce 7/18 septembre 1798.

Je vous mandais, il y a environ deux mois, mon cher cousin, que je n'avais encore aucune nouvelle donnée à l'égard du mariage de mes enfants[1], mais la chose n'a pas tardé à changer de face. L'empereur de Russie a bien voulu se charger de traiter avec

---

1. Louis XVIII parle du mariage de son neveu le duc d'Angoulême, fils de Monsieur, comte d'Artois, avec sa nièce Marie-Thérèse de France.

l'empereur d'Allemagne de tous les arrangements relatifs à cette affaire si intéressante sous tous les rapports; ces deux princes sont d'accord, et tous les consentements nécessaires sont donnés. Déjà je pourrais vous dire l'époque précise du mariage, si je savais le temps que prendront quelques articles de détail qui restent encore à régler; mais l'affaire est trop avancée pour que je ne m'empresse pas de vous en instruire. Je vous charge aussi d'annoncer cette heureuse nouvelle à l'armée, et je suis bien sûr de la joie qu'elle y répandra.

Lorsque les articles dont je viens de vous parler seront réglés, je ne perdrai pas de temps à vous mander quand le mariage se fera et, en cela, outre le devoir de parenté et d'amitié que je remplirai avec une grande satisfaction, j'aurai encore un autre intérêt. Il manquerait quelque chose à mon bonheur, si votre petit-fils et vous n'en étiez pas les témoins. Vous savez mieux que moi si vous y pouvez venir tout simplement, ou bien quelles sont les formalités que vous aurez préalablement à remplir. Il est donc nécessaire que vous soyez instruit quelque temps d'avance, et certes je n'y manquerai pas.

Je ne vous parle point de politique. Vous voyez presque de vos yeux les mouvements qui se font. Tout annonce que la guerre va recommencer et que l'on sent enfin le danger dont on est menacé. Mais prendra-t-on le véritable moyen de s'en garantir, en coupant la racine du mal? Tant que nous resterons dans une inaction forcée, tant que vous ne serez pas à portée de trouver de nouveaux Berstheim, ou de nouveaux Biberach, j'aurai bien de la peine à me le persuader; mais je ne cesserai jamais d'espérer que les yeux s'ouvriront, que nous pourrons arracher notre patrie à l'oppression sous laquelle elle gémit et que son salut sera celui de toute l'Europe.

99

Le duc d'Enghien au prince de Condé.

Lutzko, ce jeudi matin 1798.

Le malheureux commandeur[1] vient de mourir dans la nuit, cher papa, après une agonie de cinq jours, pendant laquelle nous n'avons pu avoir un quart d'heure d'espérance, et pendant laquelle il a décliné progressivement jusqu'à son dernier moment. Antheaume est convenu de ce qu'il y avait à faire, et ce matin on va le transférer dans sa première chambre, et mettre le scellé sur celle où il a péri, et où sont tous ses effets. Probablement il sera enterré demain matin; nous allons arranger tout cela dans la journée. J'irai vous en rendre compte quand cela sera fini, et je vais avertir le commandeur de Fargues.

---

1. Le commandeur de Virieu, ancien gouverneur du duc d'Enghien était, comme son frère, le vicomte de Virieu, un brave et digne maréchal de camp.

Tous ses effets précieux et argent sont ou vont être retirés, et mis en dépôt chez moi.

Je ne balancerai certainement jamais, cher papa, à confirmer un choix que vous avez fait, même quand il regardera une personne qui doit m'approcher de si près. D'ailleurs celle sur laquelle vous avez jeté les yeux est parfaitement de mon goût sous tous les rapports, et, si vous m'aviez demandé mon avis, et de vous proposer ceux qui, au premier aperçu, pourraient me convenir, je vous aurais nommé M. de Vassé et Charles de Damas. C'est le premier qui m'a raconté le voyage qu'il a fait à Dubno, par votre ordre, et il paraît vivement touché de vos bontés. Connaissant vos intentions, je n'ai fait aucune question sur ses projets à venir, au second, et je pense même que probablement il aimerait mieux ne pas se lier à moi, et conserver la possibilité de se rapprocher du Roi dans un temps plus heureux. Adieu, cher papa, je vous embrasse et vous aime de tout mon cœur.

100

La princesse Louise au prince de Condé.

Orscha, ce 8 octobre 1798.

Vous aurez su de mes nouvelles par le prince de Lubormiski que je rencontrai peu de moments après mon arrivée ici, et qui demanda à me parler, désirant vous en donner. C'est ce qui fait que je ne me suis point pressée de vous écrire, comme je lui dis en avoir le projet, parce que j'espérais de jour en jour pouvoir vous dire quelque chose de plus déterminé sur ma position ici. Mais cela devient trop long, et il en coûterait à mon cœur d'attendre davantage à vous dire un mot des sentiments que je ne cesserai de conserver pour un père si justement chéri. Ce cœur a été plus d'une fois ému durant la route, parce qu'il m'avait été dit qu'il serait possible que je vous rencontrasse ; et, comme je crois vous l'avoir mandé, une âme, qui veut se donner à son Dieu, ne devient pas pour cela une âme insensible ; il s'en faut de beaucoup. Depuis que je suis ici, il m'a encore été répété que peut-être vous y passeriez. Si cela était, vous feriez-vous donc une peine de voir votre heureuse fille, couverte des livrées de son Dieu, de ce même Dieu pour lequel ma respectable mère vous a fait plus d'une fois éprouver des mouvements d'une douce sensibilité ? La mienne se renouvelle vivement chaque fois que je me rappelle ce que vous m'avez dit de cet heureux temps. O vous que j'aime si sincèrement, vous, dont je ne puis que désirer le vrai bonheur, si différent d'une vaine satisfaction, telle qu'en procurent les choses de ce monde, satisfaction jamais pure, et toujours passagère, mon père ! laissez-moi vous inviter, vous presser à rechercher, connaître et goûter les solides consolations que l'on trouve (seulement) dans notre sainte Religion. — Je ne puis refuser cet élan d'un de mes plus ardents désirs, à un cœur qui, en se pressant contre le vôtre, éprouve les plus tendres émotions du plus juste, comme du plus sincère attachement.

Nous sommes ici dans une maison occupée auparavant par des religieux Trinitaires. Elle est assez belle et assez grande, cependant elle aurait besoin de quelques réparations, si elle devait nous être donnée en propriété, mais je ne sais encore ce que la Providence nous réserve. Le révérend Père Abbé [1] est allé à Pétersbourg (en ayant eu la permission de l'Empereur)

---

1. Dom Augustin de l'Estrange, abbé de la Trappe, né en 1754 d'une bonne et vieille famille de l'Ardèche. Il était le quatorzième enfant des vingt qui la composaient. A l'âge de vingt-six ans, ce jeune homme qui avait reçu les ordres sacrés et exercé avec un grand succès le ministère dans la paroisse de Saint-Sulpice, à Paris, se décida à entrer au couvent de la Trappe. Par l'éloquence, l'austérité et la vertu, il en devint bientôt le Rancé.

La Révolution avait supprimé tous les monastères. Dom Augustin, qui a de grandes vues, et qui ne s'effraie de rien, conçoit le projet de sauver son ordre et de le perpétuer par un noviciat. Toujours errant à la merci des événements, mais toujours aussi inébranlable dans sa foi que dans ses espérances, on le trouve frappant à toutes les portes et implorant de tous les Princes et de tous les États un asile pour abriter les religieux qui le suivent, les yeux fermés. Les voyages que cet homme de Dieu entreprit et réalisa en Europe et en Amérique, afin d'arriver à la réalisation de son idée, ont quelque chose de merveilleux. Tantôt favorablement accueilli avec sa colonie de Trappistes, tantôt dédaigné, repoussé, proscrit ou calomnié, il ne s'étonna, il ne se rebuta jamais de rien. Comme tous les novateurs et les réformateurs, il trouva des adversaires et se fit d'implacables ennemis, même parmi quelques-uns de ses frères. Il mourut à Aiguebelle, le 16 juillet 1827.

et là il traite les affaires de notre ordre, dont la plus grande partie des membres est dispersée dans l'Allemagne. Les deux lettres que j'ai reçues de Sa Majesté Impériale sont faites pour nous donner quelqu'espoir, tant elles sont remplies d'expressions d'obligeance et de bonté. Du moment que nous avons été entrés dans ses États, nous en avons ressenti les effets par les soins et attentions des personnes qui pouvaient faciliter notre route. Je ne me dissimule point que c'est à vous, aux sentiments que cette cour a conçus en votre faveur, que je dois la bienveillance que l'on me témoigne, et elle ne m'en est que plus précieuse.

J'avais espéré trouver votre réponse à la lettre que je vous ai écrite de Varsovie. Je me vois privée de cette satisfaction ; mais je suis trop convaincue de la tendresse que vous avez bien voulu ne pas cesser de me témoigner, pour n'avoir pas la confiance que j'en recevrai de nouvelles assurances, toujours si chères à votre fille qui vous aime et vous aimera jusqu'à son dernier soupir. Ne doutez jamais de cette vérité, je vous en supplie.

Mille amitiés, je vous prie, au jeune d'Enghien.

101

Le prince de Condé au duc d'Enghien.

Dubno, ce 7/18 octobre 1798.

Mon cher ami, je partage vivement la peine que vous cause la perte que nous faisons. J'ai appris, avec une véritable satisfaction, toutes les marques de bon cœur que vous avez données dans cette occasion-ci. Cela ne m'a point étonné, mais enchanté ; c'est ce cœur sensible sur lequel je me plais toujours à compter, pour remédier aux mouvements d'une tête trop vive, pour éviter des chagrins à ma vieillesse, pour écouter les conseils de mon expérience, et pour contribuer à la tranquillité du reste de ma vie, dont votre tendresse, votre confiance, vos soins et vos égards pour moi, peuvent seuls assurer le bonheur.

Je pense, mon cher ami, qu'il est de votre intérêt, de votre dignité, de remplacer le malheureux commandeur, d'une manière convenable pour la naissance, la considération, et par un choix qui vous fasse honneur. La constante occupation où je suis, de tout ce qui peut vous être utile, m'a fait penser à vous proposer quelqu'un, qui me paraît réunir tous les avantages ; mais pour ne pas vous exposer à un refus, chose toujours désagréable, j'ai voulu, avant de vous proposer la personne, m'assurer si elle accepterait. Vous croyez bien que je n'ai rien dit de positif, avant de vous avoir consulté, et je vous prie de même de ne prendre aucun engagement avant que nous ayons causé ensemble. Nous nous entretiendrons comme deux amis, et, d'après cette conversation, vous vous déciderez. J'espère donc, mon cher enfant, que vous viendrez ici, le plus tôt possible, après l'enterrement, le lendemain au plus tard. Ce sont de ces choses qu'il faut finir le plus tôt qu'on peut, pour mettre fin à toutes les sollicitations. Je vous embrasse du plus tendre de mon cœur.

102

Du même au même.

Dubno, ce 1/12 novembre 1798.

Vous avez très-bien fait, mon cher ami, de me consulter et de ne pas être mauvaise tête, car c'est la première de toutes les choses qu'il faut s'appliquer à ne pas être. Je ne nie pas que vous n'ayez dû être étonné. Vous avez voulu faire une plaisanterie, elle n'a pas réussi ; et tout cela vous fait voir que c'est un genre dont il faut être un peu plus chiche, et qu'il ne faut employer qu'avec des personnes avec qui l'on est très-familier, parce qu'il y en a, et beaucoup, ou qui n'entendent pas la plaisanterie ou qui la prennent fort mal. Au reste, je conviens que vous n'auriez pas dû vous attendre à ce que vous m'envoyez. Il eût été à désirer qu'on s'en fût abstenu ; mais il n'y a pas là de quoi se choquer à un certain point. Gardez-vous bien de récrire, car la multiplicité des écritures ne fait qu'envenimer les affaires, et celle-ci n'est pas de nature à être portée trop loin. Il est absolument nécessaire que vous veniez ici demain (le plus tôt vaut le mieux); vous viendrez chez moi, en arrivant, et je vous dirai ce qu'il y a à faire, et comment il faut prendre la chose. Ayez confiance dans tout l'intérêt que vous m'inspirez sans cesse, dans mon expérience et mes principes, et dans toute la tendresse que vous devez me connaître pour vous ; mais venez.

103

Le roi Louis XVIII au prince de Condé.

A Mittau, ce 15/26 novembre 1798.

Je réponds à la fois, mon cher cousin, à plusieurs de vos lettres, et, pour commencer par ce qui me touche de plus près, je vous dirai que j'ai pensé qu'il était militairement convenable que la première démarche, relative au traitement du duc de Berry, fût faite par vous. Je verrai, d'après la réponse que vous recevrez de l'Empereur, ce que j'aurai à faire de mon côté.

J'ai pris le 31 décembre 1797 pour dernier terme de concession des grâces militaires, et, à partir de cette époque, j'ai suspendu l'effet de toutes les ordonnances ou règlements qui donnaient des droits à en obtenir de nouvelles. Je me suis d'abord expliqué avec vous, dans ma lettre du 19 du mois dernier, sur les motifs plus particuliers et plus pressants qui me font tenir à cette résolution ; personne n'a mieux mérité mes grâces que le corps qui s'est tant illustré sous vos ordres et personne n'en a plus obtenu ; espérons que le temps n'est pas éloigné, où cette communication de mérites se rouvrira.

Je suis fâché de n'avoir pas reçu le mémoire de M. de Chappedelaine, lorsque j'ai fait le travail de l'armée, avant qu'elle entrât au service de Russie ; et je dois aujourd'hui me borner à lui promettre la grâce qu'il demande ; vous voudrez bien le lui dire de ma part.

M. de Sainte-Mayme a fort bien servi, il lui sera tenu compte de sa valeur ; mais la grâce qu'il demande est trop considérable, et pourrait entraîner trop de conséquences, pour que je puisse, même dans d'autres circonstances, la lui accorder. Quant au titre de comte, vous sentirez aisément qu'il ne peut en être question en ce moment.

Je regrette bien sincèrement le pauvre vicomte de Chambrun ; voilà bien des pertes fâcheuses que nous faisons de suite ; j'espère au moins que ce sera la dernière.

J'ai communiqué, suivant votre désir, à mon neveu, votre lettre du 19 octobre, et les pièces qui l'accompagnaient; j'ai vu sa réponse, et je ne peux qu'approuver les motifs qui l'ont déterminé au parti qu'il a pris dans cette affaire.

J'espère que la réponse de l'Empereur à votre demande de vous trouver ici avec votre petit-fils, au mariage de mes enfants, sera favorable (bien entendu si vous n'avez rien de mieux à faire en ce moment-là). Au reste les arrangements entre les deux Cours, ni la saison ne s'accordent pas avec mon impatience, et le jour heureux ne luira pas avant le printemps. En attendant, je prends acte pour vous demander (*positis ponendis*) un congé pour le comte Charles de Damas, que j'aime trop pour ne pas désirer qu'il soit aussi témoin de notre bonheur à tous.

104

Le duc d'Enghien au duc de Bourbon.

Lutzko, en Volhynie, ce vendredi 14/25 janvier 1799.

Vous écrivant par occasion, je puis vous donner quelques détails dont je n'ai pas voulu vous parler jusqu'à ce moment.

D'abord, il est impossible de se déplaire autant à un service que je me déplais à celui-ci. Tout y est absolument opposé à nos idées, à nos principes; tout est peine, travail, et aucun agrément[1].

L'Empereur a toujours les mêmes bontés pour le corps. Nous voilà habillés, équipés, armés, nous avons tout, excepté quinze cents chevaux pour nous monter, les cavaliers nobles et mon régiment. Les deux cents premiers arrivent dans huit jours, et se suivront tous les jours par troupeaux au moins aussi considérables. Ce sont des chevaux sauvages du Don. Il nous sera facile de les réduire; mais les vieux Berrys[2] auront du mal. Votre régiment est habillé, armé, a ses tentes, et va recevoir tout ce qui lui manque encore en voitures et chevaux de bât. Il est en ce moment aussi faible en hommes que considérable en officiers, mais le jour où il aura la permission de recruter, il sera bien vite au grand complet. La discipline est tendue d'une manière incompréhensible pour qui nous a vus en Allemagne. A force de faire peur, on nous a rendus attentifs, exacts au service enfin. Même les chasseurs nobles font à peu près

1. Cette lettre ne concorde guère avec celle que, le 8 juillet 1798, le duc d'Enghien adresse à son père, pour l'engager à venir en Russie. Mais la différence, qui existe entre les deux jugements prononcés, s'explique tout naturellement par les premiers mots mêmes de cette lettre. Le prince n'écrit plus par la poste, mais *par occasion*. Ce qui tend à faire croire que le secret des lettres n'était pas très-respecté en Russie. Sur ce point, le gouvernement de l'empereur Paul était presque aussi avancé en civilisation et en progrès que les gouvernements qui se targuent d'être les plus libéraux et les plus constitutionnels.
2. Le régiment du duc de Berri.

ce qu'on leur ordonne ; mais aussi vous jugez comme on est pressé de sortir pour ne plus rentrer.

Dans le fait, tout est ici si différent des usages, des mœurs de notre pays, que même, en désirant de plaire au souverain bienfaisant qui nous nourrit, involontairement nous lui déplaisons en mille choses.

La même chose est pour les habitants, pour les autorités civiles, etc. Aussi je regarde cette colonie militaire impossible à considérer comme un établissement durable.

Messieurs les Polonais sont en général les plus grands gueux du monde, remuants, mécontents, poltrons et conspirateurs en même temps[1]. Ils nous

---

1. Le jugement porté par le duc d'Enghien sur les Polonais contraste assez vivement avec les tendresses que la Révolution, à tous les degrés, se plaît à leur témoigner. Elle croit se servir d'eux ; mais, en réalité, ce sont eux qui se servent d'elle. Il n'en fut pas néanmoins toujours ainsi, et lorsqu'en 1725 le roi Louis XV épousa Marie Leczinska, fille du roi Stanislas de Pologne, l'avocat Mathieu Marais écrivait dans son *Journal et Mémoires*, t. III, p. 187 : « Les cœurs des François ne sont pas faits pour aimer des Polonois, qui sont les Gascons du Nord et qui sont très-républicains. Quel intérêt pouvons-nous avoir avec de tels peuples ? »

La Révolution, que l'avocat Mathieu Marais ne prévoyait guère, le lui aurait appris. Cependant la France, même révolutionnée, se permet assez souvent de rire, le lendemain, de ses larmes ou de ses enthousiasmes de la veille. Surtout elle ne se fait jamais faute de se moquer de ces générations de martyrs, naissant et grandissant au soleil de son budget. Le Polonais même lui est à charge de temps à autre. Cette monotonie de proscription et cette perpétuité de souffrances *in partibus*, ont quelquefois fatigué l'esprit français. Il s'en est dédommagé en répétant sur tous les

ont reçus à merveille, espérant que nous partage
rions leurs opinions; mais lorsqu'ils ont vu que nous
étions prêts à leur couper les oreilles au premier
ordre de notre nouveau souverain, ils ont changé de
ton et de manières, et nous n'obtenons d'eux ce qui
nous est dû que par la force et avec humeur de leur
part.

Pour ce qui me regarde, je suis dans la même position qu'il y a un mois. Toujours dans ma triste
ville de Lutzko, où tout le monde s'ennuie, et où moi
je m'amuse et me plais. Le carnaval a amené des
bals à Dubno.

Mon pauvre vieux commandeur de Virieu a payé
le tribut à la nature et à son âge. Il est mort, il y a
près d'un mois, d'une apoplexie séreuse. Pendant
les quatre jours de son agonie, je ne l'ai pas quitté,
espérant qu'il aurait un moment de connaissance;
mais il n'a pas eu la consolation de voir qu'il était
bien soigné par ses anciens amis et qu'on le re-
grettait.

tons, en allongeant ou en raccourcissant sur tous les rhythmes
la forme de ce couplet aussi populaire qu'invraisemblable.

>Les Polonais qui sont de la Pologne
>Oui, sont bien tous, bien tous des Polonais;
>Car s'ils n'étaient pas tous de la Pologne,
>Ils ne seraient pas tous des Polonais.
>Mais comme ils sont bien tous de la Pologne,
>Ils sont bien tous, bien tous des Polonais.
>Les Polonais qui sont de la Pologne
>Oui, sont bien tous, bien tous des Polonais.

Il traînait et baissait depuis bien du temps, il n'a pas souffert, et s'est éteint comme une lampe qui finit. Il a été enterré en grande pompe. La cérémonie a été longue; il faisait un froid de vingt-deux degrés ce jour-là. Aussi nous avons eu des soldats de la garde du convoi qui ont eu des nez, oreilles et doigts gelés.

105

Du même au même.

Lutzko en Volhynie, ce vendredi 1/12 avril 1799.

Il faut d'abord vous mettre au fait de notre position présente. La nouvelle déclaration de guerre des Français a aussi, je pense, hâté les rassemblements de troupes russes destinées à marcher contre la France. Toute l'armée est en marche de tous côtés, et près de trois cent mille hommes vont être rassemblés, sous peu, sur les frontières de Lithuanie et de Wolhynie qui regardent la Prusse et l'Autriche. Ces troupes n'ont encore d'autres ordres que ceux de leur marche jusqu'aux frontières, et l'esprit en est excellent. Pleines d'ardeur et de volonté, elles attendent avec impatience l'ordre de marcher contre la République française. Vingt-cinq mille hommes sont dans nos environs, et nous n'avons jusqu'ici qu'à nous louer de leurs procédés pour nous. Il en passe journellement par nos quartiers. Chaque jour amène le passage d'un ou de deux régiments nouveaux. Mon grand-père a particulièrement reçu, par un courrier, l'ordre de se mettre le plus promptement possible en marche avec la totalité de son infanterie et de se rendre par le chemin le plus court en Bavière pour y agir de concert avec les troupes autrichiennes commandées par l'archiduc Charles. L'Empereur lui ordonne de laisser sa cavalerie en arrière, puisqu'elle ne peut servir, faute de chevaux, et lui donne pour la remplacer le régiment russe des hussards de Bauer, de quinze cents hommes, à ses ordres. En conséquence, les ordres ont été expédiés partout, et la dispersion des cantonnements fait qu'il a fallu quelques jours pour se rassembler. L'infanterie du corps de Condé part donc dimanche prochain de ses cantonnements, et passe la frontière du 20 au 26 (style français) c'est-à-dire du 10 au 15 avril (style russe) pour se rendre, à peu près par la même route par laquelle elle est venue directement à l'armée autrichienne, qu'elle ne rencontrera peut-être que sur les bords du Rhin, puisque M. l'archiduc a déjà battu les Français vers Stockach et les suivra probablement jusque-là.

Quant à nous, cher papa, M. le duc de Berry et moi, nous nous trouvons donc devoir rester à nos régiments.

M. le duc de Berry veut commander, et mon grand-père ne juge pas à propos que je doive lui laisser prendre le commandement sur moi. Vous sentez que cela fait une grande difficulté. On a écrit à l'Empereur et au Roi pour la décider ; mais c'est bien peu de chose en comparaison du désespoir dans lequel je suis de voir partir mon grand-père et de rester ici, isolé avec mon régiment, aux ordres directs d'un général russe, que je n'ai jamais vu.

Vous sentez que j'ai dû faire mon possible pour me tirer de là. Le devoir, l'honneur, le goût, tout m'a porté à la démarche que j'ai faite. J'ai écrit à l'Empereur pour lui demander la permission de monter le reste de mon régiment à mes frais (mon grand-père m'aide dans cette énorme dépense relativement à mes moyens) et de partir sur-le-champ pour me joindre à notre infanterie que je rattraperai facilement en route ; et, dans le cas où l'Empereur me refuserait, et ordonnerait à mon régiment d'attendre ses chevaux de remonte, je lui demande un congé pour aller sur-le-champ en poste servir comme volontaire dans l'armée autrichienne, jusqu'au moment où l'arrivée de notre infanterie me rappellera à ma place. Mon grand-père a fort approuvé et appuyé ma demande auprès de l'Empereur, et j'en espère un bon succès.

Il est un autre objet duquel je ne vous ai pas parlé jusqu'ici, parce que j'avais et devais avoir beaucoup d'espérance d'un autre côté. Il est impossible d'avoir une conduite plus aimable, plus tendre, plus constamment parfaite sous tous les rapports que quelqu'un que vous devinerez bien et dont je vous ai déjà parlé souvent[1], a eue dans tous les temps et dans toutes les occasions pour moi. A force de sentiment, de soins vrais et touchants, ce quelqu'un a fixé mon cœur. Je l'aime, non comme maîtresse, mais comme amie, et, après cinq ans, toute illusion effacée, toute ivresse des sens à part, je crois être parfaitement sûr que jusqu'à la mort de l'un ou de l'autre, nous serons toujours unis par les seuls liens de la confiance et de l'amitié.

Nous n'en voudrions ni l'un ni l'autre, contracter d'autres, malgré tout ce qu'on en a cru, et ce que l'on en croira jusqu'à mon mariage. Ce quelqu'un n'a rien dans le monde, a vécu, ainsi que son père, depuis la Révolution, comme vous le savez et comme vous l'avez vu vous-même, des bienfaits d'un oncle qui, lui-même embarrassé, ne peut peut-être plus dorénavant s'en charger. J'avais cru trouver un moyen sûr de les tirer de cet état de nullité, en les faisant venir dans ce pays-ci avec le corps; mais, par une fatalité dont vous saurez un jour les détails, ils se trouvent à peu près seuls, de tous les émigrés venus dans ce pays, exceptés des bontés de l'Empereur. Lettres, recommandations, rien n'a réussi; nous partons, et eux sont comme ils sont venus, excepté des dépenses et des dettes.

Je suis en partie cause de ces dépenses, puisque c'est sur mon conseil et d'après mes désirs, que l'on

---

1. La princesse Charlotte de Rohan.

s'est décidé à venir et à faire une démarche qui a paru inconsidérée à beaucoup de monde et qui a pu faire tort à celle qui l'a faite. Quoi qu'il en soit, il est de mon devoir, et c'est avec un vif désir de réussir que je vous prie d'employer toutes les ressources que vous jugerez convenables pour obtenir une pension de l'Angleterre pour le père. Officier général, couvert de blessures, qui a servi avec nous, s'est retiré ayant la pierre, ne pouvant plus remuer ni monter à cheval, il a refusé de toucher les appointements qui lui étaient offerts dans ce temps-là, et cela par pure délicatesse. Votre intérêt, le mien peut-être pourront faire quelque effet. L'Angleterre est si généreuse, et telle petite que serait la pension, ce serait tout pour eux. Quand on part de rien, peu se trouve être beaucoup.

106

Le prince de Condé au duc d'Enghien.

A Wlodimir, ce 4/15 mai 1799.

Pour vous seul.

M. d'Ecquevilly, mon cher, vous a fait faire une grande sottise au duc de Berry, et à vous, en vous faisant signer un faux état des chevaux que vous avez au corps. Il faut être un peu plus réservé à donner des signatures, et consulter un peu, avant de les donner, les gens qui ont plus d'expérience que vous. Vous voilà fort compromis. Pour l'être le moins possible (car vous le serez toujours) faites la plus sérieuse attention à la formation de votre état de situation du mois d'avril, et à ce que vous dira le prince de Gortschakoff à ce sujet.

Quant aux à-comptes que vous allez recevoir sur les chevaux, je n'ai pas voulu me mêler de la répartition, et vous devez sentir pourquoi. Je serais toujours accusé de partialité pour vous. Je n'aime ni les scènes ni les tracasseries, et cela ne manquerait pas de m'en occasionner. Le prince de Gortschakoff sera seul chargé de cette répartition; vous vous arrangerez tous les deux avec lui.

L'Empereur a approuvé le retard désiré par la cour de Vienne, et m'a ordonné de ne passer la frontière qu'après le corps du lieutenant général Korsakoff, mais de le suivre, sans que cela change rien à ma destination.

Je vous embrasse, cher ami, et j'espère que vous viendrez me voir un de ces jours.

107

Du même au même.

A Wlodimir, 4/15 mai 1799.

Je vous avoue, mon cher ami, que j'étais bien loin de m'attendre à la lettre que je reçois de vous. Comment est-il possible que vous teniez encore à votre ancienne idée, après la réponse que vous avez reçue de l'Empereur? Elle est remplie de grâces, d'honnêtetés, de faveurs pour vous ; mais elle vous démontre positivement qu'il ne veut pas vous permettre ce que vous lui avez demandé. Il veut que vous veniez avec moi, avec tout ce qu'il y a de cavalerie montée; il veut laisser ici le duc de Berry avec ce qui ne l'est pas encore, et vous lui prouveriez que vous n'en avez aucune reconnaissance, en retirant votre demande! Cela est impossible, et certainement je ne l'appuierai point, parce que je ne veux pas concourir à vous faire perdre le seul appui sur lequel vous puissiez compter. L'envie qu'il a de faire pour vous tout ce qu'il pourra, si vous vous conduisez bien (peut-être de vous marier, je n'en serais pas étonné), est clairement exprimée dans cette phrase de la réponse : « et j'espère que nous serons contents l'un de l'autre. » Et dans la situation où vous êtes, ainsi que nous tous, vous voudriez risquer de perdre une protection aussi puissante que celle-là?

En vérité, mon cher, il faut donc que vous ne réfléchissiez jamais. Au nom de Dieu, ne faites pas une sottise, comme celle de faire une seconde démarche. La première (déjà un peu risquée) pouvait se pardonner à l'ardeur d'un jeune homme; mais la seconde n'aurait plus d'excuse. Elle prouverait une mauvaise tête, un homme par trop irréfléchi pour l'âge de vingt-sept ans, et vous ferait perdre (il faut le dire) avec raison tous les avantages que vous pouvez, que vous devez vous promettre de la conduite obligeante et soutenue de l'Empereur vis-à-vis de vous et vis-à-vis de moi.

Ce qui vous assure encore plus qu'il vous favorisera tôt ou tard, au delà peut-être de toutes mes espérances. Voilà pour votre intérêt, et cela devrait vous suffire pour vous dissuader entièrement de votre fatal projet; mais vous ne voyez pas plus juste sur les événements de la campagne. Soyez bien sûr que l'archiduc n'entrera point en France avant que le corps russe qui marche avec nous ne l'ait joint. Les Français sont maîtres des trois clefs du Rhin, Kehl, Manhein et Ehrenbreitstein. Comment voulez-vous que l'archiduc s'enfourne en France où il trouvera d'abord quatre cent mille hommes, qui n'auront d'autres choses à faire que de combattre les cent ou cent vingt mille qu'il peut avoir; tandis qu'il peut être tourné par son flanc droit et voir l'Empire envahi et sa retraite coupée pendant qu'il combattrait en France d'une manière fort incertaine. Il faut n'avoir aucune idée de la guerre en grand (qui est cependant celle qui vous convient) pour croire aux chimères que vous vous faites. L'archiduc sera bien heureux s'il peut garder sa position, soit en Souabe, soit en Suisse, jusqu'à l'arrivée des Russes, et soyez certain que si ceci doit finir comme nous le désirons, ce qui est fort douteux (car les Puissances jusqu'à présent n'ont d'autre but que de sauver l'Allemagne et l'Italie), ce ne sera pas cette année que cela finira.

Les cabinets, les grands généraux, ne vont pas toujours, toujours en avant, comme une avant-garde. On réfléchit avant de se hasarder; d'ailleurs il arrive tel ou tel événement dans la politique qui arrête des armées à quatre ou cinq cents lieues de l'endroit où l'événement est arrivé. C'est ce que l'expérience vous apprendra, si vous ne rétrécissez pas votre esprit à la très-petite gloire de toujours se battre. Otez-vous de l'esprit aussi l'autre chimère, que l'archiduc vous donnera à vous, prince français, qui n'êtes point au service de l'Autriche comme vous pouviez le paraître la dernière guerre, à vous, général russe, quelque chose à commander. Cela est impossible. On sentira trop combien il déplairait à l'empereur de Russie, qu'on a tant d'intérêt à ménager, qu'on vous employât dans une autre armée que la sienne. L'amour-propre autrichien et l'impérieuse politique ne vous permettront jamais de jouer un rôle que dans l'armée russe. Enfin faut-il vous dire le grand mot? Sur cette fameuse question du commandement entre le duc de Berry et vous (mais sur toutes choses n'en parlez pas), l'Empereur m'a mandé que, dans le cas où il m'arriverait malheur ou empêchement, il vous désignait pour mon substitut. Vous voyez, d'après cela, de quelle imprudence il serait à vous de me quitter un seul moment, puisque, si je tombe malade, le duc de Berry prendrait sans aucun doute le commandement, et qu'alors je doute que l'Empereur, peu content de votre seconde démarche, le lui ôtât pour vous le rendre. Perdez donc, mon cher ami, toute idée de quitter votre régiment et moi. Vous feriez évanouir par cette étourderie le bel avenir qui pourrait s'ouvrir devant vous. Je vous crois trop sensé pour avoir à combattre l'enfance qu'il y aurait à vous à ne pouvoir pas prendre sur vous-même de ne faire que quatre ou cinq lieues par jour, de peur de vous ennuyer. Ce n'est pas à vingt-sept ans qu'on s'ennuie, quand on fait ce qu'on doit.

Quant aux contrariétés, il faut s'y attendre toute sa vie et savoir les supporter quand on veut aller au grand. On en trouve à chaque pas dans le chemin qui y mène; mais on les supporte, on les surmonte, et l'on arrive avec de la persévérance, sans légèreté; car cette dernière peut procurer de temps à autre l'éclair du plaisir, mais jamais la solidité du bonheur de jouir de l'estime générale, qui seule peut flatter l'ambition d'une grande âme. Réfléchissez, mon cher, et, croyez-moi. Vous nous rendrez heureux tous les deux.

108

Du même au même.

A Wlodimir, ce 1/19 mai 1799.

Mon cher ami, je croyais que la raison pouvait avoir quelque empire sur la vivacité de votre tête. Je vois que je me suis trompé; mais perdez l'espérance que je cesse jamais de vous donner tous les bons conseils que me dictent le bon sens et mon expérience. La manière un peu forte dont vous les repoussez ne m'arrêtera jamais. Je croyais vous avoir prouvé, au risque de tout ce que je prévois qui m'en arrivera, l'extrême intérêt que je prends à vous. Vous ne m'en paraissez pas persuadé : c'est très-malheureux pour moi ; mais mon âge vous délivrera bientôt d'un appui (hélas! bien sûr, et qui vous est bien nécessaire), mais qui ne vous paraît qu'un joug qu'il faut secouer. Ce malheur de plus ne manquera pas d'abréger ma triste vie. Certainement, comme je ne varierai jamais sur les principes, qui vous paraissent un peu trop des préjugés, j'ai pu vous répéter ce que je vous avais dit; mais je n'ai pu vous dire, à l'époque que vous me citez, les raisons majeures qui me font combattre à présent plus que jamais votre idée, puisque vous n'aviez pas encore reçu la réponse de l'Empereur. Plus elle est honnête, et plus il sera choqué que vous reveniez sur la demande. Vous courez le risque de faire changer ce qui vous est assuré, d'être mon substitut, de changer en humeur contre vous les bonnes dispositions qu'un hasard heureux a mises dans le cœur de l'Empereur pour vous, de rester sans vous marier, isolé sur la terre, quand vous avez besoin d'une protection puissante qui assure votre sort. Comment voulez-vous que je voie tout cela de sang-froid? C'est me demander l'impossible. Ce ne sont point des paroles qui me persuaderont de votre tendresse : ce sont vos actions et votre déférence à des conseils évidemment fondés sur vos véritables intérêts.

109

Du même au même.

A Wlodimir, ce 19/30 mai 1799.

Mon cher ami, il n'est pas douteux que vous êtes fondé en justice à être servi le premier; mais ce ne sera pas la dernière fois de votre vie que vous vous trouverez dans le cas de céder en affaires quelque chose de vos droits, par égard pour quelqu'un, par amour de la paix, par crainte des esclandres, par celle de passer pour un homme intraitable (ce qu ne donne pas une bonne réputation). Quand vous aurez plus d'usage du monde, vous sentirez que je vous dis la vérité, et que les circonstances influent prodigieusement sur le parti qu'on a à prendre de soutenir son droit ou de se relâcher un peu. Je pense que, dans celle-ci, il n'y a pas à hésiter un seul moment à mettre tout pour vous, en opposant les bons procédés à une résistance qui peut n'être pas juste, mais qui mérite considération par l'étoffe et les rapports de celui qui l'emploie. Si MM. de Montsoreau et d'Ecquevilly exigent impérieusement, comme vous le mandez, que vous cédiez le tiers, ils ont tort, parce que vous n'avez d'ordres à recevoir ni d'eux, ni quant à présent d'aucun autre que de moi. Mais le parti qu'ils doivent se borner à proposer est cependant le plus convenable et concilie tout. C'est ce qu'il faut, car ceci ne peut se terminer que par la conciliation. Il est donc de mon devoir (sur toutes sortes de considérations) de vous ordonner de céder le tiers, non-seulement de cette remonte-ci, mais même de toutes les autres qui arriveront, à M. le duc de Berry. Par ce moyen, personne ne sera lésé, et vous serez prêts tous les deux en même temps.

110

L'Impératrice Marie de Russie [1] à la princesse Louise de Condé.

Pawlowski, ce 13 juin 1799.

Mon aimable amie, je me suis empressée de mettre sous les yeux de l'Empereur la lettre que vous avez bien voulu m'écrire. Vous verrez par celle qu'il vous écrit l'offre qu'il vous fait d'un joli château en Livonie, qui, à ce que je suppose, pourra vous convenir sous tous les rapports, parce que vous pourrez y observer cette retraite austère que vous vous êtes prescrite. La situation en est agréable, l'habitation commode. C'est une campagne en toute forme, mais qui a l'agrément de ne pas être trop éloignée des grandes villes. L'Empereur a bien voulu me dire que vous serez maîtresse de vous y rendre avec telles compagnes que vous jugerez à propos. Vous pourrez y avoir votre chapelle, et il me paraît, mon aimable amie, que, sous tous les rapports, cette retraite vous conviendra davantage. Vous y serez à l'abri des peines que vous endurez, et vous y conserverez cependant le vœu que vous avez fait à Dieu d'être éloignée du monde. La confiance que vous me témoi-

---

1. L'impératrice Marie, épouse de Paul Ier, fut la mère des empereurs Alexandre et Nicolas. C'était une femme de tête et de cœur, qui a laissé, en Russie, un très-bon souvenir de ses vertus.

gnez, mon aimable amie, autorise la mienne. J'avoue qu'il me tarde de vous savoir accepter la proposition de notre cher Empereur qui, sous tous les rapports, me paraît convenable à votre naissance, à votre rang et à votre vocation même.

Depuis Livourne, je n'ai pas de nouvelles de notre chère et malheureuse reine de Sardaigne (Clotilde de France). Vous avez peut-être appris, mon aimable amie, dans votre retraite, les succès glorieux des armées de l'Empereur et la prise de Turin. J'espère donc que notre digne amie pourra peut-être s'y rendre. Je soignerai avec grand plaisir l'envoi de votre lettre, ma tendre amie. Je suis bien sûre que sa lecture donnera quelques moments de consolation bien douce à notre amie. Toutes les précautions seront prises pour vous faire parvenir ses lettres bien sûrement, mon aimable amie. Je suis bien sûre qu'elles vous seront une nouvelle preuve de l'attachement sincère et tendre que vous porte notre cher Empereur et moi. Ce n'est pas moi, mon aimable amie, mais la grande-duchesse Élisabeth, qui est accouchée très-heureusement d'une fille. Cet événement m'a comblée de joie; et la part que vous voulez bien y prendre ne saurait que l'augmenter encore. Adieu, mon aimable amie; soyez convaincue de la bien sincère amitié que je vous porte et avec laquelle je serai constamment, mon aimable amie,

Votre tendre amie et cousine,

MARIE.

111

Le prince de Condé à l'archiduc Charles.

A Rottemann, 1er octobre 1799.

NOTE.

M. le lieutenant général Baür m'ayant demandé un officier général du corps pour l'accompagner dans la course qu'il va faire près de Votre Altesse Royale, par ses ordres, et m'ayant assuré qu'elle ne le trouvait pas mauvais, j'ai fait choix du baron de la Rochefoucauld, homme très-discret, qui aura l'honneur de lui remettre cette note. Il n'a d'autre mission que d'entendre ce que votre Altesse Royale jugera à propos de lui confier, et si elle a la bonté de me le communiquer, j'ose la supplier de lui donner en détail et par écrit, ce qu'elle désire que je fasse avec le très-petit nombre de troupes que j'ai l'honneur de commander. Je puis assurer Votre Altesse Royale que ce sera avec la plus entière confiance que j'exécuterai de mon mieux ce qu'elle me prescrira, et que personne n'est plus persuadé que moi, qu'il n'y a qu'elle qui puisse tout réparer, de concert avec le maréchal de Sowarow.

Si j'avais osé quitter mon corps, je me serais chargé moi-même de la mission que je donne au baron de la Rochefoucauld, mais si Votre Altesse Royale venait à Schaffhouse, Stockach, ou même Engen, je crois qu'il serait essentiel qu'avec l'exécution de ses projets, elle nous rassemblât un matin près d'elle, le général Baür, le général Korsakoff, un de ses généraux et moi, pour que nous fussions plus sûrs d'opérer, suivant les excellentes idées de Votre Altesse Royale. Nous serions revenus le soir à nos différents corps. Il me paraîtrait bien important, s'il est question d'une entreprise, qu'elle fût combinée avec celle que pourrait faire en même temps le maréchal de Sowarow, de la marche duquel je n'ai jusqu'à présent, que des nouvelles très-incertaines.

Notre petit nombre ne nous permet pas, sans doute, d'agir seuls; mais si Votre Altesse Royale veut nous accoler à quelque corps un peu nombreux, commandé par un général en qui elle ait confiance, je puis l'assurer que nous verserons jusqu'à la dernière goutte de notre sang, pour le service de notre Roi et des deux Empereurs, et pour ajouter, s'il est possible, à la gloire de Votre Altesse Royale, dont nous respectons, dont nous chérissons les talents et les vertus.

Louis-Joseph de Bourbon.

Votre Altesse Royale, m'ayant permis, la guerre dernière, de lui écrire dans cette forme, j'ai espéré qu'elle voudrait bien me continuer la même permission.

112

Le duc d'Enghien au duc de Bourbon.

Markelfingen, derrière Constance, ce 12 octobre 1799.

En vérité, cher papa, ce serait bien à moi de vous faire une querelle sur l'éloignement énorme qui existe entre une lettre de vous et la suivante; mais je connais trop votre cœur et vous le mien, pour que nous puissions avoir des doutes l'un sur l'autre. Je sais que vous m'écrivez souvent; j'en suis persuadé : mais vos lettres ne me parviennent pas, et je vous donne ma parole d'honneur que voilà la seconde que je reçois de vous, depuis plus de six mois. Vos tendres reproches sur mon inexactitude m'ont fait bien plaisir. Vous aimez votre enfant, et vous avez bien raison, car il vous le rend de tout son cœur.

Je vous ai écrit tous les mois régulièrement, et non pas une lettre, mais chaque fois un volume sur grand papier. J'appelais cela mon journal; et je vous rendais compte de l'état des choses, dans la partie que nous habitions. J'employais quatre pages de papier à la Tellière[1], et plusieurs fois j'ai entamé la

---

1. Sorte de papier que fit fabriquer le chancelier le Tellier, sous Louis XIV. On le nomme aussi papier d'État.

cinquième. Je vois avec douleur que toutes ces lettres ont été perdues ou interceptées. Anthéaume, qui est auprès de moi, écrivait aussi régulièrement à Gatigny, et il n'a aussi reçu qu'une lettre de ce dernier; encore est-ce depuis que nous sommes hors des frontières de Russie.

Votre dernière lettre que j'ai reçue, hier au soir, datée du 2 septembre, m'enlève l'espérance que je conservais encore de vous voir revenir à nous. Je ne puis vous dissimuler qu'elle m'a fait une peine sensible, outre la douleur de ne pouvoir mettre un terme imaginaire à notre cruelle et si longue séparation.

Je ne suis pas persuadé que les Anglais nous emploient dans cette partie, d'une manière brillante, et qui pût vous convenir; alors je préférerais cent fois que vous vinssiez ici combattre avec votre régiment. Il vient de donner; il y a trois jours, d'une manière brillante dans la ville de Constance. Il s'est ouvert le chemin à la baïonnette dans les rues; les Français ayant à la suite d'une affaire vive occupé la ville par laquelle il était obligé de repasser pour effectuer sa retraite. Il a perdu cent soixante hommes, à peu près dix officiers et le malheureux Salgues, qui marchait à sa tête et qui a été tué roide. Mais il a eu la gloire de prendre un drapeau, et de délivrer une pièce de canon russe, déjà prise par l'ennemi; en outre, il a tué plus de trois cents Français. J'étais à cette affaire qui, quoique malheureuse, puisqu'il a fallu reculer devant des forces supérieures, a été brillante pour le corps et pour ce régiment en particulier.

Notre position, ainsi que celle des Russes, est à présent le long de la rive droite du Rhin, depuis Pétershausen, faubourg de Constance, en passant par Zellstein, Dissenhoffen et Schaffhouse. Les Russes ont deux têtes de pont sur la rive gauche, et je crois qu'aussitôt l'arrivée du maréchal de Sowarow, qu'on nous annonce comme très-prochaine, cette position défensive pourra bien changer de fait, nous l'espérons du moins. Le corps de Condé est si faible, les corps si peu nombreux, que jamais nous n'avons été si peu en état de faire la guerre; mais contre les Français il faut des hommes; et l'on emploie tout. Nous payons de nos personnes, et, comme l'ordinaire, c'est de bonne volonté. Je n'ose vous parler dans cette lettre de mille détails intéressants sans doute; mais qui empêcheraient peut-être encore qu'elle ne parvînt à sa destination, et c'est ce dernier objet qui me tient le plus à cœur.

113

Le prince de Condé au duc d'Enghien.

Langen-Argen, ce 26 octobre 1799.
7 heures du soir.

Mon cher, il serait trop long de vous conter pourquoi je ne suis revenu de Lindau qu'aujourd'hui, après-midi. Ainsi, tout ce que je vous dirai, c'est que j'y ai été fort bien reçu, et qu'enfin j'ai trouvé des gens qui ne cherchent pas à nous compromettre. Je n'ai que faire de vous prévenir sur l'*extraordinaire*[1], vous en avez assez entendu parler. Avant de faire votre absence de deux jours, qu'il vaudrait d'autant mieux que vous ne fissiez pas, que nous allons sûrement marcher cette semaine, à peu près de ce côté-là, il est absolument nécessaire, que vous alliez demain ou après-demain, au plus tard, voir le maréchal à Lindau. Il faut l'appeler Votre Altesse. Vous en serez parfaitement content; il désire même vous voir. Tout ce qui l'entoure est très-honnête, et a des formes absolument françaises. Il faut être là, à huit heures du matin au plus tard. Vous demanderez le lieutenant général prince de Gortschakoff, que vous prierez de vous annoncer au maréchal avec qui vous dînerez, à huit heures et demie. Il faudra

---

1. Le prince de Condé désigne ainsi le feld-maréchal Sowarow.

aussi aller voir le grand-duc Constantin, qui est à Lindau. Après cela, vous n'avez plus rien à faire que de vous en retourner ; M. le duc de Berry y a été aujourd'hui.

Toute l'armée, dont nous allons suivre le sort, va partir cette semaine, pour aller prendre ses quartiers d'hiver sur la rive gauche du Danube, du côté de Rudlingen. Nous ne savons pas encore où nous serons ; mais je crois que ces prétendus quartiers d'hiver ne seront pas longs, car les ennemis (je crois) ne nous y laisseront pas tranquilles. Voilà tout ce que je puis vous dire pour le moment, mais sur toutes choses, allez à Lindau, et allez-y avec une seule personne. Vassé, s'il est avec vous, me paraîtrait ce qu'il faut pour cela. Je vous avertis que le corps est en très-bonne odeur, dans cette armée-là. Vous vous ferez honneur toutes les fois que vous ajouterez au bien qu'on en dira, loin de rien lâcher à son désavantage. On vous dira beaucoup de mal des Autrichiens, le maréchal lui-même, et avec quelque raison. Sans appuyer, ne le contrariez pas. Je vous embrasse, mon cher ami.

114

Le duc de Bourbon au prince de Condé.

Londres, ce 16 décembre 1799.

Dans l'incertitude où j'étais sur votre marche, je ne vous ai pas écrit par la poste, et je profite de l'occasion du général Bawr, qui retourne au continent, pour vous dire aussi vivement que je le sens, combien j'ai été révolté et indigné des horreurs inimaginables que vous avez éprouvées de la part de gens mille fois plus coupables, selon moi, devant Dieu et les honnêtes gens que les plus forcenés Jacobins [1].

Non, jamais, la postérité ne pourra croire à un raffinement de cruauté et de trahison si abominable; mais heureusement vous vous en êtes tiré ainsi que mon fils; et tout en regrettant le pauvre de Salgues, et les autres braves gens qui ont péri dans cette horrible circonstance, je dois remercier le ciel de m'avoir conservé les objets les plus chers à mon cœur. L'armée y a soutenu sa vieille réputation bien méritée; le régiment de Bourbon s'y est

---

1. Dans cette affaire de Constance, dont le duc de Bourbon attribue les malheureux résultats aux Autrichiens, il y eut, croyons-nous, plus de malentendu que de mauvais vouloir, et le duc d'Enghien, dans le récit qu'il en a fait, se rapproche beaucoup de cette opinion.

distingué, et j'en ai joui personnellement pour lui, pour vous et pour moi, non sans éprouver le plus vif regret d'avoir été éloigné de vous en ce moment, et privé de la douce satisfaction de partager vos dangers et votre gloire.

Nous sommes encore dans l'incertitude sur votre future destination. Les papiers annonçaient toujours le départ de l'armée de Sowarow ; quelques lettres de Munich disent qu'une partie des Russes restera sur le Leck, et entre autres votre corps. Dieu veuille que cette dernière version soit la bonne! Votre éloignement des frontières de France sera un coup mortel pour les royalistes de l'intérieur, déjà terriblement découragés par le peu d'accord qui règne entre les puissances, et par le système modéré que paraissent adopter les nouveaux consuls. Déjà les Vendéens et Chouans ont signé un armistice, qui leur a été proposé par le général Hédouville; MM. d'Autichamp de Châtillon, de Bourmont, de Frotté ont accepté, quoique toujours sûrement animés des mêmes principes, mais n'ayant pas les fonds, ni les moyens pour soutenir une guerre active. Mercier[1] et le général Georges, n'avaient pas encore accepté l'armistice; ce sont les nouvelles qu'a apportées Bruslart[2], arrivé hier au soir de Normandie,

---

1. Mercier, dit *la Vendée*, était un des meilleurs officiers de la chouannerie, l'ami et le confident de George Cadoudal.

2. Le chevalier de Bruslart, lieutenant général, fut un de ces soldats de la Royauté proscrite qui exposaient si courageuse-

où il est employé sous les ordres de M. de Frotté. Le prince de Tarente qui était passé d'ici avec eux, sous le nom de chevalier de Montreuil, s'y est bien conduit, civilement et militairement; il est maintenant à Paris. On a envoyé d'ici en différentes fois des armes et de l'argent dans les provinces insurgées ; mais, entre nous soit dit, c'est toujours en quantité insuffisante pour l'énormité des moyens contraires à écraser.

Les événements désastreux qui se passent de votre côté portent un coup bien fatal au parti du Roi qui existe dans l'Ouest. Un grand nombre de royalistes, qui n'en ont que la marque, se rallient avec empres-

---

ment leur vie au milieu des orages de la Révolution. Il est aussi renommé pour ses talents, pour sa bravoure que pour ses aventures chevaleresques et les dangers de toute sorte qu'il affrontait avec une gaieté vraiment héroïque. Une lettre que Louis XVIII lui écrivit de Gosfield, en 1808, le fera connaître : « Je cède au désir que vous m'exprimez d'aller faire un voyage en France. En vous remettant cette lettre, le comte d'Avaray vous dira ce qui, indépendamment de mes justes alarmes, m'a jusqu'à présent retenu. Vous verrez, sans doute, beaucoup de vos compagnons d'armes ; que votre soin principal soit de modérer leur ardeur. S'il leur faut un exemple dans le supplice de l'attente et de l'inaction, dites que je m'y soumets principalement par l'horreur de faire couler un sang précieux. Profitez aussi avec prudence de votre séjour dans notre patrie pour y faire connaître mes intentions paternelles. Je voudrais qu'il n'y eût pas un Français qui ne connût aussi bien que vous mon cœur et celui de tous les miens ; j'ose croire que le terme de nos communs malheurs serait bien proche. Quant à vous, monsieur, pour vous engager à prendre toutes les précautions nécessaires à votre sûreté, je me contenterai de vous dire que les sujets comme le chevalier de Bruslart ne se trouvent pas aisément.

Signé : Louis. »

sement à celui qui leur fera seulemennt entrevoir l'apparence d'une paix et d'une tranquillité prochaines, sous quelque forme de gouvernement qu'elle se présente. Déjà l'on commence à faire courir le bruit que le petit roi Louis XVII n'est point mort. Nouvel embarras si ce bruit, vrai ou faux, prenait un peu de consistance. Il n'en a encore aucune, mais cela n'est pas impossible; et ces ouvriers méchants, mais habiles en politique, sont capables de tous les mensonges et de toutes les imaginations possibles pour augmenter nos maux.

On a manqué une bien belle occasion au moment de l'expédition de Hollande. Si cette masse de forces avait été portée avec nous en France à cette époque, nous serions, je n'en doute point, maintenant réunis à Paris. Le Stathouder[1], qui a de l'extraordinaire dans les manières, mais est loin d'être une bête, me dit dans ce temps, à dîner chez le prince de Galles : « Je suis bien fâché de la manière dont on s'y prend; c'est en France qu'il fallait aller et droit à Paris. C'aurait été la seule manière de me rétablir dans mes petits États. Il faut que les grands souverains soient rétablis sur leur trône avant les petits; sans cela, mauvaise besogne. »

Il ne s'est pas trompé, et la cacade a été complète. Les Russes, revenus de cette expédition, ont été en-

---

1. Guillaume de Nassau, prince d'Orange, qui fut, de 1814 à 1830, roi des Pays-Bas, et, après la révolution de Belgique, roi de Hollande.

voyés à Jersey et doivent y être barraqués; ils sont encore sur les bâtiments. Il y a eu aussi (entre nous soit dit) mésintelligence entre les deux nations, mécontentement des Russes de la manière dont on a soutenu leurs attaques dans les affaires qui ont eu lieu en Hollande. Cela est et sera toujours de même dans les coalitions de puissances. Dieu nous en préserve, si jamais nous avons le bonheur de revenir à flot! Puissions-nous alors toujours voler de nos propres ailes! Mais nous avons encore bien des chances à courir avant cet heureux temps.

Monsieur est toujours ici, logeant dans Welbeck Street, n° 55. Il va peu dans le monde; il est presque toujours chez Mme de Polastron qui demeure très à portée de lui, dans Thayer Street. Il n'a été chez aucune autre femme française; ce qui, comme vous pouvez croire, est infiniment critiqué. Les uns disent que c'est malhonnête, les autres que c'est afficher une femme que de passer toutes les soirées seulement chez elle. (Il faut convenir que c'est assez vrai.) Cela fait un mauvais effet, même parmi les Anglais, qui ont encore une espèce de rigidité pour la conduite ostensible des femmes. Mais on ne peut toucher cet article vis-à-vis de Monsieur, qui est plus épris que jamais de Mme de Polastron. J'ai eu même à ce sujet avec lui une petite discussion qui n'a point eu de suite, mais qui aurait pu en avoir, s'il y avait mis de l'entêtement. Voici le fait; mais c'est pour vous seul.

Monsieur avait entendu parler de Marin que vous connaissez, qui joue de la harpe parfaitement. Mme de Polastron, je ne sais par quel conseil, imagina, pour l'entendre, d'engager Monsieur à me prier de le faire venir chez moi un jour qu'il y dînerait. Avant qu'on ne m'en eût parlé, cela s'est répandu. On a dit que je devais donner un concert à Monsieur, une fête, etc., etc. Monsieur m'a parlé, m'a témoigné son désir d'entendre Marin chez moi; lui, Monsieur, n'allant point dans le monde, ni chez d'autres dames françaises. J'ai répondu à Monsieur que je serais toujours empressé de faire ce qui pouvait lui être agréable; mais que la circonstance ne me paraissait convenable sous aucun rapport pour rien de ce qui avait l'air fête chez lui ni chez moi, dans le moment, où j'étais moi-même dans l'inquiétude sur les bruits qui commençaient à se répandre de ce qui s'était passé à Constance, où on était fort triste ici sur le peu de succès de l'expédition de Hollande.

La tête s'est montée sur cela; on m'a représenté que ce n'était point une fête; j'ai répliqué qu'on le croyait et qu'on le dirait; qu'ainsi l'effet était le même. On a parlé fort haut toujours dans le même sens, croyant me convertir; moi très-décidé dans mon opinion. J'ai dit, comme de fait c'était vrai, et en même temps pour abréger la discussion, que Marin partait pour la campagne, et qu'on aurait le temps à son retour d'arranger cela dans quelque maison tierce. Je croyais la chose finie, lorsqu'un moment après, devant l'évêque d'Arras et Vaudreuil, comme par hasard, ils ont parlé de Marin. Monsieur a dit qu'il devait partir pour la campagne; mais qu'il lui ferait dire de suspendre son départ, et qu'il l'entendrait chez moi. J'avoue qu'alors j'ai trouvé la plaisanterie un peu longue. Cependant je me suis contenu.

Monsieur a bien senti que ce qu'il disait était parfaitement inconvenable, d'après ce que je lui avais observé précédemment; il a fait une pirouette sur les talons, avec certain air que vous connaissez. J'ai répété alors à ces deux messieurs les observations que j'avais faites à Monsieur et que je pensais qu'il n'avait pas bien comprises; et je leur ai répété que le concert n'aurait certainement pas lieu chez moi. Ils ont senti mes raisons et les ont approuvées. Le soir je suis venu, comme à l'ordinaire, chez Mme de Polastron où se rassemble la société de Monsieur.

Tout le monde avait l'air un peu embarrassé, excepté moi. Enfin Monsieur a fondu la cloche, m'a pris par la main, en me la serrant, et m'a dit ce qu'il y avait à dire, qu'il avait désiré vivement entendre Marin, que, n'ayant point d'autres moyens de l'entendre que chez moi, et ne regardant point cela comme une fête, il n'avait point imaginé que cela pût me faire de la peine; qu'au reste il était fâché de la chaleur qu'il pouvait y avoir mise, etc., etc. Finalement nous sommes meilleurs amis que jamais; mais Jupiter, avec sa foudre, m'en aurait plutôt

écrasé que de me faire faire chez moi ce qui ne me convient pas. Charbonnier est maître chez lui, comme l'avait écrit dans son jardin notre ami Girardin[1].
Marin est parti pour la campagne et ma fête prétendue avec lui.

Depuis que Monsieur est ici, il a dîné chez le prince de Galles, chez la princesse de Galles qui, comme vous savez, font maison séparée, chez lord Granville, chez lord Liverpool, chez lord Macartney; voilà tout. J'ai été avec lui à tous ces dîners.

L'évêque d'Arras, Vaudreuil, du Theil, le comte François Des Cars sont ses principaux confidents. Le premier est un honnête homme; mais je crois ses moyens politiques bien bornés. Il s'occupe de trop de détails minutieux, et emploie son temps à de petites affaires d'intrigues, pendant que les grandes périclitent. Ce n'est pas ce qui s'appelle un homme d'État; mais il vous est personnellement attaché, et je lui en sais bon gré. Je lui ai dit ce dont vous m'aviez chargé pour lui dans votre lettre du 17 novembre, et remis votre lettre pour lui ainsi que celle adressée à Monsieur que je lui ai remise à lui-même. Le second, Vaudreuil, est un loyal et galant homme, aimable et franc en société, royaliste à outrance, s'enflammant sur les bonnes nouvelles vraies ou fausses, ne croyant jamais aux mauvaises, mais par trop de chaleur, marchant toujours à côté du che-

---

1. Le comte Stanislas de Girardin.

min, par conséquent incapable d'être un bon membre de conseil dans un temps aussi difficile. Le troisième, du Theil[1], a l'air d'un gros balourd; mais il n'en est pas moins, je crois, plus fin que nous tous. C'est l'homme de toute confiance du gouvernement anglais. Monsieur a aussi toute confiance en lui. Pour moi, d'après bien des choses que j'ai observées, je n'en aurais aucune (soit dit entre nous deux). Je n'ai cependant aucunes preuves directes de mauvaise foi de sa part; mais il en est accusé par beaucoup de gens, et les Royalistes, en France, le détestent cordialement. Le comte Des Cars est un galant homme, ayant beaucoup de mesure, et, sans avoir un esprit brillant, a une bonne tête susceptible d'application aux affaires. Pour le baron de Roll, vous le connaissez aussi bien que moi. Son génie dépend de la quantité de verres de vin qu'il avale.

En tout, on peut dire que cet entourage est médiocre. Celui du Roi n'est malheureusement pas meilleur; et quelle terrible influence cela n'a-t-il pas sur les affaires générales ? Combien véritablement un homme d'État serait essentiel à avoir ici auprès du ministère anglais, un autre en Russie; de bons agents

---

1. Nicolas-François du Theil, ancien employé à l'intendance de Paris, émigra en 1790, et fut chargé par les princes, frères du Roi, de plusieurs missions très-dangereuses auprès de Louis XVI, prisonnier au Temple. Bonaparte le regardait comme l'un de ses plus habiles adversaires et a souvent demandé son éloignement de Londres au cabinet britannique.

en France, et alors on pourrait faire quelque chose; mais la machine est mal montée. Mittau [1] et Monsieur ne tirent pas toujours sur la même corde. Les agents en font de même, et l'on s'écarte, par ce moyen, du but où nous voulons arriver.

Dumouriez a fait une belle protestation publique de son pur royalisme, de son éloignement pour la prétendue faction d'Orléans, de son envie de servir utilement le Roi, etc. S'il dit la vérité, c'est assurément très-louable, mais on fera bien de ne pas se livrer entièrement à sa bonne foi, car je le regarde comme un maître coquin. Les Constitutionnels ici se réjouissent du nouvel ordre de choses en France. Déjà beaucoup font leurs paquets pour rentrer. On dit Lafayette rentré, les Lameth, d'Aiguillon, et toute cette canaille qui, selon moi, sont mille fois plus coupables que les Marat et les Robespierre, car lorsque l'on est né canaille, il est tout simple d'en suivre les errements ; mais le devenir et forger des fers au maître à qui l'on doit respect et reconnaissance ; n'est-ce pas là des régicides dans toute l'étendue du terme, aussi régicides et plus que ceux qui l'ont conduit à l'échafaud ? Moi, je soutiens cette thèse tous les jours, et la soutiendrai jusqu'au tombeau.

Je vous remercie de m'avoir donné des nouvelles de ma sœur, car elle ne m'écrit jamais. Elle vous traite de même, ainsi je ne dois pas m'en plaindre.

---

1. Mittau, ville de Courlande, où résidait alors Louis XVIII.

Cette conduite vis-à-vis de nous est aussi rigide que le parti qu'elle a pris. Mais, en la pleurant, pensons qu'elle est heureuse, et que cela soit notre consolation d'être séparés d'elle pour toujours. Je vous embrasse comme je vous aime, et c'est à la vie et à la mort. Conservez votre santé, et ménagez-la pour le bonheur de vos enfants, de vos amis, et de toutes les personnes qui, avec tant de raisons, vous sont dévouées et attachées.

115

Le duc d'Enghien au duc de Bourbon.

A Linz, ce 28 février 1800.

Quoique l'occasion de Thierry soit, je crois, un peu lente, j'en profite, cher papa, pour vous écrire; c'est au moins une lettre qui vous parviendra sûrement et dans laquelle je puis vous parler à cœur ouvert, puisque je serai sûr qu'elle ne sera ni lue ni décachetée. J'imagine que vous n'en êtes pas à savoir les espérances que j'ai de vous embrasser bientôt; ce ne doit pas être en Angleterre une chose ignorée que les intentions du gouvernement sur nous. Une seule chose, la paix des Chouans, me fait craindre que ces projets ne souffrent encore quelque retard. Si cette paix est simulée, si c'est une finesse, bravo; mais si elle est obligée, si réduits à se soumettre, des forces supérieures occupant le pays ce printemps, toute descente serait une folie, et loin d'être utile deviendrait une quibéronnade. Ce qui fait qu'en ce moment, si ce n'était le bonheur de me rapprocher de vous et de vous revoir, j'hésiterais à désirer notre embarquement, et le verrais même avec inquiétude. Mais il faut suivre son sort et ne voir que le beau de la chose, et le bon qui sera de vous embrasser.

Nous attendons le courrier qui doit nous apporter les ordres de Pétersbourg, pour commencer les grands arrangements nécessaires pour un voyage d'aussi long cours. Il sera facile de voir la manière dont ils se feront, si le projet est bien véritablement de nous porter à la Vendée, ou si c'est un prétexte qui cache un autre plan.

Quelques personnes, arrivées depuis peu de Vienne, prétendent que c'est aux corps suisses que nous serons réunis pour cette campagne, et que nous resterons sur le Rhin. Nous sommes aussi dans le doute si les ordres de Pétersbourg ne nous rappelleront point en Russie; notre destination est donc, comme vous le voyez, un mystère impénétrable pour tout le monde, je crois, car je ne la regarde pas comme déterminée, même par les puissances.

Mon projet, cher papa, si nous avions dû retourner en Pologne, était de solliciter vivement, auprès de mon grand-père, la permission d'aller vous voir. J'avais même pris à cet effet quelques précautions pour m'assurer de son consentement. J'avoue que le seul désir de vous voir n'était pas ce qui me portait à prendre ce parti. L'enterrement en Pologne me répugnait d'une manière excessive. La première fois, passant ma vie près d'une femme que j'aime et que vous connaissez, le temps s'était passé bien vite, et je puis dire que j'avais mené la vie la plus heureuse possible. Mais cette fois, loin d'être un moyen de rapprochement, je n'y voyais qu'une séparation éternelle d'avec tous les objets de mes affections. Je ne pouvais me faire à cette idée, et, en conséquence, je m'étais déterminé à passer auprès d'elle le temps qui m'aurait été nécessaire pour recevoir mon passe-port et ma permission de l'Empereur. J'aurais passé quelques mois avec vous, de là je serais revenu, à l'expiration de mon congé, en Pologne et me serais toujours conservé la possibilité de faire ainsi une course chaque année, pendant la saison des congés. Tout est changé par le changement des circonstances; tant mieux. C'est une forte dépense de moins pour moi, et le but sera peut-être rempli en suivant strictement le devoir, ce qui vaudra beaucoup mieux.

C'est dans huit jours environ que nous attendons le courrier de l'Empereur. Les Anglais n'ont voulu prendre aucune précaution provisoire avant ce temps, ne voulant pas le choquer; cependant ils ont pris sur eux de nous arrêter, et de ne pas nous laisser continuer la marche avec l'armée russe, qui rentre en ce moment dans ses frontières. Sowarow doit être à Pétersbourg à présent, et l'on ne suppose pas qu'un raccommodement puisse avoir lieu. Les cartes sont encore plus brouillées que jamais, en ce moment, par le mode qu'a pris la commission à Vienne de juger l'affaire de la capitulation d'Ancône, et non le général Frœhlich qui l'a faite; ce qui mettra de nouveau notre empereur en colère. Dieu veuille qu'il ne déclare pas la guerre à l'Autriche; c'est le plus grand malheur qui nous pût arriver et ce que je crois qui est le plus à craindre en ce moment, quoique les Anglais feront assurément leur possible pour l'empêcher.

116

Le prince de Condé au duc d'Enghien.

A Linz, ce 29 mars 1800.

Il est très-possible, mon cher ami, que votre prévoyance parfaite, absolument contraire à la mienne, dans ce moment-ci, ait raison, et que vous n'ayez rien à faire à Linz. Je le souhaite, même de tout mon cœur, parce que cela prouvera que tout a été tranquille; mais il suffirait qu'il fût possible que vous y eussiez quelque chose à faire, pour qu'il fût nécessaire et très-nécessaire que vous y fussiez. On ne risque point de sacrifier un corps, pour une probabilité, et on lui assure un appui prépondérant, en le confiant à quelqu'un qui peut et qui sait prendre un parti, quand on est forcé de s'en éloigner à plus de quatre-vingts lieues. En vérité, de vous à moi, je ne pouvais pas me fier au comte Wall[1], en cas d'événements très-possibles. Il a soixante-quinze ans, et il est malade; tout le monde vous désirait avec raison. D'ailleurs Wall n'est pas prince, et c'est tout différent pour commander des gentilshommes.

Ainsi j'ai fait ce que j'ai dû faire en vous appelant là-bas, pendant mon absence; et, en vérité, il n'y a pas là de quoi vous choquer. Si l'on était venu faire les arrangements avec moi à Linz, je vous jure que je n'aurais pas troublé votre tranquillité; mais, attendez-vous qu'il me sera toujours impossible de calculer votre séjour un peu plus ou un peu moins long avec votre maîtresse, toutes les fois qu'il s'agira de l'intérêt évident du corps. C'est ainsi que j'en ai usé pour moi-même, ayant commandé d'abord des corps et ensuite des armées, beaucoup plus jeune et tout aussi ardent que vous. Pour jouer un rôle brillant dans le monde, ce que vous désirez très-justement, il faut s'accoutumer à faire taire ses goûts, et même ses passions, du moment que la nécessité, la raison, ou seulement la convenance, l'exigent; en voilà assez sur cet article.

1. Le comte de Wall, gentilhomme écossais qui, après avoir combattu cinquante-cinq ans auparavant pour les Stuarts, combattait encore pour les Bourbons.

117

Le duc de Bourbon au prince de Condé.

Londres, ce 9 mai 1800.

M. de Sully, qui va vous rejoindre, m'a prié de lui donner pour vous une lettre de recommandation. Je l'ai peu vu, depuis mon séjour ici, parce qu'il a toujours habité l'île de Jersey depuis la campagne de Quiberon ; mais je peux certifier qu'il témoigne le plus grand zèle pour la bonne cause, et un désir extrême de la servir sous vos ordres. Son frère n'a pas, je crois, quitté l'armée ; enfin, il part, et vous trouvera vraisemblablement à Livourne. Monsieur a vu hier les ministres ; ils paraissent disposés à tenter quelques grands coups. Si les Autrichiens veulent les seconder, on agirait en même temps sur les côtes de l'Ouest et vers le Midi. Georges, qui est encore ici, doit repartir incessamment avec de l'argent pour maintenir les bonnes dispositions des Royalistes de l'intérieur ; mais je crains que son voyage à Londres, qui n'a été que trop su de tout le monde, ne lui cause des embarras lorsqu'il voudra rentrer en France. Bonaparte, qui s'en méfie, le fait sûrement guetter avec soin. Si les dispositions présentes du ministère se maintiennent, il paraîtrait que l'on se mettrait en mesure de pouvoir agir vers la fin du mois prochain. On se passerait même de l'assistance des Russes de Jersey, qui ont toujours jusqu'à présent leurs ordres de revenir dans leur pays. Ce plan, avant qu'il soit mis à exécution, (entre nous soit dit) pourra bien éprouver des variantes, d'après la politique astucieuse du cabinet autrichien, et en général celle des puissances pour les véritables intérêts de la Monarchie française. Dieu veuille qu'elles se décident enfin à suivre un plan que nous leur avons si constamment indiqué, et qui peut seul assurer leur existence à venir.

Bonaparte va, dit-on, au camp de Dijon. Rien de nouveau d'ailleurs ici ; la fureur de rentrer en France pour se faire rayer de la liste des Émigrés est à l'ordre du jour plus que jamais ; les femmes surtout rentrent à force.

118

La princesse Louise de Condé au prince de Condé.

Ce 13 avril 1800.

M. de Romanzoff, qui passe par ici, a eu l'attention de m'envoyer demander mes commissions pour vous ; je n'ai pas voulu ne pas profiter de cette occasion de me rappeler au souvenir d'un père que mon cœur chérit et chérira toujours. Je le fais même avec d'autant plus de plaisir que j'ignore s'il aura reçu la dernière lettre que je lui ai écrite, et dont j'ai chargé M. de Rougé qui, venu jusqu'aux frontières pour chercher sa fille, sortie de la Trappe avec moi, retournait en Allemagne.

Que faites-vous? que devenez-vous? Ce serait une grande consolation pour moi de le savoir par vous. Je lis de temps en temps quelques vieilles gazettes qui radotent du retour et du non retour des Russes. Quelques rabâchages moitié popolks et moitié français de ce couvent me font aussi des verbiages sur votre séparation de votre armée et de votre retour seul en ce pays, d'après le mécontentement de la Russie, de son passage à l'Angleterre, et de vos sentiments contraires. On radote aussi d'une espèce de royaume de Courlande donné au Roi pour le dédommagement de la perte de la France (quel dédommagement pour un Bourbon qui ne tient sa royauté que de Dieu seul!) et l'on ajoute une royauté de Pologne pour M. le duc d'Angoulême. Je ne crois rien de tout cela. Mais ce qui vous concerne particulièrement, vous et le cher d'Enghien, dites-m'en un mot, je vous prie. Je n'ai pas besoin de vous dire à quel point est le tendre intérêt que prend mon cœur à l'un comme à l'autre. Ayez la bonté, je vous prie, de parler de moi à mon bien-aimé frère, quand vous ou son fils lui écrirez. On vient chercher cette lettre. Je ne croyais pas que cela fût si tôt, je suis forcée de finir. Ce ne sera pas sans vous renouveler les assurances de mon tendre et constant attachement. Je les dépose dans votre cœur paternel que je presse contre le mien, en vous embrassant de toute la tendresse dont il est capable.

119

Le duc d'Enghien au duc de Bourbon.

Gratz, ce 4 mai 1800.

Je ne croyais pas, cher papa, que la proposition officielle suivrait d'aussi près l'annonce qui en avait été faite. Lorsque je vous écrivais, il y a trois jours, je pensais vous parler d'un événement encore éloigné ; mais hier j'ai reçu une lettre de mon grand-père qui m'annonce, en m'envoyant l'extrait de la lettre du ministre anglais, l'invitation qui lui est faite de se rendre le plus tôt possible dans le pays que vous habitez. Il m'ajoute que je serai sans doute charmé de cette heureuse occasion de me rapprocher de vous et me prévient qu'il a répondu qu'il se rendrait en Angleterre le plus promptement qu'il le pourrait. Il ne prévoit pas, m'ajoute-t-il, que son départ puisse être avant la fin du mois prochain et me laisse le maître d'aller avec lui ou de le suivre plus tard. Il faudrait que vous fussiez ici, que vous ayez vu toutes les gradations douloureuses qui m'ont éloigné successivement et constamment de lui pour que vous pussiez vous faire une idée de l'embarras extrême où me jette ce nouvel événement. Combattu entre le désir de voler à vous et celui de prendre un parti qui m'éloigne du moins momentanément de celui avec lequel je ferais mon bonheur de passer ma vie, s'il le voulait, inquiet de mon sort, intéressé par bien des motifs à ne pas m'éloigner à jamais de l'Allemagne, j'ai eu le besoin de bien vite vous consulter sur le parti que j'avais à prendre et de vous mettre au fait de la détermination que j'ai prise, en attendant votre réponse que je vous prie de me faire passer le plus promptement qu'il vous sera possible.

J'ai donc répondu : 1° que je ne regardais pas le voyage encore comme entièrement certain, puisque les événements et la politique, qui changent tous les quinze jours, pouvaient aussi faire changer d'avis ou à lui ou aux Anglais avant l'époque de son départ. 2° Que j'avais, comme lui, un désir bien vif de retrouver mon père et de le revoir. 3° Que je le suivrais de près et que, voyageant beaucoup plus vite qu'il ne le pourrait faire, peut-être le joindrais-je encore avant qu'il n'ait quitté le continent.

Mais, cher papa, je vous engage bien à réfléchir mûrement à cette circonstance-ci. Si vous êtes décidé à vous fixer en Angleterre, je n'ai plus rien à dire et sans doute je ne résisterai pas longtemps au désir d'aller vous embrasser. Mais pour peu que ce séjour vous soit moins agréable, pour peu que vous puissiez vous assurer un sort fixe, tel modique qu'il fût, oh! combien je vous engagerais à venir dans ces pays.

Quel plaisir j'aurais à m'occuper de vous chercher un établissement commode et bon marché. Je n'ose confier au papier la moitié des raisons qui me font vous presser de prendre ce parti. Que dis-je la moitié? je n'ose en dire une seule; mais soyez certain qu'il en est de bonnes. Faisant tant que de prendre ce parti, ne serait-il pas préférable de le prendre plutôt avant qu'après l'arrivée connue du grand-papa, qui, je le crois bien, n'y tiendra pas longtemps lui-même, mais fera acte de soumission et de bonne volonté.

Je voudrais tant pouvoir vous parler, vous ouvrir mon cœur. Ah! j'espère bien que ce sera bientôt. Votre dernière lettre me donne tant d'espoir.

Je ferai donc mon possible pour attendre l'annonce de vos résolutions, avant de quitter ce pays-ci. Si vous croyez pouvoir venir, vous me manderez ce que vous voulez que je fasse. Si vous restez, c'est un grand parti, car vous ne serez pas libre plus tard de changer de résolution. Alors j'attendrai les premières nouvelles de l'arrivée de mon grand-père; car je le répète, je crois qu'il vous sera bien difficile de rester avec lui. Dans les deux cas, je vous en prie, occupez-vous de mon sort. Je tiens beaucoup à avoir un traitement séparé, indépendant de celui que l'on fera à mon grand-père. Je tiens à ma liberté, à pouvoir habiter le pays qui me conviendra, car je crois, en vérité, que je préférerais la moitié moins à la clause d'aller le manger là où il me serait enjoint. C'est une espèce de prison politique à laquelle je

m'accoutumerais difficilement, surtout de la part
d'individus en qui je n'ai pas confiance. J'espère
que vous voudrez bien vous occuper de cette affaire
et faire en sorte que je puisse voir alternativement
et vous et certain autre être qui m'est bien cher
aussi, et continuer la carrière militaire, si l'occasion
s'en trouve; et il y a à parier qu'il ne se passera
pas longtemps avant qu'elle ne se retrouve.

120

Du même au même.

A Bruck, ce 3 juin 1800.

Le manque de chevaux à la poste nous arrête ici
quelques heures, cher papa, et je profite de ce
temps pour vous rendre compte de tout ce qui
s'est passé depuis ma dernière lettre. Je vous mandais en détail les propositions faites à mon grand-
père par M. Vickham de se rendre en Angleterre, et
les raisons qui m'avaient fait prendre le parti d'attendre encore quelques mois sur le continent.
N'ayant rien reçu, il m'a fallu me déterminer de
moi-même, en soumettant mon opinion au grand-
père, et il ne l'a point désapprouvée. Je reste donc
sur le continent, en attendant qu'il y ait eu quelque
chose de déterminé sur notre sort pécuniaire, et
j'attends les nouvelles que je recevrai de vous et de

mon grand-père, après son arrivée. Il a paru désirer que je l'accompagnasse à Vienne, où il compte passer deux jours, et je l'ai fait avec plaisir. Nous sommes en route ; lorsqu'il en repartira pour continuer sa route sur Hambourg, je reviendrai à la petite campagne que j'ai louée près de Gratz, et s'il y a difficulté à demeurer dans les pays héréditaires, je rentrerai en empire, ce qui me rapprochera et de la France et de l'Angleterre. C'est mon but, si vous y restez. Je vais voir à Vienne M. Wickham et m'assurer si mon séjour en Allemagne ne fera point tort à mon traitement. J'espère que non, car il sera toujours compris dans celui de mon grand-père, comme il l'a été jusqu'à ce jour. Si pourtant il en était autrement, j'irais en Angleterre ; mais non pour m'y fixer, car déterminé, comme je le suis, à suivre la carrière militaire, l'Angleterre ne m'offre aucune ressource dans ce genre. La nullité où des opérations folles et où il ne peut y avoir pour tout être raisonnable aucune apparence de succès, voilà ce que les Anglais peuvent nous offrir, en nous réduisant à la cruelle nécessité d'habiter leur île pour avoir du pain à mettre sous la dent, le reste de nos jours.

Ce serait là une prison, et une prison, telle vaste qu'elle soit, est toujours triste. Votre dernière lettre, qui m'a donné l'espérance de vous revoir incessamment sur le continent me fait croire que vous pensez absolument comme moi. Nous avons d'ailleurs, en ce moment, l'espérance que la paix ne sera pas de longue durée. Rien ne s'arrange en empire; il y a des difficultés, je crois, à peu près insurmontables. On dit le roi de Prusse mécontent. La mort de Paul[1] dérange tous les intérêts politiques du Nord. Si la guerre recommence, nous sommes sauvés. On recevra toujours avec plaisir des gens qui n'ont rien de mieux à faire que de se faire tuer. L'intervalle est le plus difficile à passer, surtout lorsque l'on ne veut pas se lier les bras pour l'avenir.

Je ne vous parle d'aucun des détails de notre dissolution; ceux qui vous remettront ma lettre vous en ennuieront assez. Il est bien certain que si l'on nous avait voulu du bien, on ne nous aurait pas dispersés. Nous avons été traités comme troupe devenue inutile à la paix et que l'on réforme. Ce n'est pas là marquer de la bonne volonté ni pour nous ni pour les restes de la noblesse fidèle. Ce qui me fait penser plus que jamais que nous n'avons rien à espérer pour notre cause, d'aucune puissance étrangère. Vous savez que, comme vous, j'ai toujours vu noir. Aussi je vous assure qu'il me tarde bien d'avoir un sort assuré, tel modique qu'il soit, pour me caser quelque part et devenir tout à fait étranger; ou Autrichien, ou Russe, ou Prussien, peu m'importe, mais tout vaut mieux que prince émigré.

---

1. L'empereur Paul avait été assassiné dans son palais par les grands officiers chargés de veiller à sa sûreté. Il s'était pris d'une vive admiration pour le Premier Consul.

Quand on a un état quelconque, au moins on est avoué ou protégé par la puissance que l'on sert. On est quelque chose; mais n'être rien, n'avoir d'autre état que le nom de celui que l'on a eu; éprouver tous les jours quelque nouvelle humiliation, toujours vouloir p..., comme on dit[1], plus haut que le c.... et en reconnaître à chaque instant l'impossibilité, c'est l'état le plus malheureux que je connaisse. Cette ancienne considération que notre nom apportait sur nos personnes n'existe malheureusement plus aujourd'hui. A peine regarde-t-on mon grand-père à Vienne; à peine l'Empereur lui fait-il l'honneur de le recevoir chez lui; et, si Moreau y venait, les fêtes, les galas, la dépense, on ne regarderait à rien pour lui plaire, pour l'amadouer. Bonaparte est sur le trône[2], respecté, craint et admiré de tous les souverains; et le Roi légitime est à peine toléré dans un coin de la Pologne, obligé de témoigner sa reconnaissance au souverain qui veut bien lui accorder un asile ignoré. Qu'espérer après cela?

---

1. Souvent les princes sont un peu comme le peuple. Ils ont des locutions qui peignent et que, bon gré, mal gré, l'histoire est obligée d'enregistrer.

2. Lorsque le duc d'Enghien traçait ces lignes, le 3 juin 1800, Bonaparte, qui ne gagnera la bataille de Marengo que onze jours après, était encore bien loin du trône. Il ne l'occupera que quatre ans plus tard, et néanmoins le duc d'Enghien pressent l'avenir et ne se trompe pas sur les visées du Premier Consul.

121

Du même au même.

A Lauffen, près Salzbourg, en Bavière,
ce 18 juin 1800.

J'avais bien imaginé, cher papa, que tous mes beaux bulletins de Russie ne vous étaient pas parvenus, puisque vous ne me parliez d'aucun. Sachant cependant que les lettres, qui parlaient nouvelles ou politique, étaient sûrement arrêtées aux frontières, j'avais fait passer les deux plus intéressantes par des seigneurs polonais qui avaient, chose très-rare, obtenu des permissions pour aller visiter leurs terres en Galicie prussienne, et ils m'avaient promis de ne mettre mes lettres à la poste qu'à Varsovie, ou au plus tôt à Cracovie, d'où j'espérais qu'elles vous parviendraient sûrement. Ma finesse n'a pas eu de succès, à ce que je vois, par ce que vous me mandez du 22 avril. Plusieurs personnes se sont cependant bien trouvées de cette manière et sont parvenues à donner des détails intéressants à leurs correspondants. Mais, comme vous dites, malheur passé n'est que songe.

Nous voici donc revenus d'Italie, après avoir fait un séjour de quinze jours dans le pays vénitien. Comment trouvez-vous ce voyage? partir de Linz tout courant, vendre ses chevaux tout le long du chemin, parce que le but de notre route est un embarquement, faire cent vingt lieues au travers des monts escarpés de la Carinthie, de la Styrie et du Frioul, rester quinze jours en plaine au débouché des montagnes, faire une petite course à Venise, et par curiosité, et pour voir le Pape, et vite reprendre le même chemin, retraverser les montagnes pour venir se reposer à Salzbourg, à trente lieues de Linz, d'où l'on est parti ; avouez que cela a l'air d'un conte pour rire.

J'aurais tort, si je vous disais que j'ai regret aux pas que j'ai faits. J'ai vu des pays superbes, des montagnes magnifiques, des sites curieux. J'ai vu trois provinces, qui mériteraient un voyage exprès pour les visiter. Les montagnes n'y sont pas si élevées qu'en Suisse ; mais elles y sont plus âpres, plus cornues. Ce sont des rochers secs et arides, où il ne croît pas une seule plante, des vallées, surtout dans le Frioul, désolées par des torrents furieux, qui ne souffrent aucune espèce de culture. La Carinthie et la Styrie ressemblent plutôt à la Suisse, mais le Frioul montagneux est le chaos, et à dix lieues plus loin, les environs de Venise sont les Champs-Élysées.

Klagenfurth est une vilaine ville sous tous les rapports. Venise est déjà bien tombée et tombera chaque jour davantage, tant qu'elle sera sous les lois de son nouveau maître[1]. On y dit comme par-

---

[1]. Par le traité de Campo-Formio (1797), signé entre l'empereur François et Bonaparte, Venise et ses États appartenaient à

tout où j'ai été : « Autrefois cela valait bien mieux. » Je ne vous donne aucun détail sur cette ville; on en a tant entendu parler qu'on ne peut que répéter ce que vingt autres ont dit auparavant.

122

Du même au même.

A Lauffen, près Salzbourg, ce 22 juin 1800.

Le comte François Des Cars, qui vient de passer, m'assurant qu'il retourne à l'instant à Ratisbonne, où il ne doit rester que quelques jours, et de là retourner en Angleterre, je profite de la demi-journée qu'il passe avec M. le duc d'Angoulême, à quelques lieues d'ici, pour vous écrire par lui, ce petit mot. Je ne vous parlerai de rien de ce que nous savons, tant par les nouvelles publiques que pour ce qui regarde le corps. Il vous mettra lui-même au fait de tout. Je ne sais (n'étant point initié dans les grands mystères) quel est le but de son voyage ; mais tout ce que je vois me fait craindre que peut-être avant peu nous reprenions la route d'Italie. En attendant, nous nous habillons, équipons et nous renvoyons en arrière tout ce qu'il y a de lourd, d'infirme, d'em-

---

l'empire d'Autriche. Les dernières guerres d'Italie et les lamentations sur la *Jérusalem des Lagunes*, prouvent qu'à soixante-six ans de distance, le duc d'Enghien était bon prophète.

barrassant ou de féminin dans le corps ; de sorte que nous allons, sous quelques semaines, nous trouver très-lestes et très-propres à faire campagne là où l'on voudra. Quant à moi, je vous avoue, cher papa, que je conserve toujours un violent désir de tenir à quelque chose. Je ne crois point à la contre ; je ne crois pas qu'on la veuille, et je vois avec chagrin que d'avoir fait toute la guerre de la Révolution dans le corps de Condé, sera avoir perdu son temps.

À présent, il est trop tard, et il faut bien encore patienter. Mais, à la paix, je voudrais bien savoir quel est le parti que vous voudriez que je prisse. J'ai le désir de rester militaire. De toutes les armées que j'ai vues, pas une n'approche de l'armée autrichienne, et j'ai quelques notions pour croire que je serais bien reçu, si je m'offrais. Vous voyez la fortune rapide des princes d'Orange. Je crois que je pourrais espérer le même genre d'avancement et de traitement. Mon grand-père me tient à son corps, dans une nullité désespérante. Il a d'ailleurs, comme vous le savez, l'amour tourmentant et cela augmente avec l'âge. Il me traite toujours en enfant, n'a pas la moindre confiance pour moi, ne me parle de rien, ne me consulte sur rien. Je ne lui suis donc pas nécessaire.

Je voudrais donc que vous me mandiez par quelque occasion sûre vos avis sur l'avenir. Il me serait bien doux, à la paix, d'aller vous joindre et d'avoir mon établissement fixe auprès de vous, en Angleterre; mais, s'il y avait, comme il y aura sûrement, guerre quelque part, je voudrais avoir un débouché, qui me permît de suivre ma carrière militaire; et alors, par goût, ce serait dans l'armée autrichienne que je désirerais servir. Il faudrait des volumes pour vous instruire de toutes les séries d'événements, et de petites choses ou réflexions qui m'ont mené au but dont je vous parle. Mais n'ayant qu'une minute à moi, et n'ayant jamais voulu confier à la poste, que je connais très-indiscrète, mes idées; j'ai préféré vous écrire ce petit mot succinct dont je vous prie en grâce de me garder le plus profond secret auprès de mon grand-père. Cela augmenterait encore sa méfiance de moi, s'il en savait la moindre chose. Je vous ai écrit, il y a quelques jours, par le colonel Ramsay, qui s'est chargé de vous faire parvenir ma lettre, et je n'ai pu me tenir de vous mander quelque chose dans ce genre. Je le regrette aujourd'hui, mais il est trop tard.

123

Le duc d'Enghien au prince de Condé.

A Landsberg, ce 22 août 1800, à 9 heures 1/2.

La Chevalerie m'a pris au saut du lit, cher papa, et je n'avais pas encore de rapports de rien. Aussi je le fais attendre jusqu'à ce que tout soit un peu débrouillé. Nous sommes partis à dix heures du soir et mes postes ne sont partis qu'à onze ; nous n'avons rien vu du tout. Le soir, à huit heures, j'ai envoyé à Turckheim. Il n'y avait personne ; nous sommes arrivés et établis au bivouac, moitié de l'infanterie et de la cavalerie en avant d'un pont, moitié en avant de l'autre. Les patrouilles toute la nuit n'ont rien vu, entendu, ni appris de nouveau.

Vioménil est venu me voir, il y a un quart d'heure. Il trouve, comme moi, que cette position est tout ce qu'il y a de plus anti-militaire ; et, puisque vous le retirez ainsi que les hussards autrichiens, — ce que je trouve parfait, — je ferai repasser aussi une partie de ma cavalerie, car, de l'autre côté, elle pourra se reposer tranquillement ; et là où elle est, il faut qu'elle reste toujours sellée et moitié bridée. Je laisserai, fort en avant des ponts, de gros détachements qui fourniront des patrouilles sur Holtenhausen, sur Kaufbeuren et sur Schongau. Ainsi les devants seront bien éclairés, jusqu'à ce que l'ennemi veuille faire filer de l'infanterie dans la forêt : ce que je ne pourrais pas plus empêcher, comme je suis à présent que comme je serai ce soir. Mon infanterie restera dans la ville, casernée et prête au premier coup de baguettes, à se porter aux ponts, en avant desquels je laisserai toujours cependant un bataillon bivouaqué, et que je vais faire préparer à être rompu en peu de temps.

La Varenne[1], que je viens de voir, m'a dit que

---

1. Le général comte de la Varenne.

vous lui aviez dit de se concerter avec moi. Comme il ne m'est utile à rien, au contraire, je le relève ce matin, et le détachement de Hohenlohë rentrera à son corps vers deux heures de l'après-midi. Vous ferez un plaisir extrême à Vioménil de lui faire repasser la rivière. Il ne ferait que m'embarrasser, si nous étions attaqués, ainsi que les hussards autrichiens, n'ayant pas d'emplacement pour me servir de cavalerie.

Le major[1] sort de chez moi et trouve, comme tout le monde, qu'il est impossible de se battre dans la position que nous occupons, et qu'on ne peut que l'éclairer par de fortes patrouilles.

Je viens d'apprendre que le Leck est guéable en quelques endroits, surtout en remontant. Ainsi Vioménil y aura l'œil; mais si l'on marchait de ce côté-là, je le ferais prévenir, parce que j'en serais instruit par mes patrouilles.

Nous n'avons encore communiqué avec aucun Autrichien du côté de Schongau. Le petit L....[2], volontaire dans la Légion, troisième frère de celui qui est aux équipages, a arrêté le bourgmestre de Scholtshausen, en passant, et il lui a volé vingt louis,

1. Nom illisible.
2. Le nom du *Petit L....* est cité en toutes lettres par le duc d'Enghien. Par égard pour une famille honorable, nous nous permettons de le taire; et si nous reproduisons ce jugement à la hussarde, c'est pour montrer que les émigrés français, manquant souvent de pain, ne toléraient parmi eux ni le vol ni le pillage. Ils avaient une loi de lynch militaire; ils savaient la faire sommairement exécuter.

le pistolet sur la gorge. C'est un enfant. Il a été désigné, reconnu par le bourgmestre, que j'ai fait venir tout de suite. Il a tout avoué. Damas m'a demandé en grâce de ne pas faire d'éclat. J'y ai consenti ; et, après lui avoir ôté habit, épaulettes, et tout ce qu'il avait d'uniforme, lui avoir fait rendre l'argent, ses camarades l'ont chassé ignominieusement, en lui disant qu'il aille loin, et se cache, car partout où ils le rencontreraient, ils le feraient arrêter et enfermer pour le reste de ses jours. J'ai trouvé que les officiers s'étaient bien conduits dans cette occasion, car malheureusement vous savez que souvent, dans ce siècle-ci, on a une indulgence bien condamnable.

Je vais monter à cheval et visiter tous mes devants. Vioménil et le major espèrent que vous leur enverrez leurs ordres vers une heure, afin qu'ils aient eu le temps de manger la soupe. Nous avons ici un M. de la Régence qui paraît fort honnête et obligeant.

Je vous préviens que la ville est comble de chasseurs nobles à pied et à cheval, de gardes du corps, que pas une écurie n'est vide, que le M. de la Régence se plaint de beaucoup de choses faites dans la journée d'hier, de portes enfoncées, maisons pillées. Si vous donniez un ordre de rentrer tout le monde au camp, je crois que ce serait à propos ; et il faudrait pour cela simuler un départ. Sans cela, personne ne bougera. Quand tout le monde serait parti, je mettrais une garde à la porte et l'on n'entrerait plus qu'avec une permission.

124

Le duc d'Enghien au prince de Condé.

A Rosenheim, ce 19 août 1800, au matin.

Ce serait bien mal reconnaître vos soins et vos intentions, cher papa, que de ne pas leur rendre une entière justice. Ce sera toujours avec confiance que je suivrai vos conseils, bien loin de m'opposer à vos projets sur moi. Je vous ai toujours dit que ce parti me paraissait trop avantageux sous tous les rapports[1] pour hésiter un moment de pousser de mon mieux à la roue. Seulement je vous prie, lorsqu'il y aura quelque chose de direct en train, d'annoncer le désir que j'ai d'aller témoigner dans le pays ma reconnaissance et en même temps savoir si je conviens. Ce voyage n'est pas long ; mon absence sera courte. Si l'on veut terminer tout de suite, j'en serai enchanté. Si l'on me remet à des temps plus tranquilles, comme c'est mon opinion, je tâcherai toujours de prendre assez de certitudes, pour que la

---

1. La princesse que le vieux Condé proposait comme épouse au duc d'Enghien, était une sœur de l'impératrice de Russie. Le nouvel empereur Alexandre Ier désirait très-vivement cette union dans un but politique.

chose soit irrévocablement arrêtée. Ne doutez jamais, je vous prie, cher papa, de la reconnaissance que j'ai des soins que vous voulez bien prendre pour moi et de la respectueuse tendresse de votre enfant.

125

Le prince de Condé au duc d'Enghien.

Aibling, ce 18 septembre 1800.

Je ne vous cache pas, mon cher, que j'ai été un peu étonné, qu'après m'avoir consulté sur le changement de poste de Falley, et sans avoir attendu ma réponse, ou malgré ma réponse, si vous l'aviez reçue, vous ayez retiré le poste d'infanterie et que vous l'ayez fait remplacer par Georges. Ce n'était pas la peine de me consulter. Il faut prendre garde à cela, car si nous ordonnons tous deux, les subordonnés ne sauront plus auquel entendre. Je ne trouve point mauvais que vous donniez un ordre à un poste en avant, lorsque cela vous paraît nécessaire; mais rien ne pressait sur celui-ci, et vous verrez, par ce que je vous envoie, qu'il en a résulté ce que je craignais : un mouvement des postes ennemis, qu'il fallait éviter. Mais c'est fait, il faut partir du point où nous sommes ; (ce n'était plus un poste de Bourbon qui était là, vous deviez savoir qu'il était relevé par Durand¹) vous verrez ce que Georges me mande. Écrivez-moi ce que vous en savez, car je ne trouve point Wertenhau sur les cartes ; ce ne peut pas être Westerheim, car j'aurais déjà de vos nouvelles. D'ailleurs ce rapport n'est pas clair, il dit que l'ennemi se dirige sur la droite; quelle droite? est-ce la sienne ou la nôtre? Mais, dans tous les cas, il est impossible de ne pas garder le pont de Falley. Pourvoyez-y donc tout de suite, comme vous l'entendrez. A présent que l'effet est fait, il m'est égal que ce soit par de l'infanterie ou par de la cavalerie; mais il faut, pour votre propre sûreté, que ce pont soit éclairé de très-près.

126

Du même au même.

A Rosenheim, ce 20 octobre 1800.

Votre lettre du 14, mon cher ami, ne m'est parvenue que hier au soir. Je m'attendais bien que vous trouveriez encore vos amis où ils sont; je ne suis point étonné que vous ayez été bien reçu. Il y avait beaucoup de raisons pour que cela fût ainsi. Quant aux nouvelles connaissances que vous avez faites, il y en a qui ne sont rien moins qu'honnêtes pour moi.

---

1. Le régiment de Durand, ainsi appelé du nom de son colonel, le chevalier Durand.

Vous en entendrez parler, et je ne vous conseille pas de vous y livrer. Je suis bien persuadé que l'archiduc personnellement ne nous veut pas de mal, et qu'il nous traitera bien pour les quartiers d'hiver, s'il y en a, et si on le laisse suivre son propre mouvement; mais j'en doute, d'autant plus que j'ai par devers moi des exemples du contraire.

Je savais que le vent était à la guerre au quartier général et à Vienne. Presque personne ne veut y croire, d'après le passé et tous les préparatifs qu'on fait à Lunéville pour le congrès. Mais je suis loin de voir comme cela, et je désire vivement être averti d'avance. Il nous arrive tous les jours des femmes qui s'ennuyaient au dépôt, et des chariots qu'on fait venir pour sa commodité, ne doutant pas de la prolongation de l'armistice. Je voudrais bien me défaire de tout cela de bonne heure, d'autant plus que je ne doute pas que les Patriotes, qui savent par expérience qu'on leur cède le terrain sans difficultés, quand il leur plaît de s'avancer au delà de leurs lignes de démarcation, n'en gagnent beaucoup davantage par le même moyen, à la reprise des hostilités.

Ainsi donnez tous vos soins là-bas, à ce que je sois averti le plus tôt possible, de l'annonce de la rupture; et officiellement, quand même vous viendriez aussitôt, ce que je désire. J'espère bien qu'on ne vous fera pas déboucher (et prenez-y-garde) avant l'arrivée de toute l'armée à notre hauteur; mais il est très-possible que les Français ne lui en laissent pas le temps. Dans tous les cas, je me flatte qu'on aura senti à la fin, qu'avec mille hommes d'infanterie je ne peux rien défendre avec succès, si l'on ne me renforce pas considérablement. Je ne demande point à commander ce qu'on m'enverrait, parce que personne n'a moins d'ambition que moi. Ceux qui en ont en sont toujours la dupe, tôt ou tard : mais je demande à être appuyé d'un corps solide, qui puisse me soutenir, et je m'entendrai fort bien avec mes voisins ; mais il m'en faut. Je souhaite que tous ces renforts, sur lesquels on compte si ostensiblement, arrivent avant le printemps ; mais j'en doute. A l'égard de l'armée de Bohême, l'archiduc Charles aura trop à faire contre celle d'Augereau, qui arrivera par la Franconie, pour nous être d'aucun secours. Nous savons depuis longtemps qu'on n'aime pas les Russes. On les craint, dites-vous, comme alliés : il me semble qu'ils ne seraient pas moins redoutables comme ennemis ; et je crois qu'à tout prendre, il vaut mieux les avoir pour que contre.

Point de nouvelles sûres de Munich ; il paraît que l'assassinat de Bonaparte ne se confirme pas. On l'avait mandé de Munich comme sûr ; on disait même qu'il n'était blessé que légèrement. Un de vos officiers vient de me dire qu'un officier des greutz-hussards lui avait dit que les hostilités recommenceraient dans quinze jours ; assurez-vous-en, et qu'on m'écrive du quartier général ce que j'ai à faire, et sur quoi je dois compter.

Je vous avoue que cela me fait beaucoup de peine, en général, mais surtout parce que vous allez dans le monde autrichien (chose dont je me doutais bien), de vous savoir là-bas. Cela n'est en vérité pas décent, et votre nom ne vous appartient pas à vous seul ; mais à tous les princes du sang de France, à qui vous devez compte de la conservation et de la dignité de votre rang.

127

Du même au même.

A Rosenheim, ce 2 novembre 1800.

J'ai reçu hier, mon cher ami, votre lettre du 27. Tout est encore fort tranquille de ce côté-ci, comme, à ce qu'il me paraît du vôtre ; cependant je désirerais savoir positivement si les quarante-cinq jours finis (ce qui arrive après-demain), on peut compter sur quinze jours d'avertissement avant de s'attaquer. N'oubliez pas de me mander cela, car je n'ai jamais pu obtenir qu'on m'en instruisît. Cela est cependant essentiel dans la position où je suis et dans celle où est votre régiment, avec la dispersion qu'on a exigée et qu'on exige encore. Je ne suis pas en peine d'être averti à temps, si les Autrichiens veulent attaquer ; mais si ce sont les Français, que je ne doute pas un instant qui ne préviennent, si jamais on en vient là. Il est important que je sache sur combien de jours d'avertissement on peut compter.

Il est sûr qu'il y a eu une conspiration à Paris contre le Consul. Il paraît qu'elle a échoué ; mais on s'attend qu'il y en aura d'autres, et l'on mande de cette ville qu'il n'est rien moins qu'affermi sur son prétendu trône.

Vous voyez bien, par la nécessité où vous avez été de vous servir de Ganay[1], qu'il est absolument nécessaire que vous ayez quelqu'un avec vous, et il serait plus décent que ce fût ou Vassé ou quelques-uns de vos aides de camp. Je sais bien qu'il n'y a point de cérémonies quand on va dîner chez l'archiduc (Jean) ; mais cependant il est convenable que vous n'y alliez pas seul, et je persiste d'autant plus à désirer que vous appeliez un de ceux que je viens de dire, que cela ne peut vous gêner en rien, et qu'il est désagréable pour eux que vous vous serviez, de préférence, de gens qui ne vous sont point attachés.

Je vous avais mandé, je crois, que votre nouvelle de l'archiduc Charles à Vienne n'était pas vraie. Quelques officiers autrichiens disent à présent qu'il viendra commander l'armée. Je croyais être sûr qu'il avait refusé ; je ne vois encore rien de clair à cet égard.

Puisque vous voulez nous être utile, vous nous

1. Le comte de Ganay, capitaine de la 10ᵉ compagnie du régiment des dragons d'Enghien. Ce régiment, dont le jeune prince était si fier, a laissé un beau nom dans les annales de la guerre.

rendriez le plus grand service (je vous expliquerai cela) en faisant ce que je vais vous dire. Ce serait d'obtenir de l'archiduc qu'il ordonnât aux Bavarois et à moi de troquer le bailliage d'Aibling contre celui de Trauenstein; alors votre régiment viendrait ici occuper le bailliage de Rosenheim sur les deux rives avec Durand[1]. Je m'en irais de ma personne à Trauenstein, et j'emmènerais avec moi les Nobles à pied et Bourbon. Les Nobles à cheval resteraient où ils sont (les Princes le désirent) et nous lieraient avec vous. Je vous confie qu'il serait de la plus grande importance d'éloigner les Nobles à pied des Nobles à cheval : je ne puis vous en dire la raison par la poste, et il ne faut pas même confier ce motif aux Autrichiens. Mais il faut mettre en avant (point du tout ma commodité, car pour ma personne, je me trouve bien partout), mais l'inhumanité qu'il y aurait à laisser les Nobles à pied où ils sont, partout sans poêle, et tout à l'heure au milieu des neiges.

Je désirerais aussi éloigner mes Gentilshommes d'entendre parler sans cesse de toutes les politesses que les Patriotes font aux Émigrés. Enfin il faudrait dire à l'archiduc qu'à tous égards il me rendrait le plus signalé service de consentir à ce que je demande, qui ne dérange rien du tout à ses dispositions; ce n'est qu'un troc de cantonnements. Faites

---

1. Le régiment de Durand.

tout cela, mon cher, avec autant d'adresse que de franchise; et vous serez un joli garçon (que j'aime bien dans tous les cas), mais que j'aimerai encore bien davantage.

128

Du même au même.

A Rottemann, ce 22 décembre 1800,
à 9 heures du soir.

Je suis bien aise de vous savoir à Steinach ; mais j'avais espéré que ce serait avec tout votre détachement; au reste, je conçois que la neige ait pu retarder l'infanterie. Vous me demandez toujours comment vous placerez votre monde ; je vous ai déjà mandé deux fois que ce serait comme vous l'aviez placé à votre arrivée à Steinach. D'ailleurs vous savez que je n'entre jamais dans le détail de vos dispositions particulières. Vous avez assurément toute l'intelligence nécessaire pour cela ; je me borne à vous dire toujours : Allez là. Alors il faut y aller; cela fait confiance entière en vous, et aujourd'hui comme à l'ordinaire. M. de Lanans [1] vous aura dit l'état des choses; il exigera peut-être que, dans

---

[1] Le général comte de Lanans, l'un des plus braves et des plus modestes officiers de l'armée.

la journée de demain, je vous envoie d'autres ordres.

Je ne sais pas où vous aviez pris que nous allions sur les derrières uniquement, que c'était pour garder ce passage qui, avec raison, lui paraissait important. Par conséquent, vos démarches, très-connues et très-publiques à Salzbourg, ont été au moins très-prématurées, surtout avant de m'en avoir parlé ; mais je désire vivement que votre cœur sente ce que votre plume m'exprime. Si, avec cela, je puis vous convaincre des principes invariables de conduite qui doivent guider dans toutes ses actions un Gentilhomme français, un Prince du sang de Bourbon, il ne manquera rien à ma satisfaction. S'il n'y a rien de nouveau de votre côté, vous pourriez venir me voir demain matin. Je causerais avec vous de la position des choses et de ce qu'il y a à faire par les raisons que je vous dirai. Comme ce sont les actions et non les paroles qui prouvent les véritables sentiments, je suis persuadé que je vous trouverai désormais d'accord avec vous-même ; et certainement alors, mon cœur et mes bras vous seront toujours ouverts.

129

Le même au même.

A Rottemann, ce 28 décembre 1800,
à 8 heures du matin.

J'ai reçu votre lettre à cinq heures du matin, et avant de vous répondre, j'ai rendu compte à l'archiduc de tout ce que vous me mandez.

D'après le rapport de la Chevalerie, comment avez-vous pu croire un instant que les ennemis, ayant passé la Salza à Lauffen, les Autrichiens, retirés le 14 à Neustark et Strasswalchen, comme vous avez pu le voir par la date de la Note de l'archiduc, et ayant abandonné Salzbourg, aient pu avoir un avantage, le 15 ou même le 16, en avant de cette ville.

Vous avez le monde que l'archiduc a prescrit; ainsi vous ne pouvez pas vous plaindre. Quelque envie que j'aie de vous secourir dans toutes les occasions, comme je crois vous l'avoir prouvé, je ne le pourrais dans celle-ci, attaché comme vous, et c'est tout dire, à suivre à la lettre les ordres de M. l'archiduc. Je ne puis abandonner la vallée d'Ischl, pour ne garder que celle de Rastadt. Celle-ci l'est fort bien par vous ; vous trouverez bon que l'autre le soit par moi, comme je l'entendrai. S'il y a une partie du corps coupée, au moins vaut-il mieux qu'il ne le soit pas tout entier. Les soixante ou quatre-vingts hommes de Durand et les quarante ou cinquante chevaux que vous m'avez laissés par charité ne sont plus à vos ordres, jusqu'à ce que vous m'ayez rejoint. Ainsi gardez-vous de leur en envoyer, attendu qu'ils me sont nécessaires. Si vous êtes pressé dans votre retraite, adressez-vous à moi, et je déciderai, d'après ma position du moment.

Je vous ferai passer les ordres que l'archiduc m'enverra.

Comme il est vraisemblable qu'un détachement, commandé par vous, va attirer dans votre vallée les ennemis qui peut-être auparavant ne pensaient pas à y venir, je ne puis m'empêcher de vous donner encore un conseil, quoique sans doute fort inutile. C'est celui de ne pas vous compromettre ; car ce serait une étourderie, et point du tout un motif de gloire.

Je crois que vous devez voir à présent que, loin d'avoir le bonheur d'être en ligne, vous êtes entièrement séparé de l'armée autrichienne.

Il vous avait été envoyé des cartouches avant que je reçusse votre lettre. L'artillerie n'en refuse point, quand elle en a ; mais elle ne peut suffire qu'au service, qu'elle connaît très-bien, et non au gaspillage, qu'on n'empêche pas assez dans les corps.

130

Le duc d'Enghien au duc de Bourbon.

A Bruck, en Styrie, ce 3 janvier 1801.

Pardonnez, cher papa, si j'ai tardé jusqu'à aujourd'hui à vous souhaiter et bonne année et bon siècle; mais c'est qu'outre les marches et contre-marches, affaires d'avant et d'arrière-garde de cette triste campagne, il m'est survenu une forte grippe qui me donne fièvre et courbature très-forte. Je dois cette incommodité, je pense, à la triste tranquillité du triste armistice, après les bivouacs et marches de nuit pendant le cœur de l'hiver. Je ne vous parlerai point des détails de la campagne, de ceux de l'armistice. Rien n'est plus malheureux, plus honteux que les résultats; et cependant il n'y avait rien de mieux à faire, car notre ennemi (le général Moreau), outre sa supériorité de nombre, il faut l'avouer, est aussi bien supérieur en hardiesse et en talent.

Le corps en général a peu souffert; mon régiment et celui de Durand sont les seuls qui se soient trouvés à des affaires chaudes. Durand a perdu soixante-dix hommes à peu près, dix officiers tués et quelques blessés; mon régiment, trente officiers blessés, quelques dragons tués et une trentaine blessés, à peu près le même nombre de chevaux.

Nous avons fait ce que nous avons pu, mais nous pouvions bien peu. Le jour du passage de l'Inn a été le plus chaud pour nous. Les Français ont passé avec trois divisions sur mes postes. Que pouvais-je faire avec trois cents hommes d'infanterie et trois cents chevaux que je commandais? Notre soutien n'est arrivé qu'à une heure de l'après-midi; le pont était déjà fait, et douze mille hommes que commandait le général Riech n'ont pu faire repasser la rivière à l'ennemi.

Depuis ce moment, la chose a toujours été de mal en pis; et, sans l'armistice, les Français, sans aucun doute, seraient à Vienne aujourd'hui. Nous ne sommes ici que provisoirement; les quartiers de cette partie étant réservés pour recevoir les troupes du Tyrol. Nous supposons qu'à leur arrivée, on nous enverra vers Gratz. C'est une jolie ville, et nous nous y trouverons précisément en carnaval, ce qui n'est pas à négliger.

Hélas! qu'allons-nous devenir à la paix; car que peut-on prévoir autre chose que la paix? Je tremble encore d'une nouvelle proposition d'embarquement. Ce serait la fin de tout, la dislocation générale. Quant à moi, je ne pourrais me résoudre à prendre ce parti, que je regarde comme un enterrement moral et politique. Je veux d'une manière quelconque rester sur la scène et finir mon rôle. Je ne crois pas que mon grand-père pût aussi se résoudre à habiter une île, et je sais déjà, car il l'a dit, qu'il conduirait le corps pour ne pas décourager et prendrait ensuite un parti.

Je voudrais fort connaître en ce moment votre politique, vos espoirs pour l'avenir. Je voudrais être près de vous, prendre vos conseils pour moi, car je suis convaincu que nous allons nous trouver dans la position la plus embarrassante dans laquelle nous nous soyions jamais trouvés.

131

Du même au même.

Gratz, en Styrie, ce 27 mars 1801.

Vous verrez, cher papa, par la date de ma lettre que la vôtre n'a éprouvé aucun retard; je l'ai déjà depuis quelques jours. J'y ai lu avec bonheur que j'aurais peut-être incessamment la douce satisfaction de vous embrasser, car, par tel événement que ce puisse être, s'il me réunit à vous, ce sera un bonheur pour moi. Je crois vos inquiétudes parfaitement justes et fondées, et notre sort plus incertain que jamais.

La santé de votre Roi[1] est bien précieuse, et, s'il lui arrivait malheur, il y aurait, je crois, tout à

---

1. Le duc de Bourbon résidait alors en Angleterre, et la santé du roi Georges III était aussi précaire que sa raison.

craindre pour nous et pour la tranquillité du pays que vous habitez.

Dans tous les cas, aujourd'hui comme toujours, puisque vous avez la bonté de me permettre de vous parler franchement, et que vous me demandez des renseignements sur les lieux habitables du continent, je crois qu'il serait préférable pour vous à tous égards de quitter l'Ile le plus tôt possible. Sur le continent, on est libre de prendre le parti qui plaît ou qui convient; il n'en est pas de même, et vous l'avez éprouvé, dans une île. S'il vous était possible, en vous faisant assurer un sort à vie, tel modique qu'il fût, d'avoir l'agrément sous le prétexte de vous réunir à votre famille, de repasser la mer, je suis bien certain que vous n'auriez pas à vous en repentir. Outre l'économie extrême de ces pays-ci, la liberté de choisir le lieu que l'on veut habiter, la vie à volonté, bourgeoise, militaire ou telle que l'on veut mener.

Je ne vous cacherai pas la véritable de toutes les raisons et celle que je regarde aujourd'hui comme la plus importante, c'est de s'éloigner du foyer de la haine générale du monde entier. Notre tâche est finie; nous avons fait ce que nous avons pu, ou cru devoir faire pour notre maître légitime. Il est aujourd'hui bien prouvé que l'on n'a jamais voulu et que l'on ne veut pas le servir. Qu'avons-nous de mieux à faire que d'attendre tranquillement une occasion heureuse de le servir plus efficacement et, en attendant, de sortir du pays de ceux qui se sont élevés sur nos ruines, et dont la funeste politique nous a précipités au fond de l'abîme? Ne croyez pas qu'ici l'opinion soit la même qu'au moment de votre départ; vous trouverez partout le continent revenu de son enthousiasme républicain. Les têtes sont rassises; on craint les Français, mais on les déteste dans le fond; et l'esprit propagandiste ne fera plus les ravages qu'il menaçait de faire, les premières années de la guerre.

Mais il est un nom encore plus en horreur que celui de français dans l'Europe entière, et une nation contre laquelle va se tourner l'orage le plus violent (l'Angleterre). Dieu sait si elle y pourra résister. Je le regarde comme très-douteux; c'est pourquoi je pense qu'il faut avoir une autre corde à son arc, si l'on veut agir prudemment.

Ces raisons réunies à mon goût me font toujours pencher pour le service d'ici, que je connais à fond, et où je sais que l'on me désire; mais rien ne presse, et si je prends un grand parti, ce ne sera qu'à l'ouverture de quelque guerre nouvelle. A cette époque, si vous étiez par ici, nous pourrions prendre le même parti, car nous sommes trop jeunes l'un et l'autre, pour finir là notre carrière. En attendant, nous vivrions à bon marché, réunis, chassant fort, voisins de quelque ville agréable et absolument particuliers, jusqu'au jour où il faudra être Prince en France; car ici ce serait folie que de vouloir soutenir un état que l'on n'a plus et sans moyens de faire autre chose que de p... plus haut que le c...

132

Le duc d'Enghien au duc de Bourbon.

A Gratz, ce mercredi 29 juillet 1801.

Enfin, j'ai reçu cette lettre que j'attendais avec tant d'impatience, et j'ai vu avec bonheur que mon cher papa ne désapprouvait pas que je sois resté encore quelques mois sur le continent, en attendant les événements intéressants que cette paix passagère peut amener.

Il m'en a bien coûté à me décider à être le dernier à voler dans ses bras, et à retarder volontairement une réunion si désirée; mais mes raisons sont bonnes puisqu'il daigne les approuver. Encore quelques mois et je franchirai aussi cet espace immense qui nous sépare, et je me réunirai à ce que j'ai de plus cher au monde. J'espère bien qu'alors rien ne nous séparera plus, arrive qui pourra; si nous prenons un parti, il faudra désormais le prendre tous les trois, voilà le plus cher de mes vœux.

Je n'ai encore aucune nouvelle du grand-papa, depuis notre séparation à Vienne. Je ne doute pas qu'il ne m'ait écrit de Hambourg; mais rien ne m'est parvenu. Je tremble qu'il ne se soit expliqué un peu trop clairement sur certains articles, et la lettre lui aura été retenue, car elle eût déjà eu le temps deux fois de faire le voyage et, sans doute, celle-là je ne la recevrai jamais.

Il faut être très-prudent sur tout ce que l'on écrit de ces pays-ci, car tout y passe de nouveau par un scrutin sévère.

Je n'écrirai point cette fois au grand-papa. Ayez la bonté de lui dire ce que je vous mande dans l'article précédent ; je me réserve de lui donner dans ma première lettre des détails très-intéressants, mais peu satisfaisants, d'une certaine affaire dont il vous parlera sans doute, affaire entamée légèrement, avec la dame chez qui sert Roger, le frère du major de Dragons. La dame est terriblement parlante, et elle a ici parlé à une autre dame qui a reparlé, de sorte que cela fait des bavardages à l'infini. La vieille dame m'a raconté tout ce qui lui avait été dit ; et on ne lui a rien caché, au contraire. Elle m'a appris ce que je ne savais pas. En tout, je crois que c'est une chose à abandonner ; quand je pourrai m'expliquer, je donnerai des détails.

Les affaires de révision de comptabilité se terminent. Mon régiment finit aujourd'hui. Cela s'est passé à ma satisfaction, quoique nous ayons été chicanés de mauvaise foi sur bien des articles. Les employés anglais ont été si souvent volés qu'ils croient voir des voleurs partout, et sont fort étonnés de trouver d'honnêtes gens. Je leur pardonne leur défiance.

Il eût été bien à souhaiter que le grand-papa eût obtenu, à Vienne, une certitude officielle de protection du gouvernement, pour ceux qui sortaient de son corps. On n'aurait pas osé le refuser, et les pauvres ci-devant Condé ne seraient pas ballottés, comme ils le sont aujourd'hui, révoltés des vexations continuelles qu'ils éprouvent. J'ai parlé en leur faveur à la reine de Naples[1] qui a passé ici trois jours et que j'ai vue deux fois. Elle m'a fait faire une note pour lui mettre sous les yeux, et j'enverrai la copie, lorsque je serai en empire.

Posture des choses, je l'ai faite de mon mieux. Elle m'a promis de parler et de faire de son mieux aussi, pour faire changer les ordres rigoureux. Elle a voulu voir les Français, surtout ceux qui sortaient du corps. Je lui en ai présenté une douzaine des plus marquants, représentant pour les autres, tels que Mazancourt, Des Cars, Mauroy, Damas, etc., etc., elle a été parfaite, comme à l'ordinaire.

Le colonel Ramsay[2] est venu prendre congé de moi hier. Il va à Vienne passer quelque temps. Il m'a donné des nouvelles d'Égypte qui me font regarder la chose comme loin d'être terminée ; il me paraît que

---

1. Marie-Caroline d'Autriche, reine des Deux-Siciles et fille de l'impératrice Marie-Thérèse. C'est cette princesse qui joue un rôle plus fameux dans les romans que dans l'histoire et qui, après avoir commis bien des fautes, en a été punie par toutes les impostures accumulées sur sa tête.

2. Le colonel John Ramsay, commissaire britannique à l'armée de Condé.

Gantheaume a eu le temps de débarquer quelques troupes et que l'on n'a pris de sa flotte que huit bâtiments de transport vides. Si l'Égypte ne va pas mieux, nous reverrons bientôt la guerre sur le continent. Je crois que c'est le baromètre aujourd'hui de la paix ou de la guerre, pensez-vous aussi la même chose?

Les affaires du régiment étant terminées et n'ayant plus rien à faire dans ce pays, qui ne m'est pas du reste fort agréable, je vais bientôt me rapprocher et des nouvelles et des moyens de correspondance. Ma société, dont le grand-papa vous parlera sûrement beaucoup, part incessamment et retourne à Ettenheim. Moi qui ne suis pas pressé, aussitôt que tout sera terminé, je prendrai à petites journées avec ce qui me reste de chevaux, la même direction; mais m'arrêtant dans les endroits où je me plairai quelques jours, et passant par les routes que je connais encore le moins. Ce sera donc là que vous m'adresserez dorénavant. Il n'y aurait pas de mal de mettre une seconde enveloppe adressée au cardinal de Rohan, le seigneur du lieu, que je ferai prévenir en conséquence, à moins que vous ne préféries adresser à Mme de Monaco, qui me les ferait passer. Voulez-vous bien prévenir de cette disposition mon grand-père.

Je vous recommande, cher papa, mes affaires pécuniaires et vous embrasse du fin fond de mon cœur. Permettez que celui qui a le bonheur de vous voir tous les jours, et avec lequel j'ai été si longtemps, trouve ici l'hommage de ma respectueuse tendresse.

Je vous écrirai encore d'ici avant mon départ. Je serai au moins un mois à faire ce voyage de la manière dont je me le propose. Bien des événements pourraient changer mes projets. D'autres temps, d'autres soins : voilà notre devise à nous autres militaires, en temps de paix.

133

La princesse Louise au prince de Condé.

A Varsovie, au couvent des religieuses du Saint-Sacrement, ce 2 août 1801.

Suis-je entièrement oubliée de mon père ? mon cœur, toujours le même pour lui, se refuse à cette triste pensée. Il en serait trop cruellement déchiré ; mais quel long silence ! Mes lettres ne lui sont donc pas parvenues ? je le veux croire ainsi. Pour celle-ci, elle lui sera remise, j'espère, et j'en attendrai la réponse avec tout l'empressement de la tendresse la plus vraie comme la plus constante.

On me dit que vous êtes en Angleterre pour le moment ; on me dit que vous avez acheté une terre auprès de Vienne. Dites-moi donc vous-même, je vous en supplie, quelques mots sur ce qui vous touche. Mon cœur y est si intéressé ! Quant à moi, je suis à Varsovie; je n'avais aucun motif de me plaire en Lithuanie, et la mort de l'empereur Paul en a hâté ma sortie. Quoique éloignée de Pétersbourg, j'ai craint dans toute l'étendue du pays l'influence du gouvernement des assassins de ce prince. Nous sommes payés pour avoir horreur des scélérats.

J'ignore l'état actuel des choses; mais vous savez que, dans les premiers moments, ils ont proclamé le jeune Alexandre empereur, à condition qu'ils seraient ses maîtres. Ceci s'est passé dans l'appartement de Paul, dont le sang teignait encore les murs. On avait eu la précaution de l'y laisser.

Pour en revenir à ce qui me concerne, j'ai reçu la réponse du roi de Prusse, à qui j'avais écrit en arrivant pour avoir la permission de demeurer dans ses États. Sa lettre est très-polie et pour l'affirmative. J'ai choisi ma retraite chez les religieuses Bénédictines de l'adoration perpétuelle du saint Sacrement. La maison est jolie; j'y vis en mon particulier avec la fidèle compagne dont je vous avais parlé dans d'autres lettres. Je ne puis pour le moment actuel vous rien dire sur le sort que la Providence me destine, ni quand il lui plaira de le fixer. Quant à mes désirs, ils ont trop de bases, et trop de sincérité pour être changés, et certes, leur constance est à toute épreuve, je puis le dire. Fidèle au parti que j'ai pris d'abandonner le monde, mais fidèle aussi à tout ce qui me paraît devoir, je n'ai cru décent ni convenable de laisser le public apprendre à mon

Roi, mon arrivée dans un lieu où il se trouvait. Je lui ai donc écrit aussitôt pour l'en informer, et aussi des raisons qui me privaient d'aller lui offrir mes hommages : abandon du monde, de toute parure, etc. etc. Sa réponse fut qu'il sentait cela parfaitement, mais que, ne voulant pas être privé du plaisir de me voir, il viendrait lui-même au parloir, si les usages du couvent ne lui en interdisaient l'entrée. L'évêque, ayant donné à la supérieure toute permission pour cela, il a été reçu dans l'intérieur ainsi que M. et Mme la duchesse d'Angoulême, qui l'accompagnaient. Celle-ci est encore venue me voir deux fois depuis. M. le duc d'Angoulême m'a aussi amené hier M. le duc de Berry, arrivé de la veille, et qui est venu passer ici quinze jours seulement.

Au nom de Dieu, un mot de votre chère main ! Mon père, aimez votre fille ; elle en a besoin. Oui, aimez-la, et continuez-lui des bontés que son cœur sait apprécier. J'ose vous demander aussi de lui en continuer les preuves que vous avez bien voulu lui en assurer, quant à son existence. Voyages, déplacements nécessités par les circonstances, un pays où la vie est chère, un couvent où les religieuses mêmes sont obligées de recourir à leurs parents pour se procurer leurs nécessités, parce que le monastère a perdu ses biens par les révolutions, tout cela, malgré ma stricte économie, (et plus stricte que vous ne pouvez imaginer), m'oblige à vous dire ce mot. De plus il y a beaucoup de perte ici sur les ducats de Hollande même. Quant aux papiers de Russie, il n'y faut pas penser ici, j'en ai prévenu MM. Livio. Au surplus, ils ont été très-exacts jusqu'à présent; mais je ne sais si les événements n'ont rien changé à la face de vos affaires ; le hasard m'ayant fait apprendre que vous aviez tout fait vendre ce que vous aviez dans ce pays-là.

Laissez-moi, je vous prie, vous embrasser aussi tendrement que je vous aime. J'ai trouvé des cousins ici, pourquoi n'y ai-je pas trouvé un père que mon cœur chérit et chérira jusqu'à son dernier soupir? O mon Dieu ! je vous en supplie, regardez mon père dans votre bonté et votre miséricorde.

Encore un mot, c'est une idée qui m'est venue hier, et que je vous soumets. Il m'a été dit que le roi d'Angleterre vous donnait cent mille francs de pension, quatre-vingt à mon frère et soixante à son fils. Est-ce vrai? ne l'est-ce pas ? Je l'ignore ; mais si cela est, ou en totalité ou en partie, ou bien enfin si l'on vous témoigne assez d'obligeance pour suivre mon idée, voici ce dont je vous prie : c'est de donner à la reine d'Angleterre la lettre ci-jointe. Une bonne petite somme (je vous le dis tout naturellement) me ferait grand plaisir, car si je me fais religieuse, jamais il ne fut plus nécessaire d'apporter une dot, vu le triste état où réduisent les couvents le peu de gouvernements qui les souffrent. Que vous ayez des pensions ou non, à quoi ne vous réduisent pas vos malheurs ? et combien ma tendresse ne souffrirait-elle pas de vous être à charge? Vous me trouverez peut-être un peu hardie avec les souverains; c'est vrai. J'ai toute honte bue. Pourquoi rougirions-nous d'être les victimes de notre fidélité à notre Dieu et à notre Roi?

Pardon de ce barbouillage et de cette adresse au milieu de ma lettre. Je n'avais pas cru y mettre d'enveloppe.

134

La reine Louise de Prusse à sœur Marie-Joseph de la Miséricorde.

Charlottenbourg, ce 14 août 1801.

Madame, la confiance de Votre Altesse royale, dans tous les temps, m'a flattée. Combien, dans des circonstances aussi douloureuses, un vœu qui, par sa nature même les atteste, a-t-il dû exciter ma sensibilité? Votre Altesse royale veut, dans une retraite profonde, pleurer ses pertes ou plutôt s'étudier à ne les pleurer plus. Le Roi laisse à son choix cette consolation, et vient, à ma prière, d'intimer son aveu au ministre de la province. Mme de la Rosière est comprise dans les ordres que M. de Wols a reçus à cette occasion. Il est bien juste qu'au moins vous puissiez déposer vos peines dans le sein de l'amitié. Veuillez, madame, dans mon empressement à répondre à Votre Altesse, voir l'expression de la parfaite estime avec laquelle je suis,

de votre Altesse royale,

la très-affectionnée cousine,

Louise[1].

135

Le duc d'Enghien au chevalier Jacques.

A Inspruck, ce mardi matin, 8 septembre 1801.

J'ai de vos nouvelles, mon cher Jacques[2], à Ulm, et je sais que tout allait bien jusque là. Ainsi je pense que le plus fort étant fait, le reste se sera bien passé. A présent il s'agit de terminer les marchés pour mon nouvel établissement. N'oubliez jamais que l'économie est la base constante que vous devez suivre.

Je mande à la Princesse que je la prie d'arranger

1. Fille du duc de Mecklembourg-Strelitz, la reine Louise de Prusse est la mère des rois, Frédéric-Guillaume IV, et Guillaume Ier. Cette princesse, aussi belle que vertueuse, fut, de la part de l'empereur Napoléon dans quelques-uns de ses bulletins, l'objet de tristes insultes. Elle mourut, en 1810, à trente-quatre ans, frappée au cœur par des outrages immérités. Les Prussiens ont élevé à cette reine un monument qui est devenu un lieu de pèlerinage et de vénération publique.
2. Le chevalier Jacques, créé par Louis XVIII baron de Saint-Jacques, était le secrétaire des commandements du duc d'Enghien.

avec vous tout ce qui regardera le logement. Ne vous adressez jamais pour rien au cardinal de Rohan; quand il y aura quelque chose qui dépendra de lui, allez-en parler à la Princesse, qui vous dira ce qu'il y a à faire. En général, ne lui parlez en détail de rien de ce qui me regarde. Vous verrez qu'il est assez difficile à vivre[1], quoiqu'aimable; mais il est fin, adroit, et je ne veux pas qu'il soit au fait de mes affaires. Prenez pour tout l'intermédiaire de la Princesse, et, à lui, parlez-lui peu.

Occupez-vous du logement de Cheffontaine et de Jonville. Vous pouvez commencer leur loyer à partir du 20 de ce mois; je n'arriverai probablement pas plus tôt, et pas plus tard que le 30. Tâchez qu'ils soient bon marché. Le cuisinier n'a aucunes provisions à faire jusqu'à mon arrivée; mais il faut qu'il s'établisse de manière, et il en a le temps, à avoir ses fournitures au meilleur marché possible; car je veux, cet hiver, mettre beaucoup d'économie dans ma table.

La Princesse me mande que vous m'écriviez à Kempten. Votre lettre aura le temps d'y arriver, car je vais encore faire une tournée dans ces montagnes-ci.

Vous me manderez quelques détails sur mon établissement. Arrangez et terminez les marchés; j'aime

---

1. Le cardinal de Rohan, si tristement connu par l'affaire du collier et par ses relations avec Cagliostro.

mieux trouver tout fait pour mon arrivée ; et comme je ne suis pas difficile, je trouverai certainement tout bien.

136

Le duc d'Enghien au duc de Bourbon.

Ettenheim, ce mardi 29 septembre 1801.

Il y a peu de jours, j'ai écrit à mon grand-père, cher papa, pour l'instruire de mon arrivée ici, et de la réception de ses deux premières lettres. J'espérais en trouver une de vous, mais je n'ai pas eu ce bonheur. Il me paraît, d'après ce qu'il me mande, que nos affaires sont encore loin d'être terminées. Cette lenteur ne m'étonne pas et je l'avais prévue. J'attends avec impatience le premier résultat qui, je pense, sera de nous assurer de quoi vivre à chacun, mais peut-être faudra-t-il l'attendre longtemps ? L'intervalle est assez pénible à passer, surtout lorsqu'on mange son fonds, comme je le fais en ce moment, et que le fonds est aussi court que le mien ; car mes économies ont été courtes, pendant la guerre, où ma position me nécessitait une dépense considérable, et aujourd'hui, chaque jour je dépense et ne reçois plus rien.... Ma vie ici sera aussi économique que possible et en même temps agréable. J'y suis près d'un intérêt constant et qui fait le bonheur de ma vie intérieure. Je profite du bon temps qui me reste avant que le devoir ne m'oblige à prendre des liens plus sérieux ; mais probablement moins agréables. Heureusement que, jusqu'à ce jour, aucune des tentatives légères, qui ont été faites par mon grand-père, n'ont eu de succès. J'en ai joui intérieurement sans le lui marquer, et sans m'opposer à ce qu'il a cru devoir faire pour en assurer la réussite. Cette occupation rendra mon hiver ici fort heureux. Si j'y pouvais joindre l'espoir de vous voir vous rapprocher incessamment de ces climats, et la certitude de ne pas mourir de faim un jour, je serais très-heureux. Je puis acquérir ces deux certitudes d'un moment à l'autre par vos lettres ; ainsi jugez de l'impatience avec laquelle je les attends.

137

Du même au même.

Ettenheim, ce jeudi 8 octobre 1801.

Je ne vous écrirai, cher papa, qu'un petit mot pour vous accuser la réception de votre lettre, n'ayant rien de particulier à vous mander, depuis ma dernière que vous recevrez peu de jours avant celle-ci.

Puissent les espérances que contient la vôtre se réaliser ! Sans être riches, nous aurions au moins de quoi vivre, ce serait beaucoup. La réserve de

sans engagement pour la vie est d'une rare prudence;
au reste, elle doit peu inquiéter, car quand on prendrait engagement, cela ne donnerait pas plus de
certitude. On en serait quitte pour y manquer,
quand cela conviendrait. Il est parfaitement simple
que mon traitement soit inférieur au vôtre ; ma reconnaissance n'en est que plus vive, cher papa, pour
vous de ce que vous avez sollicité pour le faire
augmenter. J'attends avec impatience les déterminations qui seront définitivement prises probablement dans le cours de ce mois.

Ces affaires une fois arrangées, dites-moi quel
serait votre désir, soit de rester où vous êtes, soit
de venir de nos côtés. Il est important que je connaisse en gros vos projets afin d'y subordonner les
miens. Sont-ils dépendants ou non de ceux du chef?
est-ce près de lui ou de votre côté que vous voudriez-vous fixer? et ne préféreriez-vous pas avoir
quelque chose en propre et pouvoir dire enfin après
si longtemps : je suis chez moi ? Quant à moi, je
serai trop heureux si je puis allier le bonheur de
vous voir avec celui de ne pas me séparer d'une
bonne amie que j'espère bien et que j'ai l'amour-propre de croire que vous aimeriez aussi, si vous la
connaissiez.

Je serais bien curieux, à propos d'elle, de savoir
si le grand-père vous en parle.

Longtemps il a craint des choses sérieuses ; et je ne
sais s'il est encore revenu de ses soupçons, je puis

dire injurieux pour moi, car je ne lui ai jamais donné lieu de croire que j'eusse une assez mauvaise tête pour être un jeune homme à grandes sottises. Et ce serait, ce me semble la plus grande possible que de contracter un pareil engagement, sans l'autorisation de ses parents. Je n'y ai jamais pensé. Ayez, cher papa, la confiance en moi de me mander s'il m'a jugé sévèrement auprès de vous, et mettez-moi à même de me disculper de bien des torts imaginaires qui m'ont été supposés, et que le perfide entourage du chef n'a pas manqué d'accréditer et d'envenimer autant que possible. Je vous nommerai un jour les masques.

Nous avons appris hier la paix de l'Angleterre[1]. On dit cette nouvelle officielle, et les réjouissances bruyantes en Alsace nous font présumer qu'elle est hors de doute; les conditions seront intéressantes à connaître. Voici donc un grand mouvement arrivé, et l'ouverture d'une autre scène où il faudra tâcher de prendre part. Les armes françaises vont changer de but, et les révoltes de Passwan-Oglou[2] seront avant peu soutenues et protégées par une armée de

1. Les préliminaires de la paix, qu'on appelle la paix d'Amiens, du nom de la ville où le traité fut conclu, se signèrent le 1er octobre 1801.

2. Passwan-Oglou, né à Widdin, en 1758, était un de ces Orientaux, moitié soldats, moitié pirates de terre, qui ont ouvert la question d'Orient en se révoltant chaque année contre la Sublime-Porte. Il opérait principalement dans la Valachie, et fut toujours prêt au pillage et à la gloire. Sa vie fut un roman; elle se termina en 1807.

cinquante mille Républicains. Déjà des troupes filent en Italie, et l'on y prépare un embarquement. L'empereur des Romains[1] vient de rassembler une armée d'observation sur la frontière de Moldavie. Les Russes prendront part à cette nouvelle guerre, et c'est avec eux, ce me semble, qu'il serait agréable d'aller nous amuser, l'été prochain. Si ma politique prend la tournure que je pense, la paix de l'Angleterre ne me paraît qu'un coup de politique adroit pour rétablir la guerre sur le continent. Il faut de l'occupation à la nombreuse armée française. Sa stagnation dans l'intérieur serait trop fatale à Bonaparte pour qu'il la souffre : la paix avec l'une le force donc à faire la guerre à l'autre. Nous verrons sous peu, si je me trompe.

Charles de Damas, qui, à mon départ de Gratz, est allé voir le Roi à Varsovie, mande, il y a deux jours, que le lendemain il va avec toute la ville à la triste cérémonie qui doit mettre une barrière éternelle entre le monde et Mme la princesse Louise. Il ne s'explique pas davantage. Ce qui me laisse, d'après ce que mon grand-père me mandait encore dernièrement, une faible lueur d'espérance que ce n'est

1. Charlemagne, en 800, avait ressuscité l'Empire romain, aboli par Odoacre. A l'extinction de la race carlovingienne en Allemagne, ce titre se perdit et fut repris par l'empereur Othon Ier, devenu maître de l'Italie. Depuis ce prince, l'empire d'Allemagne adopta officiellement le titre de : Saint-Empire Romain de la nation germanique. L'archiduc héréditaire s'appelait empereur ou roi des Romains.

qu'une prise d'habit, et point encore une prononciation de vœux définitive. Je le saurai très-incessamment, car il arrive sous peu de jours. Sans doute elle en aura instruit ou son père ou vous.

Adieu, cher papa, je vous embrasse et vous aime de tout mon cœur.

Je viens de louer une petite chasse tout près d'ici. Je m'y amuse de temps en temps; j'ai deux chiens courants excellents, surtout pour le chevreuil et le lièvre. Je les conserverai soigneusement, dans l'espérance de les faire chasser devant vous quelque jour. Puisse le ciel faire que ce soit bientôt !

Je vous en prie, occupez-vous du pauvre chevalier de Cheffontaines, qui est avec moi et n'a absolument rien à espérer pour l'avenir, ni du dehors ni en France. Obtenez une pension pour lui, si modique qu'elle soit du gouvernement ; vous m'obligerez autant que lui.

138

La princesse Louise au duc de Bourbon.

Au couvent du Saint-Sacrement, à Varsovie,
ce 18 octobre 1801.

Oh ! non, mon cœur ne pouvait se le persuader que mon tendre frère, que mon unique et si cher ami fut devenu insensible pour moi ! J'étais dans des transes et une peine mortelle. Mais croire.... oh !

non, encore une fois, je ne le pouvais : que mon Dieu vous récompense du bien que vous m'avez fait par votre lettre. Oh! quel soulagement! de quel poids énorme elle m'a délivrée. Des larmes de bonheur et de tendresse surtout l'ont arrosée. Je vous remercie, je vous remercie mille fois, mon bien bon frère. Jamais je n'ai donné la commission dont on a inventé de se charger; je me doute quel est celui qui a pris cela sur lui.

Par la dernière lettre que j'ai écrite à mon père, vous aurez été instruit de ma position actuelle. Je ne me rebute point par les difficultés, ni par les vains jugements d'un public, que je connais assez pour donner sûrement le nom de légèreté et d'inconstance (si ridicule à mon âge), à ce qui n'est au contraire que l'effet de la constance la plus enracinée. Vous savez que, dans sa bonté, Dieu nous a doués, vous et moi, d'une grande droiture de caractère, de sentiments et même de conscience; et nos torts, soit passés, soit actuels, ne viennent que de l'illusion que se fait trop souvent cette dernière. Eh bien! cher ami, Dieu m'est témoin que cette droiture est ce qui fait la base de la piété que je tâche de professer aujourd'hui.

Franche et droite avec mon Dieu, je ne puis ignorer ce qu'il demande d'un cœur auquel il se fait sentir avec tant de force et de constance. On me dira que cependant il n'a pas encore permis le succès; c'est vrai; mais quels obstacles y a-t-il apportés? Ni ennui, ni fatigue, ni santé altérée, ni amour du changement, ni incohérence dans les idées ; rien de tout cela. Mais ce que ma conscience cherche, ce sont des engagements dénués d'abus qui trop souvent empêchent de les remplir. Or ces abus ont mille formes différentes. Il en est de relâchement, il en est aussi d'un zèle outré, dont les dangers ont plus d'inconvénients qu'on ne peut se l'imaginer. Tout cela s'aperçoit par l'expérience. Mais faut-il pour cela se rebuter ? Faut-il pour cela se détourner de la voie à laquelle un Dieu nous appelle? Il est de foi que le bien qu'il demande de nous n'est jamais impossible, parce que cela serait contraire à sa sagesse infinie. J'ai l'assurance intime qu'il demande de moi, au moins tous mes soins, tous mes efforts, toutes mes tentatives pour me donner à lui entièrement.

Eh bien ! je ne néglige et ne négligerai rien ; je sacrifierai tout à la fidélité que je dois au cri de ma conscience, soumise à ce que le Ciel ordonnera du succès de mes vœux. Je sais toujours qu'il récompensera même mes désirs, et aussi mes efforts et ma droiture.

Quelque soit le langage d'un cœur qui ose enfin renouveler ses épanchements et sa confiance en vous, je suis sûre que mon bien-aimé frère l'entend et n'en prendra point d'ennui. Il m'aime encore.— Mon Dieu, que cette certitude me rend heureuse. Je trouve tout ce qu'il me dit sur la politique très-juste et très-fondé, et suis entièrement de son avis. Je suis bien aise qu'il se trouve le moins mal possible dans le pays où il est. J'ai bien de la peine à croire aux nouvelles que l'on vous dit sur certain mariage.

Mais à propos de cela, est-ce que vous ne vous démenez pas pour marier votre fils? Je sais que c'est difficile, mais il ne faudrait pas tenir aujourd'hui à des Princesses Royales; (comme l'on dit ici) notre mère et bien de nos grand'mères ne l'étaient pas. Je me méfie un peu de votre paresse sur cet article. Pour Mlle d'Orléans[1], je vous dirai bonnement que, malgré tous les pardons du monde, je ne me soucierais pas de ce sang-là.

139

Le duc d'Enghien au duc de Bourbon.

Ettenheim, ce 10 novembre 1801.

J'ai toujours attendu de vous mander, cher papa, de ne plus adresser vos lettres au Cardinal. A présent que je suis arrivé et établi, adressez-les moi directement; les postes sont exactes dans cette partie. Je vous dis tout cela de suite, parce que voilà deux lettres que j'oublie de vous en parler pour avoir voulu ne vous le dire qu'à la fin.

---

1. La princesse Adélaïde d'Orléans, sœur de Louis-Philippe.

Quelle triste lettre que votre dernière du 23 octobre! Quoi! vous voilà déterminé à passer encore l'hiver en Angleterre. Plus d'espoir de vous embrasser cet automne! Je m'en étais bien flatté, et je jouissais du bonheur en idée de vous chercher dans ces environs un établissement agréable, commode, une chasse, le voisinage d'une ville, enfin tout ce que j'aurais cru pouvoir vous plaire ou vous être agréable. Au lieu de cela, vous voilà cherchant à louer à la campagne une maison, obligé de quitter une ville où l'on va fêter et choyer nos ennemis. Eh! bon Dieu, pourquoi ne pas être revenu par ici?

On n'entend parler ni d'ambassadeurs, ni de fêtes, ni d'aides de camp du Premier Consul. On y est libre d'aller, de venir; personne ne prend garde à vos pas. Enfin, je suis sûr qu'à la vie sauvage près que vous savez qu'il faut mener en Allemagne, puisqu'il n'y existe pas de société, vous vous plairiez dans ces environs.

Pardonnez, cher papa, si le chagrin de la triste certitude que m'a apportée votre lettre semble par mes expressions me faire désapprouver votre résolution.

Hélas! je dirai de vous comme du bon Dieu : que votre volonté soit faite! mais je n'en serai pas moins triste, pas moins affligé, que cette volonté n'ait pas été tout autre. Il faut encore que vous me pardonniez pour le désir que je vous témoigne de vous revoir sur le continent, puisque, d'après ce que vous me mandez, des liens chers vous retiennent encore. Pourquoi donc tout ne s'arrange-t-il pas mieux dans la nature? Pourquoi faut-il que le bonheur de l'un fasse souvent le tourment de l'autre? Pourquoi faut-il que, partagé entre le désir de voler à vous et celui de ne pas sortir d'ici, je sois forcé pour obtenir l'un de renoncer à l'autre? Je le ferai cependant, car je vous assure que j'ai un besoin extrême de vous revoir, de vous embrasser, de vous aimer de près; aimer de loin est si triste. Si vous ne venez pas au printemps, je pars. Je viens vous chercher; vous en serez bien aise, n'est-ce pas ? Dites-le moi, cher papa, cela me fait tant de plaisir, quand je m'assure qu'une si longue absence n'a point affaibli votre tendresse pour votre enfant.

Soyez donc assez bon pour me donner quelques détails ultérieurs sur vos projets. Il nous est encore impossible, me dites-vous, de prendre un parti définitif sur nos établissements. Sans doute je le crois; mais encore on a des projets vagues, peu fondés, qu'un rien dérange. Par exemple, si la Princesse[1] va en Angleterre, c'est fini. Mon grand-père ne revient plus. Eh bien! et vous, resteriez-vous aussi? Vous m'aviez si bien fait espérer que vous repasseriez sur le continent! Si vous restiez où vous êtes, vous voyageriez donc en Écosse? de là chez des con-

---

1. La princesse de Monaco.

naissances, vous n'auriez donc plus de chez vous? et la maison de mon grand-père serait la vôtre.

Est-ce que cet arrangement vous plairait? Vous ne m'avez pas mandé comment vous l'aviez trouvé? A-t-il été aimable? l'est-il toujours? Il a tout ce qu'il faut pour l'être; mais il ne le veut pas toujours. Vous le savez comme moi.

J'aurais pourtant bien des choses à vous dire, quand le bonheur voudra que je sois réuni à vous. Si je vous ennuie, vous me ferez taire; ainsi je vous conterai toujours bien, bien des choses que j'ai sur le cœur.

Nous n'avons rien de nouveau par ici ni d'intéressant à mander. La brouille de la Prusse et de l'Autriche que vous aurez vue dans les gazettes est le seul événement politique qui rompt la monotonie du moment. Je ne parle pas du bruit général en Alsace, que Bonaparte va remettre M. le duc d'Angoulême sur le trône. Ce bruit n'est, je pense, fondé que sur un désir général d'avoir un roi, qui se manifeste dans toute la France, non par bons principes, mais parce qu'on n'espère la tranquillité stable qu'avec le gouvernement monarchique. Je crois qu'il serait bien égal, même à ceux qui se prétendent royalistes, qu'il fût légitime ou autre. Le duc d'Angoulême réunit plus de suffrages, parce que sa femme a intéressé et est aimée. La chose se pourrait faire sans secousse, sans guerre civile, si Bonaparte y donnait la main. Mais je suis loin de croire à cet usurpateur des vues aussi droites. Je ne le crois qu'ambitieux ; et son ambition fera sa perte, car il n'est pas aimé, même de l'armée.

140

Du même au même.

Pour vous seul, ce 30 novembre au matin 1801.

Votre lettre du 7 m'a comblé de joie, cher papa. Outre la certitude qu'elle me donne que vous approuvez ma conduite, l'espérance qu'elle me donne de vous revoir bientôt est bien douce. Sans doute, je suivrai vos conseils, vos ordres. Je m'attendais bien que vous penseriez que le séjour à Londres ne sera pas de longue durée, si on peut s'assurer un traitement fixe et à vie ; mais si, comme je le crains, cette affaire traîne en longueur ; si, tout en promettant de la terminer, on ne donne jamais que des à comptes, n'imaginez pas que mon grand-père puisse conserver un instant l'idée de braver le petit mécontentement que pourrait occasionner son départ, s'il entre dans les vues politiques du moment de l'avoir là. On a ce moyen sûr de le retenir, quelque contrariété qu'il puisse éprouver des mœurs et des habitants. L'âge a affaibli les qualités de vigueur de l'âme ; il lui a donné une espèce de résignation passive sur tout, qui le rend aujourd'hui, non-seulement incapable de prendre un grand parti, mais même souvent le plonge dans une indécision fâcheuse. Vous jugerez comme moi de ces changements ; mais il faut quelques instants pour s'en apercevoir, et ce ne sera pas dans les premiers moments de votre réunion où vous vous apercevrez de bien des choses; car il faut un laps de temps considérable pour que le naturel puisse se montrer à découvert.

Le plus instant de mes désirs eût été notre réunion en Allemagne d'abord ; mais elle ne peut, comme vous le dites, avoir lieu que lorsque nous aurons un sort assuré et à vie. Là, vous serez, à cette époque, le maître de choisir l'existence isolée et tranquille, ou le brouhaha de telle grande ville qu'il vous conviendrait, car vous serez libre de choisir, à ce que je crois. S'engager à l'étranger, comme vous le dites, demande de mûres, longues et sérieuses réflexions. La permission du Roi est un mot. Si on la lui demande, il faudra bien qu'il la donne. Comme vous, je pense bien que c'est une forme nécessaire ; mais, pendant la paix, je pense aussi que ce serait folie ou du moins imprudence, par trente-six raisons ; et en temps de guerre, on nous verra arriver partout avec plaisir, puisqu'on connaît notre droiture, notre fidélité et notre bonne volonté.

La tranquillité parfaite, tout le temps que durera la paix ; servir contre la France[1] et ses alliés en

---

1. Il est bon de faire observer que la *France*, contre laquelle

temps de guerre, voilà mon vœu. Un séjour long en Angleterre pourrait me faire manquer des occasions heureuses sur le continent, pour suivre ce système. C'est ce qui m'a arrêté. J'ai craint les charmes de Londres ; j'ai craint des amours vifs qui m'y auraient retenu trop longtemps. Je me défie de moi ; au lieu qu'ici j'aime, à la vérité ; mais cet amour est fondé sur l'estime et la confiance, et je suis sûr que l'on

---

le duc d'Enghien veut porter les armes, c'est la France des sans-culottes, des proscripteurs, des égorgeurs, des guillotineurs et des spoliateurs. Ils se faisaient la guerre entre eux partout et toujours ; et c'était le seul service qu'ils pouvaient rendre à l'humanité. Le duc d'Enghien, à l'exemple de son grand-père et de son père, crut, avec tous les Émigrés, que, dans un pays où l'on proclamait le droit à l'insurrection en permanence, ce droit devenait un devoir pour ceux dont on massacrait les pères, les femmes et les enfants, qu'on bannissait, qu'on volait *nationalement* et qu'on fusillait ou noyait sans pitié, lorsque le sort des armes les faisait tomber au pouvoir des Carmagnols confisquant tout à leur profit, jusqu'au nom de Patriotes. Combattre cette France des bourreaux et des niveleurs, c'était, selon les Émigrés, faire acte de citoyens libres et honnêtes.

La Révolution a essayé de rendre odieuse une semblable idée ; et, comme elle a toujours eu la parole dans l'histoire, dans le roman, dans la chanson et dans les journaux, il est à peu près passé en force de chose jugée, que se révolter contre la Révolution est et demeure un crime irrémissible. La Révolution seule, à tous les degrés, se réserve le droit d'insurrection, le droit de porter les armes contre le drapeau du pays. En 1823, Armand Carrel, le chevaleresque écrivain patriote, émigre volontairement. Il va, avec le colonel Fabvier, plus tard général et sénateur, et d'autres libéraux mécontents, faire le coup de feu contre l'armée française entrant en Espagne. Carrel et ses amis furent vaincus, pris, jugés et graciés. Ils n'en devinrent que plus grands citoyens. Dans cette même année 1823, et toujours à propos de cette même guerre d'Espagne, un autre grand citoyen, le chansonnier Béranger, provoque les soldats français à la désertion du drapeau en face de l'ennemi ; et sous le titre de : *Nouvel*

me recevra toujours mieux après une campagne qu'avant, et que l'on me fera partir sur-le-champ, loin de me retenir, lorsque l'honneur m'appellera quelque part.

ordre du jour, on répand à profusion parmi les troupes une longue kyrielle de couplets, dans le genre de celui que nous citons avec le refrain :

> Brav' soldats, v'là l'ord' du jour,
> Point d' victoire
> Où n'y a point d' gloire.
> Brav' soldats, v'là l'ord' du jour,
> Gard' à vous ! demi-tour !

> — Notre ancien, que d'viendra la France,
> Si je cherchons d' lointains dangers ?
> — Mon p'tit, profitant d' not' absence,
> On introduira l'z'étrangers.
> A la fin d' la campagne,
> Nous s'rons tout étonnés
> Qu'en enchaînant l'Espagne
> Nous nous s'rons enchaînés.

> Brav' soldats, v'là l'ord' du jour,
> Point d' victoire
> Où n'y a point de gloire.
> Brav' soldats, v'là l'ord' du jour
> Gard' à vous ! demi-tour !

Demi-tour en face de l'ennemi, c'est trahir ou lâcher pied. La Révolution, représentée par deux de ses plus sincères et plus purs sectateurs, donnait de tels exemples et de pareils avis. Elle les donnerait encore à l'occasion ; mais elle en veut accaparer le monopole pour elle seule.

141

Du même au même.

Ettenheim, ce 12 décembre 1801.

Je m'y prends d'avance, cher papa, pour vous faire mon compliment de bonne année; mais la grande distance vous portera à peu près, au temps prescrit, les vœux que votre enfant forme pour vous, les trois cent soixante-cinq jours de l'année; et il ne sera bien content que lorsqu'il pourra vous les renouveler pendu à votre cou et vous embrassant de tout son cœur.

Nous venons, comme vous le savez, de changer de souverain[1]. Mon grand-père vous dira ce que je lui mande à ce sujet dans la lettre ci-jointe, que je vous supplie de vouloir bien lui remettre. Je n'ai pas été fâché de tâter le terrain d'une manière indirecte, et je vois par la réponse que les dispositions sont bonnes. Vous me comprendrez suffisamment; je ne veux pas m'expliquer davantage par écrit. Le car-

---

1. Charles-Frédéric, margrave de Bade-Dourlac, venait de mourir. C'était un de ces petits princes s'effrayant beaucoup plus de l'énergie des honnêtes gens que de l'audace des révolutionnaires. Par un aveuglement étrange et dont nous serons, hélas! trop souvent témoins, ces princes ne savaient que repousser ou dénigrer les conseils de leurs véritables amis pour se montrer les courtisans assez décontenancés de tout ce qui, de près ou de loin, tenait à la Révolution.

dinal ne sait encore ni ce qu'il aura ni s'il restera ici. Le margrave doit, d'un jour à l'autre, faire cet arrangement, tant pour sa pension que pour sa résidence ultérieure.

Quelle opération que toute cette affaire de l'Empire! Quel comble de despotisme des grands vis-à-vis des petits, des forts sur les plus faibles! Impossible que cela dure, que de si bizarres opérations puissent être établies. Tout tient à l'existence de la monstrueuse République, de cette force qui comprime aujourd'hui la volonté, les actions et presque jusqu'aux pensées de toute l'Europe et d'une partie de l'Amérique. Aujourd'hui notre unique espoir gît dans le mécontentement des troupes et dans l'opinion de l'intérieur. Ces deux objets font de rapides progrès, et je ne serais pas surpris de voir arriver de grands et heureux changements sans secousse aucune. Ce serait le mieux pour tout le monde.

142

Le duc d'Enghien au duc de Bourbon.

Ettenheim en Brisgau, ce 18 janvier 1802.

La vie monotone que je mène ici, cher papa, ne me permet pas d'avoir des choses nouvelles ni intéressantes à vous mander. Je ne prends la plume que pour vous réitérer les assurances de ma respectueuse tendresse et pour vous accuser la réception de la seconde lettre de change qui m'est exactement parvenue. J'espère que la remarque que je vous ai faite à l'occasion des livres sterling vous aura engagé à prendre quelque mesure favorable à mes intérêts; car la perte ne fait qu'augmenter chaque jour.

Les papiers publics vous disent établi à la campagne, et la lettre que j'ai reçue de Contye, pendant vos courses, m'annonce que vous êtes au moment de terminer le marché pour louer une belle maison avec un joli parc; mais il ne me mande point pour combien de mois. Dieu veuille que cet établissement ne soit pas de longue durée! Ce sera toujours avec joie que je vous verrai retourner sur le continent, puisque tel parti que je prenne pour l'avenir, je m'y trouverai toujours plus à portée de vous y embrasser plus souvent. Je dis tel parti que je prenne, parce que je pense que votre désir est que je suive la carrière dans laquelle vous m'avez élevé : ce que l'Angleterre ne peut m'offrir; et pour cela il faudrait donc que, du consentement de ce gouvernement, je m'attache un jour au service de quelque puissance continentale et son alliée.

Donnez-moi vos avis sur cet objet. Accoutumé dès l'enfance à l'obéissance à vos ordres, ils me dirigeront toujours, et je m'y rendrai avec confiance.

J'ajouterai encore une réflexion. On dit qu'à la pacification générale il sera désigné un lieu de résidence aux premières têtes abandonnées à leur triste sort. Ce lieu ne peut être qu'une retraite tranquille, un port contre la tempête. Il me semble qu'il doit être regardé ainsi, surtout pour moi; mais qu'à mon âge, je dois encore courir la mer agitée et ne m'y retirer que faute de mieux ou à un âge plus avancé.

Nous sommes si éloignés qu'il faut bien un peu prévoir l'avenir pour nous entendre au présent. J'espère donc que vous voudrez bien un peu entrer en matière sur ces objets.

143

Le duc d'Enghien au duc de Bourbon.

Ettenheim, ce 25 janvier 1802.

Il y a bien longtemps, cher papa, que je n'a reçu de lettres de vous. Je suppose que vous avez accompagné mon grand-père à Édimbourg e que c'est ce voyage prolongé qui me prive du plaisir de recevoir de vos nouvelles. J'attends donc votre retour avec impatience. Quelques personnes ont voulu trouver un but important à cette course, que je n'avais d'abord regardée que comme une simple visite du jour de l'an. Mais les politiques prétenden que, dans les circonstances actuelles, on ne fait pa cent lieues, si l'on n'a pas affaire. Tout ce qui s'es dit au Parlement nous a fait faire effectivement de conjectures; nous ne voyons pas d'union entre des amis rivaux, qui l'ont été et le seront toujours; et nous avons supposé que, pour parler si franchement, il fallait en bonne politique être soutenu et que plusieurs têtes se trouvassent tacitement du même avis. Le printemps nous instruira de bien des choses; aussi j'attends une réponse de vous avec impatience. Je désire bien savoir si vous approuvez la direction qui me plairait dans le cas que je suppose, car il faut admettre cet état de choses pour raisonner sur ce qu'il y aurait à faire.

Des lettres de négociants nous annoncent que tout n'est pas aussi tranquille qu'il le paraît au premier abord. On se met sur un pied formidable, et, pour ne pas réveiller le chat, on le flatte, quoiqu'il ne fasse assurément pas patte de velours. Il y a du côté de ce chat un grand mécontentement qui ne fait qu'accroître chaque jour, et il se manifeste assez hautement pour qu'il rejaillisse souvent des étincelles d'un feu pur jusqu'à moi. Vous me comprenez, n'est-ce pas?

Ce qu'il y de certain, c'est que beaucoup d'individus ne seraient pas disposés à recommencer, et que, s'ils y étaient forcés, ils disent qu'ils le feraient d'un autre côté. Aussi je conseille très-fort à nos correspondants, s'ils se décident à une grande entreprise, de s'occuper de l'exportation de denrées indigènes, dont le commerce a le double avantage, d'enlever l'usufruit au pays et de se l'approprier. Je ne sais trop, cher papa, si je peux ou dois par écrit, m'expliquer avec plus de précision : mandez-moi ce que vous en pensez. On est toujours embarrassé pour écrire; vous êtes plus à même que moi de connaître les inconvénients du bavardage.

Je suis jusqu'ici fort content du nouveau maître d'ici. Je ne reçois que politesses; je crois vous avoir rendu compte de la lettre que je lui ai écrite, et de la réponse qu'il m'a faite. Il vient d'ajouter une permission de chasse très-étendue, et cela de lui-même, ce qui est de la grâce prévenante. J'attends cependant encore quelques explications pour entrer en jouissance; jamais je n'en aurai eu une plus belle, si c'est ce que je crois.

144

Du même au même.

Ettenheim, en Brisgaw, ce 2 février 1802.

J'ai attendu chaque jour jusqu'à ce moment, cher papa, pour vous écrire. N'ayant point de vos nouvelles depuis des siècles, j'en espérais à chaque moment; mais le temps se passe et je ne veux pas avoir le tort de tarder plus longtemps à vous renouveler l'hommage de ma respectueuse tendresse.

Le printemps approche, et je ne vois encore rien de décidé sur notre avenir. Ce qui m'étonne, d'après tout ce que j'entends et l'opinion de ceux qui passent pour bien instruits : on doit croire qu'il sera assigné un lieu de réunion où l'on pourra trouver une existence sûre et tranquille. Ce lieu, quel qu'il soit, ne peut, ce me semble, être considéré que comme un point central, un port dans la tempête, une retraite assurée. Je voudrais bien connaître votre façon de voir sur cet objet, votre opinion pour ce qui vous regarde, ainsi que pour moi. Le métier de militaire que j'ai embrassé, et dans lequel je me suis extrêmement plu, est celui qui me paraît convenir davantage à mon rang et à ma position. Je serais désolé de le quitter tout à fait, et je crois que vous m'approuverez de ma façon de penser sur cet objet.

Ayez donc la bonté, cher papa, de me mander ce que vous pensez que j'ai à faire, soit dans le cas où les choses resteraient comme elles sont aujourd'hui, soit que le lieu de réunion soit donné ou proposé d'un jour à l'autre. Je ne vous cacherai pas que mon désir est de m'attacher au service de quelque puissance, tout le temps où mon Roi n'aura pas besoin de moi ; mais, si vous approuvez ce parti, je voudrais d'avance être assuré de conserver le traitement anglais qui seul peut me donner la facilité de me proposer, puisque je ne serais pas à charge à la puissance que je servirais. Vous serez sans doute à portée de sonder là-dessus la résolution du gouvernement, et de me mander, si je puis, dans ce cas, espérer de conserver mon traitement.

Vos réflexions sur tout cela, cher papa, quelques données sur vos projets à venir. Ne voulez-vous donc plus reprendre ce métier-là? Ce serait bien mon vœu le plus cher. Une raison qui me fait désirer d'entrer à un service, est la possibilité que j'y aurais d'être utile et de placer plusieurs individus pour lesquels j'ai de l'amitié, et qui, si je reste oisif, ne pourront, malgré leur attachement, rester auprès de moi. Le plaisir de faire le bien est déjà grand, surtout lorsque l'intérêt personnel de ma réputation militaire s'y trouve (comme dans ce cas-ci) réuni.

Dans ma dernière lettre à mon grand-père, je lui dis fort en gros et fort en l'air, une partie des choses dans lesquelles je viens d'entrer en détail avec vous. Je lui demande en général s'il n'approuve pas mon goût à redevenir militaire. Il vous aura peut-être parlé de ma lettre; mais je ne lui parle de rien de prochain, et cependant je crains qu'en attendant trop longtemps, on ne veuille plus de celui à qui l'idée d'en faire la demande serait venue si tard. Il faut bien d'ailleurs savoir servir pendant la paix pour être employé pendant la guerre; et cette dernière ne tardera pas à reparaître dans quelque coin de l'Europe.

Voilà, cher papa, matière à une longue lettre que je vous prie instamment de m'écrire au commencement de ce printemps, qui me paraît être une époque favorable pour prendre un parti que la solidité reconnue du gouvernement en France me paraît devoir nécessiter tôt ou tard.

145

Du même au même.

Ettenheim, ce 27 février 1802.

Je commencerai par m'accuser tout de suite de paresse, cher papa, ne vous ayant pas écrit de tout le carnaval, chose dont je vous demande pardon. Mais vous m'excuserez, quand vous saurez que la chasse, la danse, et le repos ont pris les trois quarts et demi de mon temps. Il faut bien laisser l'autre demi-quart pour l'amour; vous voyez qu'il ne restait rien de vide. Le calme ramène l'abstinence des plaisirs bruyants; on s'écrit, il reste donc du temps pour les plaisirs plus tranquilles et plus solides. J'en profite pour vous parler de ma tendresse. J'espère que vous daignerez en recevoir toujours avec bonté le sincère et constant hommage.

Par les dernières lettres que j'ai reçues de mon grand-père, il paraissait ne point douter d'une rupture prochaine du nord et du nord-est avec la grande Nation. Je ne sais quel fondement avait cette nouvelle, mais, quoique rien ne l'annonce encore ouvertement, j'y dois croire, d'après la manière dont il me l'a mandé, car il ne paraît pas en douter. J'espère donc, cher papa, que vous voudrez bien vous occuper de moi à cette occasion, et me faire employer à quelque chose dans le cours de l'année. Je ne vis pas, je végète dans cette attente. Vous ne m'avez jamais dit si, à ma prière, vous aviez parlé de moi aux Ministres ou au Roi et quelle avait été leur réponse. Daignez, cher papa, me servir de tout votre pouvoir et ne pas vous contenter de quelques démarches insignifiantes qui font supposer que l'on croit acquitter une dette en faisant la proposition.

Ce sera bien réellement une joie parfaite pour moi que d'apprendre qu'enfin on me juge digne de me charger d'une commission quelconque. On assure qu'il se prépare pour ce printemps des expéditions intéressantes, dirigées contre l'ennemi commun. Ces expéditions n'éloignent pas du but auquel il est du devoir de tendre toujours. Mon vœu serait donc que le gouvernement anglais fût instruit de l'extrême désir que j'ai de partager le péril et la gloire que l'on y pourra trouver. Mon impatience devient chaque jour plus extrême ; daignez donc, cher papa, vous occuper un peu de cette affaire. Il paraît positif que, dans tous les cas, Vienne restera neutre tant qu'elle pourra ; et, si ce n'était ce que mon grand-père m'a si positivement mandé, je croirais que les principes de Bonaparte reposent sur la même base. En admettant cette dernière supposition, il ne me resterait d'espoir que dans quelque expédition maritime, indirect à la vérité pour le grand but, mais direct à mes désirs et à la reconnaissance dont je suis pénétré.

Trop jeune encore pour avoir d'autres idées, j'espère bien, cher papa, que vous ne me désapprouverez pas de vouloir suivre à toute force la carrière pour laquelle je sens que je suis né ; et s'il faut renoncer à redevenir ce que j'étais, je crois avantageux de faire l'impossible pour acquérir de la considération, pendant que mon âge et ma santé me le permettent, dans la seule route qui me reste ouverte, celle de l'honneur. Et ce n'est pas à Ettenheim que j'y parviendrai, à moins que vous et mon grand-père vous ne soyez mes avocats pressants auprès de la puissance que je puis honorablement servir pour le moment présent. J'attendrai avec une grande impatience votre réponse à cet article de ma lettre.

Le roi de Suède est de retour à Carlsruhe. Ce prince emporte les regrets de tout ce qu'il y a de gens bien pensants à Munich. Il a dit, relativement à la cause et à nous, les choses les plus flatteuses, et même, en partant, laissé des preuves de sa bienfaisance. Son caractère et sa manière d'être sont assez bizarres, à ce que l'on a dit. On ne sait jamais la veille ce qu'il fera le lendemain, et l'on ajoute qu'une fois qu'il s'est décidé à quelque chose, sa détermination est irrévocable.

Depuis l'arrivée ici d'un grand veneur de l'Électeur, appelé le baron Schilling, Ettenheim est devenu plus agréable. Il occupe l'ancienne résidence du Cardinal, et a une femme jeune encore, bien de figure, et, ce qui est le mieux, qui aime le plaisir. Ce qui nous a procuré l'agrément de quelques bals et pique-niques pendant ce carnaval ; mais si la femme nous fait danser, le mari nous fait chasser. Il est très-complaisant, et pour tout ce qui ne compromet aucun de ses devoirs auxquels il est strict, il est aussi accommodant et honnête que possible. Encore hier. Nous avons été ensemble à la poursuite d'un loup monstrueux que l'on avait blessé dans les forêts voisines. Nous l'avons trouvé aux traces de sang sur la neige ; il a été vu, tiré et raté deux fois. Nous l'avons suivi tout le jour, mais le gaillard avait des forces et a fini par passer dans les chasses de Gérolseck, qui n'appartiennent plus à l'Électeur, et il a fallu l'abandonner après avoir prévenu les gens de ce canton qui me l'enverront, s'ils le peuvent avoir. Cette bête est monstrueuse et, depuis vingt et un ans, il n'en était pas venu un seul dans ce canton, de sorte que cela fait événement.

146

Du même au même.

Ettenheim, ce 25 mars 1802.

J'ai reçu avant-hier, cher papa, votre aimable lettre du 7, ainsi que celle de mon grand-père où il

m'envoie le mois de décembre de mes pensions.
Pour cette fois je ne me plains plus de rien, car voilà
cinq mois que l'on nous paie bien promptement, et
cela remet les petites affaires au courant. Je vous
remercie bien, cher papa, de ce que vous me mandez relativement aux flammes susceptibles de se
rallumer. Le moment me paraît des plus intéressants pour cet objet, et probablement avant que ma
lettre ne vous parvienne, nous aurons la paix ou la
guerre déclarée. Soyez donc assez bon, cher papa,
dans ce dernier cas, pour rendre compte à qui il
appartiendra de deux ou trois choses dont je vais
vous parler bien sommairement.

1° Le mécontentement des troupes voisines d'ici
contre le gouvernement actuel est tel que vous ne
pouvez vous l'imaginer; non plus que les bons propos que l'on y tient. Vingt-cinq hommes de la garnison de Schelestadt sont au cachot, en ce moment,
pour avoir publiquement bu à la santé de Louis XVIII.
C'est l'ancien régiment de Condé qui est à Fribourg,
et plusieurs individus ne l'ont pas oublié et se
feraient gloire de mériter l'estime de leurs anciens
chefs.

Le 9me hussards, qui est à Colmar, est composé
de jeunes gens de famille, forcés à marcher et détestant la Révolution. Quatre de nos déserteurs de Feistritz y sont entrés (mon grand-père vous expliquera
cette désertion de soixante hommes de mon régiment) et m'ont fait dire à plusieurs reprises qu'ils

désiraient réparer d'une manière éclatante leur sottise ; qu'ils étaient sûrs de m'amener, quand je voudrais, plus de deux cents hommes de leur régiment.

Les Suisses, surtout ceux des bords du lac de Constance et des montagnes, sont mieux disposés que jamais, et furieux du despotisme qui les opprime. J'ai des liaisons avec d'Erlach, un de leurs chefs le plus estimé. Bachmann, qui a commandé leur armée, et Rœding[1], l'organisateur de leur élan patriotique, a de l'estime pour moi, parce que d'Erlach lui a fait plusieurs fois mon éloge. On me verrait avec plaisir dans ce pays-là, et il pourrait servir d'entrepôt pour les gens de bonne volonté qui y viendraient me joindre ; et je crois pouvoir répondre que si l'on voyait un point d'appui quelque part et la certitude d'une paie, le noyau grossirait à vue d'œil.

En général, la foule de nos soldats engagés dans les troupes de la République, a fait un bien incroyable, en racontant la paie et les bons traitements qu'ils avaient de ce côté, et ont changé l'esprit d'une manière prompte et sûre, puisque ce

---

1. D'Erlac, Aloys de Rœding et Bachmann-Anderletz, tous trois ayant servi le roi de France en qualité d'officiers-généraux, étaient les chefs militaires et populaires de la Suisse. Le général Bachmann, frère d'Anderletz, commandait les Suisses au 10 août 1792. Ce fut lui qui leur communiqua sa fidélité au devoir et, le 3 septembre 1792, il eut l'honneur de monter sur l'échafaud dressé dans la place du Carrousel.

changement est basé sur l'intérêt. Le gouvernement sert sur les deux toits, en ne payant ni n'habillant les troupes, et en augmentant chaque jour, au lieu de diminuer, les impôts. Quelque part qu'elle se dirige, pour avoir du crédit, il faut servir l'opinion du moment, dût-elle errer beaucoup. On la dirigera ensuite ; mais il est important de ne la pas heurter dans les commencements, faute que l'on a toujours commise. Il y aurait aussi aujourd'hui de la ressource dans l'artillerie, et il n'y en avait pas jusqu'ici. C'était le corps le plus gangrené. Je suis sûr de cela parce que plusieurs officiers l'ont dit eux-mêmes.

147

Du même au même.

Ettenheim, ce 21 avril 1802.

Je m'empresse, cher papa, de répondre à la bonne et tendre lettre que vous m'avez écrite en date du 9 avril. Premièrement, je veux vous exprimer tout de suite la reconnaissance que je conserve au fond de mon cœur des sentiments de tendresse et d'intérêt que vous m'y témoignez, et de la confiance avec laquelle vous daignez entrer avec moi dans la discussion des raisons que je vous ai alléguées pour vous faire adopter mon plan. Ensuite j'ai voulu tout de suite vous rendre compte de la précipitation avec laquelle cette lettre m'est arrivée, ce qui me fait penser qu'elle ne peut avoir pris qu'une route très-directe, ce qui ne serait peut-être pas prudent pour notre correspondance.

En France, une adresse au duc d'Enghien doit exciter la curiosité, et pourquoi mettre ces messieurs au fait de nos affaires intérieures ? Vous prendrez sur cela les précautions que vous jugerez convenables, et ce n'est qu'avec douleur que je renonce au moyen d'avoir si promptement de vos nouvelles. Celles-ci étant arrivées aussi heureusement et sans aucune trace de rupture de cachet, je pense que lorsque vous le voudrez, vous pourrez alors m'adresser par ce chemin, en me parlant comme si j'étais une femme de vos amies. En conséquence, je vous envoie une adresse sûre : sur la première enveloppe, à M. Hog, sous les grandes arcades n° 49, à Strasbourg : sur l'enveloppe intérieure, à M. Antoine, chez M. Hog le frère, à Ettenheim. Votre lettre, passant alors directement, m'arrivera peut-être en dix ou douze jours, comme a fait celle-ci.

A présent, cher papa, je reviens à votre lettre. J'ai déjà répondu en détail dans ma dernière à l'article sur lequel vous insistez le plus : celui que servant une puissance étrangère, qui se trouverait l'alliée de la République, je m'exposerais à servir contre mon Roi. Alors sans aucune espèce de doute, je quitterais ce service et je n'hésiterais pas une minute ; mais je pense, et vous me direz si je me trompe, que mon grand-père vous aura parlé de mes fureurs autrichiennes et de la passion que j'avais pour ce service, car ce n'est jamais qu'avec ces expressions ampoulées qu'il s'exprime sur cet objet, où il a toujours voulu voir faux, malgré moi et malgré l'évidence.

Mon amour pour l'Autriche s'est réduit, pendant tout le cours de la guerre, à chercher à bien vivre avec ceux sous les ordres ou à côté desquels je me suis trouvé, à ne point fronder hautement leurs opérations, ou leur conduite particulière, enfin à ne pas chercher, servant avec eux, de leur montrer non-seulement humeur, mais haine ; chose qui a été faite généralement au quartier général de mon grand-père, et qui n'a pas peu contribué aux désagréments de toute espèce qu'il en a éprouvés. Il m'a été fait beau jeu, je le puis dire, pour entrer à ce service ; mais tant que le corps de Condé a subsisté, je ne l'ai jamais voulu, et, à la paix il eût été trop tard. Aujourd'hui l'intimité des deux cours française et autrichienne me ferait désirer un autre service de préférence ; voilà donc où se réduit ma passion pour le service autrichien, le plus désagréable assurément qui puisse exister en temps de paix. Si mon grand-père voulait écouter l'évidence ou la raison, il verrait que la suite constante de ma conduite prouve clairement que je n'avais pas le désir d'entrer à ce service ; mais il reconnaîtrait aussi qu'il a eu tort, étant obligé à servir dans leur armée, de ne pas se conformer aux ordres de leurs généraux, de leur témoigner haine et mépris, comme très-impolitiquement il l'a fait pendant tout le cours de la guerre.

Assurément, je ne défends pas leur perfide système ; mais ils en sont aujourd'hui les premiers punis ; et il y a à espérer que, quand ils seront en état, ils chercheront à se relever, ainsi que l'Europe entière de la profonde humiliation dans laquelle ils l'ont entraînée.

Il est une autre raison que vous me donnez, cher papa, pour attendre encore ; c'est celle que vous désirez que nous prenions un parti ensemble, si la paix ne change pas notre sort. Oh ! pour celle-là, c'est la meilleure de toutes, et si vous me donnez l'espérance que vous en prendrez un, à coup sûr j'attendrai patiemment, car mon unique vœu serait de vous voir rentrer dans le service militaire ; car, cher papa, que faire autre chose ? Vivre le reste de nos jours bourgeoisement dans quelque grande ville, mangeant notre modique pension, ignorés du reste du monde, et, comme le voudrait la République, morts civilement. J'avoue que cette existence pour nous deux me paraîtrait peu honorable. Pour mon grand-père, il est d'un âge à avoir besoin de repos, et d'ailleurs il a fait tant qu'il a pu faire. Il faut l'imiter, je crois. Ce sont ces réflexions qui me donnent pour le militaire le goût un peu exagéré que vous me trouvez. Sans doute nous pourrions mener une vie plus douce, plus agréable ; mais, puisque les circonstances nous ont privés de nos autres avantages, je crois qu'il est indispensable de profiter de la chance d'avantages que l'on n'a pu nous enlever, la voie de l'honneur. Toujours nous rallier au drapeau du Roi, quand il en aura; et tant qu'il n'en aura pas, faire parler de nous en bien, là où l'on voudra de nous. Et pour cela, il faut bien entrer, pendant la paix, à un service étranger, afin d'y être employé, pendant la guerre, et bien vite le quitter, si notre cause avait besoin de nous. Je ne crois pas que le gouvernement anglais nous refusât la continuation de notre pension, si nous n'entrions pas au service d'une puissance, leur ennemie; et, dans ce moment, il n'y en a aucune qui le soit. Au reste ce serait dans le temps une affaire à traiter avec eux. Excusez, cher papa, ces longues digressions, et croyez toujours à la déférence d'un fils qui vous aime pour les avis ou conseils que vous lui donnerez.

Est-il donc vrai qu'il est question de Malte pour mon grand-père? tous les papiers ne parlent que de cela. Dans ce cas, que ferait-il? et que feriez-vous?

Vous m'avez appris la mort de Vibraye, je ne la savais point. J'ai beaucoup vu sa malheureuse femme en Autriche; elle n'était rentrée que pour avoir le bonheur de le voir. Que je la plains! C'est une digne et vertueuse créature.

Je ne vous parle ni du Concordat, ni de toutes les

platitudes du Saint-Père[1]. Je gémis, avec tout ce qui a âme et délicatesse, de voir ainsi avilir la majesté de notre Religion par l'organe d'un indigne ministre. Nous nous attendons à quelque train en Alsace où l'arrivée d'un évêque jureur fait la plus désagréable sensation ; mais je doute que l'on ait assez d'énergie pour dire : nous n'en voulons pas.

On est grand homme à bon marché quand on l'est comme Bonaparte. Rien ne lui résiste, pas même Dieu, qui lui cède beaucoup de ses prérogatives en ce moment. C'est le règne des méchants ; nous aurions besoin de quelques grands miracles. Il est malheureux d'en être réduit là pour ses ressources.

Adieu, cher papa, je vous aime de tout mon cœur ; n'en doutez jamais, je vous prie. Bien des choses au bon Philibert ; je l'aime encore plus depuis que vous m'avez dit qu'il vous est resté fidèlement attaché.

[1]. C'est plutôt en homme politique qu'en chrétien que le duc d'Enghien se prononce avec tant de vivacité contre ce grand acte réparateur, et le jeune prince se trouve en accord complet avec le comte Joseph de Maistre qui, dans sa correspondance imprimée, il y a quelques années, ne ménage pas plus le pape Pie VII. Les *Mémoires du cardinal Consalvi*, que nous avons publiés (2 volumes, chez Plon, éditeur), répondent d'une manière aussi franche que solide à ces accusations. Ils expliquent parfaitement les motifs catholiques et sociaux qui décidèrent le Souverain-Pontife à rendre la paix à l'Église. Si son espoir fut déçu, si l'empereur Napoléon, enivré de son omnipotence, déchira, l'un après l'autre, les articles de cette œuvre qu'on appelait le Concordat de granit, ce n'est ni au Pape, ni au Saint-Siége qu'il faut s'en prendre.

148

Le roi Louis XVIII au prince de Condé.

A Varsovie, ce 6 mai 1802.

J'ai reçu, mon cher cousin, votre lettre du 21 avril. Je suis d'autant plus sensible à la part que vous prenez à ma juste douleur[1] que je suis sûr qu'elle vient de votre bon cœur.

Il y a longtemps que je ne vous ai donné de nouvelles, même par nos moyens, parce que tout ce que je pouvais vous mander d'intéressant, était connu de tout le monde. Les événements actuels m'affligent; mais rien ne m'abattra jamais, et ce n'est pas d'aujourd'hui que j'ai pris pour devise : *Forsam et hæc olim meminisse juvabit.*

J'apprends avec plaisir que vous ayez réitéré votre visite au roi d'Angleterre. Je n'étais pas en peine de l'accueil que vous ferait un souverain, dont les circonstances peuvent bien commander la conduite extérieure, mais dont les nobles sentiments sont invariables.

---

1. La reine de Piémont, Marie-Clotilde, sœur du Roi, venait de mourir.

149

Le duc d'Enghien au prince de Condé.

[Ettenheim, ce lundi 7 juin 1802.

On nous annonce ici avec certitude, cher papa, l'arrivée prochaine de Monsieur à Varsovie. Cette nouvelle, si elle est vraie, me donne un grand espoir de vous voir aussi bientôt sur le continent; car il me paraît que l'on s'occupe sérieusement enfin de former un établissement fixe, qui, outre qu'il sera plus commode sous tous les rapports, n'aura pas les inconvénients de la dispersion continuelle, dans laquelle nous avons été jusqu'à ce jour. Vous en savez déjà sans doute plus long que moi sur cet article; aussi j'attends avec grande impatience vos premières lettres qui, sans doute, me parleront de cet objet, duquel il doit être question dans le pays que vous habitez.

D'un autre côté, je serais fâché pourtant que nous nous éloignassions des frontières, dans ce moment-ci; vous, de votre côté, moi de l'autre; car nous pourrions, à la tournure que y prennent les choses, y avoir quelques affaires avant peu. La grande question ne se décide pas aussi facilement que sans doute le Premier Consul l'avait cru. Ses vues ambitieuses se montrent trop à découvert, et les oreilles de l'âme percent. Il y a, en Alsace, une grande fermentation, que l'arrivée et la conduite du nouvel évêque augmentent encore. Cet homme n'accorde sa confiance et des places qu'aux intrus et aux plus tarés. Le peuple est révolté de cette conduite; il dit hautement que Bonaparte veut se faire roi, et que faisant tant que d'avoir un roi, le légitime est préférable à tout autre.

Ce n'est pas que je croie que, dans les premiers moments, le légitime puisse avoir un grand parti, puisqu'il n'est pas là pour se mettre à la tête ; mais il s'en élèvera de mitoyens que plus tard on pourra peut-être diriger. La cherté du pain dans l'intérieur, le mécontentement des protestants, qui ont été déçus dans leur plan de réunion; tout cela peut amener un résultat heureux.

Nous avons aussi les yeux ouverts sur la conférence de Memel, où sans doute se traiteront de grands intérêts. On assure que l'Angleterre y aura un ambassadeur, est-ce vrai? En tout cas, voici, je crois, un moment bien important, et dans lequel de bons serviteurs comme nous peuvent trouver jour peut-être à rendre quelque service important. Quel malheur que le Roi soit si loin! Si au moins le duc d'Angoulême et surtout sa femme pouvaient se rapprocher des frontières ! Ce serait un grand acheminement au bien parfait, s'ils réunissaient un grand nombre de voix; et cela serait indubitablement. On le dit hautement sur la rive gauche.

Vous trouvez peut-être, cher papa, que je deviens fou avec toute ma politique; cependant tout cela est fondé sur quelques bases ou probabilités; et, si j'ai commencé à espérer quelque chose, c'est du jour où la France, triomphante de ses ennemis réunis, les avait forcés à se soumettre à son joug, et à solliciter une paix honteuse qu'elle a bien voulu leur accorder par grâce. Un tel résultat a dû nécessairement changer la politique des Puissances. Par leur machiavélique système, elles n'ont fait que donner des armes contre elles, et elles ont été écrasées. Je crois qu'elles ont reconnu que mieux vaudrait un comte de Lille[1] facile à contenter, loyal et reconnaissant, que un Bonaparte ambitieux, puissant et insolent dans la prospérité.

Au reste, cher papa, quoi qu'il arrive, il est toujours important de songer à un établissement fixe, quelque part où l'on puisse enfin dire : Je suis chez moi. Il se peut faire que des événements heureux nous rappellent dans notre patrie; mais aussi il est plus probable que non, ou que du moins il nous faudra encore attendre longtemps. Achetons donc quelque chose; soyons chez nous quelque part. On n'est bien que chez soi; n'êtes-vous pas de mon avis? Nous allons probablement bientôt avoir la possibilité de prendre ce parti. Je voudrais bien que vous me disiez si vous préférerez rester, dans ce

---

1. Louis XVIII avait pris en exil le nom de comte de Lille.

cas, là où vous êtes. Soyez assez bon pour me le mander.

Avez-vous pensé, cher papa, qu'il serait dans les choses possibles à la quantité de gens bien pensants qu'il y a à présent en France, de retirer une partie de nos biens non vendus, en les faisant racheter à la Nation à bon marché par main tierce, ou, pour ceux vendus, en s'arrangeant à l'amiable avec les acquéreurs ou craintifs ou fâchés du mal qu'ils ont fait. Ces deux exemples arrivent journellement, et pourquoi ne le tenteriez-vous pas, ou mon grand-père? Ce moment, qui ne se retrouvera plus peut-être, ne serait pas à négliger, je pense.

150

Du même au même.

Ettenheim, ce 16 avril 1802.

Nous sommes dans une parfaite incertitude, cher papa, sur les moyens les plus convenables à prendre pour écrire d'une manière un peu sûre. Comme vous savez, le correspondant ordinaire ne reçoit plus aucune lettre; d'ailleurs le passage par le Hanovre est soumis à une inspection sévère pour ce qui regarde les lettres pour l'Angleterre, et l'on assure qu'il en est de même en Prusse. Il faut donc se soumettre à n'écrire que ce que l'on veut bien qui soit lu généralement, ce qui est assez fâcheux pour des affaires de famille. Vous me manderez, je vous prie, si le moyen que j'ai pris par mon avant-dernière est bon. On m'a assuré qu'il pouvait être long quelquefois, mais toujours sûr. Alors vous auriez la bonté pour les choses intéressantes de prendre la même voie. On veut bien se charger de me renvoyer de cette ville de commerce ce qui y arriverait à mon adresse; sinon, vous m'indiquerez quelque moyen.

Il passe ici journellement des déserteurs que les embarcations inquiètent. Ils arrivent ici avec quelqu'espoir de trouver où se placer; mais, à mon grand regret, je suis forcé de les renvoyer, sans pouvoir même leur donner quelques jours pour se tirer d'affaires. Ce sont des gens perdus; c'est dommage. N'a-t-on donc aucun moyen d'utiliser les gens de bonne volonté? Il y en a en foule. Les Nationaux seront sans doute excellents; mais pourtant des gens qui ont vu le loup, parsemés avec les autres, n'y feraient pas mal. Si la Constitution empêche que ce ne soit sur le tronc qu'ils se placent, eh bien! qu'on les mette sur les branches. Elles vont cet automne avoir grand besoin d'appui. Je ne parle pas de moi; mais pourtant je brûle d'impatience, et je n'entends pas plus parler de projets pour moi que si je n'existais pas. Cette nullité m'est insupportable. Si l'on a assez d'officiers; eh! mon Dieu, qu'on me fasse soldat. Je ne demande qu'à ne pas être nul; et je vois des occasions de ne pas l'être m'échapper tous les jours.

Ne pense-t-on donc plus à nos voisins des montagnes? Quel bon pied-à-terre pour recevoir les amateurs. Et, je le répète, il y en a quantité.

Nos réponses aux propositions faites au printemps dernier, ainsi que le petit *adjutorium*, qui arrive imprimé de chez vous, ont fait le meilleur effet dans tous les partis. Les uns disent : « Nous sommes joués par lui (Bonaparte), puisqu'il veut se mettre à leur place; » les autres : « Voilà ce que c'est de l'avoir mis là. » Tous ajoutent qu'il n'y restera pas longtemps, et regrettent l'ancien temps. Mais on a besoin d'une filière pour arriver au but, et il ne faut pas choquer l'opinion. L'impulsion première sera contre ce qui est, mais non pas pour ce qui devrait être. Il n'y aura réunion que pour la première chose; la seconde viendra peut-être de soi-même, sans qu'on l'ait calculée. Je crois même prudent de n'en pas parler, car on trouverait beaucoup d'opposants. On y est buté d'une manière singulière, sans pour cela avoir de l'éloignement pour la famille.

Je viens de m'étendre un peu trop pour ne pas encore profiter de l'intermédiaire dont j'ai profité dans mon avant-dernière. Vous me manderez si je dois continuer.

J'admire chaque jour la sublime énergie du pays où vous êtes, et je n'en regrette que plus amèrement qu'ils m'oublient. Je serais pourtant digne d'être avec eux. Au nom de Dieu, cher papa, quoique ce soit, je le sais, un peu contraire à votre opinion, tâchez de me faire rendre bon à quelque chose. Je me désole ici d'une nullité qui, si la guerre ne prend pas un autre caractère, comme cela est possible, peut durer jusqu'à une nouvelle paix. L'un n'empêche pas l'autre; et si le moment vient que l'on me juge nécessaire d'un côté, je suis toujours à même d'y revenir, quand le temps sera venu, d'y être bon à quelque chose. Mais, en attendant, que l'on m'utilise d'un autre, je vous en conjure.

Soyez assez bon pour embrasser mon papa de ma part, et ne doutez jamais de toute ma respectueuse tendresse pour vous

151

Le duc d'Enghien au prince de Condé.

Ettenheim, ce 24 septembre 1802.

J'ai reçu, cher papa, l'envoi du mois de ma pension; il m'eût fait grand plaisir, si vous aviez daigné y joindre un mot de bonté pour celui à qui il était adressé. A coup sûr, vous n'avez pas l'intention de les lui retirer à tout jamais; et il espère trop de la bonté de votre cœur et de votre justice pour avoir un moment cette crainte. Il n'en souffre pas moins du présent, et attend avec grande impatience que vos expressions s'accordent avec les sentiments que vous vous êtes plu si souvent à lui répéter qui étaient dans votre cœur, sentiments dont il a la conviction de ne jamais s'être rendu indigne. Pardonnez-lui des torts de vivacité et quelques expressions qu'il eût dû à jamais renfermer dans son cœur, et traitez-le en père tendre ; c'est le plus cher de ses vœux.

Au moment où tout va prendre, à ce qu'il paraît, une face nouvelle, il a besoin de vos avis, de vos conseils. Ils seront toujours d'un grand poids pour lui. Daignez aussi l'instruire s'il doit conserver l'espérance de vous revoir incessamment sur le continent. Ce bruit est général, et il se plaît à y croire.

Permettez-moi, cher papa, de vous renouveler l'expression de mon respect et de ma tendresse pour vous.

152

La princesse Louise au duc de Bourbon.

A Varsovie, ce 25 septembre 1802.

Loué soit le très-saint Sacrement.

Cher et tendre ami de mon cœur, je suis enfin parvenue au succès de ce que je désirais si ardemment et si constamment, depuis environ dix ans.

Prenez donc part à mon bonheur. Il est grand, je vous assure, en vue de Dieu que seul j'ai cherché. Vous ne le comprendrez guère, vraisemblablement, ce bonheur, et moi, je ne le comprendrais pas non plus, si une longue expérience ne m'avait appris qu'il ne se trouve que dans l'accomplissement des vues de la divine Providence sur nous. Heureux quand elle parle à nos cœurs, qui l'écoutent et suivent sa voix ! Je ne veux pas vous ennuyer et n'ajouterai qu'un mot à ceci : *Si scires donum Dei !...* Ah ! croyez que cela l'emporte sur tout.

Je ne sais si mon père vous parlera de la lettre que je lui écris, par laquelle je remplis des devoirs que la Religion commande. Pour vous, mon très-bon frère, j'ai eu beau examiner ma conscience avec soin, je ne trouve point de pardon à vous demander; mais pas l'ombre seulement.

Ah ça ! parlons un peu de ce qui vous intéresse. Ma lettre à mon père écrite, cachetée, donnée au duc de Gramont, à qui je vais envoyer celle-ci, j'en ai reçu une de lui, où il me parle d'une certaine demoiselle, ma filleule, dit-il, que je soupçonne être cette Adèle que vous m'avez mandé qui me ressemblait. A ce mot de filleule, j'ai été quelques moments à comprendre la chose; et puis je me suis ressouvenue du tour que m'avait joué notre pauvre grand-père, en me faisant marraine sans mon aveu (ce que je lui ai reproché très-sérieusement dans le temps, et pas assez à vous qui y aviez donné les mains, parce que je vous aimais trop); mais, au fait, c'était très-inconvenable alors. Aujourd'hui, tout cela est très-égal.

La voilà donc avec vous, avec mon père ; moi, je trouve cela fort bien. Je ne trouve rien de pis, au contraire, que de ne point s'occuper de rendre heureux des êtres à qui on a donné une existence qu'ils n'ont point demandée. C'est avoir torts sur torts, et il vaut bien mieux réparer ceux qu'on a eus. Mais ne vous y êtes-vous pas pris trop tard ? Quelle éducation, quels principes a-t-elle reçus dans son enfance ? Mon père m'en fait un éloge que je reconnais être celui si général et si connu dans le monde ; et cela ne suffit pas à l'intérêt qu'elle m'inspire. Mon tendre ami, je sais qu'avec vous, elle n'aura point le funeste exemple du mépris de la Religion. Dieu, dans sa bonté (que vous ne sentez pas assez), vous a préservé de ce malheur ; mais vous ne la pratiquez pas, vous ne la connaissez même pas. Ah! que je voudrais que vous lussiez (mon père et vous) un livre dédié à M. le comte de Clermont, qui s'appelle : *le Chrétien par sentiment.* Tâchez de vous le procurer, voilà tout ce que je vous demande.

A présent, parlons de vos brillantes chasses : on dit que vous rapportez quelquefois en pompe un corbeau et un hibou ; c'est très-satisfaisant. Au surplus, tout cela revient au même ; et vous savez que je ne vous ai jamais reproché votre fureur d'être dans les bois. Dans ces temps-là même, ce qui séparait du monde me paraissait très-tentant ; et aujourd'hui encore, comme inutilité, la chasse me paraît préférable à bien d'autres goûts ; mais il faudrait s'y tenir. En voilà assez, et je termine mes rabachages ou sermonages, comme vous voudrez les nommer. Il ne faut pas qu'une personne de l'autre monde en écrive si long. Que vous dirais-je de ma tendre et constante amitié qui ne soit pas connu de votre bon cœur?.... Adieu, adieu, mon bien-aimé frère.

153

Le duc d'Enghien au prince de Condé.

Ettenheim, ce 12 décembre 1802.

Permettez-moi, cher papa, de vous renouveler en ce moment les assurances des vœux bien sincères que je ne cesserai de former pour votre bonheur. Dieu veuille que l'année, qui va commencer, amène des changements avantageux dans notre ingrate patrie, qui nous permettent d'y rentrer honorablement. Je jouirai cent fois plus pour vous que pour moi de ce changement, en vous voyant couler d'heureux jours, après tous les tracas et les malheurs que vous supportez avec tant de patience et de courage. C'est là mon vœu le plus cher, et celui que je ne désespère pas de voir exaucé avant peu ; non pas par la force et les secours étrangers, mais par l'opinion qui fait en France des progrès inouïs.

Nous sommes ici dans l'attente des résultats qui amèneront les intéressants débats du Parlement anglais. Les Français font des préparatifs immenses pour leur marine. Toute l'attention du Premier Consul est aujourd'hui tournée de ce côté, et l'activité dans les ports est poussée au dernier degré. Maître des terres, il veut le devenir aussi des mers. Ne se réunira-t-on donc jamais pour mettre un frein à une ambition si démesurée?

Nous sommes ici à présent chez le Margrave. Je lui ai écrit pour recommander à ses bontés les Français qui m'ont suivi et se sont établis ici. Il m'a répondu une lettre très-obligeante et m'assure que l'attachement qu'ils me portent garantit suffisamment pour eux. Cette phrase a de la grâce.

Daignez, cher papa, recevoir avec quelque bonté l'hommage de mon profond respect et de ma tendresse.

154

Du même au même.

Ettenheim, ce vendredi 13 février 1803.

J'ai appris par la communication que Chodron m'a donnée d'une lettre de Contye, votre heureux retour, cher papa, et je suis heureux de savoir que ce voyage s'est passé sans accident, et que vous êtes chez vous tranquille et bien portant.

Nous avons été ici, tous ces jours, bien agités par des fortes sensations, non pas personnelles, mais relatives à l'être que j'aime. Le Cardinal de Rohan vient de succomber à une maladie nerveuse et inflammatoire en neuf jours de temps.

L'étoile du Margrave n'a pas même permis qu'il eût la peine d'avoir à décider de son sort à venir. Le Cardinal a fait une belle fin. Il a rempli les devoirs d'un bon chrétien, est mort avec toute sa connaissance, et nous a réellement édifiés. Vous en serez étonné autant que je l'ai été moi-même ; sa fin a été déchirante pour la princesse Charlotte. Il a été deux jours avec la gangrène dans les poumons, par conséquent sans aucun espoir, et ne se doutant pas de son état, croyant même qu'il était mieux et le disant. Vous jugez de ce qu'a eu à souffrir le cœur sensible de cette malheureuse ; elle vous aurait touché, si vous en aviez été témoin. Malade elle-même d'un gros rhume, maladie épidémique qui règne en ce moment, elle n'a voulu quitter son chevet ni jour ni nuit. Le Cardinal a dicté ses dernières volontés et les a remises entre les mains de la justice, cachetées. J'ai su, par l'indiscrétion du secrétaire, qu'elles étaient toutes en faveur de la princesse, et vous pouvez juger de mon bonheur de la voir enfin tirée de la position gênée où elle se trouve depuis si longtemps et tout à coup dans l'aisance. De plus, son père s'étant décidé, pour assurer un sort à ses enfants, de faire sa soumission, a été rayé tout de suite et va jouir d'une fortune honnête. Il cherchera à réaliser le tiers qui appartient, par les lois de la République, à sa fille, et l'autre tiers, s'il se décide à faire sortir sa seconde fille, afin de leur assurer ces deux parts en pays étranger. Ce qui fait qu'elles auront à l'avenir une jolie fortune, et à la mort du père, rentrant dans les bois, elles seront fort riches. Vous comprendrez, cher papa, facilement combien cette certitude me fait de plaisir, moi qui les ai vus si longtemps avec la perspective de mourir de faim d'un jour à l'autre.

La rentrée du Parlement nous intéresse beaucoup par ici, cher papa. Les débats précédents annoncent que l'on y sent vivement la nécessité de mettre un frein à l'ambition démesurée du Premier Consul; mais quel moyen ont les Anglais? ont-ils des alliés? Voilà le hic. Ils en auront sans doute, mais la terreur qu'inspire la France au monde entier retardera peut-être l'exécution des plans qui peuvent être concertés dans le silence des Cabinets de l'Europe.

Au reste, le mécontentement est général en France. On n'y parle qu'avec envie de l'homme qui se trouve à la place où chacun se croirait en droit d'être ou de parvenir. De l'envie à la haine, le pas est petit, et nous sommes à la veille d'une explosion, si la diminution des impôts ne vient pas apporter un palliatif momentané.

Est-il vrai que vous avez un jardin où vous travaillez vous-même ainsi que tout ce qui est avec vous ? C'est une occupation agréable, intéressante même et, en même temps, je la crois bien saine. Je fais de même de mon côté; sous quinze jours, les travaux vont recommencer et je m'en fais une fête.

Oserais-je vous prier, cher papa, de dire mille tendresses de ma part à mon père et d'être toujours convaincu de mon respect et de ma tendresse pour vous.

155

Du même au même.

Ettenheim, ce vendredi 28 février 1803.

Je vous remercie, cher papa, de l'envoi que vous me faites des mois d'août et septembre de mon traitement. Votre lettre a été très-retardée, sans doute par la débâcle des glaces de l'Elbe, car je ne l'ai reçue que hier soir. Puisque vous le jugez plus à propos, je vous prie de regarder comme non avenue la demande que je vous avais faite de faire quelques représentations sur l'arriéré de mon traitement. L'économie de mon petit intérieur remplacera ce vide, et je me regarde encore comme bien heureux d'avoir l'existence que je dois à la générosité du gouvernement anglais. Dans ce malheureux siècle, il ne faut pas être difficile, quand on est honnête homme ; mais la conscience nette récompense bien des privations qu'il faut s'imposer.

Nous attendions par ici impatiemment les débats de la rentrée du Parlement; mais il n'a pas encore été question du grand objet. Cela viendra peut-être d'un jour à l'autre. La vente de la Sardaigne va peut-être encore être un sujet de discorde; il n'en manque pas, si l'on veut en trouver.

J'ai été aujourd'hui à un service pour le repos de l'âme du Cardinal; il en été chanté un très-solennel à Strasbourg, auquel a assisté l'évêque nouveau. Le deuil était représenté par des bourgeois de la ville. Toute la cathédrale était tendue de noir, avec des trophées d'armoirie comme ci-devant. J'ai été surpris que l'on ait osé faire cette cérémonie.

156

Le duc d'Enghien au duc de Bourbon.

Ettenheim, ce 17 mars 1803.

Il y a des siècles, cher papa, que je n'ai reçu de vos nouvelles directement. J'ai maudit les glaces de l'Elbe et les paquebots infidèles; mais aujourd'hui plus d'obstacles, et j'espère à chaque poste un mot de bonté de vous pour votre enfant. J'ai reçu exactement les deux envois que mon grand-père m'a faits de lettres de change de ma pension. Il me traite encore bien sévèrement, et ne daigne pas m'ajouter un mot de bonté. Cette retenue lui doit faire presque autant de mal qu'à moi. Suivant vos ordres, j'y mets toute la douceur possible. Je ne me permets aucune plainte et j'attends du temps qu'il me rende des bontés desquelles je ne me suis jamais montré indigne. Je lui ai écrit en détail, deux jours après la mort du Cardinal, en lui en rendant compte. Le malheur poursuit une personne, qui m'est bien chère ; elle vient encore de perdre Mme de Marsan[1], qui l'avait toujours comblée de bontés et qu'elle aimait beaucoup par cette raison. Ces deux pertes coup sur coup, jointes à la grippe épidémique qui règne dans nos contrées, ont donné une cruelle secousse à sa santé. Elle a bien besoin du printemps et de la dissipation que ramènent naturellement les beaux jours pour se remettre. Ne pouvant s'éloigner d'ici, où les affaires de la succession vont la retenir tout l'été, elle cherchera une campagne dans les environs. Moi je resterai encore. Le Margrave vient de m'accorder à peu près la totalité des anciennes chasses du Cardinal, un peu pour me retenir dans ses États où je crois qu'il n'est pas fâché que je mange mon revenu. Je n'en suis pas moins reconnaissant de son attention pour moi. Cet arrondissement me fait un

---

1. La comtesse de Marsan, ancienne gouvernante des Enfants de France.

canton charmant; je vous y regrette, cher papa. Vous vous plairiez à chasser avec mes chiens. Nous faisons ici de petites chasses à courre en miniature, qui sont charmantes.

On assure que les affaires de la Méditerranée ne sont pas encore arrangées à Paris. On aura de la peine à tomber d'accord sur certains points importants, où je crains que la médiation russe ne perde son latin. J'observe avec un grand intérêt cette lutte importante; dans le cas où l'on persisterait à ne pas s'entendre, je compte bien sur vous, cher papa, pour faire offre de ma bonne volonté. Je désire bien qu'elle soit connue des autorités assez à temps pour que l'on s'en serve.

Adieu, cher papa, j'espère que vous ne doutez pas de ma tendresse respectueuse pour vous, et que vous pensez quelquefois à votre enfant.

Qui avez-vous donc aujourd'hui près de vous qui soit attaché à votre personne ou à celle de mon grand-père? On nous assure ici qu'ils sont tous rentrés.

157

Le prince de Condé à Monsieur, comte d'Artois.

Wanstead-House, ce 8 avril 1803.

Monsieur,

Je n'ai reçu qu'avant-hier au soir la lettre de

Monsieur, du 30 mars. Je suis on ne peut pas plus sensible à la confiance qu'il veut bien me témoigner, en me communiquant particulièrement l'incroyable proposition[1] qui a été faite au Roi, la superbe réponse de Sa Majesté et les ordres qu'elle nous envoie pour y adhérer. Jamais ordre d'un roi

1. Dans le courant de février 1803, le Premier Consul, qui a des idées monarchiques trop arrêtées pour ne pas redouter la puissance latente du principe héréditaire, et qui, d'un autre côté, est bien ou mal renseigné sur les plans de restauration et d'abdication, dont la personne du duc d'Enghien était l'objet à son insu, se décida à prendre un grand parti. Le roi Frédéric-Guillaume et son ministre, le comte d'Haugwitz, croyaient n'avoir rien à refuser au Consul omnipotent. Par le canal du président Meyer, ils se firent les intermédiaires d'une négociation que Bonaparte aurait été heureux d'entamer avec la Maison de Bourbon, et plus heureux encore de voir aboutir.

Le président Meyer, parlant au nom du roi de Prusse, son maître, et agissant pour le compte de Bonaparte, proposait à Louis XVIII, le 26 février 1803, de renoncer au trône de France pour lui et pour ses successeurs légitimes. Ce sacrifice fait, le Premier Consul se chargeait de royalement indemniser les Bourbons et de leur donner le trône de Pologne. Louis XVIII coupa court à la négociation, en remettant au président Meyer la déclaration suivante :

« Je ne confonds pas M. Bonaparte avec ceux qui l'ont précédé. J'estime sa valeur, ses talents militaires. Je lui sais gré de plusieurs actes d'administration, car le bien que l'on fera à mon peuple me sera toujours cher ; mais il se trompe s'il croit m'engager à transiger sur mes droits. Loin de là ; il les établirait lui-même, s'ils pouvaient être litigieux, par la démarche qu'il fait en ce moment.

« J'ignore quels sont les desseins de Dieu sur ma race et sur moi ; mais je connais les obligations qu'il m'a imposées par le rang où il lui a plu de me faire naître.

« Chrétien, je remplirai ces obligations jusqu'à mon dernier soupir. Fils de saint Louis, je saurai, à son exemple, me respecter jusque dans les fers. Successeur de François Ier, je veux du

à sa famille n'aura été exécuté avec plus de joie, de fidélité, de sentiment et de chaleur que celui-ci. Vous êtes sûrement plus en état que personne de nous dicter la forme de cette adhésion ; mais vous voulez bien me demander mes idées ; j'obéis.

Comme le Roi nous dit lui-même que cet acte doit

moins pouvoir dire comme lui : Nous avons tout perdu, fors l'honneur.

« Louis. »

A Varsovie, le 28 février 1803.

Comme les lettres échangées entre le Roi, le comte d'Artois, son frère et le chef de la Maison de Condé l'indiquent, les Bourbons furent appelés à adhérer à la déclaration de Louis XVIII ; et ils le firent en ces termes que formula le prince de Condé :

« Pénétrés des mêmes sentiments dont Sa Majesté Louis XVIII, roi de France et de Navarre, notre Seigneur et Roi, se montre si glorieusement animé dans sa noble réponse à la proposition qui lui a été faite de renoncer au trône de France, et d'exiger de tous les princes de la Maison de Bourbon une renonciation à leurs imprescriptibles droits de succession à ce même trône,

« Déclarons :

« Que notre attachement à nos devoirs et notre honneur ne pourront jamais nous permettre de transiger sur nos principes et sur nos droits, et que nous adhérons de cœur et d'âme à la réponse de notre Roi ;

« Qu'à son illustre exemple, nous ne nous prêterons jamais à la moindre démarche, qui pût avilir la Maison de Bourbon, et lui faire manquer à ce qu'elle se doit à elle-même, à ses ancêtres, à ses descendants ;

« Et que si l'injuste emploi d'une force majeure parvenait (ce qu'à Dieu ne plaise) à placer de fait, et jamais de droit, sur le trône de France, tout autre que notre Roi légitime, nous suivrions avec autant de confiance que de fidélité la voix de l'honneur, qui nous prescrit d'en appeler jusqu'à notre dernier soupir à Dieu, aux Français et à notre épée. »

Bonaparte ne s'en tint pas à ces deux déclarations si positives

être public un jour (et le plus tôt vaudrait le mieux), je pense qu'un écrit, signé de la Maison de Bourbon, surtout dans une occasion comme celle-ci, doit être plus précis que détaillé, plus noble qu'éloquent, et plus imprégné du sentiment de l'honneur que tout autre. Je crois même que ce qui pourrait paraître un peu chevaleresque dans tout autre cas n'est point hors de saison, dans celui où l'on ose proposer à une race antique, aussi connue par l'hérédité de son courage que par celle de ses droits, de consentir elle-même à son propre avilissement.

Je me permets donc, Monsieur, de mettre sous vos yeux, comme vous le désirez, un aperçu de ce que je crois qu'on pourrait dire; car il me semble qu'une adhésion pure et simple sur d'aussi grands intérêts ne fixerait pas assez les yeux de la France et de l'Europe sur le sentiment profond que doivent éprouver les âmes élevées sur une pareille proposition. Loin de nous tout ce qui pourrait paraître injure ou allusion. Le respect nous le défend à l'ex-

---

et si nettes. Il mit en jeu d'autres ressorts; et s'il fallait s'en rapporter aux récits de l'Émigration, aux dires des journaux anglais et allemands, le Premier Consul aurait voulu *faire enlever de vive force le Prétendant*. Nous savons que ces rumeurs coururent l'Europe, en 1803. Certains ouvrages historiques ou biographiques les mentionnent encore et s'y arrêtent avec complaisance; mais nous devons le déclarer très-impartialement, les preuves pour établir ce fait manquent d'une manière absolue. Louis XVIII lui-même, le plus intéressé dans la question, n'ajoute à tous ces bruits qu'une foi relative; et l'histoire ne serait point obligée de s'en préoccuper aujourd'hui, si la catastrophe du duc d'Enghien n'était venue leur donner un corps.

térieur, et la prudence à l'intérieur : mais, excepté cela, tout ce qui peut marquer la vigueur la plus persévérante nous est non-seulement permis, mais même commandé par notre naissance, notre position, notre attachement au Roi et notre honneur.

Ainsi, Monsieur, je soumets mes idées aux vôtres, et, dans tout ce qui pourra intéresser le service du Roi ou la grandeur de la Maison de Bourbon, je me rallierai toujours à nos chefs avec autant de confiance que d'empressement.

Louis-Joseph de Bourbon.

158

Le roi Louis XVIII au prince de Condé.

A Varsovie, ce 23 mai 1803.

J'ai reçu, mon cher cousin, à fort peu de distance l'une de l'autre, vos deux lettres des 9 février et 24 avril. Vous ne pouvez douter du plaisir que m'ont fait les sentiments et les raisonnements de la première; mais, vu sa date, je me borne à vous en accuser la réception, et je passe bien vite à la seconde.

Votre commune adhésion à ma réponse m'a exalté, m'a rendu fier d'être votre aîné. J'ai reçu avec transport le serment qui la termine si noblement : mais je vous avoue ma faiblesse; mon amour-propre a peut-être encore plus joui de votre lettre particulière. L'approbation d'un parent justement chéri, d'un guerrier blanchi sous les lauriers, d'un connaisseur si délicat en fait d'honneur, est la récompense la plus flatteuse pour celui qui n'a, au fond, d'autre mérite que d'avoir fait son devoir.

J'ai reçu en même temps la réponse de votre petit-fils [1]. Elle est beaucoup plus ancienne; mais, comme de raison, il a cru devoir, pour me la faire passer, préférer la sûreté à la promptitude. Comme il est possible que, par le même motif, il ne vous en ait pas donné connaissance, j'en joins ici copie, bien sûr qu'elle vous fera plaisir, et qu'ainsi que moi vous y reconnaîtrez le sang des Bourbons.

Adieu, mon cher cousin, vous connaissez toute mon amitié pour vous.

LOUIS.

---

1. Cette réponse du duc d'Enghien est ainsi libellée :

« Sire,

« La lettre dont Votre Majesté a daigné m'honorer m'est exactement parvenue. Votre Majesté connaît trop bien le sang qui coule dans mes veines pour avoir pu conserver le moindre doute sur le sens de la réponse qu'elle me demande.

« Je suis Français, sire, et un Français fidèle à son Dieu, à son Roi, à ses serments d'honneur. Plusieurs m'envieront peut-être un jour ce triple avantage. Que Votre Majesté daigne donc me permettre de joindre ma signature à celle de Monseigneur le duc d'Angoulême, adhérant, comme lui, de cœur, d'âme, au contenu de la lettre de mon Roi.

LOUIS-ANTOINE-HENRI DE BOURBON. »

Ettenheim, 22 mars 1803.

159

Le duc d'Enghien au duc de Bourbon.

Ettenheim, ce 22 septembre, 1803.

Votre lettre du 31 août m'est parvenue avant-hier, cher papa, ainsi que les deux objets qu'elle contenait. La réponse du Roi m'a vivement peiné. Elle est décourageante, et je vous assure que je me garderai bien de la rendre publique. Le fatal nom que nous portons nous condamne donc à une nullité honteuse. C'est une perfide suite du détestable système dont j'espérais enfin les Anglais revenus; mais je vois avec douleur que ce système subsiste, et qu'il n'est pas question encore de saper la pierre fondamentale du gouvernement révolutionnaire français. Un traité d'alliance et de paix avec le Roi légitime eût renversé le colosse. Tous les esprits espéraient à chaque instant quelque mesure préparatoire, précurseur de cette reconnaissance. Elle eût réuni tous les partis. Il n'était plus d'armée d'Angleterre, et je réponds que la chose eût été vite. Du moment où chacun sera sûr de conserver sa place[1]

[1]. Le duc d'Enghien a parfaitement saisi et tranché le nœud de la difficulté. Il veut que chacun soit sûr de garder sa place. C'est aussi la politique de tous ceux qui, à quelque titre que ce soit, occupent des emplois publics; et, dans ce siècle de fonctionnaires et de factionnaires, il n'y en a pas d'autre. Les gouverne-

et d'avoir la paix, il n'est plus en France que des sujets fidèles. On peut donc dire aujourd'hui que la contre-révolution était entre les mains du gouvernement anglais; mais Dieu veuille qu'une guerre ordinaire ne les entraîne pas rapidement à leur perte, et qu'en tombant ils n'entraînent pas avec eux l'Europe entière.

Je crois sans doute la chose très-difficile, mais je ne suis pourtant pas aussi rassuré, cher papa, que vous me paraissez l'être sur les suites d'une descente. Je crains moins les forces des armes républicaines que l'appât du désordre et du bouleversement général pour ceux qui ne possèdent rien. Je crois que si des milliers de Français parvenaient à mettre le pied sur les côtes d'Angleterre, il se manifesterait des troubles dans beaucoup d'endroits; les uns par mauvaise volonté, d'autres soudoyés et gagnés; d'autres dans l'espérance de dépouiller le riche et de s'emparer de ses biens; les deux tiers enfin par peur.

Tout ce mouvement partiel occasionnerait quel-

---

ments passent; la République se substitue à la Monarchie; l'Empire à la République; la Restauration à l'Empire et *vice versâ*, la Royauté de juillet à la Royauté légitime; la République à la Royauté de juillet; le second Empire à la seconde République. Les mêmes fonctionnaires se présentent toujours à peu près de père en fils, avec des phrases d'une rhétorique officielle et des dévouements qui se tarifent, selon le marché des consciences. En administrant pour le compte de l'ordre de choses régnant, ils disent tous mentalement d'abord, publiquement ensuite comme Judas : « Que voulez-vous me donner, et je vous le livrerai. »

ques désordres, empêcherait l'ensemble des opérations, donnerait de la défiance dans les résultats, et certes la partie n'est pas égale. L'Angleterre joue son existence entière contre quelques vaisseaux français et quelques milliers de conscrits. Je ne puis donc comprendre quel peut être son but, si ce n'est de rétablir en France un gouvernement légitime, stable, modéré et sur les promesses duquel on puisse se fier.

Pardon, cher papa, de cette longue digression politique; mais le moment présent est d'un si grand intérêt que je souhaiterais vivement que vous me communiquassiez vos réflexions sur ces objets. Je m'étonne que, puisque la Constitution anglaise ne souffre point que l'on emploie dans l'île de troupes étrangères, on n'ait pas du moins accepté les services des Émigrés pour l'île de Wight, Jersey ou toute autre destination. J'aurais été bien envieux de connaître la lettre commune qui a été envoyée au Roi par Monsieur à ce sujet; faites-moi le plaisir, cher papa, de me l'envoyer.

Quoique ma position soit différente, puisque je me trouve sur le continent et que je n'ai reçu encore aucune réponse à l'offre que j'ai faite de mes services; je pense, d'après ceci, que je n'en recevrai pas, ou qu'elle sera approchant sur le même ton. Au reste, je ne vois pas non plus où et comment on pourrait m'employer utilement, puisqu'il ne se déclare aucun allié, et qu'à coup sûr les Anglais ne trouveront point de partisans en France. Il faut donc gémir et enrayer en silence. Il existe pourtant un cas où il serait de la plus grande importance que je sache ce que j'ai à faire, et que j'aie la certitude d'être soutenu. C'est celui où, par tel événement, accident que ce fût, le Premier Consul vînt à périr; dans ce cas, qui est à prévoir dans un moment où, tant sur mer que sur vos côtes, il va s'exposer à de grands dangers, dans ce cas, dis-je, un coup hardi pourrait avoir les plus grandes conséquences, et il faudrait prendre la chose sur le temps; car quelques jours de perdus suffisent pour rasseoir les esprits, rétablir l'ordre et l'apathie. J'ai bien par ici quelqu'espoir; c'est ma chimère et je m'y attache.

Voilà ce qui me soutient contre le désespoir où je suis de n'être rien à trente ans, avec ma santé et ma bonne volonté. Une fois ayant commencé, j'emploierais bien jusqu'à mon dernier écu; mais ma bourse ne suffirait pas peut-être pour le premier coup de collier.

Sans doute l'Ouest, dans ce cas-là, serait du plus grand intérêt; mais je crois que l'Alsace, quelques portions des troupes qui s'y trouvent, et le point de réunion que ma personne donnerait ne sont pas des objets à négliger. Je soumets cette réflexion à votre sagesse. Vous en parlerez, si vous le jugez à propos. Il est peu de mois où je ne reçoive de la rive gauche des demandes de nos anciens camarades d'armes, officiers et soldats, employés ou non, qui n'attendent qu'un point de réunion et un ordre pour m'arriver et m'amener de leurs amis. On m'en annonce un grand nombre ; mais je suis forcé de répondre que j'attends, espère et ne sais rien.

Quelques lettres de France m'ont aussi témoigné quelqu'inquiétude sur mon séjour si rapproché. Vous savez qu'il est difficile de prendre des précautions sûres contre une trahison, et qu'il est facile d'ajuster un coup de carabine. Ainsi ceci m'occupe peu. Quant à un enlèvement, sous prétexte d'aimer beaucoup la chasse, il est rare que je sorte de la ville, sans être deux ou trois, chacun avec un fusil à deux coups. Je ne vais du reste seul nulle part. Je suis trop vieux pour courir les filles. Ainsi vous voyez que les occasions de m'avoir à bon marché doivent être rares ; et, si quelqu'un de suspect passait le Rhin en face d'ici, je crois que je serais prévenu.

160

La princesse Louise de Condé au duc de Bourbon.

Loué soit le Très-Saint-Sacrement, ce 11 octobre 1803.

Je vous ai écrit, il y a peu de jours, mon bien-aimé frère, par le fils de M. Hüe[1]. Le lendemain du

---

1. François Hüe, né en 1757, d'une vieille famille de magistrats, était attaché au service de la famille royale. Après avoir

surlendemain, le Roi eut l'obligeante attention de m'envoyer faire part qu'il avait donné son agrément au mariage de Mlle de Bourbon avec M. de Rully dont il pensait que j'étais instruite. Je vous l'avoue, mon cœur fut un peu blessé de votre silence à cet égard, et je comptais ne pas vous le laisser ignorer, en vous rappelant ce que ce cœur a été et est toujours pour vous : mais j'étais moins empressée de vous faire des reproches, que je ne le suis aujourd'hui de vous remercier de votre lettre du 11 septembre que je viens de recevoir. Elle m'a fait le plus grand plaisir; tout ce que vous me dites du mariage en question me convient fort, et me fait espérer que le bonheur en sera la suite. Ce M. de Rully n'est-il pas celui que j'ai vu, je ne sais plus où, dans notre émigration, qui portait la croix de Malte, et était frère du comte de Lyon? Sans avoir une figure marquante, son extérieur et ses manières étaient aimables.

Vous dites qu'il a de la religion; tant mieux et mille fois tant mieux. Qu'il y soit fidèle, et sa femme aussi. Ils le seront à tous leurs devoirs, s'en trouveront plus heureux, eux et tout ce qui s'intéresse à eux. Je suis bien contente que vous ayez trouvé un

---

prodigué au Roi toutes les preuves d'un dévouement aussi courageux qu'éclairé, Hue obtint l'honneur de partager la captivité du Temple. Il en fut arraché, il y rentra au milieu de périls sans cesse renaissants. Par un mot de son testament, Louis XVI a glorifié cette fidélité. François Hüe a composé un ouvrage sur *les dernières années du règne et de la vie de Louis XVI.*

parti qui vous convient parmi les Émigrés; cela vaut bien mieux qu'un mariage avec quelqu'étranger fort riche, mais d'une tournure unique. Jamais je n'ai tant apprécié les bons Français, que depuis que je vis hors de France et surtout en Pologne, soit dit entre nous.

Savez-vous bien que je ne m'accorde point avec vous sur l'âge de la jeune personne en question. Vous me dites vingt-trois ans; et moi je vous dis qu'elle n'en a que vingt et un au plus. Je suis très-sûre que c'est dans mon cabinet bleu de la rue Monsieur que notre pauvre grand-père[1] vint me faire (en pleurant à force de rire), la proposition (que je n'acceptai pas) d'être marraine. Je vois encore d'ici la place où nous étions l'un et l'autre. Or, je n'ai été dans ma maison qu'à vingt-cinq ans; j'en ai quarante-six, vous voyez bien que vous vous trompez et que vous me comptez là des fagots.

Cher ami, ne croyez pas en être quitte pour ce que vous m'avez dit de votre enfant; il faut plus de détails à l'intérêt tendre et véritable que je me sens

---

1. Le maréchal, prince de Soubise, l'ami du roi Louis XV. Ce prince avait tous les défauts et l'esprit de son temps. Il n'était pas trop mal avec les philosophes; il ménageait les économistes, « crainte de plus grands maux, » dit Choiseul dans ses *Mémoires*. Un de ces satyriques Noëls de la cour, qui étaient l'opposition chantée, fait ainsi le portrait du maréchal :

La foule le cachant, je n'y vois point de tête.
   Mais j'y vois un bras valeureux,
   Une main pour les malheureux
   A s'ouvrir toujours prête.

pour elle. J'en étais restée à ce qu'à six ou sept ans elle avait été mise au couvent de la Conception. Qu'est-elle devenue depuis? qui l'a élevée, soignée? Où a-t-elle habité depuis la Révolution? Est-ce vous qui l'avez fait venir en Angleterre, ou bien l'y avez-vous trouvée? De vous à moi, la mère vit-elle encore? Qu'elle existence a-t-elle [1]?

1. Nous ne savons si le duc de Bourbon satisfit la curiosité de sœur Marie-Joseph de la Miséricorde, sur la mère de cette nièce si gaiement et si religieusement adoptée. La mère de Mlle Adèle, comtesse de Rully, s'appelait Mlle Michelon, une des célébrités de la danse à l'Opéra et connue, dans ce temps-là, sous le nom familier de Mimi. Mimi avait été une mère pleine de cœur. Elle en fut récompensée par les vertus de sa fille; et dans les papiers de la Maison de Condé, je trouve une lettre qui, en peignant admirablement la dignité de caractère de Mlle Michelon, répond à la question principale posée par sœur Marie-Joseph. Mimi, qui sans doute aura été abandonnée, s'adresse au duc de Bourbon et, dans un langage tout maternel, elle lui dit :

Ce 20 janvier 1804.

« Vous avez trop contribué à l'établissement de notre chère enfant, Monsieur, et avec trop de tendresse et de bonté, pour que je ne vous en adresse pas tous mes remerciments.

« Les heureux auspices, sous lesquels il s'est formé, et le bonheur dont elle jouit feront le charme du reste de ma vie, et ne me laissent plus de vœux à former; mais mon cœur ne jouirait pas pleinement, s'il lui restait seulement un souvenir pénible. J'oublie, Monsieur, tous les torts que vous avez eus envers moi; et ils sont réparés, puisque c'est à vous en partie que notre chère enfant doit son bonheur. Je n'en parlerai jamais, et je ne me souviendrai des peines, qui en ont été les suites, que pour sentir plus vivement la félicité dont je jouis en ce moment.

J'ai l'honneur d'être,

Monsieur, votre très-humble servante,

L.-Mimi.

Je suis enchantée de ce que vous me mandez de mon père. Votre union me donne la plus grande consolation. Mais croyez-vous donc que je ne donnerai pas aussi des témoignages de tendresse à celle dont j'avais de si bonnes raisons dans le temps de ne pas vouloir être la marraine, mais que je sens aujourd'hui par les mouvements de mon cœur être ma nièce (car moi je tranche le mot). Une religieuse ne doit pas aller par deux chemins. Aussi vais-je lui écrire en conséquence; vous ne le trouverez pas mauvais. Mon frère, mon tendre frère, que je me trouve heureuse de ce que vous m'aimiez encore. Pour moi, que puis-je vous dire de mon amitié si ancienne (du temps de votre petite redingote rouge), si ancienne, dis-je, si invariable, si tendre, si vive? Mon frère!.... mes larmes coulent.... Je crois vous embrasser, vous presser contre mon cœur.

Adieu.

161

La princesse Louise au prince de Condé.

Loué soit le Très-Saint-Sacrement.

Varsovie, ce 13 décembre 1803.

Encore une nouvelle année! Toujours les mêmes souhaits, toujours les mêmes vœux, et malheureusement toujours inutiles. Quand mon cœur pourrat-il respirer librement, en vous voyant jouir de quelques moments de bonheur? Je vous avoue que tous ces bruits prolongés et jamais effectués, ces préparatifs de défense, etc., etc., ne me satisfont nullement. Quelque chose dût-il même se vérifier à cet égard, je ne vois pour nous que de la fumée. Les années se passent pourtant; elles s'écoulent avec rapidité, et toutes choses humaines avec elles. Mon père!... Je lève les yeux vers le Ciel et j'attends de lui seul quelques secours. Avec quelle ardeur, je les lui demande pour vous. Ah! croyez, je vous en supplie, à la sincérité comme à la durée des tendres sentiments qui dictent mes vœux et mes prières.

Je crois ne vous avoir pas écrit depuis l'arrivée de la Reine[1] ici, mais quelques jours auparavant. Elle est venue me voir le lendemain, et a été fort honnête pour moi; mais, entre nous, quel changement! (non qu'elle eût rien à perdre quant à la figure). Mais plus petite, plus mal tournée que jamais; mais des cheveux tout blancs; mais soixante-dix ans; mais se traînant plutôt que marchant, beaucoup moins parlante qu'à Versailles, l'air abasourdi, en un mot unique.... Elle va se promener en voiture tous les jours, a loué une loge à la Comédie; les autres n'y vont point.

Trouvez bon, je vous prie, que je mette ici un petit mot pour M. Chodron (d'heureuse mémoire).

---

1. Marie-Joséphine-Louise de Savoie, épouse de Louis XVIII.

C'est pour vous éviter un léger détail, dont je ne veux pas vous importuner.

Je vois avec plaisir que vous êtes content de cette nièce que je n'avais pas voulu pour filleule. Le temps change toutes choses ; j'espère que son mariage sera heureux, d'après ce que l'on dit de M. de Rully ; mais ce qui fait grand bien à mon cœur c'est votre union avec mon frère. Continuez, je vous prie, à partager votre tendresse entre vos deux enfants, qui, près ou loin, seront pour vous ce qu'ils doivent être. Pour ma part, les larmes qui coulent de mes yeux en vous écrivant ceci, vous seraient (si vous en étiez le témoin) la fidèle expression de ma sincérité comme de ma sensibilité.

162

Le duc d'Enghien au prince de Condé.

Ettenheim, ce 17 décembre 1803.

J'ose espérer, cher papa, que vous daignerez recevoir avec bonté, l'hommage de mes vœux au renouvellement de l'année, et que vous rendrez justice au sentiment sincère qui les dicte.

J'ai reçu, il y a trois jours, la lettre de Contye, datée du 17 du mois dernier, dans laquelle en était une de M. de Rully qui m'écrit à l'occasion de son mariage. Oserais-je vous prier de lui remettre ma réponse, qui ne contient que des politesses. Vous ne m'avez parlé dans aucune de vos lettres, de cet objet, qui, vu la tendresse extrême de mon père pour cet enfant, en devient un intéressant pour moi.

Il me semble, cher papa, qu'il y a un mois vous étiez toujours dans la même position. Voilà le temps favorable aux Français pour leur descente passé, et je ne crois pas qu'à moins d'un soulèvement général en Irlande, ils tentent rien de sérieux avant l'été prochain; et, d'ici là, que de changements à prévoir?

Le Continent paraît prêt à s'agiter, mais nous n'avons aucune idée arrêtée comment. Ce qu'on peut prévoir c'est que la France veut occuper une armée mécontente et mal payée, à quelque prix que ce soit. Sur qui tombera l'orage? Peu importe au Premier Consul, pourvu qu'il reste en place; et il chancèle, cela est positif. Nous ne savons point le but d'une marche de trente à quarante mille Autrichiens, qui s'exécute en ce moment vers les frontières de Bavière. On donne des prétextes, mais le vrai, on le cache. La Prusse est menacée, dit-on; la France et l'Autriche seraient-elles donc de moitié? L'avenir nous éclaircira les idées. Tout ce qu'il y a de très-fâcheux, c'est que je ne vois pour nous et notre cause que nullité absolue pour le moment. Aussi j'enrage de tout mon cœur, d'autant plus qu'une guerre continentale, réunissant tous les partis contre l'ennemi commun, il n'y a plus de réaction à espérer dans l'intérieur, surtout si l'étranger a du succès.

Serez-vous assez bon, cher papa, pour remercier Contye, de ma part, de la peine qu'il se donne de m'écrire. Je le prie bien de continuer ce bulletin intéressant, surtout s'il arrivait quelque chose de nouveau de vos côtés. Nous sommes si trompés par les gazettes et les mensonges extraits des papiers français, que nous sommes toujours des siècles à savoir la vérité.

163

Bonaparte, Premier Consul, au citoyen Réal[1].

Malmaison, le 1er Germinal an XII. (23 mars 1804.)

Citoyen Réal, conseiller d'État, vous trouverez ci-joint un portefeuille rouge du duc d'Enghien contenant les lettres de change ci-après :

1. Cette lettre se trouve aux Archives de l'Empire, et elle donne le bilan de la petite fortune du duc d'Enghien, petite fortune saisie à Ettenheim et enlevée avec le prince. Nous ne savons par quels motifs ce document inouï et d'un laconisme si expressif, au lendemain d'une telle exécution, n'a pas été publié dans la volumineuse *Correspondance de Napoléon Ier*. On l'a oublié, par calcul évidemment. Ne nous croyant pas tenu à tant de réserve, nous lui donnons l'hospitalité, parce que cette lettre prouve, de la manière la plus péremptoire, que le Premier Consul ne songea à prendre connaissance des papiers et portefeuilles saisis à Ettenheim que vingt-quatre heures après la mort du duc d'Enghien. Dans toutes les hypothèses, c'était un peu tard.

LETTRE AUTOGRAPHE DU DUC DE BOURBON AU PRINCE DE CONDÉ.

Londres ce 25 mars 1816

Quelle triste occasion de vous écrire, mon cher et tendre père; mais quoiqu'éloigné de vous, je viens cependant joindre mes larmes à celles que vous répandez en ce moment. Hélas! c'est la seule consolation que nous puissions avoir. Je sens que je remuerais toute votre douleur, mais je n'ai qu'à résister en cette cruelle circonstance, à la soulager le mieux en la divisant dans le sein d'un père chéri. Ménagez bien votre

santé, pour vous même
et pour le Bonheur de
Votre père, Songez que la
Seule et unique jouissance
qu'il puisse avoir
maintenant en ce monde
est de Vous voir exister
Longtemps. adieu cher
et tendre père, qui n'ai
plus la force d'écrire
plus longtemps, je n'ai
que celle de Vous
embrasser mille fois
avec cette tendresse que
ne finira qu'avec
ma vie.

Ths. de Bourbon

Une lettre de change de 2 000 ducats.
Une   —   —   de 7 150 florins d'Empire.
Une   —   —   de 100 louis.
Une   —   —   de 3 850 florins d'Empire.
Une   —   —   de 500 louis.
Une   —   —   de 300 louis.

Ci-joint également deux notes qui y sont relatives.

Signé : Bonaparte.

164

Le roi Louis XVIII au prince de Condé.

A Varsovie, ce 26 mars 1804.

J'ai reçu, mon cher cousin, votre lettre du 13 février, et vous pensez bien que la réponse de M. Addington[1] qui, dans les circonstances présentes, ne pourrait être en d'autres termes, m'a fait grand plaisir.

Vous devez savoir actuellement les terribles événements commencés à Paris, le 13 février. J'en suis profondément affligé. Je pleure tant de braves gens qui vont, je ne puis malheureusement me flatter du contraire, périr pour une entreprise dont je ne peux juger le fonds, puisque j'en ignorais jusqu'au projet[2];

1. Henri Addington, vicomte Sidmouth, ami et successeur de Pitt au ministère.
2. C'est la découverte de la conspiartion des généraux Pichegru,

mais la douleur ne m'abat en aucune façon. Malgré les dégoûtantes flatteries que Bonaparte se fait adresser à ce sujet, l'opinion publique, ne s'est pas moins prononcée contre lui; et les mesures tyranniques qu'il emploie pour faire périr plus sûrement ses victimes, lui donneront, il n'est que trop vrai, cette terrible joie; mais elles hâteront l'instant de sa perte.

Le duc de Gramont m'a soumis la lettre qu'il vous écrit. Tous mes gardes du corps me sont chers; tout ce que vous ferez pour eux, je le prendrai à mon propre compte; mais il est tout simple que j'aie un intérêt de préférence pour MM. de Lukerque et de Maldent. Le premier, grièvement blessé, au château, le 6 octobre 1789, l'autre choisi par le Roi, mon frère, pour l'accompagner dans le malheureux voyage de Varennes; enfin tous les deux ne m'ayant pas quitté une minute depuis sept ans. Aussi je vous les recommande plus particulièrement encore qu'aucun, et ce que le duc de Gramont vous propose pour eux, me paraît d'autant plus facile, que ce n'est faire injustice à personne.

Je charge M. de Bonnay[1] de vous faire passer

Georges Cadoudal et Moreau, qui occupe le roi Louis XVIII. Par le texte de cette lettre absolument privée, et où la vérité ne peut se déguiser, il est facile de voir que le Souverain exilé n'avait pas plus connaissance de ce complot que Louis-Joseph de Bourbon et les autres princes de la famille royale.

1. Le marquis de Bonnay, un des plus beaux caractères de cette époque, fut souvent appelé à la présidence de l'Assemblée natio-

cette lettre, et d'y ajouter quelques détails. Il a plusieurs titres pour cela. Officier de mes gardes du Corps, et ayant été en relations avec vous sur ce même sujet, placé par moi à la tête de mon petit bureau de correspondance, enfin mon secrétaire particulier, en l'absence de d'Avaray, qui a été encore obligé d'aller passer cet hiver à Venise, d'où je l'attends vers la fin de mai, ou le commencement de juin. Je vous prie donc d'adresser à M. de Bonnay votre réponse au duc de Gramont, en l'absence de ce dernier et de d'Avaray.

Adieu, mon cher cousin, vous connaissez toute mon amitié pour vous.

Signé : Louis.

165

Le roi Louis XVIII au prince de Condé.

A Varsovie, ce 2 avril 1804.

Je ne m'étendrai point en regrets, mon cher cousin, je ne vous parlerai ni de ma douleur, ni de mon

---

nale. Le comité des recherches l'accusa d'avoir favorisé le voyage de Varennes. Il répondit très-noblement à la tribune : « Si le Roi m'avait demandé mon avis, je ne lui aurais pas conseillé ce départ; mais s'il m'avait choisi pour le suivre, je répète que je serais mort à ses côtés, et que je me glorifierais d'une telle mort. » En 1804, il était le ministre de Louis XVIII.

indignation. Vous et votre fils (à qui cette lettre s'adresse également) vous connaissez mon cœur.

Le coup nous est commun; mais je dois à ma famille, et plus particulièrement à vous, compte de mes démarches en cette occasion. Sentant vivement la peine de ne pouvoir rien par moi-même, j'ai écrit aux deux Empereurs et aux rois d'Espagne, de Naples, de Prusse, de Suède et d'Angleterre, pour les appeler au secours de mon troisième fils (je n'ai jamais mieux senti combien il l'est). Je croirais les offenser, si je doutais de leur empressement à faire les démarches que je leur demande avec instance. Puissent-elles, par leur prompt effet, effacer jusqu'aux traces de la douleur dont nous sommes pénétrés en ce moment.

Adieu, mon cher cousin, vous savez si je vous aime.

Louis.

166

La princesse Charlotte de Rohan à la comtesse d'Ecquevilly.

Ettenhein, ce 6 avril 1804.

Puisque j'existe encore, chère comtesse, c'est que assurément la douleur ne tue pas. Grand Dieu! à quel affreux malheur étais-je réservée? Au milieu des plus cruels tourments, des inquiétudes les plus douloureuses, jamais l'horrible crainte qu'ils pussent attenter à sa vie ne s'était offerte à ma pensée. Hélas ! il n'est que trop vrai cependant, que le malheureux a été leur victime, que ce jugement inique, que ce jugement atroce, auquel tout mon être se refusait à croire, a été prononcé, exécuté à l'instant même. Je n'ai pas le courage d'entrer dans les détails de cet affreux événement; mais il n'en est pas qui ne soit déchirant. Il n'en est pas qui ne glace d'effroi, je ne dis pas l'être sensible et bon, mais celui seulement qui a conservé quelques sentiments humains.

Seul, sans appui, sans secours, sans défenseur, accablé d'inquiétudes, exténué de besoin, et après cette pénible route, sans lui laisser prendre un instant de repos que la nature épuisée réclamait, ils se sont hâtés de prononcer son jugement, pendant lequel le malheureux s'assoupit plusieurs fois.

Quelle barbarie! grand Dieu! et il a fini abandonné de la nature entière, sans qu'aucun être sensible ait partagé son sort et souffert avec lui, sans qu'une main amie ait essuyé ses larmes, et fermé sa paupière.

Ah! je n'ai pas le cruel reproche à me faire de n'avoir pas tout tenté pour le suivre. Le Ciel sait si je n'aurais pas hasardé ma vie avec joie, je ne dis pas pour le sauver, mais pour adoucir les derniers moments de la sienne. Hélas! ils m'ont envié cette triste douceur.

Prières, instances, tout a été inutile. Je n'ai pu partager son sort; ils ont préféré me laisser cette triste existence, qu'ils ont condamnée à d'éternels regrets, à d'éternelles douleurs. Je suis seule ici, c'est-à-dire seule avec mon père. Vos trois amis sont errants, sans pouvoir trouver un asile, repoussés de partout et calculant la fin de leurs moyens, sans prévoir celle de leur route. Quelle situation! Quant à moi, chère comtesse, je suis là et je suis bien mal; mais où serais-je mieux? Ses malheureuses gens y sont; tout ce qui tenait à lui y est encore, et j'y attends que ses dernières volontés soient connues, si tant est qu'il soit possible de les obtenir. Peut-être il y a disposé de ma vie; il savait bien qu'elle lui appartenait; et tant que je conserve l'espoir de connaître son vœu, je ne me déciderai point. Qu'importe où je traînerai les jours qu'ils m'ont laissés sans intérêt, sans but; car, vous le savez, chère comtesse, bonheur, espérance, tout dépendait de lui; tout reposait sur lui. Plaignez, ah! plaignez votre malheureuse amie, chère comtesse, jamais on ne fut plus sensiblement, plus profondément malheureuse.

Nous ignorons encore le sort de ceux qui l'ont suivi. Tous sont à Paris, hors Féron, Joseph et Poulain qui sont resserrés plus que jamais dans la maison d'arrêt de Strasbourg depuis huit jours.

167

Le roi Louis XVIII au duc de Bourbon.

A Varsovie, ce 9 avril 1804.

Nous venons, mon cher cousin, de faire la même perte. Votre douleur ne surpasse point la mienne; mais souffrez que je vous offre une consolation. Les derniers instants de notre fils l'ont montré digne du nom que sa vie illustrait. Vous en pouvez goûter encore une autre que je vous envie, c'est de surmonter vos peines, pour adoucir celles d'un père, d'un héros que la gloire voudrait qui vécût à jamais, mais qui, pour son propre bonheur, a peut-être déjà poussé trop loin sa carrière. Conservez-le, mon cher cousin, conservez-vous vous-même. La France et moi, nous n'aurons pas tout perdu.

168

Le duc de Bourbon à la duchesse de Bourbon.

Ce 12 avril 1804.

Envoyée par la poste. Le double envoyé par Mme de Laage avec le post-scriptum du 7 juillet.

Madame, c'est la mort dans l'âme et en versant des larmes qui ne tariront qu'avec ma vie, que je dois vous dire combien je partage votre douleur. Notre bon et cher enfant n'existe plus. Hélas! nous en sommes privés à jamais. A jamais, grand Dieu! quel coup affreux! et comment y survivre?

Vous aurez su les détails de cet événement horrible, sur lequel votre position ne me permet pas de faire aucune réflexion. Toute âme sensible et honnête fera sûrement à cet égard toutes celles que font ses parents désolés. Hélas! notre pauvre et cher d'Enghien n'existe plus! les larmes me suffoquent. Je les mêle à celles d'une mère et c'est tout dire. Le Ciel punira sans doute un jour un forfait aussi abominable; mais notre douleur n'en sera pas moins éternelle.

Adieu, Madame, armez-vous de tout le courage qui sera en votre pouvoir, pour supporter le plus grand, le plus terrible des malheurs. Adieu, Madame, adieu. Croyez aux sentiments que je vous ai voués, comme à mon désespoir qui ne finira qu'avec ma vie. Oh, oui! nous pleurerons toujours ce bon et cher enfant.

P. S. Voulez-vous bien parler de mes peines cruelles à M. le prince de Conti[1] et à Mme la du-

---

1. La maison de Conti formait la branche cadette de la maison de Condé. Elle aussi, elle a donné à la France d'illustres capitaines et plus d'un grand homme. Par malheur, elle s'est éteinte d'une assez triste manière dans la personne de Louis-François-Joseph de Bourbon, dont il s'agit ici. Ce dernier prince de Conti s'attacha plutôt par peur que par conviction à la cause révolu-

chesse d'Orléans. Ils les partageront sûrement avec tout l'intérêt qu'inspirent des âmes sensibles comme les leurs.

Du 7 juillet.

Vous aurez sans doute entendu parler des bruits de mariage secret de notre malheureux enfant, avec la princesse Charlotte de Rohan-Rochefort, avec qui il était intimement lié; mais je puis certifier, par ses lettres à lui-même, qu'il m'a toujours assuré qu'ils étaient faux, et je le connaissais assez pour être sûr qu'il ne contracterait jamais un pareil engagement, sans notre consentement. La certitude en est encore acquise de nouveau par des lettres mêmes de la princesse, qui nous les déclare dénués d'aucun fondement.

169

La duchesse de Bourbon au duc de Bourbon.

Votre lettre n'étant point signée, Monsieur, et ayant peu connu votre écriture, je suis incertaine, si ce n'est point une lettre supposée, à laquelle je

---

tionnaire. Il fut faible et pusillanime devant ses exigences et, après avoir été renfermé longtemps au fort Saint-Jean, à Marseille, avec le citoyen d'Orléans-Égalité, il fut déporté en Espagne, où il mourut obscurément. C'est ce prince de Conti que Louis XV appelait toujours : mon cousin l'Avocat.

réponds [1]. Mais je préfère, en me trompant, vous prouver quels sont mes sentiments, plutôt que de risquer de manquer à un devoir, si je ne me trompais pas; car je suis infiniment touchée de voir que le lien, qui eût dû nous tenir plus liés durant sa vie, est, après qu'il vient d'être rompu, ce qui me rappelle encore à votre souvenir. Quoique vous croyez l'avoir perdu pour jamais, non, non, Monsieur, il ne l'est pas pour moi, ce cher lien qui m'a coûté tant de larmes depuis sa naissance, car il subsiste et plus véritablement aujourd'hui pour mon cœur, qu'il n'existait pour sa malheureuse mère, durant sa vie.

Ah! pourquoi ne m'en a-t-il pas cru? pourquoi, hélas! toute ma famille ne pense-t-elle qu'à la gloire de ce monde et oublie-t-elle que la gloire du Ciel ne s'achète que par le renoncement à toutes choses,

---

1. Cette lettre de la duchesse de Bourbon, non datée, parvint à son mari par l'intermédiaire de Louis-Philippe d'Orléans, ainsi que le constate le billet suivant :

Twickenham, ce 22 août 1804.

« Je m'empresse, Monsieur, de vous remettre une lettre de ma tante pour vous que ma mère vient de me transmettre. Ma tante est dans le doute relativement à l'authenticité de la lettre qu'elle a reçue, et elle désirait que je m'en informasse. Mais je crois remplir ses intentions en vous la remettant immédiatement, et je serai trop heureux d'avoir pu contribuer à vous offrir quelque soulagement et quelque consolation. Je saisis avec plaisir cette occasion de vous renouveler, Monsieur, l'assurance des sentiments de haute considération et de sincère amitié avec lesquels je suis votre très-affectionné,

L.-P. D'ORLÉANS. »

que par la plus profonde humilité, que par le pardon des injures et même l'amour de nos ennemis? en un mot, que le chemin qui conduit au bonheur éternel, est l'unique de la croix portée volontairement, maximes qui condamnent nécessairement tous les sentiments et tous les actes qui sont en opposition avec ces principes évangéliques.

Hélas! je les goûte trop tard pour mon malheur; mais ils font aujourd'hui toute ma consolation. Que ne puis-je, Monsieur, vous les faire adopter, en vous arrachant à un monde trompeur qui ne séduit que pour empoisonner, et qui n'offre aucune ressource, aucun baume salutaire à des plaies aussi cruelles que les nôtres? Oui, j'espère que notre enfant, qui juge mieux aujourd'hui du néant des choses humaines, sera dans l'éternité le lien qui nous y réunira, par les soins que son âme va prendre de la nôtre, étant ouverte aux sentiments purs et vrais.

Sa douce influence se fera sentir à votre cœur; elle s'y insinuera pour vous faire abjurer tout sentiment de vengeance, tout désir de rattraper des biens trompeurs, des avantages qui vous sont enlevés, non par les hommes, comme vous pouvez le penser, mais par Dieu même qui se sert des instruments qu'il lui plaît pour accomplir ses volontés sur la terre, et sur tous ceux qu'il a voulu peut-être humilier en cette vie pour les sauver en l'autre.

Oui, voilà mon espoir, c'est que Dieu, dans sa miséricorde, aura mis en sûreté notre pauvre enfant, en le faisant passer par une pénitence terrible, laquelle ayant effacé ses péchés en un moment, le met en état d'être plus utile à sa famille, qu'il ne l'eût été en entretenant de faux principes dans son âme.

Comment voudriez-vous, Monsieur, qu'avec de telles pensées, je puisse pleurer comme les autres? Ah! ma plus insupportable douleur est de voir tous ceux qui doivent m'être chers si loin de mes sentiments et de ma profonde conviction, puisqu'ils ne cessent de se précipiter eux-mêmes dans tous les malheurs qu'ils accumulent sur leurs têtes. Hélas! ne voyez dans cette lettre que le désir bien sincère de vous offrir la seule consolation que je connaisse à notre commun malheur. Daignez, Monsieur, en donner connaissance à votre sœur, si vous entretenez quelque commerce de lettres avec elle. Je me recommande à ses prières et vous prie de l'assurer de ma constante amitié, comme vous devez être sûr de mon ardent désir de vous retrouver dans l'éternité aussi heureux que je le désire.

170

La princesse Charlotte de Rohan à la comtesse d'Ecquevilly.

Ettenheim, ce 3 mai 1804.

Que j'ai été profondément touchée, profondément affligée de votre lettre, chère comtesse; combien la peine que votre touchante sensibilité ne parvient pas à adoucir, doit être amère et douloureuse ! Ah ! croyez que j'en ai joui cependant, que en vous lisant, je me suis reprochée d'accuser la Providence. Non, elle ne m'a pas tout ôté, lorsqu'elle me laisse des amis si sensibles et si tendres. Pourquoi ne sommes-nous pas ensemble, chère comtesse? pourquoi ne puis-je verser dans votre cœur, dans ce cœur qui m'entend si bien, les douloureux regrets qui oppressent et déchirent le mien ? Qu'il est aimable ce mouvement, que je suis touchée des offres de celle qui vous en a fait d'aussi obligeants, et de la part qu'elle prend à mon malheur ! que je suis reconnaissante de l'intérêt de la princesse Lobkowitz. Que de bontés, que d'amitiés j'éprouve de toutes parts ! c'est à lui que j'en fais hommage. Comment tout ce qui l'a connu ne me plaindrait-il pas ? Perdre à la moitié de sa carrière l'être qu'on aimait le plus, celui dont on était uniquement aimée ! — Le perdre, hélas ! comment ?

Oh ! mon amie, que de détails déchirants ! que de circonstances cruelles ! que de malheurs qui ajoutent encore à cet affreux malheur ! Que de reproches n'ai-je pas à me faire ?

S'il ne m'avait pas aimée, il ne serait pas venu ici; il n'aurait jamais quitté ses parents; et il existerait encore. Est-il possible que moi qui l'aimais tant, j'aie pu troubler sa vie, peut-être hâter sa fin, et combien cette pensée pèse sur mon cœur ! Je n'ai pas encore de leurs nouvelles, mais je n'en suis pas étonnée. J'avais adressé une première lettre à la baronne pour qu'elle la fît mettre à la poste à Munich, imaginant bien que toutes lettres venant des environs devaient être examinées avec soin, et peut-être soustraites. La baronne n'a pas osé les faire partir, sans consulter son père, qui a craint de se compromettre et les a soigneusement gardées dans son secrétaire, pendant plus d'un mois, époque à laquelle il a cru pouvoir hasarder de les faire mettre à la poste [1].

Tant qu'ils n'auront pas reçu de mes lettres, ils ont dû croire que j'avais partagé son sort, et je ne conçois pas encore que cela n'ait pas été. Ah! je n'ai pas du moins à me reprocher de n'avoir pas tout tenté pour le suivre.

Je ne sais si je vous ai mandé que, quelques heures après ce funeste événement, j'étais partie pour Strasbourg. Je n'espérais pas le voir; mais, dans une situation semblable, un être absolument dévoué, qu'aucune crainte ne peut arrêter, peut espérer n'être pas inutile. D'ailleurs je pouvais savoir son sort, et cette démarche eût pu me le faire partager. A peine y étais-je qu'un officier de gendarmerie et l'accusateur public vinrent m'interroger sur les motifs de mon séjour. Vous me connaissez assez, chère com-

---

[1]. Ce simple détail révèle quel était l'état moral de l'Europe en 1804, et quelle terreur y répandit l'assassinat du duc d'Enghien.

tesse, pour juger que ce n'était pas, dans le moment où il pourrait y avoir quelque danger, que je n'aurais pas avoué hautement, le sentiment qui m'y portait. Ils savaient déjà à quoi s'en tenir, car une grande partie de mes lettres se trouvaient dans ses papiers; mais les miens étaient en règle; et, après avoir, sous le prétexte de l'intérêt, tenté de me faire dire ce qu'ils imaginaient que je savais, ils se retirèrent.

Ce fut dans cette conversation que je sus par eux qu'il existait un testament de lui, fait depuis plus d'un an, dont il leur avait demandé de ne pas prendre lecture, mais auquel il avait obtenu d'eux la permission d'ajouter quelques articles; que ce testament, cacheté par lui et par eux, avait été adressé au Premier Consul, avec plusieurs billets d'argent prêtés par lui [1].

[1]. Le prince de Condé, le duc de Bourbon et le duc d'Enghien, réduits par les confiscations, les séquestres et les ventes nationales à la plus profonde indigence, ne vivaient que grâce à la pension accordée par l'Angleterre. Mais, sur cette pension qui, à des princes ayant possédé une immense fortune territoriale, ne devait paraître qu'un morceau de pain, ils avaient trouvé le secret de continuer à répandre des bienfaits. Seulement pour ne pas humilier les misères de l'exil, qui s'adressaient à eux en toute confiance, ils ne donnaient plus; ils *prêtaient sur billets*. Ces billets sont encore dans leurs papiers de famille; ce qui prouve qu'ils n'ont jamais été présentés à échéance. Il y en a de signés par des prêtres, par des évêques, par des généraux, par des magistrats, par des émigrés de la plus haute noblesse ou de la plus digne roture, et principalement par des veuves d'officiers ou de soldats tués sur les champs de bataille. Cette liasse de chiffons périmés forme, sans contredit, une des plus belles pages de l'histoire des trois derniers Condés.

Sûre que ses parents mettraient un grand prix à connaître ses dernières intentions; que les remplir serait pour eux une consolation, j'ai demandé au roi de Suède, qui m'a marqué le plus sensible et le plus touchant intérêt, de vouloir bien le réclamer. Il l'a fait avec un empressement extrême; mais jusqu'ici ses démarches ont été sans succès, et je ne me flatte plus.

Honteux de cet horrible crime, ils voudraient, je crois, l'ensevelir dans un profond oubli. Ils craignent tout ce qui peut rappeler l'indignation contre eux, et l'intérêt pour lui [1].

---

1. Ces paroles de la princesse Charlotte n'ont pas besoin de commentaires; mais pour démontrer jusqu'à l'évidence l'impression que produisit la mort du duc d'Enghien, nous allons entendre un homme qui ne fut jamais hostile à Bonaparte.

Fiévée, l'un des plus habiles et des plus clairvoyants publicistes de ce siècle, était le correspondant du Premier Consul, son admoniteur secret et son Égérie politique. Il avait été chargé par lui de le tenir au courant de l'opinion en Europe, et en France surtout. Fiévée lui écrivait par quinzaine, sous forme de notes, et il lui parle avec autant de liberté que d'esprit et de raison. En 1836, il a réuni et fait imprimer ses notes sous ce titre : *Correspondance et relations de J. Fiévée avec Bonaparte, premier consul et empereur* (1802 à 1813).

En mars et avril 1804, l'écrivain s'adressant au Premier Consul, s'exprime très-librement sur les généraux Pichegru, Georges Cadoudal et Moreau, dont le procès s'instruisait. Il lui montre le chemin à suivre; il entre avec lui dans des détails intimes et tout personnels, qui plus d'une fois durent froisser l'amour-propre de Bonaparte. Mais Fiévée lui-même, autorisé à tout discuter, ne se sent pas le courage d'user de l'autorisation. Il est muet sur le duc d'Enghien; et si muet qu'en 1836, afin d'expliquer ce silence au public, il fait un aveu aussi triste que concluant.

« Pour avoir, dit-il, la certitude que rien ici n'est exagéré, il

Concevez-vous, chère comtesse, que le malheureux ayant demandé avec instance, d'être entendu en confession, on a eu la barbarie de le lui refuser, et de motiver cet inhumain refus, sur la crainte que son supplice ne fût retardé de quelques heures. Sans doute aux yeux de Dieu, ce désir a suffi; mais il n'y a pas de criminel à qui les consolations de la Religion aient été refusées. Je sais aussi qu'il m'a écrit, que ses derniers moments m'ont été consacrés, et l'on a la cruauté de me priver de cette dernière marque de souvenir et de tendresse. J'ignorerai toujours ce qu'il a désiré. Ses derniers vœux ne sont pas remplis. Je flotte dans la plus cruelle des incertitudes, je ne sais ce que je dois, ni ce que je veux devenir.

Ah! chère comtesse, si vous pouviez être près de moi, je ne craindrais pas de vous fatiguer de mes peines. Je suis sûre que vous les partageriez, que vous souffririez avec moi, comme moi. Ah! croyez, chère amie, que même à la distance qui nous sépare, votre amitié me fait du bien.

Le marquis de Thumery est encore à la citadelle de Strasbourg; les autres sont à Paris, ils existent encore. Ses gens sont au cachot aussi à Strasbourg.

Imaginez, chère comtesse, que mon pauvre Mo-

faut se rappeler que cette Note a été écrite dans les premiers jours d'avril 1804, et que M. le duc d'Enghien avait été assassiné le 21 mars précédent, d'une manière si brusque qu'on ne l'apprit qu'en entendant crier dans les rues son prétendu jugement. L'effroi fut si grand et si général que, dans le premier moment, il l'emporta même sur la pitié et sur l'indignation. » (Tome I, p. 237.)

hiloff l'a suivi. Hélas! c'est le seul ami qui lui soit resté. La femme du gouverneur de Vincennes l'a recueilli et paraît mettre un grand prix à le garder, ayant dit cependant que, si elle savait qu'il fût pour moi, elle se déciderait à me le rendre. Je lui ai écrit, et j'espère qu'elle ne se refusera pas à me donner cette petite consolation, car le sentiment qui l'a portée à conserver ce chien, suppose une âme sensible et bonne [1].

171

Le duc de Bourbon au roi Louis XVIII.

Londres, ce 5 mai 1804.

Sire,

Je ne saurais trouver d'expressions assez fortes pour témoigner à Votre Majesté combien je suis sensible à l'intérêt si touchant dont elle honore la mémoire de mon malheureux enfant. Étant destiné à le pleurer toute ma vie, je n'éprouve d'adoucissement à ma douleur, qu'en songeant à ses dernières paroles : « Dieu, sauvez mon Roi et délivrez la France de ce joug étranger qui l'opprime! »

1. On avait bâti tout un petit roman sur l'histoire de ce pauvre chien. Pour montrer jusqu'à quel point l'impératrice Joséphine avait pris de l'intérêt au duc d'Enghien, on disait qu'elle-même s'était occupée de recueillir Mohiloff et de le renvoyer secrètement à la princesse Charlotte. Les dernières paroles de la lettre de cette princesse lèvent toutes les incertitudes.

Puisse le ciel exaucer les derniers vœux du troisième fils de Votre Majesté (nom si cher qu'elle a bien voulu lui donner). Puissent ses bourreaux se contenter d'un sang si pur, versé avec la barbarie la plus raffinée! Puisse un crime si atroce être le signal de leur perte! C'est le vœu d'un père au désespoir et d'un sujet fidèle.

Je suis avec le plus profond respect,

Sire,

de Votre Majesté,

le très-humble et obéissant serviteur et sujet,

Louis-Henri-Joseph de Bourbon.

172

Le roi Louis XVIII au duc de Bourbon.

A Varsovie, ce 7 mai 1804.

Mes larmes étaient bien loin d'être taries, mon cher cousin ; votre lettre les a renouvelées avec plus d'abondance que jamais ; mais ce n'est plus seulement la douleur qui les fait couler, c'est l'amitié, l'attendrissement le plus vrai.

Quoi! dans un pareil moment, vous avez songé à moi! Sans doute l'assassin d'un héros ne peut être arrêté par un vain titre[1], et plût à Dieu qu'il

---

1. Le bruit s'était répandu en Angleterre que Bonaparte, au moment de se déclarer empereur des Français, voulait s'emparer

se fût attaqué à moi, que j'eusse été sa seule, sa dernière victime ! mais plus je suis sensible à l'intérêt que vous me témoignez, plus je dois dissiper vos touchantes alarmes. Ma position me défend d'un attentat caché et la générosité du Souverain, qui me donne asile, ne me permet pas d'en craindre d'autres. Le règne du crime aura son terme, et je goûte d'avance une sorte de consolation, en songeant aux honneurs publics que nous rendrons un jour à celui qui n'a encore de monument que dans nos cœurs.

173

Le roi Louis XVIII au prince de Condé.

A Varsovie, ce 7 mai 1804.

Je désirais, mon cher cousin, et je craignais presque également de recevoir de vos nouvelles. Je connaissais votre tendresse et votre fermeté : l'une m'effrayait pour vous, l'autre pouvait à peine me rassurer. Votre lettre termine cette pénible incertitude. Elle a, il est vrai, renouvelé ma douleur ; mais elle a calmé mes trop justes craintes pour vous. C'est le seul baume qui peut en ce moment

---

de la personne de Louis XVIII. Le duc de Bourbon avait écrit au roi pour le prévenir. Nous avons déjà dit que cet enlèvement n'a pas même existé en projet.

être versé sur la plaie de mon cœur. Elle est bien cruelle, cette plaie; elle saignera toujours, mais, tant que votre fils et vous me serez conservés, elle sera supportable.

C'est sans doute un adoucissement à votre douleur de songer qu'aucune imprudence de celui que nous pleurons n'a causé notre malheur; mais il avait, aux yeux du tyran, deux crimes irrémissibles, son nom et sa gloire.

Je me suis acquitté de vos commissions pour la Reine, pour mes enfants. Ils se sont empressés de vous exprimer tous leurs sentiments, en apprenant la fatale nouvelle. Aujourd'hui ils ne peuvent qu'admirer le courage que vous avez eu de m'écrire dans une telle affliction.

Votre fille vous répond sûrement aujourd'hui, ainsi qu'à son frère. Je crois cependant remplir un devoir en même temps que je goûte une véritable consolation, de vous dire qu'elle est aussi bien que nous pouvions nous en flatter, et qu'elle a reçu ce coup avec toute la sensibilité que vous lui connaissez, mais avec toute la force que donne la Religion.

Adieu, mon cher cousin, vous connaissez toute mon amitié pour vous.

Louis.

174

Le roi Louis XVIII au duc de Bourbon.

A Varsovie, ce 24 mai 1804.

J'ai reçu, mon cher cousin, votre lettre du 9 ; Ah ! ne me parlez pas de votre sensibilité à la part que je prends à votre douleur. C'est moi, je le disais encore hier à votre sœur, qui suis reconnaissant de ce qu'on partage la mienne. Vous-même avez dit le mot : « J'ai perdu mon troisième fils. » Que son assassin, dédaignant même le titre qui m'appartient, en prenne un qui flatte davantage son orgueil ; le sang qu'il a versé, crie contre lui à ce tribunal, où les tyrans, ni leurs flatteurs ne sont écoutés, et le dernier vœu de sa victime y sera exaucé.

Condamnés à lui survivre, que cet espoir nous aide à supporter nos peines.

175

L'empereur Alexandre de Russie au prince de Condé.

A Saint-Pétersbourg, le 1er juin 1804.

Monsieur mon cousin, j'ai reçu les deux lettres de Votre Altesse, du 6 et du 18 avril, sur l'enlèvement et la fin tragique d'un prince dont je connaissais les exploits et les qualités, si rares à son âge. Les vues de la politique ne devant point étouffer les sentiments d'humanité, j'ai manifesté ouvertement les miens sur cet événement et je désire qu'en l'apprenant, Votre Altesse en ait ressenti quelque consolation.

Il est certain que je n'eusse rien négligé pour sauver, s'il eut été possible, ce digne rejeton d'une race illustre; mais je n'ai appris le danger que quand le coup était déjà frappé. Maintenant que votre malheureux et illustre petit-fils n'existe plus, je ne puis que déplorer avec vous sa cruelle destinée et prendre la part la plus vive à vos chagrins, vous priant d'être persuadé des sentiments sincères d'estime et d'intérêt avec lesquels je suis,

Monsieur mon cousin,
de Votre Altesse,
le bien affectionné cousin,
Alexandre.

176

(An 1804) Arrestation de mon fils et sa mort[1].

Je suis revenu de la campagne de Gold-Green

---

1. Afin d'alimenter ses tristesses et de ne pas perdre le souvenir de tous les incidents qui occupèrent sa vie, durant les heures d'incertitude et d'anxiété, s'écoulant à Londres entre l'enlèvement

chez M. Édouard Dillon [1], le lendemain de Pâques, 2 avril; le 3, au matin, en lisant le *Morning-Herald*, j'y ai vu, avec autant de surprise que de douleur, l'arrestation du duc d'Enghien, à Ettenheim, le 15 mars, sa translation à Strasbourg, et de là au château de Vincennes, près Paris, où il est arrivé le 21 matin, à six heures, et y a été jugé à neuf par une commission militaire qui l'a condamné à mort....

---

du duc d'Enghien et son assassinat, le duc de Bourbon a rédigé de sa main et sous ce titre un récit détaillé et complet de tout ce qui lui est arrivé et de ce qu'il a fait. C'est, pour ainsi-dire, l'autopsie de la douleur prise sur le vif et mêlée aux événements de la journée. Ce procès-verbal, où les fausses nouvelles, inspirant de fausses espérances, viennent à chaque minute arrêter les pleurs, a quelque chose de navrant dans sa simplicité. On sent que le père se contient à chaque mot qui tombe de sa plume, et qu'il éprouve une espèce de sombre jouissance à ne laisser échapper sur le papier qu'une faible partie des désespoirs dont son cœur est plein.

Ce memento, où les agitations du corps étouffent les agitations de l'âme, et ne laissent place qu'au désir de sauver à tout prix un enfant si aimé et si admiré, nous a paru digne d'être conservé. Nous le publions en faisant une remarque, qui certainement n'échapperait pas au lecteur.

Le duc d'Enghien a été fusillé le 21 mars 1804, mercredi de la Passion; et c'est, le 3 avril, que la nouvelle de son arrestation a été connue à Londres. Le 10 avril seulement, dix-neuf jours après sa mort, on l'a apprise dans cette ville. Quoiqu'il n'y eût alors ni bateaux à vapeur, ni télégraphes, ni aucun moyen de transmission électrique, un pareil retard, même en temps de guerre, nous semble aussi anormal que inexplicable. Le *Moniteur* du 23 mars publie le jugement rectifié, la condamnation et l'exécution. Il faut donc supposer qu'il a mis dix-sept jours à traverser le détroit ou que, pour un motif que nous ne connaissons pas, le *Moniteur*, les feuilles publiques et les lettres particulières auraient été retenus à la poste de Paris.

1. Le général comte Édouard Dillon surnommé le Beau Dillon.

Monsieur a envoyé chez moi M. de Nantouillet[1], de sa part et de celle de M. le duc de Berry pour savoir si j'avais quelques nouvelles particulières à cet égard, et me prier de me rendre chez lui. Je n'ai pu m'y rendre sur-le-champ, étant dans une douleur et une agitation qui ne peuvent s'exprimer, et obligé en même temps de contenir celle de Mme de Rully, qui était dans un état de désespoir épouvantable. M. de Rully et M. de Quesnay étaient allés courir pour avoir les *Moniteurs* qui annonçaient la fatale nouvelle. Ils sont revenus peu de temps après : à une heure et demie est arrivé M. de Vaudreuil, qui m'a dit, après avoir témoigné l'intérêt le plus touchant, que Monsieur et M. le duc de Berry allaient partir à deux heures pour Wandstead-house, et qu'ils me mèneraient si je voulais. J'ai accepté, et me suis rendu chez Monsieur où étaient les princes d'Orléans. Tout le monde a été parfait pour moi et m'a témoigné le plus grand intérêt dans mon malheur. Nous sommes partis à deux heures, Monsieur, M. le duc de Berry et moi.

Arrivés à Wandstead, nous avons trouvé à la porte M. de Grimaldy, qui ne savait rien et nous dit qu'il n'y avait aucune nouvelle.

Alors, Monsieur, ne voulant pas l'annoncer à mon père, est entré avec le duc de Berry dans l'appartement de la princesse de Monaco, qui n'était pas chez

---

1. Le lieutenant général comte Lalmand de Nantouillet, premier écuyer du duc de Berri.

elle. J'ai fait demander mon père à la salle du déjeuner où il était; l'ai fait venir dans le salon, où il n'y avait personne, et lui ai annoncé avec tout le ménagement possible, l'extrême malheur dont nous étions accablés. Il l'a appris avec une grande sensibilité, mais en même temps assez de courage pour se rendre aussitôt chez la Princesse où était Monsieur et mêler ses larmes aux siennes et aux nôtres. La Princesse était au salon du déjeuner avec le duc de Coigny, qui est reparti sans rien savoir. Elle est venue chez elle, et nous trouvant tous en pleurs, elle a éprouvé un saisissement qui ne peut s'exprimer. Mon père l'a emmenée dans l'autre salle et lui a tout dit. Peu de temps après, les trois princes d'Orléans sont arrivés; ils sont restés une demi-heure au salon, et sont repartis. Monsieur est parti avec le duc de Berry peu de temps après.

Nous avons dîné, mon père, la Princesse, Adèle et moi, tous quatre dans la chambre de la Princesse. Le 4 au matin, dix heures, nous sommes partis pour Londres, mon père, M. de Contye et moi. Nous avons été chez M. Addington et chez lord Hawkesbury, solliciter leur intérêt et celui du Gouvernement pour notre enfant. Nous n'avons trouvé que M. Addington, qui nous a promis douze mille livres sterling pour faire partir M. de Bruslart, qui s'est offert à nous, avec toute l'obligeance possible, pour aller à Paris chercher les moyens de délivrer le duc d'Enghien des mains de ses bourreaux. Nous n'avons pas trouvé lord Hawkesbury[1], mais nous avons eu audience de M. Hammon, qui nous a reçus aussi avec intérêt, et nous a donné rendez-vous au lendemain une heure pour voir lord Hawkesbury, qui devait revenir de la campagne. Nous avons été de suite chez Monsieur, que nous avons trouvé avec le baron de Roll; puis après chez M. de Woronzoff qui n'y était pas. Nous avons dit que nous y repasserions le lendemain à midi. Nous sommes revenus dîner à Wandstead. Le soir, huit heures et demie, nous avons vu chez M. de Contye M. de Bruslart, et nous nous sommes recordés sur tout ce qu'il y avait à faire. Il n'est venu le soir aucune nouvelle.

M. Des Cars était venu le matin à Wandstead avant que nous ne partions pour Londres.

Le 5, à dix heures, nous sommes partis, mon père et moi, pour Londres. Nous avons été chez lord Hawkesbury, que nous avons vu avec M. Hammon. Nous avions été avant chez M. de Woronzoff, qui nous a conseillé d'écrire à l'empereur de Russie pour réclamer son intérêt; ne pouvant lui-même faire de démarches sans ordre de sa cour. Nous avons fait part de cela à lord Hawkesbury, qui en même temps a promis d'écrire au nom de Sa Majesté à la cour de Russie, et d'envoyer la lettre par courrier. Il a été convenu ensuite que M. de Bruslart s'expliquerait avec eux pour les arrangements

---

1. Lord Hawkesbury faisait partie du ministère Addington, dans lequel M. Hammon était sous-secrétaire d'État.

de son voyage, et qu'il viendrait quand nous serions sortis.

M. de Bruslart, qui était prévenu, s'est trouvé sur le trottoir de White-hall. Mon père est parti en voiture, moi je suis sorti à pied; et ayant rencontré M. de Bruslart sur le trottoir, comme nous en étions convenus, je lui ai dit d'aller aussitôt chez le ministre. J'ai rejoint mon père à la maison et nous avons été ensemble chez Mme de Rouault où le duc de Glocester nous avait fait dire qu'il était, et qu'il avait envie de nous voir. Ensuite nous avons été chez l'évêque d'Arras, où étaient Monsieur et le comte de Vaudreuil.

Ils nous ont parlé d'un projet qu'avait M. de Cirullo, qui était venu aussi chez nous pour nous en faire part, d'envoyer à Paris des Corses mécontents[1] qui sont à Londres, et qui travailleraient à délivrer

1. Ce projet d'envoyer à Paris des Corses mécontents pour travailler à délivrer le duc d'Enghien avait été sérieusement conçu. Il aurait été peut-être plus sérieusement exécuté, si les princes de la Maison de Bourbon eussent daigné y prêter les mains. Ces Corses mécontents, dont M. de Cirullo, un diplomate italien, se faisait l'intermédiaire, ne parlaient pas moins que d'assassiner Bonaparte. S'il faut s'en rapporter au témoignage écrit du général de Bruslart, ils s'offrirent en affirmant qu'ils étaient sûrs de leur coup. Ainsi, au moment même où le Premier Consul faisait enlever et fusiller le duc d'Enghien, la famille royale exilée repoussait avec indignation les meurtriers qui, pour quelques pièces d'or ou pour assurer une vendetta, voulaient, successeurs d'Aréna et précurseurs de Pianori ou d'Orsini, tuer Bonaparte au stylet.

C'était répondre d'avance et péremptoirement aux *soixante assassins* évoqués par le testament de l'empereur Napoléon à Saint-Hélène.

M. le duc d'Enghien. Nous avons laissé tomber ce projet, en faisant aussi peu de cas qu'il le méritait.

Nous avons éprouvé un soulagement dans notre douleur, en voyant dans un papier anglais, le *British*, qu'une lettre d'un agent diplomatique, en date du 22, annonçait que les ambassadeurs de l'Empereur, du roi d'Espagne, du roi de Naples et du roi d'Étrurie, avaient fait une démarche auprès de Talleyrand, pour demander à Bonaparte un sursis en faveur de M. le duc d'Enghien, comme parents, et que Talleyrand avait répondu qu'il en rendrait compte au Consul. Nous sommes revenus pour dîner à Wandstead; le soir, conseil chez Contye avec Bruslart.

Le 6, au matin, nous avons fait, mon père et moi, nos lettres pour l'empereur de Russie, et on les a envoyées avant deux heures à M. de Woronzoff, qui a répondu qu'il les avait fait partir par un courrier anglais, et, en même temps, nous a assuré qu'il ne doutait pas que l'Empereur n'eût déjà fait la démarche de lui-même, d'après l'intérêt qu'il portait à la Maison de Bourbon, etc., une lettre parfaite sous tous les rapports. Vers les trois heures, les ducs de Kent et de Cambridge, avec le duc d'Orléans, sont venus nous faire visite et sont repartis une demi-heure après. Rien de nouveau d'ailleurs dans les journaux. Le soir, conseil chez Contye avec Bruslart. Lord Hawkesbury a témoigné le désir de nous voir le lendemain, à une heure.

Le 7, nous sommes partis, après le déjeuner pour aller à l'Office de lord Hawkesbury. Nous avons rencontré en chemin à White-chapel Monsieur et M. le duc de Berry avec le comte François Des Cars, qui venaient à Wandstead. Nous nous sommes arrêtés et avons causé un moment. Nous nous sommes rendus de suite à l'Office ; nous n'avons vu que M. Hammon. M. de Bruslart s'y est rendu ; nous avons terminé les arrangements pour son départ. Nous sommes repartis aussitôt pour Wandstead ; le soir, conseil chez Contye avec Bruslart. M. de Bruslart a reçu les 12 000 livres sterling.

Le 8, il n'y a eu aucune nouvelle : nous sommes restés toute la journée à Wandstead. Bruslart a été, le matin, à Londres. M. Hammon l'a chargé de nous dire qu'il avait eu des lettres de Berlin qui annonçaient que l'arrestation de M. le duc d'Enghien y avait fait un effet prodigieux ainsi que dans toute l'Allemagne, qu'on lui mandait aussi que M. le duc d'Enghien avait été pris dans son lit et mené en chemise jusqu'à un moulin à quelque distance d'Ettenheim ; et que, comme on lui avait dit qu'il était arrêté comme accusé de conspiration contre le Consul, il avait répondu que l'on devait être bien sûr que tout ce qui s'appelle Bourbon était contre le gouvernement existant en France ; mais qu'aucun n'était capable de tremper dans aucune conspiration sourde. On ajoute que Mlle de Rohan l'avait suivi dans sa voiture à elle jusqu'à Strasbourg.

Le 9, M. de Contye et Bruslart ont été, le matin, à Londres pour parler à M. M. pour des arrangements d'argent[1] ; M. de Quesnay est venu sur les neuf heures du matin, avec le papier du *British press*, confirmant la nouvelle qu'il avait donnée le 4, de la réclamation des ambassadeurs ; mais venant d'une correspondance. M. de Contye est revenu le soir, et nous a dit qu'à la Cité on avait affiché que M. le duc d'Enghien était relâché ; cette nouvelle était venue par la voie de la Hollande. Il s'était amassé beaucoup de monde pour lire cette affiche écrite en gros caractères. Mais la joie qu'elle avait causée dans le premier moment, s'est bientôt évanouie par le peu de fondement qu'avait la nouvelle.

Le 10, au matin, jour fatal à jamais ! Monsieur et M. le duc de Berry sont arrivés sur les trois heures ; ils ont descendu à l'écurie, ont fait demander M. de Damas, à qui ils ont fait part de notre extrême malheur. M. de Damas est venu dans l'antichambre de la Princesse, chez qui nous étions, mon père et moi, et l'a fait demander. Elle est rentrée aussitôt avec un air qui nous annonçait la fatale nouvelle que nous allions apprendre. Nous l'avons questionnée ; elle nous a dit que Monsieur nous attendait pour nous parler. Je suis sorti sur-le-champ avec la mort

1. Tous ces pourparlers, toutes ces allées et venues, tous ces conseils prouvent bien que la famille de Bourbon et le gouvernement anglais ne supposaient pas que Bonaparte mettrait une si fatale célérité dans l'exécution du duc d'Enghien. On s'imaginait seulement qu'il avait voulu s'en faire un otage.

dans l'âme ; j'ai monté chez mon père, n'ai trouvé, n'ai vu personne ; mon père m'a suivi dans le même état. Enfin Monsieur et M. le duc de Berry ont paru, et nous ont annoncé notre malheur. Jour fatal à jamais !

M. le duc de Cumberland et le duc de Glocester[1] sont venus. Nous avons été obligés de pleurer devant eux notre malheureux enfant.

Le 12, est venu le matin M. de Graïlly de la part de Monsieur ; puis, à trois heures, les princes d'Orléans. Je ne m'y suis pas trouvé, étant à me promener avec Adèle.

Le 13, triste anniversaire pour moi[2]. Nous avons vu dans les papiers les détails de la mort de mon enfant ; ils m'ont rendu fier d'avoir eu un tel fils ; mais en même temps redoublé fortement une douleur qui ne peut avoir de bornes. J'ai écrit ainsi que mon père au Roi ; j'ai écrit aussi à ma sœur.

Le 16, M. le duc d'Orléans est venu nous apporter une lettre que la princesse Élisabeth, fille de la reine d'Angleterre, avait écrite au duc de Kent, son frère, pour le prier de nous faire part de l'intérêt que S. M. la Reine prenait à notre malheur.

Le 17, mon père a écrit au roi d'Angleterre pour

1. Le duc de Cumberland et le duc de Glocester, fils du roi Georges III.

2. Le 13 avril était l'anniversaire de naissance de ce malheureux père, qui s'écriait comme Job : « Périsse le jour dans lequel je suis né et la nuit dans laquelle il a été dit : un homme fut conçu. »

lui faire faire part de la perte que nous avons faite de notre enfant, massacré dans la nuit du 20 au 21 ; dans ce même bois de Vincennes où saint Louis rendait la justice sous un chêne à ses sujets, qui étaient, dans ce temps-là, de vrais Français et non pas des bourreaux[1].

Le 18, on a fait un service à Londres ; Monsieur, M. le duc de Berry et les princes d'Orléans y étaient présents, beaucoup de Français et même d'Anglais. L'évêque de Montpellier[2] a officié et l'abbé de Latil[3] a prononcé le discours. Nos officiers et gentilshommes s'y sont rendus aussi, et sont revenus à Wandstead.

Le 19, M. Des Cars a apporté, le matin, une lettre du Roi pour mon père et pour moi, lettre aussi bien faite et aussi touchante que la bonté de son cœur la lui a dictée. Il ne savait encore que l'arrestation ; elle est en date du 2 avril. Sa Majesté a écrit aussitôt aux deux Empereurs, roi d'Espagne, roi de Naples, roi de Suède, roi de Prusse et roi d'Angleterre. Mon père a envoyé M. de Contye à Londres porter aux ambassadeurs de Russie, de l'Empereur,

1. Il n'y eut qu'un nombre imperceptible de personnes qui prirent part à la catastrophe du duc d'Enghien. Encore se firent-elles un devoir d'en témoigner leurs regrets. La France et l'Europe s'émurent et s'attristèrent de ce crime ; et, en présence d'un pareil deuil, aussi universel que spontané, deuil qui se prolonge encore dans l'histoire, Bonaparte s'aperçut qu'il avait commis une faute irréparable.

2. Joseph-François de Malide.

3. L'abbé de Latil, plus tard cardinal archevêque de Reims.

du roi de Naples, et du roi de Suède, ses lettres de part, en son nom et au mien, pour Leurs Majestés, et s'est décidé aussi, quoique avec peine, à écrire au roi d'Espagne, d'après l'observation que je lui ai faite que le Roi lui avait écrit pour lui demander sa protection pour notre malheureux enfant.

Le prince de Galles, le duc de Clarence, le duc de Kent et le duc d'Orléans, sont venus le matin sur les deux heures et nous ont fait une visite d'environ une heure. Le prince de Galles nous a dit qu'on avait arrêté à Londres deux Français, soupçonnés fortement d'être dans l'intention de l'empoisonner. On a appris la veille la mort de Pichegru, dit dans les papiers français s'être étranglé lui-même.

Le 20, il y a eu encore un service à la chapelle de King-Street, pour mon enfant, où se sont rendus MM. de Damas, de Rully et Contye.

Le 21, M. de Contye a porté à l'ambassadeur d'Espagne la lettre de mon père pour Sa Majesté; mais comme je l'avais prévu, il a refusé très-poliment de s'en charger. Celui de Portugal a refusé aussi, ne trouvant pas le protocole de l'adresse en règle. Monsieur est venu seul sur les une heure nous faire une visite.

L'ambassadeur de Suède, M. de..., est venu à une heure, et nous a fait part de toutes les démarches qu'avait faites S. M. Suédoise, pour notre malheureux enfant, lorsqu'elle avait appris son arrestation; et en même temps nous a assuré que le

Margrave de Baden, n'avait su, que deux heures après l'arrestation, le passage des troupes françaises de l'autre côté du Rhin. Il est à désirer pour son honneur que cela soit vrai[1].

177

La princesse Louise au prince de Condé.

Loué soit le Très-Saint-Sacrement.

à Varsovie, ce 4 août 1804.

.... On dit qu'il est question de donner au Roi une petite possession en Russie, de lui laisser porter ce titre et de lui former une apparence de *courette* (ce mot est de mon invention). Je trouve que tout cela a dû (en France) rendre jadis M. Stanislas Leckzinski fort heureux[2]. Mais pour Louis de Bourbon, roi de France, je pense tout autrement.

---

1. Par les documents que nous avons publiés, il reste avéré que le Grand-Duc de Bade ne connut l'enlèvement du duc d'Enghien que deux heures après. Par peur du Premier Consul, il n'eut que l'insigne faiblesse de s'incliner en tremblant devant le fait accompli.
2. Stanislas Leckzinski, roi électif de Pologne et père de la reine, épouse de Louis XV. Après avoir été renversé du trône par les Russes de Pierre Ier et avoir subi toutes les épreuves d'une royauté malheureuse, Stanislas vint se réfugier en France où, grâce à une de ces fortunes qu'on ne trouve que dans les romans, sa fille, pauvre et délaissée, se vit reine tout à coup. En vertu du traité de paix conclu à Vienne, le 18 novembre 1738, Stanislas

Tout ou rien ; et rien, vu les choses et les causes, est, à mes yeux, ce qu'il y a de plus honorable. Mais ceci n'est ni de mon ressort ni de mon sujet. Je reviens à vous : je vous avoue que je ne vous verrais point avec plaisir rapprochés tous deux à un certain point de ladite courette. Vous savez mieux que moi qu'un rassemblement de Princes réussit rarement, et qu'ils ne sont jamais plus unis, dans ces occasions, que lorsqu'ils vivent chacun de son côté.

Au surplus, je ne vous cache pas qu'il m'a été dit, que le gouffre des intrigues de Versailles existait dans ce qui est aujourd'hui. Ah mon père ! à moins que l'honneur ne vous en tire, vivez, non pas heureux (ce n'est plus possible), mais tranquille dans votre intérieur. Pardonnez si je me mêle de vous donner un conseil ; c'est l'élan d'un cœur dont vous connaissez toute la tendresse.

abdiqua son titre de roi, en en conservant les honneurs. Il fut mis en possession viagère des duchés de Lorraine et de Bar qui, à sa mort, firent retour à la France. Sa cour de Lunéville et de Nancy ou plutôt sa courette, pour nous servir de l'expression de la princesse Louise, est célèbre et le nom de *bienfaisant* que la Lorraine décerna à Stanislas est consacré par la reconnaissance des peuples.

Dans un ouvrage récemment publié à la librairie d'Amyot, éditeur, rue de la Paix, M. Alfred d'Almbert a peint avec autant d'esprit que d'érudition les mœurs et les usages de la Lorraine ainsi que la cour de Stanislas.

178

De la même au même.

Loué soit le Très-Saint-Sacrement.

A Varsovie, ce 22 avril 1805.

J'ai reçu hier votre lettre du 10 mars, qui me tire d'une grande peine, puisque vous aurez la bonté de m'envoyer quelqu'un à Dantzig, par le premier convoi marchand qui partira d'Angleterre. Quel qu'il soit, je m'y confierai, puisqu'il viendra de votre part, et je serai un peu rassurée sur les dangers de circonstance d'un tel voyage. Au surplus, on dit ici qu'il n'y a rien à craindre sur ce que vous me mandez relativement à Lubeck. Quant à mon départ pour Dantzig, je désirais qu'il eût lieu dans quinze jours au plus tard ; mais M. de Bonnay (entre les mains duquel me voici tombée, et entre nous, selon moi, ce n'est pas une petite chute, car il me déplaît fort), M. de Bonnay donc est venu ce soir, me représenter qu'il valait mieux le remettre à trois semaines, c'est-à-dire au 13 mai. Je ne vous écrirai point les détails du peu d'obligeance qu'on a mise à me rendre un aussi léger service.

Ceci me donne l'expérience qu'il est des gens qui ne savent qu'accorder des grâces, et n'entendent rien à faire un plaisir. Or, je n'ai assurément pas prétendu demander une grâce; ce n'a jamais été mon genre. La Reine, qui a été fort bien pour moi dans tout ceci, est venue hier me voir, et part demain matin avec mon duc d'Havré, que je regrette sincèrement. Il paraît par votre lettre, que vous n'avez pas reçu les siennes, c'est-à-dire la réponse à la vôtre d'abord, et une autre antérieure, je crois, de quelques jours à la mienne du 24 février, à laquelle vous répondez. Il en est bien fâché, et m'a chargé de tous les hommages possibles pour vous et pour mon frère aussi. Je pense que je n'aurai plus la consolation d'avoir de vos nouvelles ici; mais seulement à Dantzig par votre ambassadeur.

Vous devez être fatigué et harassé de tous mes dits et redites, et la bonté avec laquelle vous les avez supportés, n'a pas été pour moi une légère preuve de la tendresse que vous voulez bien me conserver, et que mon cœur sent plus vivement que je ne puis vous l'exprimer. Ah mon père! qu'il me sera doux de vous presser encore contre ce cœur qui vous est si dévoué. Je ne puis retenir mes larmes en pensant à ce moment. N'ayant plus (au moins, je l'espère), à rabâcher des embarras de mon départ, je vais vous parler d'une autre chose, dont je veux que vous soyez instruit seulement, car vous n'éprouverez aucune importunité de ce qui en est l'objet.

Après ma sortie de la Trappe, retirée à Nieswictz,

en Lithuanie, dans un couvent, non cloîtré (comme la plupart de ceux de ce pays) et où j'ai passé deux ans, sans nulle apparence de possibilité de trouver un monastère où je pusse suivre ma vocation, une petite fille, d'environ quatre ans, fut mise à ma porte, abandonnée de son père et de sa mère. Ils se firent connaître après, et, quoique d'une famille noble, tous les deux, leur grande pauvreté leur fit prendre ce parti auquel ils ont tenu constamment. J'engageai l'abbesse à permettre que cette enfant restât chez elle, et je fournis à son petit entretien. Je lui donnai même des soins particuliers, ainsi que ma compagne; et nous lui trouvâmes des dispositions propres à recevoir une certaine éducation. La petite s'attacha tendrement à nous, et quand je vins ici, je crus, non sans fondement, qu'en faisant du bien à cette maison, elle y serait élevée avec les autres pensionnaires, y serait vue de bon œil, n'y serait point considérée comme une charge (parce que cela n'est pas) et qu'enfin, si je venais à mourir, elle aurait pour protection toute une communauté (qui m'aurait eu quelqu'obligation), soit pour la garder, soit pour, dans la suite, lui faire trouver des ressources chez quelques personnes de marque, qui ont des liaisons avec plusieurs religieuses.

Il faut convenir que tout ceci était vraisemblable; mais les choses ont tourné bien différemment de ce que j'avais pensé, à mon égard d'abord, comme vous le savez à présent, et par conséquent à l'égard de ce qui m'intéresse. Heureusement qu'avant ma profession, j'en ai assez vu pour pouvoir m'occuper personnellement du sort de ma pauvre petite infortunée, et j'ai mis de côté pour elle une petite somme qui lui sera délivrée à l'âge compétent, et qui lui donnera à peu près l'état d'une demoiselle de Saint-Cyr, comme je tâche aussi qu'elle en ait l'éducation. Mais certes pour cela, il ne faut pas qu'elle la reçoive ici, etc., etc., car cet article est inouï. De plus, c'est qu'on ne veut même pas lui donner celle que l'on donne aux autres.

Je ne puis, sous aucun rapport, la laisser; ce serait la replonger dans un abîme de maux. Je ne doute point que la maison de Montargis[1] n'ait d'autres sentiments que celle-ci. D'ailleurs, elle n'y sera pas plus à charge tant que j'existerai, et ni même après moi, puisqu'elle possède maintenant quelque chose. J'oubliais de vous dire que je me suis fait donner son extrait de baptême, qui constate son état et sa naissance légitime. Son âge est actuellement de neuf à dix ans; elle s'appelle Éléonore Dombkoska. Je vous demande pardon de cet historique un peu long, et de peu d'intérêt pour vous; mais il était nécessaire d'abord de vous dire le fait, et, par les

---

1. Les religieuses Bénédictines du couvent de Montargis, pour rester fidèles à leur vocation, émigrèrent sous la conduite de Mme de Mirepoix, leur supérieure. Le gouvernement anglais leur permit de fonder une maison, qui, en souvenir de la patrie, garda le nom de Montargis.

détails, j'ai désiré vous faire voir que je n'avais point fait une légèreté, en me déterminant à une bonne œuvre que je pouvais faire, étant encore séculière, et qui, depuis ma profession, a eu des suites qu'elle ne devait pas avoir, que par l'étrange esprit qui règne ici, et qui motive ma translation comme celle de cette petite innocente. Le duc d'Havré a demandé hier mes passe-ports au gouverneur qui les donnera sans difficultés. Ils seront sous les noms de Mme de la Rosière (c'est celui de ma fidèle et bien fidèle compagne), de Mme Joséphine, sa sœur (je le suis par ma profession religieuse) et de Mlle Éléonore. J'ai écrit au roi de Prusse, relativement à mon départ. Le temps de la réponse est bien passé, et je ne l'ai point. Le gouverneur a dit que cela ne faisait rien, mais qu'il en était étonné. Moi, je ne le suis point; quoiqu'à mon arrivée ici, il m'eût au contraire répondu ainsi que la Reine de la manière la plus obligeante. Mais d'autres temps, d'autres mœurs.

Je vous renouvelle les assurances d'un attachement auquel j'espère que vous rendrez justice. Un cœur profondément blessé n'en est que plus tendre. Hélas! vous devez l'éprouver, ainsi que mon malheureux frère. Mon père, nous confondrons nos larmes; les miennes ne cessent de couler. J'ai mis à profit ce que vous me mandâtes dans le temps : « Pleurez, ma fille, pleurez; de si justes larmes n'offensent point le Ciel. » Ah! non, sans doute; bien au contraire. C'est un hommage qu'il a voulu que nous lui rendions.

Adieu, adieu, mon tendre et infortuné père, je vous embrasse de toute mon âme.

179

De la même au même.

Loué soit le Très-Saint-Sacrement.

Rodney-hall, ce 24 juillet 1807.

Dans tous les malheureux événements, je suis plus occupée de mon père, qu'il n'est possible de le lui exprimer. Je crains qu'à la fin, il n'y ait plus un coin de terre qui ne soit souillé de la possession ou de la protection de l'usurpateur, et où, par conséquent, les infortunés Bourbons puissent achever leur pénible existence. Que pensez-vous de ce pays-ci? Est-ce qu'il pourra se soutenir longtemps seul, sans alliés, et son commerce au moins fort gêné? Mais que dites-vous de la conduite des deux souverains résidant à Tilsitt[1]?

Ah! je vous assure que me voilà presque démocrate, et que j'ai des rois et empereurs par dessus les oreilles. Quelle bassesse! quel dénûment de

1. L'empereur Alexandre de Russie et le roi de Prusse, Frédéric Guillaume III, à l'entrevue de Tilsitt avec Napoléon.

toute espèce de sentiments d'honneur, de justice, de probité, etc.

Je trouve tout cela mille fois moins révoltant, dans un homme de rien, qui se trouve par les circonstances avoir part au gouvernement de sa petite république, mais des individus nés sur le trône.... Cela fait horreur, et le renversement de tous principes est à son comble. Au surplus, ce n'est pas seulement chez les souverains que ce renversement total existe; il a lieu dans presque tout ce qui se voit dans ce siècle, et j'en suis frappée journellement, dans les plus petits détails. Croyez que souvent je suis prête à me persuader qu'au lieu de cinquante ans, j'en ai deux cents, par les changements de tout ce que j'ai vu et connu autrefois. Par exemple pour les jeunes personnes; au lieu de cette décence de maintien, de cette retenue, de tous ces devoirs de bienséance de notre temps, j'ai sous les yeux des culottes (très-nécessaires à la vérité pour ces extraits de jupes qui les couvrent), une manière de courir en faisant voir ses jambes au-dessus du genou. Plus des simples jeux de notre enfance; Colin-Maillard, les quatre coins, etc., avaient quelque apparence de règle. Il n'en faut plus; il faut aller devant soi, sans savoir où l'on va, se pousser, se jeter par terre, se rouler sur l'herbe, crier à tue tête, rire aux éclats, déchirer ses livres pour s'en faire des papillottes, avoir des robes neuves à tout moment, mais toujours en loques, etc., etc. Mais ce qui me confond le plus, c'est que tout cela est trouvé tout simple, dans les ladies, par les personnes de mon âge, de mon pays, qui sont d'un état à avoir et qui ont en effet beaucoup de piété et de religion. Je m'y perds, je le répète ; et je n'entends plus rien à rien.

180

De la même au même.

Loué soit le Très-Saint-Sacrement.

Ce 17 juin 1808.

Il y a bien longtemps que je n'ai eu le bonheur d'avoir de vos nouvelles, et mon cœur en désire. Je ne vous en ai pas demandé plus tôt, vous croyant à Gosfield (ou Gossfeild) chez vous. Quoiqu'il en soit, je ne veux pas tarder davantage à vous renouveler les expressions de mon tendre attachement. Je ne doute pas de l'impression que vous aura faite l'horrible dénouement du voyage de Bayonne. Quoiqu'il dut être depuis longtemps, la manière dont a eu lieu le détrônement des Bourbons d'Espagne fait frémir d'indignation. Avoir armé le fils contre le père, le père contre le fils, les attirer ensuite hors de chez eux, pour les obliger eux-mêmes à fouler aux pieds, justice, droits, honneur, c'est à quoi on ne peut penser sans avoir la chair de poule.

Il paraît que les Espagnols (bien tard assurément), commencent à ouvrir les yeux, et veulent faire quelque résistance ; mais je doute qu'ils puissent avoir du succès contre les forces gigantesques de l'usurpateur. Sans l'aveuglement dont sont frappés les souverains depuis nombre d'années, je penserais que l'affaire d'Espagne pourrait ébranler l'amitié intime d'Alexandre pour Bonaparte. Dieu le veuille! Je dis cela sans l'espérer. Quand on a approché ses lèvres de la coupe de l'ignominie, il est rare qu'on ne la vide pas dans son entier. A propos d'ignominie, heureux mille fois heureux les Bourbons de France, auprès de ceux d'Espagne, car de conserver et l'honneur et ses droits, c'est tout.

Dites-moi, je vous prie, ce que vous pensez de cet état de choses, mais surtout dites-moi que vous avez la bonté de me conserver une tendresse, que mon cœur apprécie.

181

La princesse Louise au duc de Bourbon.

Loué soit le Très-Saint-Sacrement.

Rodney-hall, ce 1er août 1808.

Comme il est malheureusement des blessures qui ne se ferment jamais, je ne crains point, mon bien aimé frère, de vous rappeler un triste souvenir, par les époques où je ne puis me refuser de vous parler de ma tendresse. Oui, c'est un besoin pour mon cœur de s'approcher du vôtre; leurs sentiments furent et seront toujours les mêmes. — Comme l'auteur de nos maux cruels vient de se montrer dans l'affaire d'Espagne! Quelle suite dans sa trame infernale! et quel dénouement! encore n'est-ce pas fini, j'en suis persuadée; et je crains fort que Ferdinand et ses frères ne portent leurs têtes sur l'échafaud. Quoiqu'il en soit, Dieu veuille que les braves et loyaux Espagnols aient du succès, si ce n'est pour leurs princes, au moins pour le genre humain! Mais j'avoue que je ne suis pas sans inquiétude à cet égard.

Les papiers français disent tout le contraire de tout ce qui était parvenu de bon. On dit à cela qu'ils mentent, qu'ils déguisent les faits, etc. Mais je me souviens que tout cela a eu lieu dans les campagnes contre l'Autriche, contre les Russes et les Prussiens. Les gazettes d'abord nous disaient monts et merveilles, ensuite elles citaient en dérision les journaux français, les taxaient d'impudence et de fausseté; et puis venait enfin la triste phrase des gazetiers du *Sun* : « Nous sommes consternés d'apprendre à nos lecteurs, etc., etc. »

Puissent mes noirs pressentiments ne pas se vérifier.

L'état de la Religion me navre aussi de douleur,

et dans l'ensemble, et dans les détails, car il faut voir ce qu'on appelle aujourd'hui avec tant de sincérité l'état de perfection. A Dieu ne plaise que je condamne personne, et je suis persuadée que la bonté divine peut avoir égard à l'aveuglement; mais il n'est pas moins vrai que le temps, où cet aveuglement n'existait pas, est à regretter.

Adieu, cher et bien aimé tendre frère, quand vous serez sans rois, sans reines, sans courses de Versailles[1] ou autres, venez me voir, malgré tous les détails pénibles de ce lieu-ci. Une fois dans un an, ce n'est pas trop ; et je ne compte pas le temps de ma maladie, parce que je ne vous y ai pas, ce qui s'appelle, vu, du moins à ma fantaisie. Ah comme je vous aime, mon tendre ami !

182

La princesse Louise au prince de Condé.

Loué soit le Très-Saint-Sacrement.

Ce 22 août 1808.

En vous priant de vouloir bien remettre la lettre de bonne fête que je joins ici, je vous réitère l'assurance de tous mes vœux pour vous. Dieu sait s'ils

1. La petite cour de Gosfield ou d'Hartwell que la princesse Louise regarde comme le Versailles de l'exil.

sont sincères ! mais quand seront-ils exaucés ? Malheureusement je n'en vois pas encore beaucoup d'apparence. J'ai vu, il y a deux ou trois jours, dans la gazette, la crainte que l'on a d'une réunion d'Alexandre et de Bonaparte contre l'Empereur.

Qu'est-ce que cette furie d'ambition d'une part, et cet aveuglement total de l'autre ? N'est-il donc pas évident que l'envahisseur de tous les pouvoirs comme de tous les principes, commence par faire ses complices, ceux qu'il a désignés pour être un jour ses victimes ? Au surplus, les âmes assez basses et assez immorales, pour se prêter aux vues d'un être comme Bonaparte, méritent bien le sort qu'il leur prépare ; mais le malheur est qu'elles sacrifient avec elles des milliers d'hommes. Que pensez-vous de l'Espagne (dont à la vérité je n'attends rien que pour elle) ? mais elle s'est rendue intéressante par des sentiments d'honneur, si rares aujourd'hui dans les souverains. La seule chose que je crains, c'est que ce Roi Ferdinand tant aimé, ne soit la victime de la rage de son ennemi ; le bruit en court déjà.

Quand les Français se modèleront-ils sur les Espagnols ? Ce n'est que d'eux seuls que nous pourrons jamais attendre quelque bien....

183

La princesse Louise au duc de Bourbon.

Loué soit le Très-Saint Sacrement.

Ce 26 août 1808.

Cher bon ami, je viens de recevoir votre lettre, et je vous assure que je partage tout ce que vous pensez et sentez. Aussi m'est-il bien difficile de sortir du fond de tristesse qui s'est emparé de mon cœur. Si je porte mes pensées vers Dieu, je le vois méconnu, outragé; si je les porte sur les hommes, je les vois (ou du moins la plus grande partie) enivrés, pour ainsi dire, dans l'immoralité la plus atroce comme la plus avilissante. Le dirai-je? si je les porte sur la plupart des personnes qui font profession de vertu, là encore je vois des changements qui sont bien loin d'adoucir les autres afflictions. Si je les porte enfin sur ma famille, vous savez ce qui est. Votre cœur blessé et toujours saignant, mon bien-aimé frère, m'est sans cesse présent et accolé au mien. Celui-ci ne peut que souffrir plus que je peux vous l'exprimer. Dans cet état cependant, il m'a fallu hier passer ma journée dans des festins, espèce de spectacles et feux d'artifice, et Dieu sait si c'est là ce que j'ai cru trouver dans les monastères! J'avais fait dire que ma position, sous tous les rapports, me faisait désirer qu'on ne me fêtât point, et j'en avais d'autant plus de motifs que, l'année dernière, cela avait été d'assez mauvaise grâce; mais celle-ci, on l'avait dans la tête.

En conséquence, on a pris mille biais. On m'a dit à moi et à quelques-unes que l'on ferait une fête en l'honneur du Roi, à quelques autres qu'elle serait pour la Prieure, et à quelques autres enfin qu'elle serait réellement pour moi; tout cela selon les esprits. Malgré tout, on exigeait mon amabilité qui, vous pensez bien, n'a été que d'une aile, car toutes ces parades-là, qui ne sont que pour le public, ne suppléent point aux procédés d'honnêteté commune, qui bornent toutes mes prétentions, souvent trompées.

Je vous avoue que j'ai une peur affreuse que, par les commérages, on ne fasse parler dans quelques gazettes de cette fête royale, et d'y être nommée. Tout cela est si plat et si hors de propos, que j'en serais au désespoir. Il y a quelques jours que M. Singevin m'a fait montrer quelques vers qu'il adressait à mon père pour les présenter au Roi. J'ignore si ces dames y ont joint quelques lettres à l'un ou à l'autre; je ne suis point dans leurs secrets.

Dites-moi si vous êtes dans celui de la lettre que mon père m'a écrite, il y a (je crois) à peu près trois semaines. J'en ai été tout étonnée et contente. Il me parlait d'une petite maison pour mes projets; mais, comme le détail en était fort peu étendu, j'ai envoyé quelques questions dont j'attends encore les réponses. M. de Contye peut vous mettre au fait de la chose; mais quand même elle ne réussirait pas, je suis toujours bien aise que mon père veuille bien s'en occuper.

184

Le roi Louis XVIII au prince de Condé.

A Gosfield, ce 30 août 1808.

Je m'empresse, mon cher cousin, de vous informer de l'arrivée ici, en bonne santé, de la Reine et de ma nièce. Je me suis acquitté de votre commission pour elles, et je suis chargé de vous en exprimer leur sensibilité. Actuellement, je vous invite, et comme parent, et comme *veterem vetus hospes amicum*, à venir, avec votre fils, jouir le plus tôt possible d'une réunion si touchante. Vous me trouverez un peu repris de goutte; mais quand le cœur est content, qu'importe les fredaines du genou?

Adieu, mon cher cousin; j'espère que la Princesse me permettra de lui faire hommage de ma joie. Vous connaissez toute mon amitié pour vous.

Louis.

185

Du même au même.

A Gosfield, ce 28 novembre 1808.

J'ai reçu, mon cher cousin, votre lettre du 26, dont je savais déjà à peu près le contenu qui m'a plus affligé que surpris. Malgré cela, je suis bien aise de vous avoir écrit la mienne du même jour. Elle était nécessaire. Elle peut l'être encore, si la décision générale est conforme au dire de votre premier interlocuteur, plutôt qu'à celui du second; et fût-elle contraire à mes vœux, je serais encore satisfait de ma conduite en cette occasion.

Mon devoir est de travailler sans relâche au même objet, attendant avec une respectueuse soumission que la Providence décide si les matériaux que j'amasse seront pour moi les ornements d'un palais, ou ceux d'un tombeau[1]. Au surplus, cette pièce

---

1. Le roi Louis XVIII, même en exil, a toujours porté très-haut la dignité de son nom et de son rang. Ce n'était point par orgueil qu'il agissait ainsi, mais par conviction et pour faire honorer la France dans ses princes. Cette attitude pleine de noblesse avait été souvent remarquée dans les cours étrangères; un jour, en 1814, elle amena une très-heureuse repartie de l'empereur Alexandre de Russie.
L'empereur Alexandre avait été invité par Louis XVIII à un grand dîner de cérémonie. Les souverains alliés s'y trouvaient également. Quand le gentilhomme de la chambre vint annoncer

très-utile, vis-à-vis de qui est bien intentionné, ne pourrait l'être vis-à-vis de qui l'est mal. Ainsi je n'ai pas de regret à l'avoir méditée à loisir.

J'approuve la note que vous avez envoyée, et j'attends, pour vous donner des instructions ultérieures, le résultat de la délivrance générale.

186

Du même au même.

Gosfield, ce 23 décembre 1808.

Je ne fais, mon cher cousin, que de recevoir votre lettre du 21, qui m'est parvenue par le stage. Vous

---

que le Roi était servi, Louis XVIII se lève de son fauteuil, prend le pas sur tous les princes, ses hôtes, et, à leur stupéfaction, va s'asseoir à sa place. Le lendemain, l'empereur Alexandre, racontant la chose à ses généraux et à ses ministres, s'étonnait encore de ce mouvement qui avait dérangé tous les droits de préséance : « Eh ! sire, s'écria un courtisan, il fallait faire pour Louis XVIII ce que, dans une occasion à peu près semblable, Pierre le Grand, votre aïeul, fit au petit roi Louis XV. — Comment vouliez-vous, répondit l'empereur Alexandre, en saisissant l'allusion *, que je prisse ce gros homme entre mes bras ? »

Tout le monde se mit à rire ; mais, à la réflexion, tout le monde sentit qu'en face des rois de l'Europe, vainqueurs de Napoléon et momentanément maîtres de la France, Louis XVIII avait très-dignement agi aussi bien pour l'honneur de son trône que pour celui du pays.

* Pierre visita la France en 1717. Ne voulant ni prendre le pas sur le Roi, à peine âgé de sept ans, ni passer devant un enfant, il rompit brusquement l'étiquette. Il enleva dans ses bras le jeune Louis XV, le couvrit de baisers et le porta jusqu'au milieu des salons.

me dites que je sais obliger; je me plais à le croire, et j'en suis d'autant plus aise que, dans cette occasion, il m'était impossible d'avoir un autre mérite que celui de la forme. Mais en revanche, vous savez remercier, et je sens bien vivement les expressions que vous employez.

J'approuve infiniment le choix que vous faites de Mlle de Dortan pour être dame d'honneur de Mme la princesse de Condé, et j'aurai grand plaisir à faire trois compliments à la fois.

C'est d'Avaray qui vous porte ma lettre. Vous savez que lui et moi ne faisons pas deux; ainsi vous ne serez pas étonné que mon ami, qui s'est toujours montré votre serviteur, soit instruit d'un événement qui me cause une véritable satisfaction.

187

La princesse Louise au prince de Condé.

Loué soit le Très-Saint Sacrement.

Ce 26 novembre 1809.

Je reçois dans le moment votre lettre, et je me hâte d'y répondre. J'aurais été plus peinée que je ne puis vous l'exprimer, que vous eussiez pu croire que j'avais fait sans vous, en partie, un arrangement pour changer d'habitation. Il est bien vrai que j'ai eu connaissance, il y a quelques mois, d'une maison en Yorkshire qui m'aurait parfaitement convenu sous tous les rapports ; mais, pour ne pas vous ennuyer de toutes mes vues manquées, j'attendais une entière décision du propriétaire pour vous consulter ensuite sur le projet de traité, que j'aurais compté faire avec lui, au mois de mars seulement. Au lieu de cette dernière décision de sa part, ce monsieur (qui en tout m'a paru brusque et malhonnête) a vendu sa terre, et loué ou vendu aussi sa maison, à une autre personne ; ce que j'ai appris indirectement, mais d'une manière sûre. Ainsi je suis retombée dans la nuit la plus profonde, mais avec plus de motifs que jamais de désirer en sortir.

Quant à ce qui regarde cette communauté-ci, j'ignore absolument si elle a des projets de changement ; je n'y vois aucune apparence, mais il est impossible d'être moins dans sa confidence que je n'y suis. Tout ce que je puis vous assurer, c'est que si elle change de lieu, je ne sais pas où j'irai, mais je ne la suivrai pas. Rien ne m'est plus indifférent que le confesseur qui vient à ces Dames.

M. Singevin (et non pas Siniavin, qui était l'amiral russe à l'embouchure du Tage), M. Singevin donc était un très-digne homme, et j'ai cru pouvoir le prendre pour confesseur à son arrivée ici. Lorsque je m'y présentai, je fus très-étonnée de le trouver endoctriné assez singulièrement à mon égard. Je m'en retirai, et m'en tins à M. le Roux, ce que je continuerai, tout M. le Roux qu'il est, quel que soit le confesseur qui viendra à ces Dames. Quant à faire société avec les prêtres du monastère, ma profession s'y oppose. Ainsi je m'en tiens à la stricte honnêteté à leur égard, quand l'occasion s'en présentera.

Vous avez bien raison de juger, comme vous le faites, ma manière de penser sur la nouvelle de Naples[1]. Je n'oublierai jamais combien ma pauvre Lisette m'amusait à Fribourg, et combien je la trouvais de bon sens quand elle me répétait sans cesse :

« Mais, Madame, est-ce qu'on laissera ces trois frères-là[2] se marier ?

« Mais, Madame, il faut les empêcher d'avoir des enfants.

« Mais, Madame, il n'est pas possible qu'on laisse cette race-là se perpétuer. »

Malheureusement tout le monde ne pense pas aussi bien que la bonne Lisette. Oh ! quel siècle ! Quel siècle ! dix Jérémies ne seraient pas de trop pour en déplorer les excès.

---

1. Le mariage de Louis-Philippe d'Orléans avec la princesse Marie-Amélie des Deux-Siciles.
2. Les trois d'Orléans, fils du citoyen Égalité.

188

De la même au même.

Loué soit le Très-Saint Sacrement.

Rodney-Hall, ce 20 septembre 1810.

Je vous dois trop, mon tendre père, et mon cœur vous est trop justement et trop tendrement attaché, pour ne vous pas instruire de ce qui me touche, et vous demander votre consentement et approbation à une chose qui, sous plus d'un rapport, contribuerait à ma tranquillité. Tant que je n'y ai pas vu de jour, je ne vous en ai point entretenu ; mais maintenant que les obstacles paraissent s'aplanir, je ne voudrais pas la terminer, sans savoir si cela ne vous déplaira pas ; ce dont je serais au désespoir. Voici de quoi il s'agit :

Je n'ai pas été longtemps ici sans m'apercevoir combien l'état était différent du mien, et surtout l'esprit de l'état. Les inconvénients ont beaucoup augmenté depuis la mort de la Prieure, et augmentent tous les jours. Je n'entrerai point dans des détails qui ne font que blesser la charité. Je ne vous citerai qu'une chose, c'est que par les procédés, et même les paroles de quelques-unes, je ne puis ignorer que je suis regardée ici comme payant la moindre des pensions, comme étant presque à la charge et charité de la maison, parce que je ne lui rends aucun service, etc., etc.

Le nom de Mme de Mirepoix sur lequel vous paraissez prendre quelque confiance, ne me met à l'abri de rien; il s'en faut de beaucoup. Au total, elle semble oublier qu'elle est Française. J'ai tout souffert avec patience et douceur, encouragée et soutenue par ma compagne, parce que je sentais tous les inconvénients d'une suite de changements d'asile; cependant, j'en conviens, mon cœur soupirait après la profession que j'ai embrassée, mais sans espoir, puisqu'elle n'existe point, en ce pays, parmi les dix-huit communautés qui y sont établies. Je ne pensais donc à faire nulle démarche à cet égard, lorsque inopinément j'ai été instruite que quelques personnes désiraient embrasser la même règle que je professe : de plus, que l'évêque catholique de ce diocèse désirait en avoir un établissement; de plus encore, qu'il existait en Worcestershire une dame catholique riche, qui avait une maison de campagne qu'elle n'occupe point, et qu'elle avait envie de prêter (sans rétribution) à des religieuses, l'ayant déjà offerte à plusieurs. Je n'ai pas cru (par des motifs *divins*, plus que par tous autres), je n'ai pas cru, dis-je, devoir négliger cet avertissement qui me tombait des nues. J'ai fait des informations qui se trouvent toutes favorables sur l'état de la maison, sur la bonne volonté de l'Évêque et de la Dame, qui me les ont confirmées eux-mêmes. Cette dernière paye un prêtre français (très-brave et saint homme), qui a une chapelle décente et toute fournie de ce qui y est nécessaire. Il n'y a que pour les taxes et les réparations, s'il y avait lieu, que j'ai demandé à la Dame une note explicative et positive de ses intentions, ne pouvant absolument m'en charger. Je n'ai point encore sa réponse, et vous la manderai aussitôt que je l'aurai.

Quant aux vivres et vêtements de quelques religieuses, j'ai fait mes calculs, d'après même la cherté du pays, et j'ai vu qu'avec ce que j'ai et ce que a Mme de la Rozière, dont je puis disposer, il m'est possible d'y subvenir. Comme je ne prendrai point pour modèle l'abondance et la magnificence de Rodney, je vous donne ma parole de ne pas faire un sou de dettes, et de rompre tout plutôt que d'y manquer. Je vous donne aussi celle de ne vous rien demander de plus que ce que vous avez la bonté de faire pour moi, si ce n'est peut-être quelques sacs de pois ou de lentilles, ou l'équivalent pour les grandes fêtes.

Voyez ce que vous pensez de tout cela. En outre de mes motifs *divins*, il me semble que votre fille serait, dans cette position, d'une manière moins humiliante qu'elle ne sera toujours (par l'esprit du temps), dans une maison étrangère, ou de nation ou de profession. Ce mot, *humiliante*, est dur pour une Bourbon. Et si l'on se rejette sur l'humilité chrétienne, il faut se souvenir qu'elle ne doit jamais être hors de saison, ni de raison.

189

La princesse Louise au duc de Bourbon.

Loué soit le Très-Saint Sacrement.

Old-Heath-Hall, ce 30 novembre 1811.

Cher et tendre ami de mon cœur, il y a des siècles que je n'ai pas entendu parler de vous, et moi j'y pense continuellement : ainsi vous voyez que ce n'est pas trop juste. Je ne vous demande pas une longue lettre, mais seulement ce petit mot : « Ma bonne sœur, je ne doute pas de votre tendre amitié pour moi, et vous avez toujours la mienne. »

Voilà votre brouillon tout fait, n'est-ce pas bien commode ? ajoutez-y cependant un mot de votre très-chère santé, dont vous ne parlez jamais. M. de Contye m'a mandé dernièrement que celle de mon père était excellente. Est-ce bien vrai ? car il a tant préjugé là-dessus, en parlant cependant d'une toux que le père Élisée[1] traitait, que je m'en suis un peu

---

1. Le père Élisée (Marin-Joseph Taluchon) était entré fort jeune dans la maison des frères de la Charité. Son goût et ses talents pour la chirurgie s'y développèrent, et, quand il émigra en 1792, il avait déjà acquis une grande réputation. Il s'attacha à l'armée de Condé, et, malgré les offres les plus brillantes que les empe-

méfiée. Je ne vous parlerai pas politique, parce que je ne suis plus au courant ; ce qui n'est pas une grande perte, car le train du monde va de mal en pis. Voilà tout ce qui m'est parvenu ; c'est que Bonaparte s'établira à Rome comme empereur d'Occident, et laissera son fils à la France ; qu'il a établi dans cette ville un consistoire de juifs. Je ne sais si tout cela est véritable ; ce qui l'est, c'est qu'un prêtre français a reçu de ses confrères à Rome une lettre où il dit que l'on craint beaucoup une persécution et d'y voir couler le sang des fidèles. Rien ne m'étonnera en fait d'atrocités.

Adieu, cher et bien-aimé frère ; dans un mois je me rangerai à mon devoir, en vous souhaitant la bonne année. Cela me fait souvenir de Mlle de Prulay, qui me disait souvent : « Mais pensez donc que M. le duc de Bourbon est votre frère aîné. » Et moi, je lui répondais : « Qu'est-ce que cela me fait ? » En effet, je ne vous en aimais ni plus, ni moins, car l'un et l'autre n'eût été impossible, et pour cause.

reurs et les rois lui faisaient, il ne voulut jamais se séparer de ses administrés. C'était ainsi que le père Élisée appelait les Émigrés blessés ou malades. A la dissolution de l'armée de Condé, Louis XVIII récompensa le dévouement dont avait fait preuve le frère de la Charité en faveur de ses compatriotes proscrits. Il le nomma son premier chirurgien et le décora du cordon de Saint-Michel. Le frère de la Charité mourut aux Tuileries, le 29 septembre 1817, en récitant le *nunc dimittis servum tuum, Domine*.

190.

Charles-Jean, prince héréditaire de Suède (Bernadotte), au prince de Condé.

Monsieur mon cousin, le comte de Bouillé m'a remis la lettre que vous avez pris la peine de m'écrire. Je suis infiniment sensible à toutes les choses agréables qu'elle contient, et je prie Votre Altesse de recevoir mes plus sincères remercîments.

Oui, sans doute, il est beau de penser qu'on peut concourir au bonheur du pays où l'on reçut le jour, et je me livre à l'espérance de voir rétablir sur le trône de France le successeur de Henri IV. Il est consolant de voir ainsi approcher le terme des calamités sans nombre qui, depuis tant d'années, affligent mon ancienne et malheureuse patrie[1]. Je ne me

---

1. Comme tant d'autres républicains, qui jurèrent souvent sur l'autel de la patrie de vivre libres ou de mourir, Bernadotte, ancien sergent dans Royal-Marine, accepta assez facilement des honneurs et des titres. Il avait fait fi de l'égalité, dès que l'égalité lui parut une chimère démocratique. Nommé maréchal d'Empire et prince de Ponte-Corvo, il rêva un trône. Le 21 août 1811, les États de Suède le proclamèrent prince héréditaire, et il fut adopté par le roi Charles XIII. Bernadotte avait fait à peu près toute sa carrière militaire dans les armées de Sambre-et-Meuse ou du Rhin. Or, il y existait une telle dissemblance de mœurs, d'allures, de costumes, de langage et de caractère avec les armées d'Italie que la fraternité des camps et du drapeau ne put jamais établir entre elles une sympathie, même apparente. Bernadotte était peu aimé de Bonaparte, général, consul ou empereur. A

dissimule cependant pas que, quoique les alliés se soient déjà rendus maîtres de la capitale, il n'y ait encore de grands obstacles à vaincre avant de parvenir à ce grand but, car les difficultés s'accroîtront du désespoir de Napoléon ; et ce désespoir peut causer beaucoup de maux, tant qu'il sera à la tête d'une armée.

Espérons cependant que cette même armée, écoutant la voix de la raison et le cri de la patrie déchirée, délaissera ses aigles pour venir se ranger sous la bannière, et à l'ombre du panache blanc, dont le souvenir est si cher aux Français.

Je prie Votre Altesse d'agréer l'expression de mes sentiments et de la haute considération avec laquelle
Je suis, de Votre Altesse Sérénissime,
le très-dévoué cousin.
CHARLES-JEAN.

Liége, le 4 avril 1814.

peine Charles-Jean eut-il atteint le but de ses désirs, qu'il s'empressa de se ranger du côté des ennemis de Napoléon. A la tête d'une armée composée de Suédois, de Russes et de Prussiens, il fut vainqueur à Gross-Beeren et à Donnewitz ; puis en avançant contre la France, il se laissa bercer de la pensée de se substituer à l'Empereur et de ceindre la couronne de saint Louis.

Le gouvernement anglais avait pressenti cette ambition secrète ; le prince de Condé fut chargé de sonder habilement ce Français qui marchait contre la France avec l'Europe coalisée. Nous n'avons pas l'original de la lettre écrite à Bernadotte par le chef de l'Émigration ; mais la réponse du prince royal de Suède, aussi curieuse que concluante, dut bien rassurer le gouvernement anglais et Louis-Joseph de Bourbon. Le prétendant s'efface ; il ne parait songer qu'à tuer moralement Bonaparte et à laisser au Roi légitime le soin de cicatriser les plaies de la patrie commune.

191

La princesse Louise de Condé au duc de Bourbon.

Loué soit le Très-Saint Sacrement.

Heath-Hall, ce mercredi 13 avril 1814.

Cher ami, je ne vous ennuierai point de dissertations plus ou moins pénibles sur les événements actuels ; j'entre tout de suite en matière, vous prévenant au surplus que je devine et sens tout ce que vous sentez ou pensez sur la crise où l'on se trouve aujourd'hui.

J'ai reçu ce matin une lettre de Contye qui me parle de la signature, etc., etc. Au milieu de tout cela, il me dit : « Le départ de Madame suivra bientôt sans doute celui de Monseigneur, et elle fera bien de s'en occuper sans délai. » Or ceci, très-peu important pour la chose publique, j'en conviens, l'est fort pour moi ; et je veux sur cela me conduire par vos seuls conseils, parce que j'y ai toute confiance. Vous voudrez donc bien me les donner, et si mon père me pressait à ce sujet, je lui répondrais d'après vous, mais comme de moi.

Si le Roi était rentré, comme il eût été à désirer, je n'y voyais nul inconvénient pour moi, et j'en eusse été bien aise (car je ne me plais point où je suis). D'ailleurs, sans me flatter du vain espoir de beaucoup d'autres religieuses, que la première affaire d'un roi pieux serait de rétablir tous les couvents, je pouvais penser au moins qu'il ne proscrirait pas, comme les Révolutionnaires, l'état religieux, et qu'en en rétablissant (par la suite) ou en en laissant établir quelques-uns, j'avais plus lieu que toute autre de retrouver mon état. Je pouvais penser aussi qu'en attendant que ce moment fût venu, il me serait également possible d'avoir en France un petit asile, solitaire et tranquille.

Aujourd'hui je ne sais plus qu'entrevoir et prévoir. Bonaparte dédommagé et récompensé de ses crimes atroces ; les principaux auteurs de la chute de la Religion et du Trône, voulant bien recevoir les Bourbons en France, s'ils consentent à être sous leur tutelle, et le consentement est donné. Ceci appuyé, et l'on peut dire exigé, non par une, non par deux puissances de l'Europe, mais par toutes ; qu'en résultera-t-il pour ce qui concerne et la Religion et la tranquillité ? (Je ne parle que de ces deux points qui me concernent directement). N'y a-t-il point à craindre pour l'une et pour l'autre ? n'est-il pas possible que différents partis s'élèvent et se combattent ? qu'il n'y ait et des troubles et des émeutes, etc., etc. (Car on ne peut tout écrire.)

D'après cela, pensez-vous qu'il soit mieux et plus sûr et plus convenable (vu mon état et ma position), que je patiente dans ce pays-ci un certain temps au moins, jusqu'à ce que l'état des choses s'éclaircisse et s'affermisse en France? Si c'est votre avis, il faudrait : 1° faire en sorte que le gouvernement me continuât ma pension; 2° me promettre que, quand il y aurait lieu, vous m'enverriez chercher, et vous occuperiez de tout ce qui pourrait convenir à ma position, ma tranquillité, etc. (et de ceci je n'en doute pas); 3° enfin, m'écrire très-souvent de France, où je serais sur les épines de vous savoir, malgré tous les amours populaires du moment. En voilà bien long, cher ami, pour ne parler que de moi, et Dieu sait cependant si je suis occupée de vous!

Il est affreux de me laisser là, sans me venir voir. O mon bien aimé frère, je vous assure que si j'étais vous, et que vous fussiez moi, je me camperais plutôt dans la voiture publique avec un chapeau bien rabattu sur mon grand nez, et je viendrais à Heath embrasser ma sœur. Malgré tout, je vous aime de tout mon cœur, et compte également sur votre tendre amitié.

Je vous préviens que je répondrai demain simplement à Contye sur sa phrase de mon départ, que cela demande réflexion, craignant fort, d'après la Constitution présentée et acceptée que la tranquillité ne soit pas parfaitement établie en France dans les premiers moments.

Répondez moi le plus tôt que vous pourrez. Quand vous serez tous partis, ne fut-ce que pour partir moi-même un jour quelconque, je serais dans l'embarras, si j'avais à écrire au Prince-Régent. Ainsi vous me ferez plaisir de m'envoyer notre protocole vis-à-vis de lui, tant pour la lettre que l'adresse, etc., etc.

Cher ami, c'est aujourd'hui le jour de votre chère naissance, j'y ai bien pensé.

192

La princesse Charlotte de Rohan au duc de Bourbon.

Presbourg en Hongrie, ce 18 mai 1814.

C'est toujours avec timidité que j'ose rappeler mon existence à Votre Altesse Sérénissime. Je sens bien qu'elle ne peut renouveler en elle que des souvenirs douloureux; mais comment m'y refuser dans ce moment où mon cœur est si bien à l'unisson du sien, où je n'ai pas une pensée, pas un sentiment qu'elle n'éprouve.

Ce mélange de bonheur et de regrets si déchirants, ce sentiment douloureux qui reste au fond du cœur et qui l'oppresse, au milieu de la joie générale, enfin cette impression douce et pénible, qui fait jouir et souffrir tout ensemble. Il était plus facile de supporter sa perte, alors qu'on était malheureux; mais ce bonheur qu'il faut éprouver seul, mais ce bonheur qu'il ne partage plus, rend encore les regrets plus amers.

Dix années se sont écoulées sans les affaiblir. Il est des maux sur lesquels le temps passe en vain. Si je puis y espérer quelqu'adoucissement, ce n'est qu'en me rapprochant de Votre Altesse et qu'en obtenant d'elle, de la bonté, de l'intérêt. Je ne puis fixer encore l'instant de notre retour en France. J'attends l'arrivée du prince de Lorraine auprès de sa mère pour pouvoir la quitter. Mon premier soin, en y arrivant, sera d'offrir à Votre Altesse Sérénissime l'expression de tous les sentiments de respect, d'attachement et de reconnaissance, dont mon cœur est si profondément pénétré pour elle, et dont j'ose la prier d'accueillir avec bonté l'hommage.

Charlotte de Rohan.

Oserai-je prier Votre Altesse, de me rappeler au souvenir et aux bontés de M. le prince de Condé.

193

La duchesse de Bourbon au duc de Bourbon[1].

D'Épinay, ce vendredi soir.

Est-ce que vous êtes malade? Est-ce que j'ai fait quelque chose qui vous ait déplu? Est-ce que vous

---

1. Ces trois lettres de la duchesse de Bourbon ne sont point datées; mais, par le contexte, elles ont été évidemment écrites en 1814.

ne voulez plus me voir? Enfin je cherche pourquoi il y a si longtemps que vous ne donnez aucun signe de vie. Je vous ai mandé que j'allais à la campagne, que vous seriez bien aimable de m'y venir voir, que j'en revenais tel jour, et je n'ai pas reçu de réponse. J'ai été voir M. le prince de Condé; il n'y était pas; mais vous jouiez alors au billard. J'étais déjà descendue de voiture, et votre valet de pied est accouru m'y faire remonter ignominieusement devant tout le monde, en disant que vous veniez de sortir. Oh! le monstre! ai-je dit entre mes dents, en y remontant toute honteuse.

Je suis revenue ici bouder contre mon monstre de mari, qui dit qu'il a de l'amitié pour sa femme et qui pourtant en agit encore, comme s'il craignait que cela soit vrai. Je ne reçois pas de réponse de ma sœur; vous ne me mettez pas au courant de ses affaires, cependant je ne puis m'empêcher de sentir que j'ai mérité un peu plus de confiance de sa part et de la vôtre. Enfin venez me voir, et tout sera pardonné, monstre que vous êtes. Je voulais vous attendre, sans me plaindre, mais j'ai craint que cela ne fût trop long, et je vous avertis seulement que je serai lundi matin à Paris, sans faute.

194

La duchesse de Bourbon au duc de Bourbon.

J'ai beaucoup réfléchi, depuis notre dernière conversation au sujet qui en fit l'objet; et je trouve tant de choses à dire pour ou contre (qu'avec le peu de temps, le peu de facilité que vous me laissez pour m'expliquer quand je vous vois), qu'il me semble nécessaire de vous écrire tout ce que je pense.

Le désir bien sincère de vivre avec vous, de pouvoir vous prouver à tous les instants que vous n'aurez jamais d'amie ni plus vraie, ni plus désintéressée que votre femme, qui trouverait désormais son bonheur dans l'exercice de tous ses devoirs, ce désir, dis-je, combat fortement dans mon cœur la crainte toujours renaissante de n'y pouvoir réussir, d'après votre caractère et le mien, qui tous deux sont entiers et chérissent par-dessus tout l'indépendance.

Néanmoins, il me paraîtrait doux de sacrifier ma liberté à un mari qui, de son côté, s'occuperait de mon bonheur, éviterait surtout de me tourmenter, me montrerait des prévenances et une véritable amitié qui ne repousse jamais l'expression d'un sincère attachement.

Mais un mari, qui me défend l'entrée de sa chambre, même de sa maison, soit à Paris, soit à la campagne, qui regarde, comme une contrainte, le désir tout naturel que je lui témoigne de le voir plus souvent, qui prend pour des reproches cette marque de tendresse, qui éloigne et raccourcit ses visites le plus qu'il peut, qui enfin, loin de me prouver qu'il trouve de la satisfaction à être près de moi, ne cherche qu'à me faire sentir de plus en plus son indifférence, pour ne pas dire son éloignement; tout cela ne m'offre qu'un avenir des plus tristes et des plus cruels pour un cœur si tendre, de si bonne foi et qui a déjà tant souffert.

Vous dites vous-même : peut-être serons-nous plus heureux, en continuant de nous voir rarement? Cependant vous trouvez qu'on ne peut vivre dans une véritable union, en faisant deux maisons séparées. Comment donc faire? Eh bien! moi, je suis persuadée qu'en nous voyant plus souvent, nous éclaircirions ce problème parce que nous jugerions alors, s'il est possible sans danger, de hasarder un plus grand rapprochement. Nous sentirions ce que nous pouvons être l'un à l'autre; nous accoutumerions le public petit à petit à nous voir ensemble, sans nous exposer tout à coup au malheur de faire encore parler de nous, si nous venions à découvrir trop tard que cette réunion ne nous donnerait encore que des chagrins.

Certainement la pensée de rester indépendants l'un de l'autre ne peut qu'entretenir la bonne intelligence entre deux êtres qui ne se recherchent pas pour se tyranniser, mais pour se rendre heureux mutuellement ; car la méchanceté ne manquerait pas de supposer que vous n'avez consenti à notre rapprochement que pour augmenter votre fortune. Mais que pourrait-on dire, lorsqu'on nous verrait toujours dans la même situation et bien unis de volonté et de cœur, sinon qu'à l'époque où la raison reprend tout son empire, nous avons voulu échanger des consolations mutuelles et donner au public d'aussi bons exemples dans notre vieillesse, que nous avons eu le malheur d'en donner de mauvais dans notre jeunesse.

Voilà l'unique moyen de nous éprouver, et de juger si nous pouvons sans danger et sans éclat finir nos jours ensemble.

Je crois que si vous examiniez ces réflexions sans partialité, vous les trouveriez sages, prudentes et basées sur un véritable attachement. Cette conduite d'ailleurs ne pourrait être qu'approuvée de tous les honnêtes gens, excepté de ceux qui trouveraient peut-être quelqu'avantage à nous maintenir toujours dans la désunion ou dans un état mitoyen, qui occupe beaucoup plus le public que le parti déterminé de rester comme nous sommes, quoique dans l'union parfaite et avouée publiquement de deux bons vieux époux qui n'ont d'autre volonté que de se rendre heureux mutuellement, en restant libres.

Nous causerons sur tout cela, lorsque nous nous

verrons; mais je suis bien aise que vous puissiez y réfléchir sérieusement d'avance. Je n'ai consulté personne et je trouve qu'il vaut mieux qu'il n'y ait point de tiers entre nous, autant que cela sera possible. Ne pensez-vous pas de même? Venez donc, je vous en prie, le plus tôt que vous pourrez.

195

De la même au même.

Ce samedi soir.

Pauvre homme! vous me faites pitié avec tous vos maux; et votre lettre m'a tout à fait attendrie sur votre compte. Mais pourquoi ne me rien faire dire? Pourquoi ne vouloir pas me recevoir chez vous, au moins quand vous êtes malade? Ce n'est pas là de l'amitié; c'est de la cruauté, oui, de la cruauté, monstre que vous êtes; car je vous aime, ou plutôt je n'ai jamais cessé de vous aimer; tantôt avec folie, tantôt avec dédain; voulant vous oublier tout à fait, maintenant avec raison et avec la solidité de l'âge et de la vertu. Ainsi arrangez-vous sur cela; rien ne peut le changer désormais, que votre monstruosité, si vous la poussiez un peu trop loin. Entendez-vous bien, monsieur le monstre?

Lundi, je serai avant dix heures à Paris; mais j'ai bien envie que vous veniez un jour voir Épinay.

Si vous désiriez m'y rencontrer, je m'y trouverai seule le jour où vous viendriez.

Je suis fâchée de la chute de M. de Contye. Vous a-t-il parlé de son approbation sur le couvent préparé pour ma sœur ? Et le monsieur qui va la chercher est-il parti ? Mon Dieu ! que cela est long !

196

La duchesse de Bourbon au duc de Bourbon[1].

Ce dimanche à 3 heures.

Que je suis affligée de vous avoir quitté hier, puisque je ne devais plus vous revoir avant votre départ. Si vous m'eussiez dit un mot, je restais ; mais vous m'aviez dit : adieu ; et je croyais que je ne pouvais plus vous parler. De grâce, écrivez-moi quelquefois, et faites ressouvenir M. de Quesnay et M. de Rully de me donner des nouvelles de votre santé et des événements intéressants qui auront lieu.

Voici mon neveu qui vient d'arriver, Monsieur revient aussi[2]. Je l'apprends par un billet de ma

---

1. Cette lettre, encore sans date, l'indique néanmoins, puisqu'elle parle du départ du duc de Bourbon se rendant à la Vendée. Elle est des premiers jours de mars 1815.
2. Le comte d'Artois et le duc d'Orléans étaient allés à Lyon, par ordre du Roi, pour prendre le commandement de l'armée et tâcher, avec le maréchal Macdonald, de la maintenir fidèle au

nièce. Je ne sais ce que cela veut dire; je cours au Palais-Royal; si j'apprends quelque chose, je vous le manderai par M. de Quesnay le plus tôt que je pourrai. Je n'ai que le temps de vous embrasser; ah! c'est bien de toute mon âme.

197

Le duc de Bourbon au prince de Condé.

Pour vous seul et Contye.

Santander, ce 1er mai 1815.

Nous voilà au premier mai, et j'éprouve la véritable peine de n'avoir pas encore de vos nouvelles positives, mon bon et tendre père. Les papiers nous disent le Roi à Gand; nous pensons que vous êtes aussi dans cette ville, ou peut-être encore à Bruxelles. Un papier a dit que vous étiez passé à Francfort; mais nous n'en avons rien cru : enfin ce que j'espère et désire bien vivement, c'est que votre santé n'ait pas souffert de cet horrible culbutis général, tant au physique qu'au moral. Hélas! on l'a bien voulu, et est-on, ou au moins sera-t-on corrigé de la marche aussi vicieuse que tortueuse

---

drapeau. Les troupes ne voulurent écouter ni la voix du prince, ni les adjurations du maréchal. Elles passèrent à Bonaparte avec une merveilleuse infidélité.

que l'on a suivie ? D'après toutes les nouvelles qui nous parviennent, les Puissances paraissent d'accord pour culbuter le tyran ; mais cela ne suffit pas ; et si nous restons ensuite toujours à la disposition de ses trop nombreux adhérents, jamais il n'y aura de sûreté pour le peu de bons et loyaux Français qui existent encore.

Vous et moi seuls de la famille avons toujours été de cette opinion ; nous l'avons bien dit et répété. Les résultats n'ont que trop prouvé que nous ne nous trompions pas. Cette dernière crise peut encore sauver le monde ; mais, si l'on n'en revient pas aux anciens principes, aux principes de l'honneur et de la Religion qui ordonne de rendre à César ce qui appartient à César ; tout sera perdu à jamais.

M. d'Esgrigny[1] vous donnera des détails intéressants sur tout ce qui s'est passé dans les départements du Midi, à l'expédition du duc d'Angoulême. Vous verrez comme il a été trompé et trahi par ces individus que nous avons vus comblés de grâces et de faveurs aux Tuileries, et qui, malgré cela, osent dire hautement que si Bonaparte a le dessous dans cette affaire, le Roi n'aura pas de meilleurs serviteurs qu'eux. Peut-on concevoir une pareille impudence ? Ils ne manqueront pas encore de se faire un mérite d'avoir laissé échapper ce prince. Vous aurez su qu'il est arrivé à Barcelonne le 18. Je n'ai pas

---

1. Le général comte d'Esgrigny.

encore connaissance de ses projets, et s'il se rendra à Madrid. Si l'on suit pour lui la même marche que l'on a tenue pour moi, je pense que l'on différera encore de l'y recevoir.

Jusqu'à présent cette cour paraît avoir adopté seulement un système défensif pour ses frontières. Lorsque l'invasion de Bonaparte est survenue, il y avait plus que du froid entre cette cour-ci et celle de France. M. le prince de Laval-Montmorency, l'ambassadeur de Sa Majesté, avait même eu l'ordre de partir, et son départ n'avait été retardé que parce que ses voitures, qui étaient toutes chargées, avaient été volées pendant la nuit. La cause de cette tracasserie était (chose incroyable) que Sa Majesté avait demandé au Roi d'Espagne qu'il conserve à Suchet le duché d'Albuféra et ses revenus[1], qui sont immenses, lequel duché est une propriété du Roi. Outre cela, il demandait que l'on permît aux traîtres espagnols, qui avaient accompagné Joseph dans sa fuite, de rentrer en Espagne, et qu'on leur rendît tous leurs biens. Avec raison, une pareille demande a été refusée avec indignation et a donné beaucoup d'humeur. Voilà tout ce que j'en sais jusqu'à ce moment, et je ne doute pas que cette aussi étonnante qu'immorale proposition n'ait fortement con-

---

1. Après une pareille négociation entamée par le roi Louis XVIII en faveur d'un lieutenant de Napoléon, sera-t-il bien encore permis de dire et d'écrire que les Bourbons n'avaient rien appris ni rien oublié.

tribué à ce que l'on ne m'accorde pas sur-le-champ la permission d'aller à Madrid.

Au reste, je n'ai pas lieu de me plaindre, car le Roi m'a répondu une lettre très-honnête et très-aimable, et a donné des ordres au gouverneur pour que je fusse reçu avec tous les égards et les attentions qui m'étaient dus, etc.

Cependant comme cela se prolonge, et ne pouvant honnêtement rester plus longtemps à la charge de ce gouverneur qui, vu le peu de commodités des auberges de cette ville, a voulu absolument me loger chez lui, ainsi que M. de Rully, n'ayant d'ailleurs rien avec moi que quelques chemises et l'habit que j'ai sur le corps, je prends le parti de me rendre à Burgos où sont arrivés Jacques, Quesnay, d'Auteuil, et quelqu'argent et effets qui me restent. Alors, étant tous réunis, nous serons à portée de prendre un parti quelconque, selon les circonstances qui surviendront. D'Esgrigny vous contera le nouveau malheur que j'ai éprouvé.

Après avoir été assez heureux pour traverser la France sans accident, mes équipages ont été volés en plein jour par sept hommes armés sur le chemin entre Tolosa et Vittoria : Jacques et tous mes gens dévalisés de leurs montres et argent ; et ma cassette chérie, car sur cinq, ils ont choisi adroitement celle où j'avais mon petit trésor, l'ayant avec raison trouvée la plus lourde, et ont décampé avec leur butin, n'ayant pas eu le temps d'emporter davantage, parce qu'ils ont été avertis par une vedette, qui était sur un arbre, qu'il venait du monde sur le chemin. Ils ont pris aussi de l'argent qui était en sacs dans la voiture, quelque argenterie, et toutes les armes, pistolets et épées. Heureusement ils n'ont fait aucun mal aux individus.

Ce 2 mai. Nous avons reçu dans la journée d'aujourd'hui les *Moniteurs* jusqu'au 20, qui disent positivement que vous êtes à Bruxelles, où Monsieur et M. le duc de Berry vous font de fréquentes visites. Il me paraît qu'ils suivent une marche différente qu'à Paris, pendant le court séjour que nous y avons fait (soit dit entre nous). Le quartier général de lord Wellington est, dit-on, aussi à Bruxelles, je pense, avec des forces imposantes.

Puisse la Providence ramener l'ordre et la paix, et le règne des honnêtes gens! Mais il ne faut pas oublier qu'il y a une grande épuration à faire. Sans cela, point de salut ni de sûreté pour l'avenir. Que le Roi et les Princes pensent à s'entourer de fidèles et loyaux serviteurs. Il y en a encore; mais il ne faut pas les dégoûter et les écarter comme on l'a fait. Le Ciel puisse exaucer nos vœux! Je vous embrasse de toute mon âme, cher et tendre père, dans une vive impatience que les circonstances me permettent de me rapprocher de vous, et de tout ce qui m'est cher.

198.

La duchesse d'Angoulême au duc de Bourbon.

Londres, ce 9 mai 1815.

Mon cousin, je vous fais mon compliment sur votre arrivée en Espagne. Je vous assure que je l'ai apprise avec bien de la joie, car, au milieu de toutes mes inquiétudes et mes peines, vous m'avez beaucoup occupée et j'étais bien occupée de vous et empressée de vous savoir en sûreté. Je vous avais envoyé quelqu'un de Bordeaux, avec une longue lettre fort importante. Alors mon courrier n'a jamais pu vous trouver dans la Vendée; il me l'a rapportée. M. de la Rochejaquelein[1], qui vous y croit toujours, est parti ces jours derniers d'ici avec quarante jeunes gens, et cinq vaisseaux, dont plusieurs chargés d'armes et de munitions. Je vous joins ici, Monsieur, une lettre de Mme la princesse Louise. Elle a été bien malade, en arrivant ici, de tout ce qu'elle avait éprouvé, cachée huit jours dans Paris, après l'arrivée de cet homme, et de toutes ses inquiétudes sur votre sort. Je l'ai vue bien malheureuse; elle est mieux à présent, et rassurée sur votre sort. Cela va la guérir entièrement. MM. d'Allonville

---

1. Le marquis Louis de la Rochejaquelein, tué par les Bonapartistes au combat des Mattes, le 4 juin 1815.

et de Monville, que vous m'aviez envoyés à Bordeaux, qui avaient brûlé vos pouvoirs, m'en ont demandé que je leur ai donnés à votre place; mais qui finissent dès qu'ils vous auront rejoint. M. le prince de Condé est en très-bonne santé à Bruxelles. Le Roi est à Gand et le duc de Berry. Nous espérons que les événements vont se presser et être heureux. Vous n'avez pas partagé nos inquiétudes si longues sur le sort du duc d'Angoulême, ignorant, j'imagine, tout ce qui se passait dans le Midi; mais vous pouvez juger de tout ce que j'ai souffert, le sachant prisonnier, et mon bonheur, samedi dernier, d'apprendre par lui-même qu'il était arrivé en Espagne en bonne santé. Par le même courrier, j'y ai appris aussi votre arrivée. Je vous prie de faire mes compliments à M. de Rully; sa femme est en bonne santé à Bruxelles.

Comptez, Monsieur, sur tous mes sentiments pour vous.

Marie-Thérèse.

199

La princesse Louise au prince de Condé.

Loué soit le Très-Saint Sacrement.

A Chelsea, 13 mai 1815.

Depuis que je ne vous ai écrit, le vieux Guy a eu des nouvelles de mon frère, du 8 avril et du 10, je crois. Il était alors à Santander; il lui mande qu'il y était arrivé seul, avec M. de Rully et Louis; que les autres personnes de sa suite avaient tenté de le joindre par terre, qu'il craignait qu'elles ne trouvassent beaucoup de difficultés; qu'il irait dans quelques jours à Madrid, que c'était là qu'il fallait lui adresser ses lettres, d'où on les lui ferait passer où il serait. Où sera-t-il? il ne le dit pas; il ajoute qu'il ne sait où vous êtes, ni Mme de Rully, ni moi. Depuis, Guy a reçu aussi un mot de M. de Quesnay, daté de Saint-Sébastien, mais qui n'apprend rien.

Vous devez avoir reçu de mes nouvelles depuis la lettre que vous m'écriviez, en date du 3 avril. Je suis fâchée que vous ayez été inquiet, c'est ce que j'avais voulu éviter; et c'est moi qui avais bien défendu qu'on vous instruisît de ma maladie, me réservant de vous annoncer moi-même ma convalescence. J'ai lieu de croire qu'elle va s'accélérer par le bon air; je suis parfaitement bien aujourd'hui, et me sens presque vigoureuse.

Mme la duchesse d'Angoulême est venue me voir, il y a trois jours; elle cherchait une maison de campagne pour sortir de l'air de Londres, le temps qu'elle a à rester ici.

M., Mme et Mlle d'Orléans sont venus aussi avant-hier; du reste, vous croyez bien que je ne reçois personne dans ma petite solitude. J'ai vu dans une de vos lettres, que sur ce que je vous avais mandé des bons procédés de ces derniers, vous paraissiez croire que je m'y livrais avec abandon.

Soyez tranquille, je n'ai pas perdu la mémoire du passé. Par conséquent, il est *des noms*[1] qui me

---

1. Le prince de Condé avait suivi de très-près, en 1814, et dans les deux premiers mois de 1815, la conduite politique de Louis-Philippe d'Orléans. Il en savait presque autant sur ses menées que Napoléon lui-même, dont la conspiration orléaniste de la Fère, ayant pour chefs ostensibles les généraux Lefebvre-Desnouettes, Drouet d'Erlon et les deux Lallemand, accéléra le retour de l'île d'Elbe. Au tome II, page 276, note LIX de ses *Mémoires*, Napoléon Ier raconte : « A la fin de janvier 1815, le congrès de Vienne décida de transférer Napoléon à Sainte-Hélène et de violer toutes les stipulations du traité de Fontainebleau. Déjà le cabinet des Tuileries lui avait prouvé qu'il ne voulait remplir aucun des engagements qu'il avait contractés par ce traité; mais ces circonstances n'eurent aucune influence sur les résolutions de Napoléon. Ce n'était pas de lui qu'il s'agissait dans le parti qu'il y avait à prendre. Une conspiration existait; mais son retour n'en était pas l'objet.... »

Ici trois lignes de points interceptent la pensée du narrateur impérial et arrêtent au passage le nom du duc d'Orléans. Le libéralisme de Louis-Philippe était célébré sur tous les modes constitutionnels; ce libéralisme ne l'empêchait pourtant pas de se couvrir de la censure afin d'échapper à une formidable accusation. Les

commanderont toujours prudence et circonspection envers les individus qui le portent.

Adieu, mon tendre père ; je suis heureuse de savoir que votre santé est bonne, et que vous êtes tranquille sur l'existence de mon frère. En effet, il était affreux de le savoir perdu et isolé dans le cœur de cette malheureuse France, où, parmi quelques bons, il y a tant de méchants et de traîtres. Pour moi, je ne vivais pas, je l'avoue.

Je vous renouvelle les expressions des plus tendres sentiments de mon cœur.

200

Le duc de Bourbon au prince de Condé.

Londres, ce 26 octobre 1815.

M. le duc d'Orléans m'a remis très-exactement la lettre dont vous l'aviez chargé pour moi, où était incluse une de Contye et une de Jacques. Vous pensez bien, mon cher et tendre père, que, malgré mon éloignement, je n'en prends pas moins un vif intérêt aux malheurs qu'éprouve cette trop coupable

---

Mémoires de Napoléon Iᵉʳ paraissaient en 1823, et le duc d'Orléans vint supplier Louis XVIII de donner des ordres pour que sa révélation fût bien et dûment supprimée. Le roi adhéra, et ainsi Bonaparte mort se vit censuré par Louis-Philippe d'Orléans mis en cause et ne se souvenant plus qu'il jouait le rôle d'un chaleureux défenseur de la liberté de la presse.

France, et surtout à ceux qui vous affectent personnellement. Nous parlons et nous nous occupons de vous tous les jours, ma sœur et moi, et nous avons bien versé des larmes en lisant votre si bonne et si touchante lettre. Oh! certainement une réunion avec vous, éloignés de ce foyer de corruption, serait le seul désir de nos cœurs. Combien vous devez souffrir, avec votre âme si noble et si pure, de voir et d'entendre tous les jours ce qui se passe autour de vous.

Que veut dire ce départ, cette dispersion des Princes? Quel en est le but? Quel plan peut-on avoir avec la mauvaise volonté bien connue des troupes? Craint-on quelque mouvement à Paris?

Surtout n'attendez pas le dernier moment pour en sortir, s'il y a le moindre fondement à tout ce que débitent les papiers à cet égard. Encore hier, ils disaient que Murat était débarqué en France, et que les soldats couraient le rejoindre. On se divise d'opinions, on se bataille déjà à la Chambre des pairs; on dit que les mécontents se rassemblent, s'organisent dans les Cévennes. Les Jacobins ici (car il y en a partout) lèvent la tête, et disent ouvertement que le règne de Louis XVIII ne sera pas long, ne passera pas la fin de l'année.

Toutes ces choses réunies, tous ces bruits, vrais ou faux, annoncent au moins une grande agitation dans les esprits; un défaut d'équilibre qui ne peut exister, comme nous l'avons dit bien des fois, que par le retour de la Religion et de la justice, et c'est de quoi l'on s'occupe le moins.

Enfin, cher et tendre père, dans cette combustion générale, pensez à vous, et par conséquent à nous. A la moindre apparence de fondement dans les inquiétudes dont nous sommes oppressés, quittez cette terre ingrate, et venez rejoindre vos enfants. Si je ne suivais que le penchant de mon cœur, j'irais sur-le-champ auprès de vous chercher à adoucir vos peines cruelles; mais, d'après mon opinion si prononcée, de quelle utilité pourrais-je y être au service du Roi qui, comme le disent ses fidèles sujets, ne veut pas lui-même être Royaliste. Brûlez cette lettre, cher et tendre père, et croyez à la tendresse de vos deux enfants qui vous aiment et vous embrassent de tout leur cœur.

201

Le duc de Bourbon au chevalier Jacques.

Londres, ce 25 mars 1816.

Que je vous plains, mon cher Jacques, comme vous avez dû souffrir! hélas! j'ai tout vu dans les papiers[1]. Grand Dieu, quel supplice! quelle horreur! quelle existence! Quel renouvellement de pei-

1. Le 21 mars 1816, le gouvernement royal avait fait exhumer en grande pompe le corps du duc d'Enghien, et après une céré-

nes déchirantes, après tout ce que nous avons souffert! Au milieu de ma douleur j'ai bien pensé particulièrement à la vôtre, à celle d'un si bon et si loyal serviteur. Le *Times*, que j'ai maintenant sous les yeux, en rendant compte de cette cruelle cérémonie, observe avec raison qu'il est monstrueux que tous les scélérats, qui ont prononcé ce jugement inique, existent encore, et que l'on n'a entendu parler de l'arrestation, ni du jugement d'aucun d'entre eux. Parlez donc de cela, qu'on les recherche, qu'on les mette en poussière [1]. Il ajoute que Murat est le seul qui ait péri. Je n'ai pas la force d'écrire plus longtemps aujourd'hui; mais j'étais empressé de joindre mes larmes aux vôtres. Ce n'est pas une consolation, mais c'est une jouissance pour des cœurs qui sen-

monie solennellement expiatoire, ses restes avaient été déposés dans la chapelle du château.

1. Presque tous ceux qui prirent une part quelconque au meurtre du duc d'Enghien ont témoigné, durant leur vie ou à leur mort, un profond repentir, Savary, duc de Rovigo, lui-même. Longtemps après les Cent-Jours, ce général, revenu à Londres de Malte où les Anglais l'avaient déporté, se rencontra face à face chez lady Holland avec le baron Dudon. Il s'approche de lui, et d'un ton assez brusque : « Monsieur le baron, lui dit-il, c'est donc vous qui, en 1815, aviez donné au Roi le conseil de me faire arrêter et fusiller dans les quarante-huit heures. »

Le baron Dudon avait été élevé à l'école de l'empereur Napoléon; il ne le cédait à personne en fait d'audace à froid. A cette interpellation si directe et adressée dans les salons où se réunissaient tous les amis de Bonaparte exilé, il répondit : « On vous a trompé, monsieur le duc. Je n'ai jamais parlé de quarante-huit heures : j'ai dit sur-le-champ, comme pour le duc d'Enghien. »

Le général Savary de Rovigo pâlit subitement et disparut dans la foule.

tent de même. Constante et bien sincère amitié, mon cher Jacques.

202

Le duc de Bourbon au prince de Condé.

Londres, ce 25 mars 1816.

Quelle triste occasion de vous écrire, mon cher et tendre père; mais quoique éloigné de vous, je veux cependant joindre mes larmes à celles que vous répandez en ce moment. Hélas! c'est la seule consolation que nous puissions avoir. Je sens que je renouvelle toute votre douleur; mais je n'ai pu résister, en cette cruelle circonstance, à soulager la mienne, en la déposant dans le sein d'un père chéri.

Ménagez bien votre santé pour vous-même et pour le bonheur de votre fils; songez que la juste et unique jouissance, qu'il puisse avoir maintenant dans le monde, est de vous conserver longtemps. Je n'ai que celle de vous embrasser mille fois, avec cette tendresse qui ne finira qu'avec ma vie.

L. H. J. DE BOURBON.

203

La princesse Louise au chevalier Jacques.

Loué et adoré à jamais le Très-Saint Sacrement
de l'autel.

A Chelsea, ce 4 avril 1816.

J'ai reçu hier, Monsieur, votre lettre du 27 mars et ce qui y était joint. C'était mon frère qui m'apportait ce paquet, dont il avait bien reconnu l'écriture. Il me l'a remise sans dire un mot, et a attendu que je l'eusse lue en particulier; je lui ai ensuite remis votre lettre et celle de M. de Lalanne[1]. J'ai attendu de mon côté qu'il me demandât lui-même la note dont vous me parliez; que j'hésitais à lui mettre sous les yeux, sachant l'effet inouï que produit sur son cœur tout ce qui est de son fils, mais qui n'est plus lui.

Ce n'est qu'assez de temps après qu'il m'a dit de la lui donner. Ce que j'ai fait, en lui demandant de m'en laisser faire prendre copie auparavant. Je ne suis point entrée dans les détails avec lui, de ce que je désire posséder de restes si précieux à mon cœur. Je vous ai déjà mandé que quelques cheveux étaient

---

1. Armand-Joseph de Laporte-Lalanne, conseiller d'Etat, avait, en sa qualité de chef du conseil des princes de Condé, présidé à l'exhumation du corps du duc d'Enghien, le 20 mars 1816.

ce que je désirais le plus ardemment ; aujourd'hui j'ajoute deux ou trois dents ; en un mot, ce qui fit partie jadis de l'être que nous pleurons avec des larmes de sang, plutôt que ce qui lui a appartenu. Je n'ai osé non plus entrer dans ces déchirants détails avec mon père ; j'en ai parlé à ma sœur, dont la santé est plus forte, et qui d'ailleurs est plus portée à exhaler sa douleur qu'à la concentrer. Je suis bien sûre que tous les trois seront d'accord pour ne pas me refuser la bien triste consolation que je sollicite, et j'en remets le succès à vos soins et à votre attachement. J'espère n'avoir pas besoin de vous dire, Monsieur, combien vous devez compter sur les sentiments que je vous dois.

Ce mot est en toute vérité.

Sœur Marie-Joseph de la Miséricorde.

204

La princesse Louise au prince de Condé.

Loué et adoré soit à jamais le Très-Saint Sacrement de l'autel.

A Chelsea, ce 9 mai 1816.

Enfin, mon tendre père, j'ai le bonheur de vous annoncer que vos enfants auront bientôt la consolation si chère à leur cœur de vous embrasser. Nous comptons partir à la fin de ce mois-ci, s'il n'y a pas de nouveaux désastres, car, dans les temps où nous vivons, il est difficile d'être sans crainte.

Ne pouvant encore me loger au Temple, je le serai plus près de vous que l'année dernière, dans la petite maison de ma sœur, qui maintenant est occupée. J'ai accepté l'offre obligeante que m'a faite, il y a longtemps, ma plus ancienne amie, Mme de Vibraye, de me donner asile momentanément chez elle, quand je reviendrais. Toute sa famille est bonne chrétienne et édifiante; elle est une sainte. Elle a la messe tous les jours dans sa maison, et elle est près de vous, mon tendre père! C'est tout réunir pour les convenances, et pour mon cœur.

Je vous manderai positivement le jour de notre départ, quand il sera déterminé. En attendant, ménagez-vous bien pour que nous vous trouvions en aussi bon état que mon frère et moi le désirons. Ah! quel bonheur de vous revoir et de vous serrer dans mes bras! Je n'y puis penser sans verser des larmes de joie; sentiment devenu si étranger pour nous depuis bien longtemps.

Adieu, mon tendre père, au plaisir de vous revoir (comme disent les gens du peuple), mais de quelle vérité il est en ce moment!

FIN DU SECOND ET DERNIER VOLUME.

TABLE DES MATIÈRES

DU SECOND VOLUME.

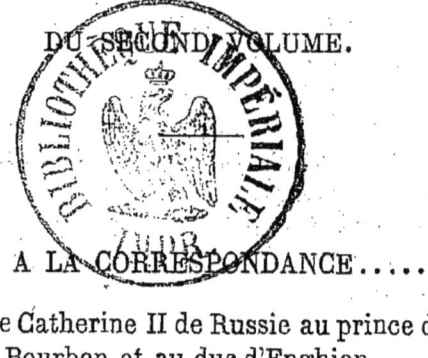

	Pages
INTRODUCTION A LA CORRESPONDANCE.............	1

1	L'impératrice Catherine II de Russie au prince de Condé, au duc de Bourbon et au duc d'Enghien............	5
2	La duchesse de Bourbon au duc de Bourbon..........	6
3	Le duc de Bourbon à M. de Nolives................	11
4	M. de Nolives au duc de Bourbon.................	13
5	Le prince de Condé au duc de Bourbon.............	18
6	Le prince de Condé au duc de Bourbon.............	19
7	Du même au même............................	21
8	Du même au même............................	23
9	Du même au même............................	26
10	Du même au même............................	27
11	Du même au même............................	29
12	Le prince de Condé au général marquis de Bouillé.....	30
13	Le prince de Condé au duc de Bourbon.............	32
14	Du même au même............................	33
15	Du même au même............................	36
16	Du même au même............................	40
17	Le prince de Condé au duc de Bourbon.............	42
18	Du même au même............................	44
19	Du même au même............................	46
20	Du même au même............................	50
21	Du même au même............................	54
22	Du même au même............................	56

TABLE DES MATIÈRES.

		Pages
23	Du même au même	57
24	L'impératrice Catherine II de Russie au prince de Condé.	58
25	Le prince de Condé au duc de Bourbon	60
26	Paul, grand-duc héréditaire de Russie, au prince de Condé	62
27	L'empereur François d'Autriche au prince de Condé	63
28	Le prince de Condé à l'empereur François d'Autriche	66
29	Le prince de Condé au duc de Bourbon	69
30	Le comte de Provence au prince de Condé	70
31	Le comte d'Artois au prince de Condé	71
32	Le duc d'Enghien au duc de Bourbon	75
33	Du même au même	76
34	Le prince de Condé au duc de Bourbon	78
35	Du même au même	81
36	Du même au même	82
37	Le duc d'Enghien au duc de Bourbon	86
38	Le prince de Condé au duc de Bourbon	87
39	Du même au même	88
40	Du même au même	90
41	Du même au même	91
42	Du même au même	92
43	Le comte d'Artois au prince de Condé	94
44	Le prince de Condé au duc de Bourbon	96
45	Du même au même	97
46	Du même au même	98
47	Du même au même	101
48	Du même au même	102
49	Du même au même	103
50	Du même au même	105
51	Du même au même	107
52	Procès-verbal de la proclamation de Louis XVIII, roi de France, au camp de l'armée de Condé	109
53	Le duc d'Enghien au duc de Bourbon	114
54	Le duc de Bourbon au prince de Condé	118
55	Du même au même	120
56	Le duc d'Enghien au duc de Bourbon	123
57	Du même au même	126
58	Le duc d'Enghien au duc de Bourbon	129
59	Du même au même	131
60	L'impératrice Catherine de Russie au prince de Condé	133
61	Le duc d'Enghien au duc de Bourbon	134
62	Du même au même	138

TABLE DES MATIÈRES. 511

		Pages
63	Le duc d'Enghien au prince de Condé	141
64	Du même au même	142
65	Du même au même	144
66	Le roi Louis XVIII au duc d'Enghien	148
67	La princesse Louise au prince de Condé	149
68	Le duc de Bourbon au prince de Condé	154
69	La princesse Louise de Condé au duc de Bourbon	158
70	Le duc de Bourbon au prince de Condé	164
71	Le duc d'Enghien au duc de Bourbon	169
72	Le prince de Condé au duc de Bourbon	170
73	Le roi Louis XVIII au prince de Condé	173
74	Le duc de Bourbon au chevalier de Contye	174
75	La princesse Louise de Condé au prince de Condé	175
76	Le duc de Bourbon au prince de Condé	177
77	La princesse Louise au prince de Condé	188
78	Le duc d'Enghien au duc de Bourbon	192
79	Le duc d'Enghien au prince de Condé	195
80	Le duc de Bourbon au prince de Condé	197
81	Le duc d'Enghien au duc de Bourbon	200
82	Le prince de Condé au duc d'Enghien	202
83	Du même au même	204
84	Le duc d'Enghien au prince de Condé	205
85	Le prince de Condé au duc de Bourbon	212
86	Le prince de Condé au duc d'Enghien	214
87	Du même au même	216
88	Du même au même	217
89	Le roi Louis XVIII au prince de Condé	221
90	Le duc d'Enghien au prince de Condé	223
91	Le roi Louis XVIII au prince de Condé	223
92	Du même au même	226
93	La princesse Louise au prince de Condé	227
94	Le duc de Bourbon au prince de Condé	232
95	Le duc d'Enghien au duc de Bourbon	241
96	Le prince de Condé au duc d'Enghien	244
97	Du même au même	245
98	Le roi Louis XVIII au prince de Condé	246
99	Le duc d'Enghien au prince de Condé	248
100	La princesse Louise au prince de Condé	249
101	Le prince de Condé au duc d'Enghien	253
102	Du même au même	254
103	Le roi Louis XVIII au prince de Condé	255
104	Le duc d'Enghien au duc de Bourbon	257

		Pages
105	Du même au même.	261
106	Le prince de Condé au duc d'Enghien.	265
107	Du même au même.	267
108	Du même au même.	271
109	Du même au même.	272
110	L'impératrice Marie de Russie à la princesse Louise de Condé.	274
111	Le prince de Condé à l'archiduc Charles.	276
112	Le duc d'Enghien au duc de Bourbon.	278
113	Le prince de Condé au duc d'Enghien.	281
114	Le duc de Bourbon au prince de Condé.	283
115	Le duc d'Enghien au duc de Bourbon.	293
116	Le prince de Condé au duc d'Enghien.	296
117	Le duc de Bourbon au prince de Condé.	298
118	La princesse Louise de Condé au prince de Condé.	299
119	Le duc d'Enghien au duc de Bourbon.	301
120	Du même au même.	304
121	Du même au même.	308
122	Du même au même.	310
123	Le duc d'Enghien au prince de Condé.	312
124	Le duc d'Enghien au prince de Condé.	316
125	Le prince de Condé au duc d'Enghien.	317
126	Du même au même.	318
127	Du même au même.	321
128	Du même au même.	324
129	Du même au même.	326
130	Le duc d'Enghien au duc de Bourbon.	328
131	Du même au même.	330
132	Le duc d'Enghien au duc de Bourbon.	333
133	La princesse Louise au prince de Condé.	337
134	La reine Louise de Prusse à sœur Marie=Joseph de la Miséricorde.	341
135	Le duc d'Enghien au chevalier Jacques.	342
136	Le duc d'Enghien au duc de Bourbon.	344
137	Du même au même.	345
138	La princesse Louise au duc de Bourbon.	349
139	Le duc d'Enghien au duc de Bourbon.	352
140	Du même au même.	356
141	Du même au même.	360
142	Le duc d'Enghien au duc de Bourbon.	361
143	Le duc d'Enghien au duc de Bourbon.	363
144	Du même au même.	365

TABLE DES MATIÈRES.

		Pages
145	Du même au même	368
146	Du même au même	371
147	Du même au même	374
148	Le roi Louis XVIII au prince de Condé	380
149	Le duc d'Enghien au prince de Condé	381
150	Du même au même	384
151	Le duc d'Enghien au prince de Condé	387
152	La princesse Louise au duc de Bourbon	388
153	Le duc d'Enghien au prince de Condé	391
154	Du même au même	392
155	Du même au même	395
156	Le duc d'Enghien au duc de Bourbon	396
157	Le prince de Condé à Monsieur, comte d'Artois	398
158	Le roi Louis XVIII au prince de Condé	402
159	Du même au même	404
160	La princesse Louise de Condé au duc de Bourbon	408
161	La princesse Louise au prince de Condé	412
162	Le duc d'Enghien au prince de Condé	414
163	Bonaparte, Premier Consul, au citoyen Réal	416
164	Le roi Louis XVIII au prince de Condé	417
165	Le roi Louis XVIII au prince de Condé	419
166	La princesse Charlotte de Rohan à la comtesse d'Ecquevilly	420
167	Le roi Louis XVIII au duc de Bourbon	423
168	Le duc de Bourbon à la duchesse de Bourbon	423
169	La duchesse de Bourbon au duc de Bourbon	425
170	La princesse Charlotte de Rohan à la comtesse d'Ecquevilly	428
171	Le duc de Bourbon au roi Louis XVIII	434
172	Le roi Louis XVIII au duc de Bourbon	435
173	Le roi Louis XVIII au prince de Condé	436
174	Le roi Louis XVIII au duc de Bourbon	438
175	L'empereur Alexandre de Russie au prince de Condé	438
176	(An 1804) Arrestation de mon fils et sa mort	439
177	La princesse Louise au prince de Condé	451
178	De la même au même	453
179	De la même au même	458
180	De la même au même	460
181	La princesse Louise au duc de Bourbon	461
182	La princesse Louise au prince de Condé	463
183	La princesse Louise au duc de Bourbon	465
184	Le roi Louis XVIII au prince de Condé	467

	Pages
185 Du même au même	468
186 Du même au même	469
187 La princesse Louise au prince de Condé	470
188 De la même au même	473
189 La princesse Louise au duc de Bourbon	476
190 Charles-Jean, prince héréditaire de Suède (Bernadotte), au prince de Condé	478
191 La princesse Louise de Condé au duc de Bourbon	480
192 La princesse Charlotte de Rohan au duc de Bourbon	483
193 La duchesse de Bourbon au duc de Bourbon	484
194 La duchesse de Bourbon au duc de Bourbon	486
195 De la même au même	489
196 La duchesse de Bourbon au duc de Bourbon	490
197 Le duc de Bourbon au prince de Condé	491
198 La duchesse d'Angoulême au duc de Bourbon	496
199 La princesse Louise au prince de Condé	498
200 Le duc de Bourbon au prince de Condé	500
201 Le duc de Bourbon au chevalier Jacques	502
202 Le duc de Bourbon au prince de Condé	504
203 La princesse Louise au chevalier Jacques	505
204 La princesse Louise au prince de Condé	506

Premier volume.

Portrait du duc d'Enghien.
Autographe du prince de Condé............... page 81
Autographe de la princesse Louise................ 369

Second volume.

Portrait de la princesse.
Autographe du duc d'Enghien................. page 129
Autographe du duc de Bourbon................ 417

FIN DE LA TABLE DES MATIÈRES.